Bobby Schenk

Transatlantik in die Sonne

Ocean ohne Compass & Co.

Delius Klasing Verlag

Von Bobby Schenk sind im Delius Klasing Verlag darüber hinaus folgende Titel lieferbar:
Astronavigation
Blauwassersegeln
Freiheit hinterm Horizont
Hafenmanöver
Navigation nur zum Ankommen
Segeln im Reich der Stürme
Südseeträume
Yachtnavigation

Die Deutsche Bibliothek – CIP-Einheitsaufnahme

Schenk, Bobby: Transatlantik in die Sonne: Ocean ohne Compass & Co./Bobby Schenk. – 1. Aufl. – Bielefeld: Delius Klasing, 2001
(Segeln & Abenteuer)
ISBN 3-7688-1313-4

1. Auflage
ISBN 3-7688-1313-4

Fotos: Bobby Schenk
Zeichnungen: Helmuth Seltmann, Dr. Peter Förster
Abbildung S.366/367: Kurt Schmischke
Umschlaggestaltung: Buchholz/Hinsch/Hensinger, Hamburg
Druck: GGP Media, Pößneck
Printed in Germany 2001

Delius Klasing Verlag, Siekerwall 21, D - 33602 Bielefeld
Tel.: 0521/559-0, Fax: 0521/559-113
e-mail: info@delius-klasing.de
www.delius-klasing.de

Inhalt

LICHT UND SCHATTEN

TECHNISCHER ANHANG

Das Einfache
ist manchmal ziemlich schwer.
Bertolt Brecht

Vorwort

Dieses Buch ist jenen gewidmet, die diesen Törn ermöglicht haben, allen voran Kurt Ecker, dessen wunderschöne Yacht SARITA uns über den Atlantik gesegelt und Barbados gefunden hat, ohne daß ein Navigationsinstrument an Bord war, als wir lossegelten.

Den wichtigsten Teil zum Gelingen der Reise hat jedoch meine Mannschaft beigetragen, bestehend aus Bernhard, dem Arzt aus Wien, Theo, dem Kriminalbeamten aus Graz, Thomas, dem österreichischen Journalisten in Diensten der deutschen Bildzeitung, Ludwig, dem Fernsehregisseur, Michael, dem Kameramann, und Karl, dem Zimmermann, die letzten drei aus dem Oberbayerischen.

Vor allem aber hat großen Anteil an dieser Unternehmung meine Frau Carla, mit einer Weltumsegelung, mehreren Kap-Hoorn-Umrundungen und acht Jahren Bordpraxis auf allen Weltmeeren wohl die erfahrenste deutsche Seglerin.

Dies ist der Bericht des Skippers über eine ungewöhnliche Atlantiküberquerung, die, beim engen Zusammensein von acht Menschen auf kleinstem Raum in der Weite des Ozeans nicht verwunderlich, gelegentlich auch negative Seiten hat.

Der Leser ist sicher an einem ehrlichen Bericht interessiert, deshalb kann dieser nicht geschrieben werden, ohne gelegentlich auch Kritik an der Mannschaft zu äußern. Meine Mitsegler hatten nicht die Gelegenheit, die Schattenseiten des Skippers aufzuzeigen. Oder sie waren zu vornehm dazu. Deshalb ist der Leser aufgefordert, sich seinen Teil zu denken!

Saint Lucia/Westindien Bobby Schenk

Blind im Sturm

Auf Tonband gesprochen:

Heute ist der 17. Dezember 1992. Letzte Nacht ist etwas passiert, das uns alle doch ziemlich erschüttert hat. Während wir bereits die ersten Wetten eingingen, wann Barbados in Sicht kommen würde, wurde der Wind abends stärker und stärker; wir konnten die Maschine ausschalten, flogen unter Großsegel und gereffter Genua nur so dahin mit acht, teilweise auch neun Knoten, und die Stimmung war bestens. Wir tranken unseren Sundowner wie jeden Abend und amüsierten uns über die Schauer um uns herum. Die feine Linie am Horizont war weiß gefärbt. Wir freuten uns, wenn der Regen besonders schräg ins Wasser fiel und es in der Ferne blitzte, was gelegentlich die Nacht taghell erleuchtete. Wir hatten ja zur Zeit abnehmenden Mond, das heißt, der Mond kam erst lange nach Mitternacht, so daß es also gleich nach der Dämmerung stockfinster wurde.

Ich war nicht wirklich überrascht, als es plötzlich anfing, hart zu blasen. Es war ungefähr zehn Uhr, wir hatten ja keine Uhr, und Zeiten konnten somit nur geschätzt werden. Wir nahmen die Genua total weg und ließen vom Großsegel nur noch einen kleinen Rest stehen.

Plötzlich wurde es um uns herum richtig wild. Die See begann zu kochen. Selbst Theo, sonst die Ruhe in Person, bat mich, nach oben zu kommen.

Inzwischen prasselte der Regen aufs Deck, also suchte ich mir Ölzeug heraus. Ich hatte es aber noch nie zuvor benutzt und fand den Südwester nicht. So warf ich mir in der Eile nur die Jacke über und ging nach oben.

Um uns herum herrschte Chaos. Das Großsegel stand back. Es war eine enorm starke Windbö, und mir wurde sofort klar: Das bereits ganz gereffte Groß mußte weg.

Wir halsten. Der schwere Sturm machte eine Wende von vornherein unmöglich.

Ich schätzte die Bö auf Windstärke 10 bis 11. Sie trieb mir die Regentropfen mit solcher Gewalt ins Gesicht, daß sie wie Nadelstiche schmerzten. Am schlimmsten tat es in den Augen weh, selbst wenn sie zugekniffen waren. Jetzt hätte ich einen Tip von befahrenen Seglern für solche Fälle ausprobieren können: Tauchermaske benutzen. Doch in dem Chaos und in der Hektik war gar nicht daran zu denken, auf der Sarita *nach Tauchsachen zu suchen. Sofort war ich auch unter dem Ölzeug triefend naß. Ich zog die Jacke aus und versuchte jetzt ohne Schutz gegen den Regen, das Schiff auf einem Kurs vor dem Wind zu halten.*

Ich ließ mich nach wenigen Minuten am Ruder wieder ablösen. Obwohl die Situation in der Dunkelheit bedrohlich wirkte, nahm ich eine kurze Regendusche.

Vor wenigen Stunden noch waren wir durch tropische Temperaturen gesegelt. Jetzt war es empfindlich kalt geworden, bereits nach fünf Minuten fror ich.

Theo war wie immer der erste, als es zu handeln galt. Er stand bereits am Mast, um den Rest des Großsegels zu bergen. Ich ging langsam an den Wind. Die wenigen Quadratmeter Großsegel schlugen und knatterten ohrenbetäubend, bis Theo sie endlich weggerollt hatte.

Doch die Ruhe, die wir dadurch gewonnen hatten, war nur kurz. Wir waren jetzt in einer Situation, die es bisher auf der Sarita *nicht gegeben hatte: Das Unwetter hatte uns die Orientierung geraubt. Wir wußten nicht mehr, wohin wir segeln wollten.*

Erst nahmen wir an, daß der Wind immer noch aus derselben Richtung wehte. Deshalb fuhren wir unter Maschine und bestimmten den Kurs nach dem Wind. Aber schon bald kamen uns Zweifel. Wahrscheinlich war das ganz falsch.

Gefühlsmäßig ahnte ich die Richtung, die uns aus dem Chaos herausführen konnte. Ich schrie dem Rudergänger Kommandos zu: 20

Grad mehr Backbord. 10 Grad mehr Backbord. 20 Grad mehr Backbord. Michael am Ruder brummelte nur etwas zurück.

Wie sollte er auch solche Kommandos befolgen? Wie sollte er ohne Kompaß in diesem Chaos 20 Grad auch nur geschätzt steuern können, ganz zu schweigen davon, den Kurs dann zu halten?

Auch am Wellenbild konnte er sich nicht orientieren. Zwar war die Salinglampe an. Doch sie beleuchtete die Wasseroberfläche nur wenige Meter weit: Sie war kochend und milchig weiß. Je mehr Kommandos ich schrie, um so deutlicher wurde, wie sinnlos sie waren. Wir konnten nur noch im Kreis fahren oder Schlangenlinien ins Wasser kielen.

Insofern allerdings war die Lage nicht so erschreckend, als der Sturm unserer Yacht ohne Segel am Mast vorerst nicht mehr viel anhaben konnte. Außerdem waren wir auf hoher See, weit weg vom nächsten Land, vom nächsten Riff.

Aber stimmte das wirklich?

Wir waren mitten im Passatgebiet in dieses Unwetter geraten. Das beunruhigte mich vor allem. Aufgrund meiner früheren Reiseplanungen war mir der Begriff der Passatstörung vertraut. Sie wird auch Konvergenzzone genannt und bringt zahlreiche heftige Schauer, ebenso Gewitter mit wechselnden Winden. An und für sich ist das nicht tragisch. Wenn da nicht eine besondere Gefahr dahinter wäre.

Aus Wetterberichten ist bekannt, daß einem Hurrikan immer eine Konvergenzzone vorausgeht. Um diese Jahreszeit sind Hurrikane in dem Gebiet zwar selten. Wenn aber einer auftritt, dann ist er mit großer Wahrscheinlichkeit auch tödlich.

Theo kommentierte trocken: „Dann können wir aufgeben."

Normalerweise bringen mich solche Unwetter nicht besonders aus der Ruhe. In meinem Seglerleben habe ich schon Dutzende davon erlebt. Doch in dieser Nacht war ich extrem nervös. Zwar kannte meine Mannschaft die Gefahr nicht, mir aber war sie sehr bewußt.

Die Hurrikanzeit in Westindien endet im Oktober. Doch auch zu Unzeiten sind schon Wirbelstürme aufgetreten. Sie haben immer verheerende Schäden hinterlassen. Üblicherweise geht man davon aus, daß ein Hurrikan schön brav ab April bis Oktober auftritt und sonst Ruhe herrscht.

Ich schaute gelegentlich zu Theo. Selbstverständlich hatte er meine Gedanken erraten. Im Gegensatz zur übrigen Crew wußte er sehr wohl um die Gefahren des Wetters. Darüber brauchten wir gar nicht zu reden. Es war klar, wo hier das Problem lag: Wir befürchteten noch weitere Schwierigkeiten. Als eine Art Passatbesegelung fuhren wir zwei Rollgenuas an einem Stag. Das sind zwei riesige Vorsegel an einer Vorstagstange, die üblicherweise nur für ein einziges Segel gedacht ist. Es wird in Ruhestellung einfach aufgerollt und bietet so keinen besonderen Widerstand.

Bei uns aber waren gleich zwei riesige Segel eingerollt. Wenn sich der Wind darin verfing und wenn bei dem Sturm wegen des viel größeren Windwiderstandes die dünne Reffleine brach, würden sich beide Genuas am Vorstag ausrollen. Wir hatten dann zwei riesige Segel auswehen, die im Sturm nie mehr zu bändigen wären. Theo sagte: „Wenn das passiert, ist es das Ende."

Es hätte keine Möglichkeit gegeben, die Segel runterzubekommen. Zwar waren zwei Parten Genuaschoten um die eingerollten Vorsegel gelegt, dennoch befürchtete ich ein derartiges Unglück. Es mußte ja nicht einmal die Reffleine brechen. Auch eines der Segel hätte einreißen und sich auflösen können. Dann hätte der Wind genügend Ansatzpunkte gehabt, um mit seiner enormen Kraft schlimmes Unheil anzurichten.

Allmählich wurde die Stimmung an Bord ziemlich hysterisch. Wir waren vom Wachwechsel zwar noch einige Stunden entfernt, dennoch meinte Ludwig: „Jetzt muß unbedingt auch die zweite Wache heraus."

In einer Art psychischen Schwächeanfalls stimmte ich zu. Ludwig ging nach vorne. Er weckte Bernhard und Michael, obwohl der eigentlich Koch für den Tag und damit wachfrei war. Statt sich weiter selbst an der Wache zu beteiligen, versuchte Ludwig jetzt allen Ernstes, den Gasofen in Gang zu bringen. Das war unmöglich. Zwei Stunden vorher war das Gas zu Ende gegangen. Eine neue Flasche wollten wir am nächsten Morgen anschließen.

„Ich brauche aber Gas", forderte Ludwig. „Ich will eine Nadel aufheizen, bis sie magnetisch wird. So können wir einen Ersatzkompaß bauen und ungefähr unsere Richtung herausfinden." Das war

natürlich Quatsch. Ein solches Experiment funktioniert vielleicht zu Hause im Wohnzimmer, was weiß ich, jedenfalls auf einem ruhigen Platz. Es funktioniert aber sicher nicht in einer Notsituation, in der auf Deck ziemliche Unruhe herrscht. Ich war einfach sauer, weil Ludwig den Ernst der Situation kaum begriff und mit derartigen Experimenten herumspielte.

Noch vor wenigen Minuten hatte Karl getönt, daß er einen absolut dichten Kajakanzug anlegen würde. Damit könne er im schlimmsten Regenguß staubtrocken bleiben. Jetzt kam er bleich nach unten. Ihm war die Seekrankheit anzusehen.

Merkwürdig, dachte ich. Karl ist physisch der Stärkste der ganzen Mannschaft. Aber wenn es ernst wird, ist von ihm meistens nichts zu sehen.

Das lag sicher nicht am bösen Willen, sondern allein daran, daß der Kajakfahrer Karl hier eben nicht in seinem Element war. Er konnte mit derartigen Situationen innerlich nicht viel anfangen. Ich mußte an ein zynisches Wort des sonst so fröhlichen Michael denken, der in Anspielung auf die mannigfaltige Zusammensetzung unserer Crew den Spruch erfunden hatte: „Der offene Ozean ist wie eine geschlossene Anstalt!"

Wir fighteten Stunde um Stunde, um irgendeinen Ausweg aus diesem riesigen Schauergebiet zu finden. Lag das Schiff mit blankem Mast da, torkelte es umher, daß uns angst und bange wurde. Dann setzten wir den Motor ein, um die SARITA *in Fahrt zu halten.*

Wir versuchten es auch mit Beidrehen. Wir zogen einen kleinen Teil des Großsegels heraus und legten das Ruder hart in den Wind.

Das hatte zwar die Folge, daß die Yacht keine Fahrt voraus mehr machte, dafür aber wurde sie gelegentlich von der anrollenden See hochgehoben und mit dem Heck aufs Wasser geschmettert. Es krachte jedesmal, als würde der Rumpf auseinanderreißen, und wir bekamen ernsthafte Angst um das Ruder.

Schließlich hielten wir die SARITA *mit vielleicht 1000 Umdrehungen in Schleichfahrt. Das war noch das beste. Welchen Kurs wir laufen sollten, wußten wir nicht mehr.*

VOM PLAN
ZUR WIRKLICHKEIT

Der Traum vom Passat

Rückblickend erstaunt es, daß die Idee zu diesem Transatlantiktörn, der so sicherlich noch nie unternommen wurde, in derart kurzer Zeit realisiert werden konnte. Anders als bei unseren bisherigen Reisen war nämlich plötzlich der Plan präsent. Als meine Frau Carla und ich vor gut 20 Jahren um die Welt gesegelt waren, da hatte es keinen bestimmten Zeitpunkt gegeben, den ich nennen könnte, an dem uns die Idee zur Weltumsegelung kam. Es war ein ganz allmählicher Prozeß. Wir hatten uns ein zehn Meter langes Kunststoffschiff gekauft, segelten auf dem Chiemsee im Oberbayerischen und waren irgendwann dabei, Bäume für Passatsegel zu bestellen. Nun läßt es sich mit Doppelfocks auf dem Chiemsee nur sehr schwierig segeln. Mit dem Setzen der Passatsegel vergeht allein schon eine halbe Stunde, also unter Umständen so viel Zeit, daß die Yacht bereits das andere Ufer des für einen Binnenländer riesigen, für einen Hochseesegler jedoch sehr kleinen Sees erreicht hat. Außerdem läßt es sich mit Doppelfocks nur platt vorm Wind segeln, und die oberbayerischen Seen sind dafür bekannt, daß der Wind in seiner Richtung unstet ist. Wenn uns damals jemand gefragt hätte, ob wir um die Welt segeln wollten, dann hätten wir leicht erschrocken abgewinkt. Und trotzdem waren die Passatsegel für eine Weltumsegelung bestimmt. Aber es gab kein Datum, keinen Zeitpunkt, an dem die Entscheidung fiel. Wir waren halt so hineingeschlittert.

Auch nach unserer Weltumsegelung, von der wir 1974 zurückkehrten, machten wir nicht gleich Pläne für die nächste Unternehmung. Unsere gute alte Thalassa, die uns trotz ihrer Kleinheit – nur zehn Meter Länge über alles – so sicher um die Welt getragen hatte, wurde zum Chiemsee zurückgebracht, dort noch ein wenig gesegelt und dann verkauft. Nach ein oder zwei Jahren fingen wir an, wieder Prospekte von Yachten zu sammeln, und unsere Urlaubsreisen spielten sich immer verdächtig nahe an irgendwelchen Werften ab. Und irgendwann hörte ich mich am Telefon sagen: „Also gut, wir kaufen das Schiff, die erste Rate werde ich morgen überweisen!"

Wofür benötigten wir die Yacht? Mit ihren 48 Fuß Länge war die Thalassa II zu groß, um jemals auf einem der bayerischen Seen gesegelt zu werden. Nein, das war eine Segelyacht, von vornherein für große Fahrt bestimmt. Aber auch mit der für zwei Segler doch sehr großzügig bemessenen Yacht, die alsbald in einem kleinen Hafen in Friesland lag, gab es noch keinen Plan, um die Welt zu segeln oder auch nur ein bestimmtes Ziel anzulaufen. Und genau mit dieser Planlosigkeit segelten wir beide 1979 wieder los, natürlich Richtung Westen, Richtung Tropen, Richtung Südsee. Rund vier Jahre lebten wir in der Südsee, auch auf der nach Meinung vieler weitgereister Menschen schönsten Insel der Welt, nämlich Moorea, der kleinen Schwester von Tahiti. 1983 brachte uns die gute Thalassa II auf dem rauhen Weg durch die brüllenden Vierziger und um Kap Hoorn nach Europa zurück*. Da Carla und ich zu den Durchschnittsmenschen gehören, die Geld verdienen müssen, um leben zu können, kehrte ich in meinen alten Beruf zurück, das heißt, ich hatte das Glück, überhaupt noch genommen zu werden. Mein Arbeitgeber hatte sich insofern immer wieder großzügig gezeigt, als er mich weder beurlaubt noch gar pensioniert, sondern mich nach meinen Eskapaden (wie er es nannte) immer wieder in seine Dienste aufgenommen hatte. Dieses Mal allerdings mußte ich mir ausdrücklich sagen lassen, daß ein nochmaliges Aussteigen aus meinem Beruf künftig nicht mehr in Frage käme. Also mußte

---

*Das Leben der Schenks bis dahin ist beschrieben in Bobby Schenk: „80 000 Meilen und Kap Hoorn", 7. Auflage, Verlag Delius Klasing.

ich wieder einer geregelten Arbeit nachgehen, die ganz im Gegensatz zum Leben eines Seevagabunden stand.

Nachdem ich aber schon viele hundert Tage das Glück gehabt habe, mir von der Sonne den Weg zu den schönsten Inseln der Welt zeigen zu lassen, wird es gelegentlich unerträglich, mit der Natur nur noch dann zu tun zu haben, wenn ich die Fenster auf dem Dach des Hauses schließen muß, damit es nicht hereinregnet. Denn Bergsteigen am Wochenende ist nicht meine Sache, weil einfach zu beschwerlich. Und unter Natur verstehe ich auch nicht ihre vielgepriesene Schönheit bei langweiligen Spaziergängen. So verbringe ich notgedrungen die meiste Freizeit vor dem Fernsehempfänger. Das ist zwar ganz im Sinne derjenigen, die vom Konsum profitieren, aber gleichzeitig auch ein Leben in armseliger Isolation von der Natur, trotz Auto und Eigenheim. Wirklich leben heißt: Der Natur nahe sein; ihre Kraft ahnen; wissen, daß Naturgewalt menschliches Leben erst ermöglicht – oder auch vernichtet. Kurzum, das ist es, was mich nach ein paar Jahren Büroaufenthalt immer wieder beunruhigt. Den Drang, etwas zu unternehmen, spüre ich ständig. Ich will herausfinden, wo die Grenzen des Menschen liegen.

So sind Carla und ich vor wenigen Jahren auf die Idee gekommen, in den wohl stürmischsten Gegenden der Welt zu segeln, in den Gewässern um die Staateninsel. Der Weg dorthin ist leicht zu beschreiben: Man segelt von Westen kommend durch die berüchtigten Vierziger, dann zum 57. südlichen Breitengrad hinunter an die Eisberggrenze und biegt nach Kap Hoorn links ab. Eine Tagesreise weiter sollte man schon in die Le-Maire-Straße einlaufen, die östlich von der Staateninsel begrenzt wird.

Wir aber dachten uns einen besonders abenteuerlichen Weg dorthin aus: Fliegen! Nein, nicht mit einer Linienmaschine, das wäre zu langweilig gewesen, sondern selber mit einem Kleinflugzeug. Auch diese Idee, bei der alle Piloten, die wirklich etwas von der Materie verstanden, die Hände über dem Kopf zusammenschlugen, war kein Augenblickseinfall; vielmehr wuchs sie langsam und unmerklich, bis sie plötzlich da war. Weil Carla und ich ein kleines Flugzeug besaßen, lag es nahe, gedanklich immer wieder die Leistungsgrenzen dieser Maschine hinauszuschieben. Ein Flug von Europa nach Südamerika war von ihrem Hersteller nicht vorgesehen, denn die Reichweite lag bei Ausnutzung aller Tankkapazitäten im besten Fall bei 2000 Kilometer. Auf dem Weg nach Südamerika galt es aber, den Südatlantik zu überqueren, der an seiner engsten Stelle 3000 Kilometer breit ist. Wenn ich nicht Segler gewesen wäre, hätte ich auch den Flug nicht gewagt. Ich wußte, daß genau an dieser Engstelle, zwischen den Kapverden und Brasilien, der Passat mit einer für Landratten unvorstellbaren Gleichmäßigkeit bläst. Warum sollte ich dieses Wissen nicht für mich ausnutzen und mich auf eben diesen Passatwind verlassen? Er würde mir die fehlende Tankkapazität ersetzen!

So war es dann auch. Wir flogen mit diesem Kleinflugzeug von Europa nach Südamerika, segelten dort ein zweites Mal ums Kap Hoorn und in den rauhen Gewässern der Staateninsel. Die Rückreise erfolgte wiederum in unserem kleinen einmotorigen Flugzeug, aber diesmal über den gesamten amerikanischen Kontinent, von Feuerland bis weit nach Norden, nach Grönland, um von dort über Island die riesengroße Schleife über dem gesamten Atlantik zu schließen. Dieser weite Umweg nach Hause war keine Vergnügungsreise, sondern notwendig. Der entgegengesetzte Flug, von Brasilien zu den Kapverden, also von West nach Ost über den Atlantik, wäre für uns mit Sicherheit tödlich gewesen.

Denn der Passat läßt sich nicht umdrehen, er bläst immer aus einer (östlichen) Hauptrichtung. Nach Meinung vieler Experten war unsere Unternehmung trotzdem höchst riskant, denn immerhin setzten wir unser Leben auf einen Motor. Zwar hatten wir durch eine gewissenhafte Vorbereitung das Risiko vermindert, doch gegen ein Stückchen Dreck in der Treibstoffleitung oder gegen ein Ölleck des Motors gibt es keine Garantie. Ohne Risiko geht es nicht! Aber ist es nicht gerade das, was uns gelegentlich daran erinnert, daß wir Menschen nicht unfehlbar sind, sondern häufig dem Zufall ausgeliefert, daß jederzeit die Schicksalskurve böse nach unten zeigen kann? Vielleicht ist es so, daß wir nur in den Augenblicken, in denen wir mit der Gefahr konfrontiert werden, wirklich leben.

Bei unserem Transatlantiktörn in die Sonne war alles ganz anders gewesen. Da hatte es tatsächlich einen bestimmten Zeitpunkt gegeben, an dem Carla und ich die Idee zu diesem Törn – fast gleichzeitig – hatten. Diesmal hatten wir nicht viele Monate gedanklich herumgespielt, hatten keine Ahnung, was auf uns zukommen würde. Nein, es war ein ganz gewöhnlicher Abend vor dem meist furchtbaren, aber unvermeidlichen Fernseher.

Es wurde ein Film über Columbus gezeigt, außerdem stob zur Untermalung eine schnittige Segelyacht unter strahlender Sonne, mit gleißenden Segeln, über das blaue Wasser.

Carla meinte: „Mal wieder über den Atlantik gehen, Passatsegeln mit dem großen Löffel, das wäre schön!"

Auch mich hatten die Bilder beeindruckt. Weniger die Gemälde, die den Genueser Admiral beim Empfang durch den spanischen König zeigten, als die Gischt, die vom Bug der Segelyacht hochgepeitscht wurde.

Der Mensch hat die bemerkenswerte Eigenschaft, je nach Laune in der Erinnerung negative oder positive Eindrücke wegzufiltern. So ging es Carla und mir in diesem Moment. Wir dachten zurück an unsere Atlantiküberquerungen und erinnerten uns in diesem Moment nur an die schönen Bilder. Wir dachten beispielsweise nicht mehr daran, daß wir bei unserer ersten Atlantiküberquerung acht lange Tage in der Flaute gedümpelt waren. Mitten auf dem Atlantik hatte uns der Wind verlassen. An einer Stelle, wo nach der Statistik die Flautenhäufigkeit null Prozent betrug, war der Passatwind einfach schlafen gegangen.

An diese acht zermürbenden Tage dachten wir jetzt angesichts der anregenden Fernsehbilder nicht. Wir dachten auch nicht an den harten Sturm, den wir kurz nach unserem Auslaufen von den Kanarischen Inseln erlebt hatten. Damals, 1970, waren wir in Las Palmas auf Gran Canaria gestartet und hatten unseren Zeitplan so eingerichtet, daß wir noch bei Tageslicht die Südspitze von Gran Canaria rundeten, um dann unseren Bug Richtung Westen, also nach Amerika, zu richten. Daß wir nicht gleich den Passat finden würden, damit hatten wir gerechnet. Daß wir aber genau aus Westen einen starken Sturm auf die Nase bekamen, irritierte uns zuerst und ließ uns später erschrecken. Denn um einigermaßen die Generalrichtung Karibik halten zu können, hatten wir zunächst versucht aufzukreuzen, was uns aber angesichts der Windstärke und erschreckend hoher Wellen von der Natur sehr bald abgewöhnt wurde. Schnell waren wir in die Defensive geraten. Gegen die hohe Atlantikdünung gab es kein Aufkreuzen mehr, wir konnten nur noch den Kurs laufen, bei dem wir nicht allzu sehr an Höhe verloren. Unsere Selbststeueranlage, eine Windfahnensteuerung, kannten wir zu diesem Zeitpunkt noch nicht so gut, daß wir unsere Thalassa ihr hätten anvertrauen können. So saß also Carla in ihrem gelben Ölzeug Stunde um Stunde oben und führte einen verzweifelten Kampf gegen die heranrollende See und den stürmischen Wind.

Trotz meiner schwachen Magennerven quälte ich mich zum Navigationstisch und warf einen Blick in die Karte, auf der die Gruppe der Kanaren noch verzeichnet war. Ich erschrak. Denn wenn wir mit Kurs Süd nur noch einen halben Tag weitergelaufen wären, so wären wir sicherlich gestrandet, auf dem Weg nach Amerika ausgerechnet in Afrika. Die Sandbänke Westafrikas reichen nämlich viele Meilen in den Atlantik hinein.

Als wir mit der Thalassa II fast zehn Jahre später den Atlantik überquerten, waren wir zu acht. Carla, ich und sechs „paying guests“, wie wir sie nannten, um das häßliche Wort „Charter“ zu vermeiden. Wir hatten eine schnelle Überfahrt gemacht. Unsere Thalassa II von immerhin 22 Tonnen war eine behäbige Dame, doch wir hatten im Gegensatz zur ersten Atlantiküberquerung günstigen Wind. Besonders in der Mitte des Atlantiks blies er über viele Tage gleichbleibend mit 5 bis 6 Beaufort und dazu genau von achtern. Wir hatten unsere Passatsegel gesetzt, die Selbststeueranlage Aries hielt die Thalassa II wunderbar auf Kurs. Die einzige Aufgabe der Crew war, gelegentlich nach dem Kompaß zu blicken, ob der Kurs noch einigermaßen stimmte, und sich um das leibliche Wohl zu sorgen.

Das Segeln war so, wie man es sich im Passat nur wünschen konnte. Wir machten rasende Fahrt nach Westen und waren von der Segelei so gut wie gar nicht in Anspruch genommen. Das waren die Tage, an denen die THALASSA Etmale von 180 Meilen und mehr machte, darunter sogar eines von 196 Meilen. Es waren geschenkte Seemeilen, denn wir mußten dafür nicht arbeiten, sondern lagen auf dem angenehm temperierten, weil weiß gestrichenen Stahldeck auf dem Rücken und starrten zur Mastspitze empor, wo sich die beiden rot-weiß gestreiften Passatsegel in einem einzigen Schäkel am Fockfall trafen. Obwohl der Bug an Backbord und Steuerbord beim Vorwärtsstürmen hohe Gischtwellen emporwarf, kam nie ein Spritzer Wasser an Deck, weil die See vom gutmütig einsetzenden Steven abgewiesen wurde. Stundenlang verbrachten wir auf dem Vorschiff im Gespräch oder nur einfach damit, durch den Spalt der Passatsegel zum Himmel zu blicken.

Dies gehörte zu den schönsten Eindrücken vom Segeln, die ich jemals gehabt hatte, und daran dachte ich, als Carla sagte: „Wieder einmal im Passat zu segeln, das wäre schön.“

Das war aber nur die Hälfte des Denkanstoßes zu unserem neuen Unternehmen. Die andere kam vom Stichwort „Columbus“.

Der Mythos Columbus

Es scheint heute Ausdruck intellektueller Denkweise zu sein, alles in Frage zu stellen, was über Jahrhunderte unangefochten seinen festen Platz in der Geschichte hatte. Christoph Columbus war als Entdecker Amerikas eine der ganz großen Persönlichkeiten der Menschheitsgeschichte, bis 500 Jahre nach seiner historischen Großtat gewisse Kreise meinten, diesem Mann der Geschichte eine Verantwortung zuschieben zu müssen, die er wohl nie gespürt, auch nicht gehabt hat. Columbus hat uns schlicht ein Faktum hinterlassen, nämlich die Tatsache, daß er als erster Europäer seinen Fuß auf amerikanischen Boden setzte. Aber war er es wirklich?

Einiges an Columbus ist geheimnisvoll. Dies beginnt schon mit der Tatsache, daß er zwei verschiedene Logbücher von seiner Reise hinterließ. Freimütig räumte er ein, daß das eine Logbuch dazu diente, seine Mannschaft irrezuführen, um sie angesichts des ungewissen Ausgangs der geplanten „Entdeckung von Indien" zu beruhigen und bei der Stange zu halten. Ist es aber nicht schon etwas dubios, wenn ein Admiral zu solchen psychologischen Tricks greifen muß?

Es gibt auch Gerüchte aus jener Zeit, nicht etwa erst aus der Neuzeit, daß Columbus im Besitz von Karten war, die das Zielgebiet einigermaßen genau beschrieben. In die Reihe der Geheimnisse um Columbus gehört auch die Tatsache, daß sein eigentlicher Landeplatz in der neuen Welt bis heute nicht bekannt ist. Rund ein

Dutzend kleiner Inseln in den Bahamas streiten seit vielen Jahrzehnten um die Ehre, Ort der Entdeckung der neuen Welt gewesen zu sein. Columbus nannte seinen Landeplatz „San Salvador", so daß sich dem Unkundigen die Gewißheit aufdrängt, daß die Entdeckung Amerikas eben auf dem Inselchen San Salvador stattgefunden hat, das auf dem 24. nördlichen Breitengrad liegt. Genau das hatten die Bewohner von Watling Island beabsichtigt. Denn bis in die 20er Jahre hieß das Inselchen, das sich heute San Salvador nennt, Watling Island. Sie hatten, wohl um den Landeplatz von Columbus festzuschreiben, kurzerhand ihre Insel in „San Salvador" umbenannt.

1986 startete das große amerikanische Magazin NATIONAL GEOGRAPHIC eine Untersuchung "our search for the true Columbus landfall" („Unsere Suche nach dem wahren Landeplatz von Columbus"), wobei mein Bekannter Luis Marden den angeblich wahren Landeplatz von Columbus nach Samana Cay verlegte. Luis Marden war über den Atlantik gesegelt und hatte sich strikt an das Logbuch von Columbus, wohlweislich an das ungeschminkte, gehalten. Er verbesserte den Kurs von Columbus um Abtrift und Strömung und kam so zum Landfall auf Samana Cay.

Als Carla und ich 1989 in unserem einmotorigen Kleinflugzeug auf der Rückreise von Kap Hoorn den südamerikanischen Kontinent bereits passiert hatten und auf dem Flug von Martinique nach den Vereinigten Staaten waren, mußten wir unversehens wegen Treibstoffmangels auf der uns bis dahin unbekannten Insel Grand Turk in den Bahamas landen. Unsere Überraschung war groß, als wir auch hier auf die Spuren von Columbus stießen, die uns der 80jährige Mr. Sadler in Form von acht selbstverfaßten Büchern über dessen angeblichen Landfall in Grand Turk unter die Nase hielt. Der Verdacht lag nahe, daß es sich bei Mr. Sadler um einen alten Spinner handelte, aber nach einer mehrstündigen Unterhaltung mit ihm konnte ich seine profunden Kenntnisse von nautischen Vorgängen und allem, was mit Christoph Columbus zusammenhing, nur bewundern. Seine Beweisführung war so überzeugend, daß es mich wundert, warum nicht allgemein Grand Turk als der wirkliche Landeplatz von Columbus anerkannt ist. Denn ein

Detail in Columbus' Beschreibung der Insel „San Salvador" kann nur Grand Turk aufweisen. Keiner der anderen angeblichen Landeplätze hat nämlich inmitten der Insel eine „große Lagune" oder gar einen kleinen See. Genau diesen aber besitzt Grand Turk.

Kurzum, es wird wohl niemals mit letzter Sicherheit nachgewiesen werden, welche der Inseln als erste von Columbus angelaufen worden ist. Möglicherweise ist dem Genuesen damit etwas gelungen, was er seit jeher vorgehabt hat: einerseits als der große Entdekker gefeiert zu werden, andererseits aber seinen Nachahmern keine verwertbaren Spuren zu hinterlassen. Liest man nämlich seine Logbücher und die Aufzeichnungen seiner Zeitgenossen, dann fällt auf, daß sich das Denken und Handeln des Admirals nicht so sehr um die Entdeckung des Seewegs nach Indien drehte, sondern ganz banal um das, was damals als das wertvollste Gut der Welt angesehen wurde: um Gold.

Aber all das inspirierte mich noch nicht, ein neues nautisches Abenteuer zu suchen. Wir besitzen für die erste Reise von Columbus nach Amerika nicht viele unbestreitbare wissenschaftliche Fakten. Die Art und Weise, wie er letztlich navigierte, der Ort seines Landfalls und die Positionen der danach aufgesuchten Inseln liegen weitgehend im Dunkeln. Aber das wenige, das wirklich feststeht, verblüfft: die kurze Hinreisedauer von nur 36 Tagen am nördlichen Rand des Passatgebiets – und die ebenso zügige Rückreise nach Spanien im Gebiet der westlichen Winde.

Würde ein Yachtsegler heute eine solche Rundreise in die Bahamas planen und zu diesem Zweck das gesamte Yachtschrifttum und die modernen Segelanweisungen, die gleichermaßen für die Berufsschiffahrt gelten, durchforsten, so ist es leicht vorstellbar, daß seine Reise zeitlich und von der Route her in gleicher Weise verläuft.

Um es deutlich zu sagen: Es kommt der Verdacht auf, daß Columbus schon damals auf ähnliche Erkenntnisse zurückgreifen konnte. Dies aber würde bedeuten, daß er nicht der erste Mensch war, der eine solche Fahrt unternahm. Hierbei denke ich nicht an Nordeuropäer, etwa an die Wikinger, die auf der nördlichen Atlantikroute möglicherweise schon um das Jahr 1000 nach Amerika gekommen waren, sondern an Seefahrer aus den sonnigeren Breiten, also aus dem Mittelmeerraum oder von den afrikanischen Gestaden, eben irgendwo aus den Breiten des Äquators bis hinauf nach 40 Grad Nord. Gleichzeitig würde dies aber auch heißen, daß damals Menschen unterwegs waren, die nicht einmal über die technischen Navigationsmöglichkeiten von Columbus verfügten. Columbus hatte ja auf seiner Fahrt im Jahr 1492 einen Kompaß, eine Logge und ein Astrolabium oder einen Quadranten, jedenfalls ein Winkelmeßinstrument. Davon würde als einziges sein Kompaß auch heutigen Ansprüchen genügen. Möglicherweise war die Kompaßrose nicht so schön gedämpft wie bei den modernen Geräten, möglicherweise wußte er auch mit dem Begriff Mißweisung bei Reisebeginn nicht sehr viel anzufangen. Doch immerhin, Kurshalten war ihm möglich.

Die Mißweisung resultiert aus der Tatsache, daß geographischer und magnetischer Nordpol, wie wir alle wissen, Kompaßnadel bzw. Kompaßrose immer parallel zur jeweiligen magnetischen Kraftlinie auf der Erdoberfläche ausrichten. Im damaligen Europa, besonders im Mittelmeergebiet, wird das den Navigatoren nicht besonders aufgefallen sein, denn dort bewegte sich die Mißweisung schon immer um null Grad herum. Die Kompaßnadel zeigte also ungefähr (für praktische Zwecke ausreichend genau) auf den geographischen Nordpol. Anders in der Mitte des Atlantiks: Dort erreicht die Mißweisung schon mal Werte um 20 Grad, also einen auffälligen Winkel zwischen geographisch Nord und magnetisch Nord.

Aber selbst wenn Columbus dies sofort erkannt hätte, hätte er für seine eigentliche Navigation daraus nicht allzu viele Schlüsse ziehen können. Denn mit dem Kompaß allein läßt sich nicht navigieren, jedenfalls nicht über so weite Strecken wie über den Atlantik. Wenn ich von einer Insel in Polynesien lossegle und weiß, daß 40 Meilen weiter, also jenseits des Horizonts, meine Zielinsel liegt, so taugt hierzu der Kompaß allein zur Navigation. Wenn allerdings mein Ziel 1000 Meilen weit oder noch weiter entfernt ist, so kann ich mit dem Kompaß, entgegen einer Laienmeinung, nicht viel anfangen. Denn der Kompaß gewährleistet nicht, daß ich mein Ziel auch erreiche. Auf offener See, gleichgültig, in welchem der Weltmeere, muß nämlich mit Abtrift durch Wind und vor allem mit seitlicher Stromversetzung gerechnet werden. Das heißt, selbst wenn es mir mit den modernsten Kompassen und den besten Steuerautomaten gelänge, den Kurs auf ein Grad genau über mehrere Wochen zu halten, so wäre es ein reiner Zufall, wenn ich genau an der Stelle auf der anderen Seite des Atlantiks herauskäme, wo ich ursprünglich hinwollte.

Eine Verbesserung bringt auch nicht die Tatsache, daß ich unter Umständen mit einer Logge meine abgelaufene Strecke feststellen kann. Auch hier habe ich das gleiche Problem wie mit dem Kompaßkurs. Wenn wir einen Blick in die Pilot Charts werfen, so sehen wir sofort, wo es liegt. Pilot Charts sind Wind- und Stromkarten, in denen Erfahrungen und Beobachtungen vieler tausend Segelschiffahrten statistisch ausgewertet wurden. Sieht man sich die Strecke an, die Columbus von der kanarischen Insel Gomera aus zurückgelegt hat, so sagen die niedergelegten Beobachtungen für die jeweiligen Quadrate von 5 zu 5 Grad lediglich aus, daß dort mit einem Strom von bis zu eineinhalb Knoten zu rechnen ist. Sie sagen aber nicht aus, daß in jedem Fall dort Strom setzt. Im Klartext: Setzt Strom, dann müssen der mit der Logge gemessenen Strecke in 24 Stunden bis zu 36 Meilen hinzugerechnet werden; oder aber der Strom bleibt unberücksichtigt, wenn zufällig die Windverhältnisse der letzten Tage so waren, daß der Strom auf null Knoten abgebremst wurde. Auf Hochseeyachten wird üblicherweise mit einem Mindestetmal von 100 Seemeilen gerechnet. Ein Etmal ist traditionsgemäß die Strecke, die ein Segelschiff von Mittag bis zum nächsten Mittag zurückgelegt hat. Zeigt also unsere Logge 100 Meilen an, so hat die Yacht möglicherweise 100 Meilen, möglicherweise aber auch 136 Meilen zurückgelegt. Strom ließe sich nur aus dem Vergleich von zwei festen Schiffsorten feststellen, so daß er bis zur Erfindung einer genaugehenden Uhr im 18. Jahrhundert auf hoher See nicht bekannt war.

Würden wir also den Atlantik mit einer modernen Segelyacht überqueren, ausgerüstet nur mit dem genauesten Kompaß und der genauesten Logge des 20. Jahrhunderts, und nichts weiter zur Navigation benutzen, so wäre es unmöglich, drüben mit Sicherheit ein bestimmtes Ziel zu treffen.

Was moderne Yachten Columbus voraushaben, ist die Möglichkeit, mit Hilfe präziser Instrumente, mit denen exakt der Winkel eines Gestirns über dem Horizont gemessen werden kann, und mit der genauen Uhrzeit die Position auf ein oder zwei Seemeilen exakt zu bestimmen. Columbus besaß zwar einen Quadranten, was nichts anderes ist als ein höchst primitives Winkelmeßinstrument, aber offensichtlich war er selbst von seiner Güte nicht überzeugt. Denn aus seinen Logbüchern weiß man, daß er dieses Meßinstrument gar nicht oder nur höchst widerwillig eingesetzt hat. Und über die genaue Uhrzeit verfügte er schon gar nicht. Columbus hatte also eine Navigationsausrüstung, die möglicherweise für die europäischen Küsten ganz gut geeignet war, die aber für eine Navigation, die diesen Namen wirklich verdient, bei einer Atlantiküberquerung nichts taugte.

Wenn aber Columbus so treffsicher den Atlantik überqueren und zurückkehren konnte, ohne ein hierfür geeignetes Navigationsinstrumentarium bei sich zu haben, so spricht einiges dafür, daß gleiches schon viel früher möglich gewesen sein muß. Denn ob seine nautischen Vorfahren den von ihm kaum benützten Quadranten besaßen oder nicht – so meine Idee –, war für die Durchführung einer erfolgreichen Atlantikpassage unwichtig. Wenn auch ein Kompaß dafür nichts taugte, blieb es gleichgültig, ob ein solcher an Bord war.

Folglich war es dann sogar ohne Belang, ob eine Yacht überhaupt Navigationsinstrumente mit sich führte. Wenn dem aber so war, mußte es möglich sein, auch heute den Atlantik ohne irgendwelche navigatorische Hilfsmittel zielsicher zu überqueren.

Navigations-geheimnisse der Polynesier

Seit 20 Jahren beschäftige ich mich intensiv mit Navigation. Aus welchen Gründen auch immer, diese Materie hat mich seit jeher gereizt. Es befriedigte mich nicht, alle möglichen Ziele bei unseren jahrelangen Reisen punktgenau zu erreichen, sondern ich versuchte immer wieder, neue Navigationsmethoden zu finden (was selten gelang) oder die bestehenden so zu vereinfachen, daß sie wirklich auch unter rauhen Bedingungen an Bord, möglicherweise selbst bei Schwächung durch Seekrankheit, leicht und damit sicher zu handhaben waren. Es freute mich, daß die Leser meiner Bücher über Navigation dies offensichtlich honorierten und mehr als einmal mir ihre Aha-Erlebnisse schrieben: „Jetzt habe ich es endlich begriffen . . .“

So war es fast logisch, daß die Idee, den Atlantik ohne jedes Navigationsinstrument zu überqueren, mich blitzartig faszinierte. Denn dabei konnte ich nicht auf Geschriebenes oder Überliefertes zurückgreifen, sondern mußte an Ort und Stelle etwas „erfinden“, um sicher anzukommen.

Aber konnte ich wirklich auf nichts zurückgreifen? Hatte ich nicht jahrelang in der Südsee gelebt und war mit zahlreichen Polynesiern zusammengetroffen, denen man ja nachsagt, daß zumindest ihre Vorfahren der Welt größtes Geschlecht hochqualifizierter Navigatoren gewesen sind? Die Antwort lautet schlicht: „Nein.“

Dies mag überraschen, weil man in Europa immer wieder von den kaum nachvollziehbaren Navigationsleistungen der Südseeinsulaner hört. Es mag nachdenklich stimmen, wenn man in Museen oder in historischen Veröffentlichungen immer wieder damit konfrontiert wird, daß Polynesier über geheimnisvolle Fähigkeiten verfügt haben müssen, um ihr Inselreich (das immerhin die Fläche von Europa bedeckt) abzusegeln. Und doch ist dem so.

Carla und ich hatten in der Südsee sogar die Genehmigung bekommen, mit unserer THALASSA II und zahlenden Gästen kreuz und quer durch Polynesien zu segeln. Es ist leicht, mit den Einheimischen dort Kontakt zu bekommen, mit Menschen, die wie wenige andere stets ein fröhliches „Ja" zum Leben sagen. Polynesier leben auf dem Wasser. Sie benutzen ihre Boote wie wir ein Auto oder Motorrad. Auf vielen Inseln sind die Wege nur wenige hundert Meter lang. Um Freunde im Nachbardorf zu besuchen, müssen sie am Ufer entlang mit dem Auslegerboot dorthin gelangen. Es gibt somit kaum einen Polynesier, der mit diesen wackligen Booten nicht meisterhaft umzugehen verstünde.

Wovon aber alle Polynesier (bis auf wenige Ausnahmen), die ich jemals traf, keine Ahnung haben, ist Navigation. Sie benützen keinen Kompaß, weil sie nicht damit umgehen können – nicht etwa, weil sie ihn nicht brauchen. Üblicherweise müssen sie auch gar nichts von Navigation verstehen. Denn ihr Ziel sehen sie immer am Horizont. Wenn die Bewohner der Insel Ahe mit ihren Auslegerbooten zu sportlichen Wettkämpfen nach Manihi fahren, so haben sie Manihi am Horizont vor Augen und achten nur darauf, genügend Benzin für den Außenborder dabeizuhaben. Die Kapitäne auf den Kopraschonern (wir sagen immer noch wie zu Zeiten von Jack London zu den Versorgungsschiffen „Kopraschoner", obwohl die Segel längst durch starke Dieselmotoren abgelöst wurden) sind keine Tahitianer, die mit der Intuition von Naturvölkern durch die Inselwelt Polynesiens navigieren, sondern meistens Ausländer. Es sind Chinesen, denen der Dampfer gehört, es sind rumänische Seeleute, die es auf der Jobsuche nach Polynesien verschlagen hat, es sind Deutsche, die nach mehreren Jahrzehnten Dienst in der Fremdenlegion nun pensioniert sind und als Gelegenheitsjob eben Kapitän auf einem Kopraschoner spielen. Es gibt auch einige wenige Polynesier, die das Kommando über so ein Schiff führen. Aber enttäuschenderweise navigieren sie, wie überall auf der Welt in der Berufsschiffahrt navigiert wird: mit Radar und Sextant (früher) oder heute mit Satellitengerät.

Vor ein paar Jahren wollte ich einen Artikel für die Zeitschrift Yacht über die geheimnisvolle Navigationskunst der Polynesier schreiben, doch bin ich nicht sonderlich fündig geworden. Nur wenig gab es im Museum zu entdecken. Das mag daran liegen, daß die Tahitianer keine Schrift kannten, somit auch keine schriftlichen Überlieferungen vorhanden sind. Der große Freund des polynesischen Volkes, der Forscher James Cook, konnte deshalb ebensowenig über die Navigationskünste der Polynesier erzählen wie es heute zu entdecken gibt.

Über den Atlantik wollte ich segeln, was nicht heißt, daß es mich nautisch befriedigt hätte, irgendwo anzukommen. Dies läßt sich an der amerikanischen Küste schwer vermeiden. Aber mit Navigation hat es nichts zu tun, wenn eine Yacht aus Europa kommt und irgendwo am amerikanischen Kontinent anlandet (oder angespült wird). Nein, die Herausforderung mußte schon viel enger gefaßt werden. Es mußte sich um eine Navigation handeln, die den Namen auch verdiente, es mußte also das Ankommen an einem ganz bestimmten, vorher ausgesuchten Ort gewährleistet sein. Hätten die Polynesier dies gekonnt? Haben die Polynesier über derartige Fähigkeiten verfügt?

Wie jedermann mit Papier und Bleistift feststellen kann, nimmt der Schwierigkeitsgrad mit der wachsenden Entfernung des Ziels und dessen Kleinheit entscheidend zu. Auch ein Europäer ohne jegliche Navigationskünste könnte von Ahe aus Manihi erreichen, wenn er nach Verlassen des Passes das Motu am Horizont schon deutlich ausmachen kann. Wäre das Inselchen ein wenig weiter entfernt, so daß es bereits unter dem Horizont (also hinter der Erdkrümmung) liegt, so wäre es auch keine Kunst, dieses Inselchen ohne jedes Navigationshilfsmittel zu finden, wenn man nur genau genug nach dem Kompaß steuern würde. Allerdings dürfte kein zu starker Strom von der Seite setzen. Würde man ein noch entfernteres Ziel ansteuern, so würde mit zunehmender Entfernung dies alles zu einem unberechenbaren Glücksspiel werden, hätte also mit Navigation nichts mehr zu tun.

Wie aber haben es die Polynesier geschafft? Der einzige Experte, den ich für meine damalige YACHT-Geschichte ausfindig gemacht habe, war der Tahitianer Rodo, dem der sagenhafte Ruf vorausging, der letzte seines Geschlechts zu sein, der sich auf die alte Kunst der Navigation seiner Vorfahren verstand. Um es gleich vorwegzunehmen: Rodo war tatsächlich der einzige Polynesier, den ich jemals getroffen habe, der Fachmann genug war, über Navigation zu sprechen.

Aber wirklich Neues konnte er mir nicht erzählen – bis auf wenige Tricks, die tatsächlich faszinierten. So konnte er mir das Geheimnis seiner Vorväter verraten, wie sie feststellten, daß hinter dem Horizont eine Insel lag, ohne sie überhaupt zu sehen. Ich habe das in der polynesischen Inselwelt selbst nachgeprüft, es hat wirklich funktioniert: Wegen der über Landmassen vorhandenen Luftfeuchtigkeit und dem Atmen der Vegetation befindet sich über Inseln häufig eine niedrig stehende Wolke. In Polynesien gibt es kaum Inseln ohne eine smaragdgrüne Lagune. Wenn man nun die Insel noch nicht, „ihre“ darüberstehende Wolke jedoch schon erkennt, so läßt sich bei genauem Hinsehen auf der Unterseite der grauen Wolke eine leichte smaragdgrüne Einfärbung finden, also die Reflektion der darunterliegenden Lagune. Dies war häufig ein hübscher Überraschungseffekt, wenn ich meinen Gästen demonstrierte, wie ich eine Insel hinter dem Horizont optisch wahrnehmen konnte. Auf einer Atlantiküberquerung allerdings wäre dieser Trick kaum von großer praktischer Bedeutung, denn bei einer Entfernung von 2700 Seemeilen, also rund 5000 Kilometern, geht es in erster Linie darum, die Insel zu treffen. Auch andere Tricks, die Rodo mir verriet, waren zwar ganz attraktiv zum Weitererzählen, aber für meine jetzige Idee und für die Übertragung auf europäische Verhältnisse ungeeignet. So wies mich Rodo auch in Geheimnisse ein, die aus im Wasser treibenden Blättern (zum Beispiel des Brotfruchtbaums) abgelesen werden können.

Aber dies sind alles Kniffe, die erst dann funktionieren, wenn die eigentliche Aufgabe der Navigation bereits erfüllt ist, wenn sich also das Schiff sozusagen schon im Zielgebiet befindet. Dorthin zu gelangen, ist die Herausforderung bei einer Atlantiküberquerung. Und dafür konnte mir Rodo nicht viel verraten. Oder doch?

„Wie findet ihr eine ganz bestimmte Insel weit weg von eurem Ausgangspunkt?« fragte ich Rodo bei einem dieser Fachgespräche. Er lächelte überlegen und erklärte: „Schau zum Firmament. Dort gibt es Millionen von Sternen. Jedes Inselchen hat einen eigenen Stern, der ganz genau über dieses hinwegzieht. Unsere Vorväter kannten all die Sterne, die zu bestimmten Motus (polynesisch für Inseln) passen. Auch ich kann dir einen Stern nennen, wenn du zu einer ganz bestimmten Insel segeln möchtest. Du mußt eben deinen Kurs so legen, daß du in ein Gebiet kommst, wo dieser Stern ganz exakt über dein Schiff hinwegzieht; dann brauchst du nur diesem Stern zu folgen!"

Das hatte mir damals eingeleuchtet. Sicherlich kann man nicht das ganze Jahr über einen bestimmten Stern für eine Insel benutzen, denn mit den Jahreszeiten wechseln auch die Winkel, unter denen man einen Stern sieht. Doch ließ sich schon vorstellen, daß die Kunst der Polynesier weit genug fortgeschritten war, um für jede Jahreszeit den Leitstern der jeweiligen Insel zu benennen. Die Hauptschwierigkeit schien mir die Feststellung, ob der Stern exakt über das Schiff hinwegzog. Aber auch hierfür hatte Rodo eine Patentmethode: „Du mußt dich nur unter den Mast legen und zur Spitze peilen, dann kannst du ohne weiteres erkennen, ob ein Stern genau senkrecht über dir steht."

Damals hatte ich mir keine weiteren Gedanken darüber gemacht, wie sich diese Art zu navigieren in der Praxis realisieren ließ. Denn wir waren auf solche Spielereien nicht angewiesen. Carla und ich benutzten Omega-Computer, nautische Tafeln und später auch Satellitennavigationsgeräte.

Noch etwas gab den Anstoß, daß aus den Stichworten „Passatsegeln" und „Columbus" die Idee zu einem neuen Projekt wurde. Bei unserer ersten Weltumsegelung navigierten wir mit Hilfe der Gestirne, doch war die Rechenarbeit immerhin so mühsam und umständlich, daß Fehler gemacht wurden, wohl nicht beim Messen, eher schon beim Rechnen. Umständlich war die Handhabung der für die damalige Zeit recht modernen Nautischen Tafeln. Da ich seit jeher recht verbissen danach trachtete, die Navigation für meine Leser zu vereinfachen, stürzte ich mich mit Begeisterung auf die Möglichkeiten, die die aufkommenden Taschenrechner und später die Computer zur Vereinfachung der Navigation und zum Eliminieren der umständlichen Rechenarbeit boten. Es ließ sich nicht ganz vermeiden, daß einige meiner treuen Leser, denen ich die Arbeit mit Tafeln gerade eben plausibel gemacht hatte, sich etwas enttäuscht von mir abwandten, weil sie keine Lust mehr hatten, sich nun auch mit dem modernen „Computerkram" zu beschäftigen. Aber die Entwicklung ließ sich nicht aufhalten. Immer noch bin ich überzeugt, daß es ein Beitrag zur Sicherheit auf Yachten ist, wenn die Messung eines Gestirns innerhalb einer Sekunde von einem Computer berechnet wird, statt daß man eine halbe Stunde lang in fehlerträchtigen Zahlenkolonnen herumsuchen muß.

Ist man publizistisch tätig, freut man sich gewöhnlich, wenn man sich einen gewissen Ruf erschrieben hat. In diesem Fall war es etwas anders. Immer häufiger wurde ich in Buchkritiken oder in Zeitschriftenartikeln als „Computerspezialist" abqualifiziert. Das klingt danach, daß jemand Maschinen für sich arbeiten und denken läßt. Kurzum, der Ruf behagte mir nicht. Für mich ist Navigation nach wie vor etwas ganz Orginäres. Denn wo sonst läßt sich die eigene Position, auch im übertragenen Sinne, ausschließlich mit Hilfe von Gestirnen, also mit Hilfe der Natur bestimmen? Nur die Verwertung meiner Beobachtungen in der Natur überlasse ich hirnlosen Maschinen, weil die eben nicht genial genug sind, Fehler zu machen. So spielte bei mir auch der Gedanke eine Rolle, durch das Experiment einer Atlantiküberquerung ohne nautische Hilfsmittel meinen Ruf als Navigator wieder zu festigen.

Sponsorsuche

Damit war also der Gedanke an eine Atlantiküberquerung ohne jegliches navigatorische Hilfsmittel geboren. Aber von der Realisierung unseres Projekts waren wir noch weit entfernt. Denn wir hatten nicht einmal eine Yacht zur Verfügung. Nachdem wir von unserer Südseereise zurückgekehrt waren, hatten wir die THALASSA II noch einige Zeit behalten. Ihr Liegeplatz war in Santa Ponza auf Mallorca, einem kleinen hübschen Hafen. Wer nun glaubt, es sei geradezu ideal, in Mallorca eine Yacht liegen zu haben, irrt. Zwar ist es heute kein Problem, in zwei Stunden von München aus auf der Yacht zu sein, doch häufig werden die Nachteile übersehen. Nicht, daß wir mit unserer THALASSA II nicht zufrieden gewesen wären. Nein, für mich war es das ideale Schiff schlechthin. Aber eine Yacht bedarf einer gewissen Betreuung, Unterhaltung und Pflege.

Ich war bei meinen Segelaktivitäten zeitlich durch das mir zur Verfügung stehende Quantum an Urlaub vom Beruf eingeschränkt. Mehr als einmal passierte es, daß wir mit der Werft in Mallorca für das Frühjahr einen ganz bestimmten Termin ausgemacht hatten, um der THALASSA II den jährlich notwendigen Unterwasseranstrich zu verpassen. Nachdem ich also zu der Zeit, für die der Travellift angemietet war, Urlaub genommen hatte, um in zwei oder drei Tagen die Yacht zu streichen und anschließend in den hübschen Gewässern von Mallorca zu segeln, mußten wir an Ort und Stelle erfahren, daß der Travellift gerade zu der Zeit besetzt war. Damit war wieder einmal unser wertvoller Urlaub damit zugebracht, in einer Werft auf den nächsten freien Termin für die notwendigen Unterwasserarbeiten zu warten.

Kurzum, dies empfanden Carla und ich, die wir ja jahrelang mit unseren Yachten die Freiheit der sieben Meere kennengelernt hatten, als so deprimierend, daß wir die THALASSA II verkauften.

Denjenigen, die bedauern, keine eigene Yacht zu besitzen, ein Trost: Ohne eigene Yacht ist man an kein Revier der Welt gebunden. Auch Unterhaltskosten fallen nicht an. Mit dieser Freiheit und deshalb vergleichsweise viel erspartem Geld läßt sich einiges anfangen. Heute werden alle attraktiven Segelreviere der Welt von potenten Charterfirmen abgedeckt, so daß der yachtlose Segler für seine Abenteuer den gesamten Globus absegeln kann. Wen die Kosten schrecken, der kann nicht richtig rechnen. Werden nämlich die Charterkosten für eine ganze Yacht auf die Anzahl der Teilnehmer am Segelurlaub umgelegt, so kommt ein Überraschungspreis heraus, für den es in keinem Hotel der gehobenen Preisklasse ein Unterkommen gibt.

Vor ein paar Jahren war ich vom Inhaber einer Charterfirma, nämlich Kurt Ecker aus dem österreichischen Ried, eingeladen worden, bei einer von seiner Firma veranstalteten Hochseeregatta 1000 Meilen quer durchs Mittelmeer in Ägypten die Siegerehrung vorzunehmen. Das ließ ich mir nicht zweimal sagen, denn wer hat schon die Möglichkeit, schnell mal übers Wochenende nach Ägypten zu fliegen, dort ein paar Hände zu schütteln und ansonsten nur im feinen Hotel rumzusitzen? Darüber hinaus war es für mich ein großes Vergnügen, denn so lernte ich eine Unmenge von wirklich begeisterten Seglern kennen, die beim Ecker-Cup vom damaligen Jugoslawien nach Alexandria mitgesegelt waren.

1000 Meilen Mittelmeer im Spätherbst ließen von vornherein erwarten, daß es sich nicht um eine gemütliche Gaudisegelei handelte, sondern daß härtestes Segeln geboten wurde.

Entsprechend hart war auch beim Ecker-Cup gesegelt worden, wobei sich die Spannung erst legte, nachdem die letzte Yacht in Alexandria eingelaufen war. Bei der Siegerehrung, einem festlichen Abend mit rund 500 Seglern im Yachtclub von Alexandria, hatte ich von den Gesichtern der Segler den Stolz ablesen können, unter so harten Bedingungen eine Yacht erfolgreich und sicher in der Winterzeit quer übers Mittelmeer gesegelt zu haben.

Als ich mir nun überlegte, wo ich ein Schiff für unseren Columbustörn finden konnte, fiel mir als erster Kurt Ecker ein. Ich will hier kein großes Geheimnis daraus machen und wahrheitsgemäß berichten, daß ich mir, wenn möglich, die Charterkosten für eine Atlantiküberquerung gern erspart hätte. Möglicherweise hätte Kurt Ecker ohnehin im Winter 92/93 eine Yacht in Westindien gebraucht und dorthin überführen müssen. Wenn er mir abgesagt hätte, so hätte ich immer noch bei einer x-beliebigen Charterfirma eine Yacht anmieten können. Ob mir allerdings jemand eine Yacht verchartert hätte, wenn ich ihm vorher mitgeteilt hätte, daß ich keinerlei Navigationsausrüstung mit mir führen, ja die vorhandene ausbauen würde, ist fraglich. So schrieb ich also an Kurt Ecker folgenden Brief:

„Lieber Kurt,

Carla und ich haben eine Idee ausgebrütet. Dazu unsere Bitte. Ich falle mal gleich mit der Tür ins Haus. Hättest Du kein Schiff, das in die Karibik zu überführen wäre?

Ich möchte auf den Kanaren lossegeln, ohne Kompaß, Sextant, GPS, Uhr, nautische Bücher, Seekarten, Computer, Sender und Radioempfänger. Auch nicht „zur Sicherheit in versiegelten Behältern“ werden derartige Dinge an Bord sein. Selbst die Mitsegler (ich hab' an sechs Leute gedacht) werden weder Uhr noch Radio noch ähnliches haben. Sie werden also mir hundertprozentig vertrauen (müssen). Niemand von uns wird die Uhrzeit oder die Position kennen oder Nachrichten von draußen erhalten können.

Damit werden wir nicht irgendwohin in Amerika segeln, sondern zu einer ganz bestimmten Insel!“

Umgehend faxte Kurt Ecker zurück:

Servus, Bobby,

Euer Vorhaben finde ich enorm. Wir müßten das Schiff zu den Kanaren bringen. Wenn wir dieses Terminproblem in den Griff bekommen, würde ich mich sehr freuen. Die navigatorische Ausrüstung könnte auf den Kanaren ausgebaut und von einem der anderen Schiffe mitgenommen werden.

Ich würde mich freuen, wenn Ihr eines unserer Schiffe (natürlich denke ich in erster Linie an die Solitaire 52) trotz des Terminproblems verwenden könnt.

Vorerst verbleibe ich mit besten Grüßen

Kurt

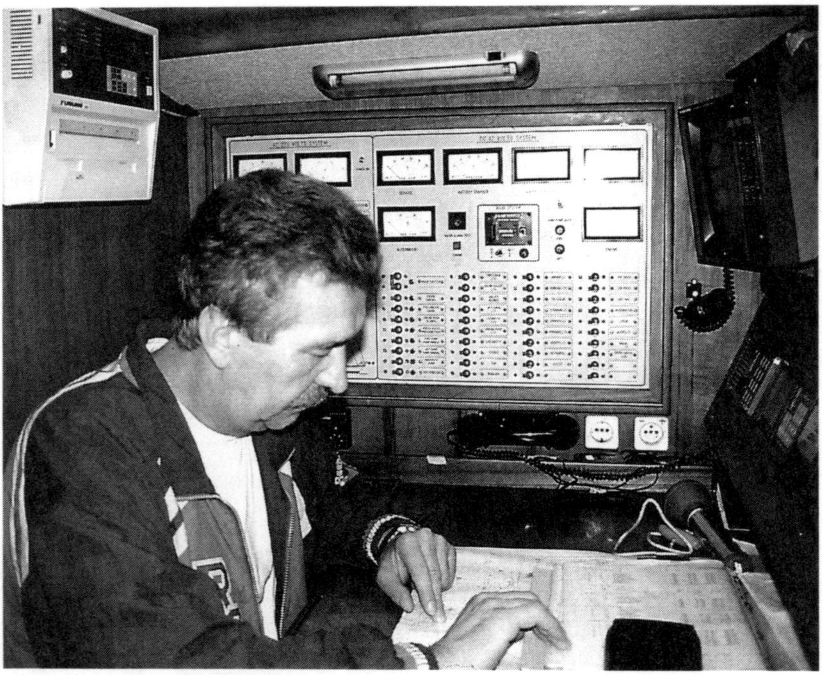

Kurt Ecker in der Navigationsecke seiner Sarita, *einer Solitaire 52*

Das war eine Überraschung, denn viele Segler versuchen in Deutschland, einen Sponsor zu finden. Häufig werden Dutzende von Firmen angegangen, alles vergeblich. Daß gleich mein erster Versuch erfolgreich war, bewies mir aber die Qualität meines Plans. Denn bei leistungsstarken Gönnern handelt es sich ja nicht nur um Menschenfreunde, sondern meist um erfolgreiche Geschäftsleute, die sehr genau Risiko gegen Erfolgsaussichten abwägen.

Gleichzeitig war ich über Kurts Bereitschaft, uns eine Yacht zur Verfügung zu stellen, erschrocken. Denn bis dahin war es mehr ein Gedankenspiel gewesen, ohne daß ich allzuviel über das Risiko einer solchen Fahrt nachgedacht hätte. Jetzt aber war ich mitten drin und hatte noch nicht die leiseste Idee, wie das Ganze funktionieren sollte. Doch genau dies hatte ich beabsichtigt. Ich glaube nämlich an die Leistungsfähigkeit des Menschen, besonders in Streßsituationen. Ich wollte mit einer Yacht lossegeln, ohne ein fertiges Rezept in der Tasche zu haben. Der Reiz an der Sache war gerade, daß wir vielleicht erst unterwegs rausfinden würden, wie ein fester Punkt in der Karibik ohne Navigationsinstrumente erreicht werden kann.

Wir? Carla und ich hatten ausreichend bewiesen, daß es uns ohne weiteres möglich war, ein 20-Tonnen-Schiff zu zweit in den härtesten Revieren der Welt zu segeln. Solches Segeln ist aber immer ein kleiner Kompromiß, denn eine 16-Meter-Yacht bedarf schon einer Mannschaft von sechs bis acht Leuten, um entsprechend ihrer Leistungsfähigkeit ausgesegelt zu werden. Wir haben unsere THALASSA II zwar nicht gerade im Schongang gesegelt, doch eingedenk der zahlenmäßigen Schwäche unserer Mannschaft haben wir immer darauf geachtet, daß frühzeitig Segel weggenommen wurden, daß wir uns nicht gerade nachts in schwierigen nautischen Gewässern herumtrieben, und so fort. Nun aber schwebte uns das Bild einer unter Vollzeug im Passatwind dahinpreschenden Yacht vor. Das heißt, wir wollten dieses Mal nicht nur eine navigatorisch anspruchsvolle Reise machen, sondern auch möglichst sportlich segeln. Deshalb war von Anfang an klar, daß wir die SARITA mit ausreichender Besatzung, also mit sechs bis acht Mann, segeln würden. Wen wir auf diese Reise mitnehmen wollten, darüber machten wir uns noch keine Gedanken. Denn ich war mir sicher, daß es für mich kein Problem sein würde, innerhalb kürzester Zeit eine geeignete Mannschaft zu finden. Noch blieb ja länger als ein halbes Jahr Zeit, um uns auf die Columbusfahrt vorzubereiten. Das Wichtigste jedenfalls hatten wir: das Schiff!

Daß die Atlantiküberquerung im Herbst stattfinden würde, darüber gab es keine Diskussionen. Traditionsgemäß wird der Atlantik im November oder Dezember überquert, was mit dem Wetter zusammenhängt. Denn wie viele Gebiete in den Tropen hat auch die Karibik eine Hurrikanzeit, die es zu meiden gilt. Selbst mit der besten Yacht hätte man kaum eine Chance, einen tropischen Orkan auf hoher See zu überleben. Hier gilt das Seemannsgesetz: Einem Wirbelsturm weicht man aus, indem man in der Hurrikanzeit nicht segelt. In den letzten Jahren hat es, sicherlich in Zusammenhang mit der vieldiskutierten Klimaänderung, in einigen Gebieten der Welt zahlreiche Hurrikans außerhalb der Saison gegeben, was nicht ganz ungewöhnlich ist. So sind in der Karibik vor vielen Jahren Wirbelstürme auch im Dezember über die Inseln hergefallen und haben schwerste Schäden angerichtet. Dies ist ein gewisses Restrisiko, mit dem jeder Atlantiksegler leben muß.

Karibiksterne auf den Philippinen

Die Zusage Kurts, uns ein Schiff zur Verfügung zu stellen, führte dazu, daß mein Nachdenken über die Prä-Columbus-Navigation nicht mehr reine Gedankenspielerei blieb, sondern nun einen ernsten Hintergrund bekam. Denn selbstverständlich wollte ich Kurt sein schönes Schiff heil zurückgeben und nicht irgendwo auf ein Riff in der Karibik setzen. Sein Vertrauen ehrte mich, doch setzte es mich auch unter Druck. Offensichtlich ging er davon aus, daß die Sache schon klappen würde.

Diesbezüglich war er zuversichtlicher als ich. Über genauere Details hatte ich mir noch keine Gedanken gemacht, vor allem kannte ich nicht einmal das Ziel, zu dem ich segeln wollte. Daß wir von den Kanarischen Inseln starten würden, davon ging ich aus, denn dies ist nicht nur von der Geographie her der geeignete Absprungsort über den Atlantik, sondern es war auch Columbus' Start, als er sich aufmachte, die neue Welt zu entdecken. Daß wir nicht genau seinen Kurs nachsegeln würden, stand für mich fest, denn zu uninteressant waren die in Frage kommenden Inseln östlich der Bahamas. Ich wollte wieder einmal in die richtige Karibik, wollte voll im Passat segeln. Denn immerhin hatte ich nur beschränkte Urlaubszeit zur Verfügung. Hätte ich Columbus' Route genommen, wäre ich auch das Risiko eingegangen, am Rand der Passatwindregion vom Wind verlassen zu werden. Das hätte übrigens auch Columbus passieren können.

Nein, ich stellte mir ein Ziel in der Karibik vor, mit Steelband und Planter's Punch. Es mußte also, grob gesehen, in der Gegend zwischen Martinique und den Grenadinen liegen, mithin in der Breitenregion von 12 oder 13 Grad Nord.

12 Grad Nord? Ich griff zur Weltkarte in meinem Lieblingsbuch, den Ocean Passages for the World. Mein Zeigefinger deutete auf die Karibik und fuhr dann ungefähr auf 12 Grad Nord um die ganze Erde herum, bis er in Asien, genauer im Gebiet der Philippinen, hängenblieb. Welch ein Zufall! Genau dort, ebenfalls in der Gegend von 10 bis 15 Grad Nord, befand sich gerade einer meiner besten und langjährigsten Segelfreunde, der Österreicher Wolfgang Hausner. Erst ein paar Monate zuvor hatten mich Wolfgang, seine Frau Gerti und die in Tahiti geborene Tochter Vaitea in Deutschland besucht. Schon 1972 hatten Wolfgang und wir sechs Monate zusammen auf einem Ankerplatz in den Fidschi-Inseln gelegen und uns bestens verstanden.

Unsere Schicksale entwickelten sich anschließend so konträr, wie es gegensätzlicher nicht hätte sein können. Während Carla und ich unsere Weltumsegelung beendeten, schrammte Wolfgang Hausner mit seinem selbstgebauten, 10 Meter langen Katamaran Taboo auf ein Riff in der entlegensten Gegend von Neuguinea und verlor sein Schiff, für das er die letzten Jahre gelebt hatte. Während Carla und ich zu Hause wieder seßhaft wurden und gelegentlich im Urlaub oder zum Wochenende aufs Meer hinausfuhren, verlief Hausners Leben umgekehrt. Obwohl er gerade sein Schiff verloren hatte, blieb er dem Wasser in den exotischsten Gebieten der Welt treu und kam nur gelegentlich nach Österreich zurück. So riß der Kontakt zwischen uns nie ganz ab.

Unbeirrbar biß sich Wolfgang durch, schrieb ein erfolgreiches Segelbuch und legte damit und mit dem Verkauf von Muscheln den finanziellen Grundstock für ein neues Schiff. Einfach in eine Werft zu gehen und dort ein neues Schiff zu bestellen, wäre nicht sein Stil gewesen. Er ließ sich in den Philippinen nieder und baute dort einen neuen riesigen Katamaran. In der Zwischenzeit hatte er seine Jugendliebe Gerti geheiratet, die ihm seine Tochter Vaitea in Tahiti während der gemeinsamen Weltumsegelung geboren hatte. Nun befanden die drei sich wieder auf den Philippinen, eben auf 12 Grad nördlicher Breite.

Es war März, die Sonne stieg am grauen Himmel von München auch zur Mittagszeit noch nicht sehr hoch. Wir hatten also vom Sonnenstand her ungefähr die gleiche Situation, wie wir sie im Herbst bei unserer Atlantiküberquerung haben würden. Noch einen Schritt weiter gedacht: Wären wir jetzt auf den Philippinen, so hätten wir – astronomisch gesehen - vom Sonnenstand und Sternenhimmel her die gleiche Situation, wie wir sie bei der Atlantiküberquerung im Spätherbst haben würden. Wäre Wolfgang nicht auch der ideale Gesprächspartner für mich, um meine Idee vom Columbustörn zu bewerten?

Von allen Seglern bewundere ich am meisten Wolfgang Hausner wegen seines Muts zum Risiko, nicht etwa wegen seiner Tapferkeit. Ich kenne niemanden, der so präzise ein Risiko abzuschätzen weiß wie er. Es gibt von ihm Fotos aus den Malediven, wie er beim Tauchen mit bloßer Hand Haie anfüttert. Es würde mir nicht im Traum einfallen, ihm das nachzumachen, und trotzdem bin ich überzeugt, daß in diesem Moment für ihn keine Lebensgefahr bestanden hat.

Am besten aber charakterisiert wohl Wolfgangs Einstellung zum Leben folgende Geschichte: Als er mir einmal erzählte, daß er allein (!) mit seiner Tauchflasche auf 70 Meter Tiefe gewesen war, fragte ich ihn: „Es ist ohnehin bodenlos leichtsinnig, allein zu tauchen. Meinst du nicht, daß es extrem riskant ist, dazu noch auf 70 Meter zu gehen, nur wegen der paar Minuten, die du dich in dieser tödlichen Tiefe aufhalten kannst?“

Wolfgang antwortete trocken: „Ich weiß, aber für diese Momente lebe ich!“ Wolfgang, da war ich mir sicher, würde mir besser helfen können als jeder andere, die Erfolgsaussichten unseres „Projekts Columbus“ und auch das Risiko für uns und vor allem für das Schiff abzuschätzen. Carla buchte Flüge nach Cebu City auf den Philippinen.

Riesenkatamaran zwischen 7000 Inseln

Es war schon dunkel, als uns Wolfgang am Flugplatz in Cebu City abholte. Er strahlte dabei über das ganze Gesicht, und ich mußte ihn ob seines Aussehens bewundern. Zwar hatte das ständige Leben unter der Sonne auch bei ihm die ersten tiefen Falten ins Gesicht gegraben, doch sein Körper war immer noch ohne ein Gramm überflüssiges Fett. Seine Züge waren hagerer geworden, wirkten jedoch dadurch nur noch energischer. Lediglich seine langsam schütter werdenden Haare zeigten, daß seit unserem Treffen im Hafen von Papeete schon zwei Jahrzehnte vergangen waren.

Obwohl es inzwischen dunkel war, dampfte der Flugplatz von Cebu City unter der unglaüblichen Hitze. Ich schätzte die abendliche Temperatur noch immer auf fast 35 Grad. Vor der Empfangshalle herrschte geschäftiges Treiben; auf dem kurzen Weg von der Gepäckausgabe bis zum Tor wurden wir von mindestens 20 Taxifahrern angesprochen. Wolfgang bat uns um etwas Geduld und hörte sich anscheinend völlig uninteressiert die Angebote der Taxifahrer an, uns zum Ankerplatz der TABOO zu bringen. Mit 50 Dollar begann das Feilschen. Dann wurden es immer weniger Taxifahrer, die auf uns einredeten, während sich der Preis langsam von 20 Dollar auf gut zehn Dollar verringerte. Am Ende redete nur noch ein einziger Taxifahrer auf uns ein. Wolfgang meinte: „Lange können wir nicht mehr durchhalten, denn dies ist nun der letzte

Taxifahrer. Wenn der eine bessere Fuhre als uns bekommt, stehen wir, rund 20 Kilomenter von der Taboo entfernt, schön dumm da."

Rechtzeitig gab er den Zuschlag, und wir packten unsere Seesäcke in das Taxi. Als wir über die holprige Straße schaukelten, wurde mir klar, daß dieses Auto sicherlich schon eine halbe Million Kilometer auf den Achsen hatte. Es wunderte mich nicht, als es plötzlich leicht zu schlingern begann und der Taxifahrer anhielt. Nach ein paar Sekunden bedeutete er uns auszusteigen, denn er müsse nunmehr einen Reifen wechseln. Wolfgang erklärte uns, daß dies hier durchaus üblich sei, er könne sich kaum an eine Taxifahrt zur Taboo erinnern, bei der nicht irgendwas passiert sei. Recht beruhigt stiegen wir wieder ein, aber bereits im nächsten Dorf ging der Taxifahrer auf Schrittempo zurück und hielt nach irgend etwas Ausschau. Laut Wolfgang suchte er nun nach einer Möglichkeit, den kaputten Reifen zu flicken. Als ich dafür nicht viel Verständnis aufbrachte, klärte Wolfgang mich auf: Dies sei unbedingt nötig, denn wenn auf der Weiterfahrt eins der anderen vier Räder seinen Geist aufgab, konnten wir in üble Schwierigkeiten kommen. Das gesamte Hinterland von Cebu City sei von Rebellen verseucht, deshalb sollte man nicht ausgerechnet in stockfinsterer Nacht mit einer Fahrzeugpanne liegenbleiben. Wie beruhigend!

Im nächsten Dorf sahen wir zu, wie ein paar Kinder am Straßenrand mit Hilfe einer stinkenden Petroleumleuchte den Autoreifen richtiggehend vulkanisierten. Danach dauerte es nicht mehr lange, bis wir am Ankerplatz der Taboo ankamen und herzlich von Vaitea und Gerti empfangen wurden.

Am nächsten Morgen wurden wir mit einer schier unglaublichen Hitze konfrontiert. Zwar hatte uns das Frühlingswetter in Deutschland nicht gerade auf tropische Temperaturen vorbereitet – aber Werte von durchweg fast 40 Grad hatte ich auch anderswo selten erlebt.

Üblicherweise ist Hitze auf einem Ankerplatz kein Problem. Wenn es einem zu heiß wird, springt man halt ins Wasser. Aber das Wasser unter den Rümpfen der Taboo hatte wenig erfrischende 28 Grad. Nur wenn man ein paar Meter tief abtauchte, konnte man für ein paar Sekunden in etwas kühlere Wasserschichten kommen und kurzzeitig das Gefühl haben, die Hitze hätte nachgelassen. Über dem Ankerplatz regte sich kaum Wind, der sonst für gleichmäßige Temperaturen an Bord einer ankernden Yacht sorgt.

In den ersten Tagen unternahmen wir wenig, denn allein der Gedanke, bei dieser Hitze auch noch in der Stadt herumlaufen zu müssen, brachte mich schon zum Schwitzen. Nein, da war es doch erträglicher, untertags auf dem großen Deck der TABOO von Schatten zu Schatten zu kriechen und sich irgendwo flachzulegen.

Wolfgang, Gerti und wir waren uns einig, daß wir nicht allzu weite Strecken segeln wollten. Ich empfand es ohnehin als generös, daß sie die TABOO mit uns überhaupt bewegen wollten. Denn für einen Fahrtensegler ist es schon ein gewisses Opfer, mit Gästen loszusegeln, und ich wußte Wolfgangs Großzügigkeit zu schätzen. Noch hatte ich ihm nichts von meinen Plänen erzählt, denn zunächst wollte ich mir ein Bild von den Navigationsmöglichkeiten in diesen geographischen Breiten machen.

Da war es mir recht, daß Wolfgang entschied, erst gegen Abend auszulaufen und an der Ostküste der Insel Cebu nach Norden zu segeln. Carla und ich waren schon vor ein paar Jahren in Grand Cayman auf der TABOO III gesegelt, deshalb wußte ich, daß sie eines der phantastischsten Segelschiffe war, die ich jemals betreten hatte. Wenn jemand nur Einrümpfer unter Segeln erlebt hat, ist es fast eine Offenbarung, mit einem Mehrrumpfboot wie Wolfgangs Eigenbau zu segeln. Nicht allein ihre Größe von fast 20 Metern macht die TABOO III so schnell und bequem; vor allem liegt es daran, daß hier ein großartiger Seemann nach vielen Jahren Erfahrung sein Traumschiff entworfen, selbst gebaut und über einige Jahre auf seiner Weltumsegelung immer wieder verbessert hat. Davon erzählt er in seinen Büchern „TABOO – eines Mannes Freiheit“ und „TABOO III – Leben auf sieben Meeren.“

Nachdem wir offenes Wasser erreicht hatten, segelten wir mit leichtem Wind, aber bestimmt sieben bis acht Knoten schnell, an der Küste entlang. Bei Einbruch der Dunkelheit drehte der Wind immer mehr nach vorne, und Wolfgang mußte immer höher rangehen. Die TABOO schien nichts davon zu wissen, daß Mehrrumpfboote angeblich keine Höhe laufen können. Ich hatte den Eindruck, und der Kompaß bestätigte es mir, daß sie mindestens genau wie ein einrümpfiges Fahrtenschiff entsprechend ihrer Länge gegenangehen konnte.

Inzwischen war es dunkel geworden, und ich überlegte, wie ich steuern würde, wenn kein Kompaß zur Verfügung stünde. Meine Augen suchten den klaren Himmel nach dem Nordstern ab, aber ich fand ihn nicht. Jedes Kind lernt schon in der Schule, daß der Nordstern mit Hilfe des Großen Wagens leicht identifiziert werden kann. Aber was tun, wenn man schon den Großen Wagen unter den Tausenden von Lichtpunkten am Himmel nicht ausmachen kann?

Wir befanden uns auf ungefähr 12 Grad nördlicher Breite, so daß der Nordstern sich ebenfalls so um die 12 Grad über dem Horizont befinden mußte. Warum?

Das hängt damit zusammen, daß der Nordstern exakt, zumindest für das Auge, im Norden und damit in der verlängerten Erdachse steht. Am Nordpol stünde er also genau über dem Beobachter, sein Winkel wäre 90 Grad. Würde nun dieser Beobachter vom Nordpol nach Süden wandern, würde er den Nordstern immer niedriger sehen, also in 89 Grad, 88 Grad und so weiter. Am Äquator, also auf null Grad, wäre der Nordstern ebenfalls auf „null Grad", also genau im Horizont. Auf der Südhalbkugel ist er deshalb nicht mehr zu sehen. Man könnte auch sagen: Er wird von der Erdkrümmung verdeckt.

Meine Augen suchten in der Dunkelheit angespannt den Horizont ab. Da hatte ich eine Vielzahl von Sternen zur Auswahl, die ich so auf zehn bis 15 Grad über dem Horizont schätzte. Zudem waren sie nicht die hellsten, denn wenn ein Stern nur noch knapp über dem Horizont steht, verliert er viel von seiner sonstigen Leuchtkraft. Wo war nun der Nordstern? Wo war Norden, wo waren die anderen Himmelsrichtungen?

Diese erste mißlungene Probe aufs Exempel beunruhigte mich. Wenn ich schon ohne Kompaß nicht in der Lage war, die Himmelsrichtungen festzustellen, wie sollte ich dann einen bestimmten Kurs auf dem Atlantik steuern, wie sollte ich erst Aufschlüsse über meine Position bekommen?

Verstohlen schielte ich zum Kompaß und versuchte so, den Nordstern zu identifizieren. Lag meine Unfähigkeit, mich nach den Sternen zu orientieren, vielleicht daran, daß es nicht der Ernstfall war? Jedenfalls war ich mir nicht ganz sicher, ob ich den richtigen Stern als Polarstern ansah. Insofern hatte sich die Reise nach den Philippinen schon gelohnt. Denn eines wurde mir klar: Der Plan, ohne Navigationsinstrumente über den Atlantik zu segeln, würde nicht so leicht zu realisieren sein. Noch wichtiger: Einige vermeintliche Schwierigkeiten würden sich im Ernstfall wohl in Luft auflösen, aber andere Hürden würden sich aufbauen, mit denen ich nicht gerechnet hatte.

Inzwischen waren wir an der Nordostspitze der Insel angekommen. Wolfgang hatte das Leuchtfeuer identifiziert, und wir konnten unseren Kurs nun nach Nordwesten ändern. Der Wind hatte etwas mitgedreht, so daß wir nicht auf den anderen Bug mußten. Allerdings kniffen wir jetzt mehr Höhe, was die Taboo nicht besonders zu quälen schien. Immerhin erlebte ich zum ersten Mal auf diesem Schiff, daß Wasser überkam. Eine der faszinierendsten Seiten eines Katamarans ist ja, daß er im allgemeinen viel trockener segelt als eine Einrumpfyacht.

Jetzt aber warfen die beiden Rümpfe bei jedem Einsetzen milchige Fontänen von Salzwasser hoch, das vom Wind übers Deck geweht wurde. Hier gab es kein Klappverdeck, unter das man sich hätte verkriechen können, und bald waren unsere Gesichter salzverkrustet. Das veranlaßte Wolfgang, mir etwas Neues über Wohnkomfort auf einer Hochseeyacht zu erzählen.

Eines der Probleme für die Bequemlichkeit an Bord ist die ständig präsente Feuchtigkeit. Sie läßt nur dann etwas nach, wenn das gesamte Salz durch einen Regenguß von Deck gewaschen wird. Schon dies führt dazu, daß die Luftfeuchtigkeit an und unter Deck erheblich nachläßt. Wolfgang erzählte mir nun, daß ganze fünf Liter Frischwasser ausreichten, das gesamte Salz vom Deck der Taboo zu entfernen, wenn man es per Hand und Feudel abwusch. Er nannte es „das Deck absüßen“. Später, auf dem Ankerplatz, demonstrierte er mir dies. Es war tatsächlich überraschend, wie er ein so riesiges Deck wie das der Taboo mit fünf Liter Wasser praktisch salzfrei bekam.

So hatte ich wieder etwas dazugelernt, allerdings nicht über Navigation, sondern über den Wohnkomfort auf Hochseeyachten. Noch ein Gutes hatte diese nächtliche Überfahrt: Mir war klar geworden, daß die „Navigation mit den Augen“ so unproblematisch nicht sein würde und ich mich noch auf einige Erfahrungen gefaßt machen mußte.

Am frühen Morgen hatten wir das Inselchen Boracay in Sicht und standen bald vor der Einfahrt in die Lagune. Vom Horizont her leuchtete sie in dem für tropische Ankerplätze typischen Smaragdgrün, in das unregelmäßig hellere Tupfen eingelagert waren. Aus der Karte konnten wir lesen, daß hier überall mit Korallenköpfen zu rechnen war, die selbst für die Taboo mit ihren wenigen Dezimetern Tiefgang ein Problem darstellten, denn gelegentlich wachsen Korallen bis knapp unter die Wasseroberfläche. In solchen Situationen versagt auch die raffinierteste Elektronik. Kein Echolot kann die Untiefen anzeigen, denn es muß sich ja immer darüber befinden, und kein Radar kann warnen, denn es hat nur „Augen“ über Wasser. Hier wird mit dem genialsten Navigationsinstrument gesegelt, das sich zwischen den Ohren eines Skippers befindet. Die Amerikaner nennen es „eyeball navigation.“

Ich blickte auf den Mast der Taboo, denn bald würde Wolfgang wohl aufentern, um einen besseren Überblick über die Wasseroberfläche zu haben. Gerti stand am Ruder und hielt den Kurs, den ihr Wolfgang vom Vorschiff zurief. Ich hatte noch gar nicht bemerkt, daß die für eine Fahrtenyacht fast obligatorischen Mastsprossen auf Wolfgangs Taboo fehlten. Auch die Hilfsleinen, gespannt zwischen den Wanten, die das Besteigen des Mastes üblicherweise erleichtern, waren nicht da. Wenn Wolfgang jetzt von mir verlangt hätte, zur Saling aufzuentern, dann hätte ich nicht gewußt wie. Denn ohne Steighilfen hätte ich den glatten Mast nicht erklettern können.

Nicht so Wolfgang. Er brauchte keine drei Sekunden, um von Deck aus fast zehn Meter hoch – die Höhe eines dreistöckigen Hauses – auf die Saling zu steigen. Von dort oben gab er dann Gerti weitere Anweisungen, wie sie am günstigsten durch die Korallen steuern konnte.

Typisch Wolfgang Hausner: „Für diese Augenblicke lebe ich . . .“

In der Lagune von Boracay war reger Betrieb. Auf den weißen Sandstränden lagen Sonnenhungrige, am Ufer spielten krausköpfige Kinder im Wasser, und ein paar Surfer glitten mit ihren bunten Segeln über die flachen Wellen der Lagune. Ein anderes Gefährt aber zog unsere ganze Aufmerksamkeit auf sich. Aus der Ferne schien es ein sehr breites Schiff zu sein, das da unter blau-weiß längsgestreiften Segeln auf uns zuhielt. Aber als es näher kam, sahen wir, daß es sich um ein spinnenartiges Gefährt handelte, um eine Art Trimaran. Es war breiter als die Taboo, wirkte jedoch im Vergleich zu unserem wuchtigen Katamaran zerbrechlich. Der mittlere Rumpf war so schmal, daß nur ein einziger darin sitzen konnte. Die ganze Mannschaft, bestehend aus immerhin sieben Leuten, stand freihändig auf dem Ausleger und winkte uns zu.

Ganz außen hielt sich an einer Leine ein barbusiges Mädchen mit einer Hand fest, ließ sich von der aufgewirbelten Gischt bespritzen und winkte ebenfalls. Ein schöner Anblick!

Als die Spinne nähergekommen war, rief uns ihr Skipper – oder besser gesagt ihr „Pilot" – zu, wir sollten uns vor den Korallenköpfen in acht nehmen. In breitem Oberbayerisch (was mich überraschte) gab er uns die Richtung an, in der wir weitersegeln mußten. Später lernten wir unseren Helfer – Hans aus München – noch genauer kennen. Bald hatten wir den von Hans empfohlenen Ankerplatz erreicht, eine perfekte Stelle. Wir lagen auf ungefähr drei Meter Tiefe, vielleicht 100 Meter vom Ufer entfernt. Mit dem Feldstecher blickten wir hinüber und sahen, daß es keine Schwierigkeiten machen würde, mit dem Dingi dort anzulanden. Schon gar nicht mit Wolfgangs Dingi, das eine Spezialkonstruktion darstellte.

Ein Beiboot ist nämlich immer ein Kompromiß. Am zweckmäßigsten wäre ein stabiles Kunststoffboot mit starkem Außenborder, das leicht ins Gleiten kommt. Es wäre dann nur eine Frage von ein paar Minuten, an Land zu gelangen. Ist das Beiboot schwach oder gar nicht motorisiert, wird die Versuchung immer groß, zu nahe beim Ufer zu ankern. Hält der Anker dann bei auflandigem Wind nicht, so sitzt die Yacht sofort fest. Nun hat ein Speedboat als Dingi aber den Nachteil, daß es wegen des starken Außenborders zu schwer ist, um auf dem Strand weit genug hochgezogen, geschweige denn getragen zu werden.

Wolfgang hatte dieses Problem, wie es eben seine Art war, auf geniale Art gelöst. Am Heck seines Schlauchboots befanden sich ein paar Räder, die auf und ab geklappt werden konnten. Solange das Boot im Wasser schwamm, zeigten sie nach oben. Wenn es aber ans Landen ging, wurden sie einfach heruntergeklappt, und auch Carla oder Gerti waren dann in der Lage, das Boot so weit auf den Strand zu ziehen – besser: zu rollen –, daß es sicher außerhalb der Reichweite des Wassers war.

Mit diesem Beiboot genossen wir die Insel Boracay, die wirklich für jeden (Urlaubs-)Beutel etwas zu bieten hatte: Vom Luxushotel bis zur Unterkunft einfachster Art (ohne Aircondition und elektri-

Auch für eine Person ist es kein Problem, das schwere Beiboot auf den Strand zu ziehen.

sches Licht) war alles auf den paar Kilometern Strand angesiedelt. Wolfgang war zum ersten Mal hier, obwohl er schon kreuz und quer in den 7000 Philippinen-Inseln gesegelt war. Er meinte, mehr als fünfzig Yachten würden sich in diesem Paradies wohl nicht aufhalten. Also endlich ein Segelrevier, wo nicht die dämliche Frage: „Wie überlaufen ist das Revier?“ gestellt werden konnte – meist von Leuten, die schon in ihrer Marina 500 Liegeplatznachbarn hatten. Allerdings war mir längst klar, warum es nicht mehr Yachten dorthin trieb.

Hatte Wolfgang keine Angst vor einem Hurrikan? Die China-See, in der die Philippinen liegen, ist dafür berüchtigt, daß tropische Orkane das ganze Jahr über ausbrechen können. Aber Wolfgang beruhigte mich und wies darauf hin, daß es im Gegensatz zu anderen tropischen Inselgruppen hier jede Menge hurrikansichere Häfen gab. Auch er hatte schon einen solchen Superorkan abgewettert, ohne die geringsten Verluste zu erleiden. Also doch ein ideales Segelrevier?

Nicht ganz, meinte Wolfgang. Es gab da immer noch das Seeräuberproblem. Aber gleichzeitig ließ er mich wissen, daß ihm dies gleichgültig sei, denn seine Yacht sei entsprechend schwer bewaffnet. Ich glaubte ihm, weil in seinen Büchern mehr als einmal davon die Rede ist, wie er mit Hilfe seines Maschinengewehrs Überfälle abgewehrt hat. Ich mußte schmunzeln, denn mir fiel wieder ein, wie Wolfgang sich eines Tages bei mir beklagt hatte, er habe eine Handgranate auf der TABOO so raffiniert versteckt, daß er sie nicht wiederfinden könne. Weil dieser Vorfall bereits einige Jahre zurücklag, war ich eher amüsiert als besorgt bei dem Gedanken, daß ich auf einem riesigen Sperrholzschiff schlief, wo in irgendeiner Ecke an einer scharfen Handgranate der Rost nagte.

Segeln pur in Boracay

Wolfgangs Satz, daß man zum Leben auf einer Yacht nur einen Dollar pro Tag benötigt, stammt aus dem Jahr 1970. Selbst wenn sich Wolfgang nicht geändert hätte und nun auch ein komfortableres Leben liebt (was schon die Familie verlangt), dann würde sich dieses Rezept allein schon wegen der Inflation heute nicht mehr wiederholen lassen. Aber es gibt immer noch eine Steigerung. Ich lernte auf Boracay Hans kennen, der könnte ein Leben nach ähnlichen Maßstäben gestalten. Er ist eigentlich von Beruf Friseur und stammt aus München, genauer aus Pasing. Es war der Skipper jener spinnenartigen Parau, die uns beim Einfahren in die Lagune von Boracay entgegengesegelt war und uns durch die Korallenköpfe den Weg zu einem sicheren Ankerplatz gewiesen hatte.

Wer ein echter Segelfan ist, der sollte sich ein wenig Zeit nehmen und mal Segelurlaub total auf Boracay genießen. Yachten oder Jollen wird er dort kaum finden, dafür aber hautengen Kontakt zum glasklaren Wasser der Lagune. Wer auf einer der Paraus über das Wasser hingleitet, die Korallen unter den Schwimmern durchflitzen sieht und auf den Auslegern im Rhythmus von Welle und Wind tanzt, der wird mir zustimmen, daß hier Segeln weder Kampf noch Krampf mit den Elementen ist, sondern eine Annäherung an die Natur auf und unter dem Wasser, wie man sie woanders nicht erleben kann. Wen irgendwann im Leben das Segelfieber gepackt hat, der wird jahrelang einem Phantom nachjagen, nämlich dem Segeln in Vollendung. Er wird es gesucht haben in den rauhen Gewässern der Nordsee, in den (im Sommer) langweiligen Gewässern des Mittelmeers oder im Passat vor Westindien. Doch erst in Boracay auf einer Parau erkennt er vielleicht: „Das ist wahres Segeln!“

So meinte auch Hans aus München, der vor zehn Jahren in dieses Paradies gekommen war. Daheim übte er seinen Beruf als Friseur jeweils nur kurzzeitig aus. Während der Saison war er immer in Boracay zu finden. Die Saison dauert acht Monate und beginnt im Oktober. Er lebt in einfachsten Hütten ohne Strom und fließendem Wasser, wohl aber mit einer Entenfamilie, die im Schlafzimmer zwischen seinen Beinen herumwatschelt. Aber das stört hier niemand, denn die meiste Zeit verbringt man ohnehin auf dem Wasser. Hans' Parau ist knapp zehn Meter lang und fast ebenso breit. Täglich schießt sie über die Lagune. Manchmal sitzt er bei einschlafendem Wind am Abend allein im engen Cockpit, während draußen auf dem Ausleger höchstens sein deutscher Freund Robert* beim rhythmischen Gleiten auf dem weichen Wasser der Lagune träumt und die letzten 12 Monate vergessen möchte. Er war als Geisel bei einer der unzähligen Rebellenorganisationen ein Jahr lang gefangen.

Manchmal aber hat Hans auch bis zu acht Mitsegler auf den Auslegern, was ihm trotz der Dauerdusche im Cockpit besonders gefällt; die Bewegungen seien viel schöner, wenn viele Menschen auf einer Parau mitsegeln. Bis vier Windstärken läuft sie jedem Surfbrett davon und einer behäbigen Einrumpfyacht sowieso.

Wer die Parau von Hans über die Lagune flitzen sieht, sollte aber nicht glauben, das Ausbalancieren auf den Auslegern sei ein Tanzvergnügen. Ohne Trapez, als Halt nur einen Tampen, fällt es dem Neuling nicht leicht, festen Stand zu finden. Die Dondoons (Wurzelhölzer, die die Querverbindung zu den Auslegern bilden) sind glitschig. Nicht nur vom Wasser, sondern häufig auch von Blut, denn gerade der Anfänger kennt noch nicht die Stellen, wo auf Finger und Fußsohlen die zahlreichen scharfkantigen Knoten in den Fischschnüren aus Perlon lauern, welche die Holzschichten zusammenhalten.

---

*Name geändert

Ist der Wind so stark, daß man ganz draußen auf dem Luvschwimmer stehen muß, findet man das nur so lange einigermaßen kommod, bis der Schwimmer kurz eintaucht. Der Wasserwiderstand an den Füßen ist bei dieser hohen Geschwindigkeit nämlich so kräftig, daß es einem unweigerlich die Beine weghaut. Fängt man sich noch rechtzeitig und fällt nicht ins warme Wasser, dann schmerzen bald die blaugeschlagenen Knöchel. Wolfgang flog bei seinem ersten Parau-Ausflug in hohem Bogen ins Wasser. Kein Schrei, kein Ruck – er war nur plötzlich nicht mehr auf dem Ausleger. Ein Blick nach hinten: Da leuchtete sein rotes Käppi ein paar hundert Meter achteraus.

Als die Parau dann auf Wolfgang zuschoß, zeigte sich, daß Mann-über-Bord-Manöver mit einem solchen Boot ihre gefährlichen Eigenarten haben. Auf den letzten Metern vor Wolfgang wurde mir klar, daß der bei Jollen übliche Aufschießer mit diesen schnellen, aber nicht besonders wendigen Flitzern unmöglich ist. Man rast trotz gefierter Schoten an den Mann im Wasser so schnell heran, daß einem angst wird, der zugespitzte Schwimmer könnte ihm wie ein Pfeil ins Gesicht fahren. Um dies zu verhindern, wird der Mann zwischen Rumpf und Ausleger angepeilt. Wenn die Parau dann über ihn weggleitet, gilt es, wie ein Wasserball-Torwart nach dem Dondoon zu greifen und sich unter dem schadenfrohen Gelächter der Besatzung an Bord zu ziehen.

Beim nächsten Törn überließ Hans Wolfgang die Steuerschoten und war daraufhin prompt selber plötzlich vom Ausleger verschwunden. Trotzdem kann man Hans getrost einen Profi nennen – was die Beherrschung seines Bootes betrifft. Geldverdienen allerdings findet nicht statt. Hans betreibt die Parau-Segelei als reines Hobby, und zwar als billiges, wenn man es mit anderen Segelarten vergleicht. Gerade dreitausend Dollar hat er für seine Parau bezahlt. Insgesamt gibt er weniger als 2000 Mark im Monat aus – eingeschlossen Essen, Trinken (Bier), sonstigen Lebensbedarf und was er für das Boot zum sportlichen Segeln braucht.

Auf Boracay finden pro Jahr rund zehn Regatten statt. Davon gewinnt Hans die Hälfte. Das große sportliche Ereignis aber ist das Jahresrennen in Iloilo. Ein paar hundert Paraus versammeln sich dort alljährlich zur wichtigsten Regatta der Philippinen, einem Volksfest mit Formel-1-Charakter. Gesegelt wird nach einigen wenigen Vorschriften, die zwar nicht die Vorfahrt regeln, wohl aber die Klasseneinteilung (richtet sich nur nach der Wasserlinienlänge) und die Werbung. Letztere ist am Schiff verboten, dafür geht es bei den zwanzigtausend Zuschauern um viel Geld. Denn gewettet wird wie sonst nur bei den beliebten Hahnenkämpfen. Auch die Sieger verdienen. Hans bekam für seinen sensationellen Gesamtsieg (eine Stunde 48 Minuten gesegelte Zeit für 36 Kilometer) immerhin 500 Dollar.

Für einen Wanderurlaub in der philippinischen Inselwelt würde sich eine große Parau nach Hans' Meinung hervorragend eignen. Man könnte mit Rucksack, Spiritusofen und kleiner Besatzung lossegeln, von Insel zu Insel ziehen, unter freiem Himmel übernachten und kurz gesagt all das tun, was die meisten von uns, mindestens solange wir jung waren, zum Fahrtensegeln hingezogen hat. Hans findet, alle Einwohner auf den Philippinen seien nett und gastfreundlich, ganz besonders zu Menschen, die mit dem Segelboot übers offene Meer kommen. Wie wäre es also mit einem solchen Aktivurlaub? Ach ja, die Rebellen! Nein, die sitzen in den Bergen und nicht auf den kleinen Inseln.

Es ist kein Problem, auf Boracay für wenig Geld eine geeignete Parau zu mieten. Bleibt man länger, kann man sich auch eine kaufen; losschlagen läßt sie sich auf Boracay allerdings nicht mehr. Aber für Unterstellmöglichkeiten bis zum nächsten Jahr sorgt Hans. Beschläge und anderes Bootszubehör muß man allerdings mitbringen. In gemietete Boote kann man jederzeit Verbesserungen einbauen. Der Vermieter erwartet dann, daß die Einbauten auch an Bord verbleiben. Möchte man nicht unbedingt beim ersten Mal über das offene Meer von Insel zu Insel ziehen, gibt es auch Unterkünfte auf Boracay, luxuriöse und einfache (ohne fließendes Wasser und Klimaanlage). Zeit sollte man haben, begeisterter Segler muß man sein, auch sollten Hitze und Salzwasser einem nichts anhaben. Kurzum: Für Junggebliebene könnte es ein preiswerter Traumurlaub werden.

Die Schiffsposition steht in den Sternen

Wir lagen noch immer auf dem herrlichen Ankerplatz vor Boracay, als ich Wolfgang von unseren Plänen erzählte, ohne Navigationsausrüstung über den Atlantik zu segeln. Seine Reaktion war für ihn typisch. Er ballerte nicht wie viele Besserwisser los, da sei doch nun gar nichts dabei, da müsse man nur mit der Sonne steuern, die Breite könne man ja aus dem Nordstern beziehen. Er zögerte auch nicht wie Ignoranten und Angsthasen, die sofort behaupteten, daß das ganz und gar unmöglich sei, daß das Schiff auf einem Riff landen und ich, der verantwortungslose Skipper, die Mannschaft in höchste Gefahr bringen würde.

Wolfgang sagte zunächst ein paar Minuten gar nichts, dachte nach und meinte, daß man dies zumindest probieren sollte. Wir unterhielten uns über die verschiedenen Möglichkeiten. Nachdem Wolfgang und ich nautisch ungefähr die gleiche Vergangenheit und Erfahrung hatten, wunderte es mich nicht, daß wir schon nach kurzer Unterhaltung bei ungefähr den gleichen Ideen waren. Daß das Problem zu lösen sei, indem möglichst genau Kurs gehalten wurde, war von Anfang an kein Thema; das Fehlen eines Kompasses wurde nicht einmal andiskutiert; aber sehr schnell waren wir beide beim Kernproblem, wie nämlich die geographische Breite ohne irgendwelche Hilfsmittel – zumindest ohne mitgebrachte – bestimmt werden konnte. Wolfgang, der – obgleich er nie eine

Segelschule besucht hatte – immer größten Wert auf exakte Navigation legte, prägte einmal das Wort vom „breiteln". Er meinte damit eine Primitivmethode, nämlich nur die geographische Breite zu bestimmen und auf diesem Kurs nach Westen zu segeln. Keine Frage, daß es eine Reihe von Seglern gegeben hat, die so nach Amerika gelangten. Das konnte die Lösung des Problems sein. Diese Methode war mit Sicherheit bereits vor tausend Jahren angewendet worden, wenn die Segler nur irgendwie die Möglichkeit hatten, aus der Messung von Gestirnshöhen auf die Breite zu schließen. Daß eine genaue Position, zu der ja neben der geographischen Breite auch die Länge gehört, niemals festgestellt werden kann, ohne im Besitz einer sehr genau gehenden Uhr und (!) der exakten Uhrzeit zu sein, war von vornherein klar. Ein ehernes Gesetz in der Navigation ist es, so wie zwei mal zwei eben nur vier sein kann, daß ohne Uhrzeit an Bord die geographische Länge auf hoher See niemals bestimmt werden kann.

Wolfgang war sofort auf meiner Wellenlänge: Es mußte mit Hilfe der Sonne die Breite bestimmt werden. Dazu war es aber notwendig, die Höhe der Sonne, also ihren Winkel über dem Horizont, so genau wie irgend möglich zu messen.

Einer der ganz elementaren Grundsätze in der Navigation, nicht nur in der maritimen Navigation, ist nämlich der, daß aus der Position der Gestirne, in erster Linie aus ihrem Winkel über dem Horizont, Rückschlüsse auf die Position auf der Erdoberfläche gezogen werden können. In der klassischen Navigation haben wir es also damit zu tun, daß der Winkel eines Himmelskörpers, meist jener der Sonne, über dem sichtbaren Horizont gemessen wird.

Aber schon die „Kimm", also der sichtbare Horizont, ist eine Hilfskonstruktion. Denn genaugenommen interessiert nur der Winkel eines Gestirns zur absolut Waagrechten. Auf einem Schiff aber ist eine genau waagrechte Linie nicht darzustellen, deshalb bedienten sich die Seeleute seit alters her eben der Blickrichtung zum Horizont als der nahezu Waagrechten. Wem das nicht genau genug war, der konnte die leicht geneigte Blickrichtung zur Kimm dann noch geringfügig verbessern, um so den Winkel zwischen einem Gestirn und der Waagrechten zu messen.

Was sich hier so selbstverständlich anhört, beinhaltet tatsächlich eines der großen Probleme in der gesamten Navigationsgeschichte. Denn es geht in erster Linie nicht um dieses Primitivwissen, also um die theoretischen Grundlagen der Navigation, sondern um das praktische Messen des „Höhenwinkels" eines Gestirns. Wo hier die Schwierigkeiten liegen, läßt sich leicht begreifen, wenn wir uns die Dimensionen klarmachen: Befindet sich ein Gestirn exakt über uns, so steht es in einem Winkel von 90 Grad. Geht es am Horizont unter, so ist sein Winkel null Grad. Wäre der Stern oder die Sonne gerade eben auf halber Höhe, so würden wir mit einem geeigneten Instrument 45 Grad messen. Wie genau muß jedoch diese Messung sein, damit sie für die Navigation brauchbar ist?

In der Navigation geht es um nichts anderes, als das Ziel zu finden. Idealerweise müßte die Methode zur Ortsbestimmung so genau sein, daß wir immer exakt wissen, wo wir uns befinden. Dies ist jedoch erst heute mit Hilfe der Satelliten einigermaßen möglich. Die gesamte Seefahrtsgeschichte hat sich in Genauigkeitsdimensionen abgespielt, die es erlaubten, einigermaßen exakt an das Ziel heranzusegeln, um es dann mit Hilfe der Augen irgendwo im Gesichtskreis zu identifizieren und anzulaufen.

Falls also eine kleine Insel jenseits des Atlantiks gefunden werden soll, dann reicht es, wenn die Position auf zehn Meilen genau bestimmt werden kann. Denn dort, wo unsere Reise hingehen soll, herrschen unter normalen Umständen so gute Sichtverhältnisse, daß eine nicht allzu niedrige Insel auf zehn Seemeilen Entfernung immer ausgemacht werden kann. Es ist selbstverständlich nicht ganz ausgeschlossen, daß auch im dortigen Seegebiet bei Gewitter oder Schauern so schlechte Sicht herrscht, daß diese nicht einmal zehn Seemeilen beträgt, doch das ist die Ausnahme. Und wenn schon, dann muß eben ein paar Stunden auf der Stelle gewartet werden.

Hier aber der springende Punkt: Es soll uns jetzt nicht interessieren, wie aus dem Winkel eines Gestirns über dem Horizont Rückschlüsse auf die Position gezogen werden können, sondern wir finden uns einstweilen damit ab, daß diese möglich sind. Es gibt hierzu verschiedene Methoden. Ihnen allen ist die Tatsache gemein, und das ist Naturgesetz, daß die Position nur so genau bestimmt werden kann, wie genau der Winkel gemessen wird. Eine Ungenauigkeit bei der Winkelmessung von nur einem einzigen Grad – sehr, sehr wenig – macht bereits eine Ungenauigkeit in der Ortsbestimmung von 60 Seemeilen aus. 60 Seemeilen aber sind schlicht 100 Kilometer, denn eine Meile ist 1,8542 Kilometer lang.

Ein Grad ist ein so ungenaues Maß, daß man in der Navigation, wo es um Meßgenauigkeit geht, ausschließlich in Winkelminuten oder sogar in Winkelsekunden denkt. Eine Winkelminute ist der 60. Teil eines Grades. Wenn also ein Winkelmeßinstrument einen Fehler von einer Minute hat, so bedeutet dies, daß es um eine Seemeile falsch anzeigt.

Es ist aber nicht nur das Meßinstrument, das bei der Positionsbestimmung schwer beherrschbare Ungenauigkeiten mit sich bringt, sondern es sind auch andere Einflüsse wie zum Beispiel die Lichtbrechung, die wiederum vom Luftdruck und von der Temperatur abhängt. In der astronomischen Navigation, also in der Positionsbestimmung mit Hilfe von Himmelskörpern, begnügt man sich im allgemeinen mit einer Genauigkeit von besser als fünf Meilen. Für manchen mag dies enttäuschend klingen, wenn man sich vorstellt, welcher Aufwand getrieben werden muß, um ein Meßinstrument zu bauen, das den Anforderungen der Praxis voll genügen soll.

Heute werden ausschließlich Sextanten verwendet, um den Winkel zwischen einem Gestirn und dem Horizont zu messen. Ein Sextant ist ein Meisterwerk der Feinmechanik, hinter dessen System die Erfahrung vieler Jahrhunderte steckt. Jeder Leser hat schon einen Sextanten gesehen, hat wahrscheinlich sogar ein Bild davon in der Tasche. Wer es nicht glaubt, soll einen Zehn-Mark-Schein aus dem Geldbeutel nehmen! So groß ist in der Menschheitsgeschichte die Bedeutung des Sextanten, daß er es der Bundesbank wert war, ihn auf dem Geldschein abzubilden. Der Geldsextant dürfte aus dem frühen 20. Jahrhundert stammen, denn er hat schon die Lupe über der Noniusschraube. So läßt sich eine Winkelminute ablesen. Und da wollte ich mit irgendwelchen handgefertigten Hilfsmitteln Genauigkeiten erreichen, um einen Sextant zu ersetzen?

Gute Sextanten kosten heute weit über 1000 DM. Sie erreichen eine Meßgenauigkeit von besser als eine Minute. Daß es aber unter den Sextanten auch noch ganz besondere Stücke gibt, beweist ein „goldener" Sextant, der einst für mich vom führenden deutschen Hersteller angefertigt wurde, weil ich mich (honorarfrei, versteht sich) bereit erklärt hatte, mit der Firma zusammen einen „Bobby-Schenk-Sextanten" zu entwickeln. Am besten illustriert vielleicht das Begleitschreiben zu diesem Sextanten, wie vermessen es sein würde, ohne ein feinmechanisches Instrument den Sonnenwinkel so genau feststellen zu wollen, daß ich eine kleine Insel in Amerika finden konnte. Das Schreiben lautet:

Ich freue mich, daß wir Ihren Sextanten geziemend fertig bekommen haben. Das Gerät ist soweit sehr wohl geraten, die Fehler liegen bei maximal zwei Bogensekunden, das erfüllt uns alle mit Zufriedenheit und Stolz.

Zum Werdegang dieses Gerätes ist folgendes zu sagen: Der Rahmen wurde von der Firma Reitzammer in Fürth gegossen, ebenso die Spiegelfassungen und die Fassung für das Teleskop. Die Spiegel wurden von der Firma Leybold Hereaus in Hanau gefertigt, die Optik des Teleskopes stammt von der Firma Erdmann aus Greifenstein. Die Schattengläser sind von Schott, geschliffen wurden sie von der Firma Möller in Wedel. Die Sextantteile selbst wurden unter der Anleitung unseres Betriebsleiters Herrn Gerwin gefertigt, das Alhidaden-Lager und das Lager der Trommelschrauben wurde von Herrn Gerwin persönlich eingeschliffen. Die Endmontage wurde von dem Ihnen bekannten Feinmechaniker Herrn Gerd Ehmke montiert, und Herr Ehmke hat das fertige Gerät später auch vermessen.

Wieviel Präzision, handwerkliches Können und wieviel lange Erfahrung stecken also in einem Sextanten! Und da wollte ich mit Basteleien an Bord oder irgendwelchen Kniffen eine Genauigkeit erreichen, die ebenfalls zum Finden des Ziels ausreichte?

Schattenspiele

Eines war mir damals auf den Philippinen klar: Wenn wir die Sicherheit haben wollten, unser Ziel jenseits des Atlantiks wohlbehalten zu erreichen, dann mußten wir in der Lage sein, den Winkel eines Gestirns zum Horizont auf mindestens zehn bis 20 Gradminuten genau zu messen. Wolfgang und ich waren uns schnell einig, daß die besten Erfolgsaussichten dann bestünden, wenn es uns gelänge, mit Hilfe des Schattens den Winkel der Sonne über dem Horizont festzustellen. Aber der Schatten, den irgendein Stift wirft, ist nur der eine Teil des Winkels. Denn wenn der Schatten auf eine Fläche geworfen wird, die nicht hundertprozentig waagrecht ist, so läßt sich aus der Schattenlänge gar nichts ablesen.

Nach ein paar Minuten hatten wir eine Idee: Wolfgang holte aus seiner Backskiste eine Sperrholzscheibe, bohrte in die Mitte ein Loch und steckte einen zufällig vorhandenen Metallstift hindurch. Er hielt die Scheibe in die Sonne, und wie nicht anders zu erwarten, zeigte der Schatten auf der Holzscheibe vom Metallstift weg. Auf den ersten Blick konnte man sofort sehen, mit welchen Schwierigkeiten wir zu kämpfen haben würden. Die Schattenspitze erschien auf dem Holz ziemlich diffus, was gewiß auch mit der kontrastarmen Farbe der Scheibe zu tun hatte.

Wir klebten ein Stück weißes Papier auf die Holzscheibe, und sofort nahm der Schatten schärfere Umrisse an. Trotzdem war das Schattenende nicht eben „gestochen" scharf. Üblicherweise macht man sich um solche Details in der Natur nur wenig Gedanken. Hier aber hatte dieser Umstand für mich eine große Bedeutung. Denn wenn ich das Schattenende nicht exakt beobachten konnte, würde sich auch die Schattenlänge nicht genau feststellen lassen. Die Schattenlänge aber zeigt den Winkel der Sonne an. Logisch: je länger der Schatten, um so kleiner der Winkel – und umgekehrt.

Wir rätselten nicht lange, warum die Sonne uns keinen scharf umrissenen Schatten lieferte. Es lag auf der Hand: Die Sonne ist eine Scheibe und sendet deshalb kein punktförmiges Licht aus. Wolfgang meinte, daß wir eine bessere Schattenlänge bekommen würden, wenn wir den Metallstab spitz zufeilten. Gesagt, getan! Aber das Ergebnis war auch nicht viel besser. Wir hatten uns also damit abzufinden, daß die Länge des Schattens nicht ganz genau bestimmt werden konnte.

Dann war da noch das Hauptproblem: Wir befanden uns zwar auf einem sehr stabilen Schiff, nämlich auf einem Katamaran, und Seegang war so gut wie keiner zu spüren, weil es sich beim Ankerplatz von Boracay um eine sehr geschützte Bucht handelte. Trotzdem, wenn die Scheibe mit dem Schattenstift aufs Deck gelegt wurde, konnte man gut erkennen, wie der Schatten abwechselnd länger und kürzer wurde. Und zwar genau in dem Rhythmus, wie die TABOO III nahezu unmerklich auf der Wasseroberfläche schaukelte.

Nach einigen Minuten des Experimentierens waren Wolfgang und ich sicher, daß wir die Schattenlänge (und damit den Winkel) am genauesten finden konnten, wenn wir im Moment der Feststellung der Schattenlänge den Horizont exakt waagrecht anpeilen würden. Ich hielt mir die Scheibe vors Auge und versuchte, sie so gerade wie nur möglich zum Horizont auszurichten. Aber das erwies sich als ziemlich schwierig. Ich sah zwar die waagrechte Trennlinie zwischen Wasser und Himmel ganz gut und stellte auch fest, wann sie sich auf die Ebene der Scheibe herunter bewegte. Aber wenn der Horizont unterhalb der Scheibe war, konnte ich nicht feststellen, wie weit ich sie zu neigen hatte. So ging es also nicht!

In wenigen Augenblicken hatten wir uns eine Art Visier gebastelt, mit dem wir feststellen konnten, wie weit der Horizont unter der waagrechten Ebene war. Während ich peilte, markierte Wolf-

1 Mit Wolfgang Hausner werden auf den Philippinen die ersten Versuche gemacht, aus der Schattenlänge auf den Höhenwinkel der Sonne zu schließen.

2

3

2 Taboo III in Boracay/Philippinen

3 Platz zum Leben in den Tropen bietet das Deck der Taboo III reichlich.

4 Gerti und Vaitea Hausner

5 Der Friseur Hans aus München lebt neun Monate im Jahr in Boracay.

6 Auf der Parau von Hans sind ausgediente Regattasegel noch gut genug, um die größten Regatten zu gewinnen.

5

6

7

8

7 In Hans' Hütte (rechts hinten) gibt es weder fließendes Wasser noch Licht. Niemand vermißt sie. Hauptsache, es wird rund um die Uhr gesegelt.

8 Segeln pur in Boracay. Im Cockpit hat nur einer Platz ...

9 Bei der Wende wird es eng, dann müssen alle gleichzeitig unter dem niedrigen Baum hindurch auf den Luvschwimmer. Selten geht das ohne blaue Flecken ab.

gang mit einem Bleistift auf dem aufgeklebten Stück Papier das Schattenende, wie es sich ihm darstellte.

Als wir später aus dem Verhältnis von Stablänge und Schattenlänge mit einem Taschenrechner den Winkel der Sonne ausrechneten, war unsere Verblüffung groß. Denn zwischen dem Sollwinkel (den wir mit einem Taschencomputer ermittelten) und dem tatsächlich aus dem Schatten gemessenen und dann mit Hilfe einer Tangensfunktion ausgerechneten Winkel bestand nur ein Unterschied von maximal einem Grad. Ein Grad Genauigkeit würde in der Praxis zwar nicht ausreichen, um eine kleine Insel jenseits des Atlantiks zu finden. Doch wir hatten ja die Sache nur mal probiert, und im Ernstfall würden mir schon Verbesserungen einfallen. Immerhin meinte Wolfgang: „Das könnte hinhauen!“

Wolfgangs Optimismus tröstete mich, was ich aber nicht wußte war, wie das Messen auf einer im Passat rollenden Einrumpfyacht funktionieren würde. Denn schließlich waren wir hier nicht nur auf einem sehr stabilen Zweirumpfschiff, das wie ein Brett im Wasser lag, sondern auch auf einem ruhigen Ankerplatz. Mich machte mißtrauisch, daß Columbus sich eben nicht eines Schattenstifts bediente, sondern bereits einen Quadranten, also ein Winkelmeßinstrument, eingesetzt hatte. Noch dazu hatte er sich damit ganz gehörig vertan, so daß letztlich seine festgestellten Positionen in Westindien für die Geschichtsforscher unbrauchbar waren. Ja, nicht einmal sein Landeplatz konnte von der Nachwelt lokalisiert werden.

Wie gesagt, war die von Wolfgang und mir erzielte Genauigkeit von maximal einem Grad nicht ausreichend, um eine bestimmte Insel auf der anderen Seite des Atlantiks zu erreichen. Trotzdem machte mir dieses erste Experiment eine ganze Menge Mut. Damit hatte sich unser Ausflug auf die Philippinen bezahlt gemacht. Unabhängig davon, daß wir ein neues Traumrevier fürs Fahrtensegeln kennengelernt hatten, hatte ich die Überzeugung gewonnen, daß man es wohl riskieren konnte, ohne irgendwelche Navigationsinstrumente über den Atlantik zu segeln.

Anker über Kreuz in der Schwedenbucht

Kurz nach unserer Rückkehr von den Philippinen rief mich Kurt Ecker an und meinte, ich solle mir mal seine Schiffe anschauen. Er lud mich zu einem einwöchigen Kurztörn in die Türkei ein. Ich sagte dankend zu, obwohl es mir etwas schwer fiel, denn Carla hatte sich kurz zuvor an der Hüfte operieren lassen und konnte an diesem Segeltörn nicht teilnehmen. Dies war das erste Mal, daß ich ohne sie segelte.

In erster Linie interessierte ich mich für die Charteryachten dort. Am Segeln selbst war ich gar nicht so sehr interessiert, weil unsere letzten Aufenthalte am Mittelmeer eigentlich immer eine Enttäuschung gewesen waren. Ein Jahr zuvor hatte ich mit Carla in Südfrankreich gesegelt. Schon nach zwei Tagen waren wir vor den Menschenmassen in den schmutzigen Häfen geflüchtet. Möglicherweise hatten wir auch eine ganz ungünstige Zeit (August) gewählt, aber selbst wenn ich dies berücksichtige, war es deprimierend. In den Restaurants wurde zweischichtig gegessen, was bedeutete, daß ab acht Uhr abends schon der Ober mit gezückter Geldtasche hinter einem stand, um Platz zu schaffen für die nächste Gruppe von Urlaubern. So hatte ich das Mittelmeer von früher nicht in Erinnerung.

Wenn ich ans Mittelmeer dachte, so trat mir immer wieder das Bild aus den 60er Jahren vor Augen, als wir seine Küsten zum ersten Mal mit einer Yacht abgesegelt hatten. Damals hatte es beispielsweise in St. Tropez noch verträumte Fischerkneipen gegeben, hatte man in Spanien noch in jedem Dorf bei Einheimischen übernachten können, ohne Miete zu zahlen. Und Marinas hatte es keine einzige gegeben, ja der Ausdruck war dort nicht einmal geläufig gewesen. All das hatte sich in den letzten Jahrzehnten drastisch geändert, und selten zum Guten. Am meisten aber wurde mir das Mittelmeer durch die Tatsache vergrault, daß es unter den Marineiros inzwischen regelrechte mafiaartige Organisationen gab, die die angeblich so reichen, in Wirklichkeit jedoch bemitleidenswerten Yachteigner in vielen Marinas nach allen Regeln der Kunst und der Kriminalität ausnahmen.

Deshalb setzte ich mich eines Nachmittags in Linz nicht besonders begeistert in eine Maschine, die mich und eine Horde von österreichischen Seglern in weniger als zwei Stunden an die türkische Küste brachte. In der großen und unerwartet sauberen Marina von Marmaris wartete die 14 Meter lange Yacht Bemigva aus Ekkers Angebot. Früher hätte ich über den Begriff „Charteryacht" die Nase gerümpft. Nachdem ich aber die Flotte Eckers gesehen hatte, war mir nicht mehr danach. Die Bemigva war überkomplett ausgerüstet (Kühlschrank, Autopilot, warme Dusche, Radar, GPS und so fort). Offensichtlich denkt man bei Eckers nicht, daß die Kunden auf einem gemieteten Schiff ohnehin alles kaputtmachen, sondern man rechnet mit echten Seglern (was die innere Einstellung betrifft).

Wir hatten ausgemacht, daß wir uns eine Woche lang nur erholen wollten. Deshalb ließen wir uns von vornherein nicht auf längere Schläge ein. Außerdem bin ich in meinem Leben schon genug gesegelt, so daß ich an einer Meilenfresserei wenig Interesse habe. Das Publikum, das am nächsten Tag auf der Bemigva und anderen Yachten aus der Flotte Eckers zu einem „Riesenschlag" von mindestens 16 Meilen in die nächste Bucht aufbrach, war bunt gemischt: vom Atlantiksegler über die Familiencrew mit Kindern bis hin zu absoluten Nichtseglern. Da war beispielsweise eine Gruppe von

Bergsteigern, die dieses Jahr eben nicht irgendwelche Gipfel in den Alpen ersteigen, sondern einen Badeurlaub in der Türkei verbringen wollten.

Die türkische Küste in diesem Gebiet war für mich eine ganz große Überraschung. Nicht nur die erste Bucht, die wir anliefen, war ein kleines Paradies, sondern auch die zweite, die Muti-Bucht, die Schweden-Bucht, die Cleopatra-Bucht, alle! Es fiel mir wirklich schwer, meine Begeisterung zu zügeln. Das gab es am ganzen Mittelmeer nicht mehr! Das Wasser war am Ankerplatz so klar, wie ich es nicht einmal in den Tuamotus der vielgepriesenen Südsee erlebt hatte.

Torsten, Mitarbeiter beim ORF, meinte sogar, als er an einem venezianischen Fort herumtauchte, die Sichtweite betrüge unter Wasser 50 Meter, wobei er sicher zu hoch griff. Trotzdem war es eindrucksvoll, vom Bug aus unsere Anker auf dem Grund zu sehen. Noch beeindruckender war aber das, was wir im Wasser nicht sahen.

Alle Ecker-Yachten sind mit Fäkalientanks ausgerüstet (ein Thema, das man an Bord nicht ganz übergehen kann), und so war es ein Hochgenuß, als erstes, noch vor dem Zähneputzen und Frühstück, ins blaugrüne Wasser zu springen und zwischen den Luftperlen erst so richtig aufzuwachen. Die Türken haben erfaßt, wo ihr Reichtum liegt: in einer noch intakten Natur. In die Buchten kommen jeden Morgen richtige Müllschiffe und holen von den Yachten und vom Ufer den Abfall ab.

Apropos: Türken! Bei wem es da noch einen Hauch von Vorurteil gibt, dem sei dringend ein Besuch der Türkei empfohlen, am besten mit der Yacht. Er wird mit ungläubigem Staunen die Gastfreundschaft dieser charmanten Leute erleben. Manchmal glaubt man sich in ein Märchen versetzt, wie in der Bucht des Türken Remo, der dort ein zauberhaftes Restaurant eingerichtet hat. Vielleicht zehn Yachten lagen hier vor Anker, und ihre Crews erlebten einen Gastgeber wie aus Tausend-und-einer-Nacht. Nach dem Essen wurden wir (und „ausnahmsweise" – das sagte Remo – auch die Damen) in ein Beduinenzelt direkt am Strand gebeten, wo ein einzigartiger Likör (eine Mischung aus Marillen und Feigen, über

Honig geflossen) und türkischer Mokka serviert wurde. Durch das Zeltdach aus Ziegenhaar (das schreckt die Fliegen ab) schien der Mond, was so schön kitschig war, daß in diesem Moment niemand Remos Angebot ablehnen konnte, gleich an Ort und Stelle einzuschlafen. Er versorgte seine Gäste noch mit Seidenteppichen zum Zudecken, denn das Zelt sorgte in der Nacht für angenehme Kühle. Nachdem noch die letzten Getränkewünsche erfüllt worden waren, schläferten die gegen den Strand plätschernden Wellen die Segler ein.

Sind wir denn auch mal gesegelt? Ohne rot zu werden, antworte ich, daß unser kürzester Törn nur 1,6 und der längste 32 Seemeilen betrug. Und daß dies für mich trotzdem ein Traumurlaub war. Wir hätten auch mehr segeln können. Die Bergsteigerfamilie mit den beiden netten Kindern (das zwölfjährige Mädchen pflegte zum Baden von der Saling herab ins Wasser zu springen) legte immerhin 500 Seemeilen zurück. Man soll übrigens nicht glauben, daß bei den Österreichern Seemannschaft klein geschrieben wird. Sie sind eine Bereicherung für jeden deutschen Segler. Man lernt, daß Segeln ohne tierischen Ernst viel mehr Spaß macht. Als ich in eine Bucht einbiegen wollte, hörte ich über UKW die laute Stimme von Wolfgang, dem Skipper einer anderen Yacht, meine Navigation korrigieren: „Bobby, du läufst in die falsche Bucht ein. Dreh nach links!" Er sagte „links" und nicht „Backbord", aber in der Sache hatte er recht: Zur Bestätigung sah ich Wolfgang hoch oben am Berg mit der Handfunke winken. Dann kam beim Einlaufen aus Wolfgangs Mund ein für mich ganz neues, mir bisher unbekanntes Manöver: „Anker über Kreuz." Das befriedigte mich, denn einer der Reize beim Fahrtensegeln ist es doch, Neuland zu erleben, auch was die Seemannschaft angeht.

Es wäre wirklich schade gewesen, wenn wir die Schwedenbucht verfehlt hätten. Wolfgang hatte schon für zwei Dutzend Segler den Schweinebraten (aus Österreich im Koffer eingeschleppt) vorbereitet und servierte ihn mit viel Raki und Bier auf den Holzbänken am Ufer. Zum Nachtisch machte er Palatschinken (dabei erreichte er zum ersten Mal die magische Zahl von hundert Stück), und als nach dem Essen die Kerzen niederflackerten, blieben wir noch lange am Ufer sitzen, blickten auf die sich eng vor Anker drängenden Yachten zu unseren Füßen und lauschten Bernhards leiser Konzertgitarre.

Der sachkundige Leser möchte jetzt sicherlich noch wissen, wie das sensationelle Anker-über-Kreuz-Manöver geht. Ein Vorschlag: bei nächster Gelegenheit in die Türkei segeln! Wann immer rund ein Dutzend Yachten mit rot-weiß-roter Flagge in einer Bucht beisammen liegen, wird man es erleben!

Gesucht: sechs Mitsegler mit Freude am Risiko

Der Urlaub in der Türkei hatte endgültig den Ausschlag gegeben. Ganz fix vereinbarte ich mit Kurt Ecker, daß ich Ende November mit der SARITA über den Atlantik segeln würde. Das Ziel hatte ich schon bestimmt und legte nun die Karten auf den Tisch: Es sollte Barbados sein, weil diese Insel mit einem Durchmesser von ungefähr 15 Seemeilen (also knapp 25 Kilometer) ziemlich isoliert den Antillen vorgelagert ist.

Wollten wir denn wirklich nach Barbados? Wieder kam die alte Idee auf, das Ziel der Reise vorher nicht bekanntzugeben. Ich dachte an einen damals sehr effektvollen Zaubertrick, den der einst berühmte Magier Kalanag der Münchner Presse in den 50er Jahren vorgeführt hatte: Das Endspiel um die Deutsche Meisterschaft stand an, in dem der 1. FC Nürnberg mit Bayern München um den Sieg kämpfte. Nach dem Endspiel führte Kalanag die Münchner Presse zu einem Notar, der bestätigte, daß bei ihm im Tresor die Vorhersage für dieses Spiel läge. Er könne als Notar versichern, daß dieser Tip bereits am Samstag, also einen Tag vor dem Spiel, abgegeben worden sei. Vor den Augen der staunenden Journalisten wurde das Kuvert geöffnet, und, wen wundert's, der große Magier hatte Endspielergebnis und Torverhältnis richtig vorhergesagt. Ja,

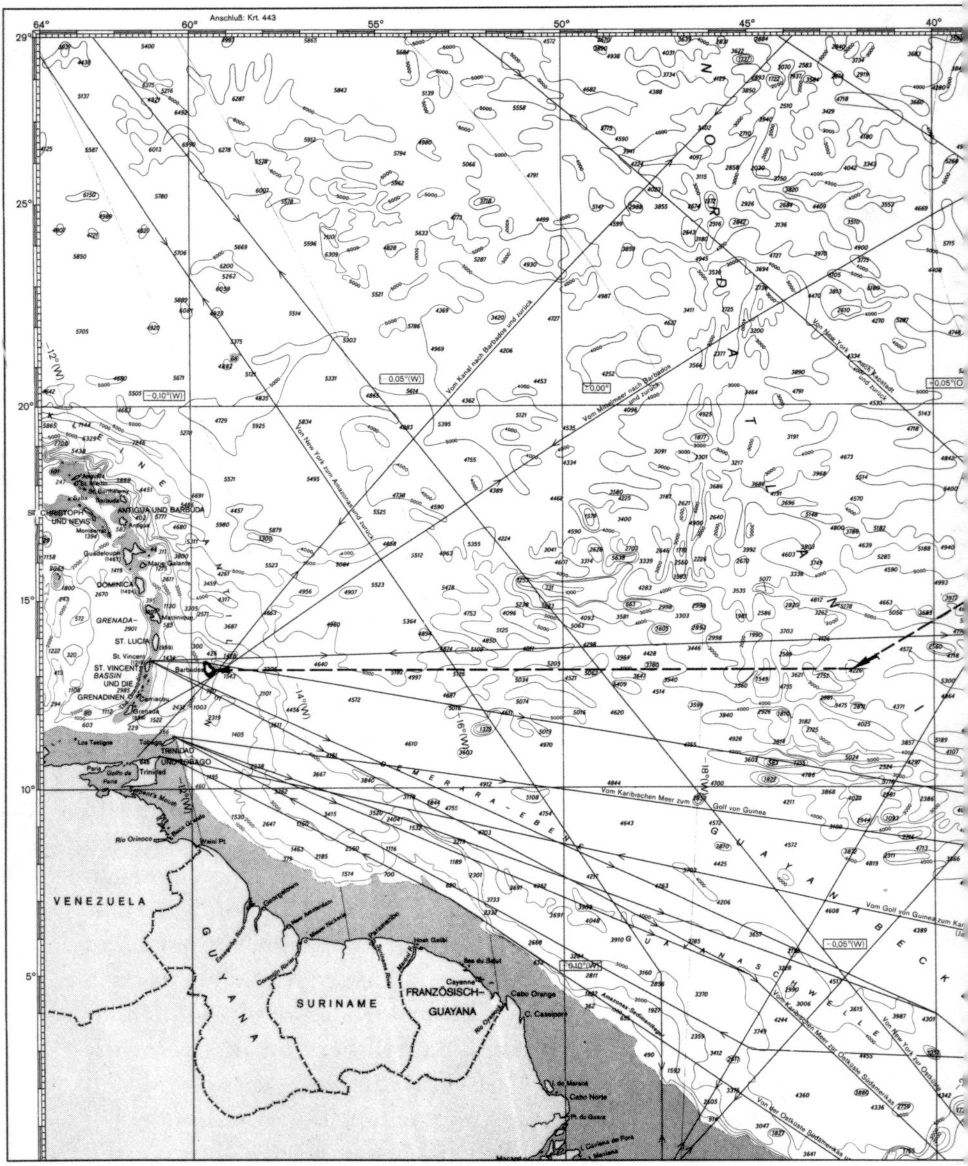

Der Weg über den Atlantik zeigt das riesige Verhältnis von Entfernung zur Kleinheit des Ziels. Schon wegen der günstigen Passatwinde sollte nicht der gerade Weg zum Ziel gesteuert werden. Aus navigatorischen Gründen wäre

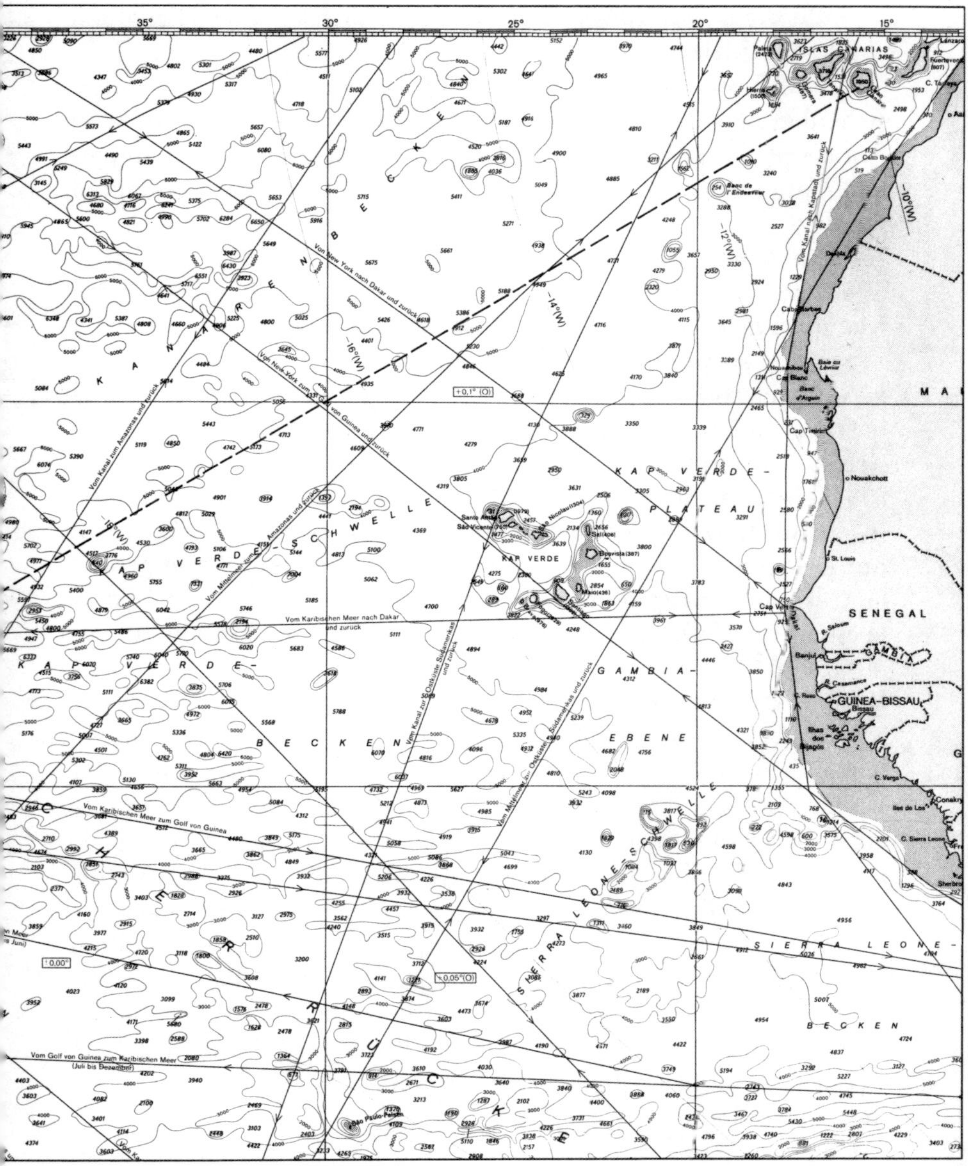

dies ohnehin unsinnig, denn bei einer Distanz von zirka 5000 Kilometern entspricht das Treffen ins Ziel mittels Kompaß etwa einem Lottogewinn.

er hatte sogar den Spieler Übelein als Schützen (eines Eigentors) vorab identifiziert.

Die Auflösung dieses Tricks leuchtet jedem Leser ein, wenn er sich überlegt, daß es in München sicherlich ein paar Dutzend Notare gibt, der Zauberer aber vor (!) dem Spiel niemandem mitgeteilt hatte, bei welchem Notar er seine Vorhersage deponieren würde.

Ich hätte also nur loszusegeln brauchen, um nach der Ankunft zu offenbaren, daß mein Ziel Barbados gewesen sei, oder, wenn ich woanders gelandet wäre, eben die XY-Insel. Aber das wäre einfach zu schäbig gewesen.

Nein, ich wollte schon ein echtes Risiko eingehen und von vornherein sagen, Barbados wird gefunden. Seine isolierte Lage eignete sich gut, weil eine zufällige Landung dort praktisch ausgeschlossen ist. Wollte man allein mit genauem Steuern von den Kanarischen Inseln aus Barbados erreichen, so müßte man – theoretisch – nicht nur gradgenau steuern, sondern sogar auf ein Fünftelgrad genau. Gute Rudergänger können über längere Strecken den Kurs vielleicht auf fünf Grad genau halten. Daran sieht man schon, daß es ausgeschlossen ist, allein mit Kurshalten dieses Eiland sicher anzulaufen. Aber was rede ich da! Das genaue Kurshalten wäre ja gar nicht entscheidend (immer vorausgesetzt, es gäbe so genaue Kompasse)! Ein wenig Strom von der Seite, ein wenig Abdrift durch den Wind, und schon wäre alle Steuerkunst vergeblich. Also mußte eigentlich jeder einsehen, daß man Barbados nicht zufällig erreichen konnte. Hierzu war nicht einmal nautische Sachkenntnis notwendig, sondern nur ein wenig gesunder Menschenverstand.

Trotzdem, die Reaktion der Zuhörer, denen ich von diesem Plan erzählte, waren höchst unterschiedlich. Da gab es die Das-ist-ja-ganz-einfach-Sager: „Mit der Sonne bestimmst du deine Breite, und dann fährst du einfach auf dieser Breite nach Barbados!"

Wie aber sollte ich die Breite bestimmen? „Na ja, du nimmst halt die Mittagsbreite!"

Und wie sollte ich die messen? „Ach, mit einiger Übung kann man doch den Winkel mit Hilfe der Fingerabstände der gestreckten Hand so auf ein, zwei Grad genau bestimmen!"

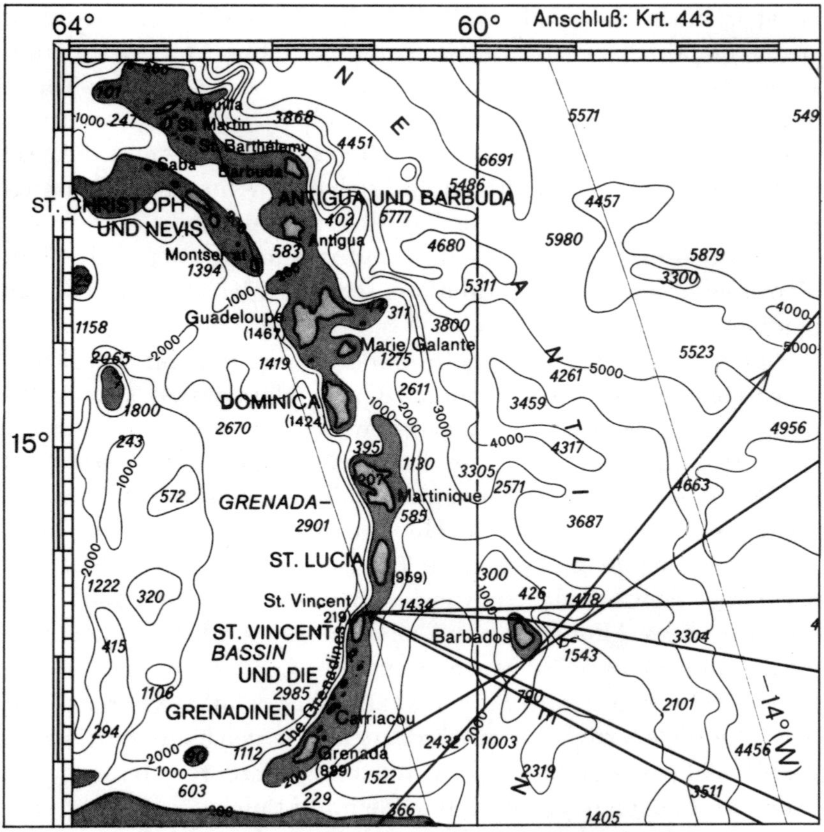

Barbados läßt sich nicht zufällig finden, dafür liegt es zu isoliert. St. Vincent liegt schon hundert Meilen (180 km) dahinter. Verfehlt man es südlich, landet man in den Riffen der Grenadinen beziehungsweise in den Tobago Cays.

Spätestens dann, wenn ich die Gegenfrage stellte, warum die betreffende Person dann einen Sextanten im Wert von 2000 DM benutzte, oder wenn ich wissen wollte, wieviel denn drei Grad Ungenauigkeit seien (nämlich 180 Meilen oder 250 Kilometer), verstummten die Patentvorschläge meiner Gesprächspartner.

Dann gab es aber auch noch die Das-ist-ganz-unmöglich-Pessimisten: „Stell' dir vor, du fährst mit deiner Yacht auf ein Riff! Die

Yacht ist auf jeden Fall hin, und deine Mitsegler bringst du in größte Gefahr. Das ist verantwortungslos! Ohne Meßinstrumente kannst du deine Position nicht bestimmen, und ein genaues Kurshalten ohne Kompaß geht sowieso nicht!"

Die letzte Gruppe war mir ehrlich gesagt lieber, denn die war meistens bereit, mir zuzuhören und sich mit meinen Ideen auseinanderzusetzen. Oft endete das Gespräch damit, daß die Pessimisten bedächtig den Kopf wiegten und meinten, es sei schließlich mein Leben und die Sicherheit meiner Mitsegler, die ich in dieses Spiel einbrächte.

Einem meiner besten Segelfreunde schrieb ich von dem Plan: Steve Dickenson, den ich schon 1972 in Madagaskar kennengelernt hatte, war einer der kernigsten Segler, die ich in meinem Leben getroffen hatte. Vor dem Krieg war er schon als Matrose auf der KRONPRINZESSIN CECILIE, einem Vollschiff, um Kap Hoorn gesegelt. Später ließ er sich in Hongkong ein Segelboot aus Holz bauen. Mit seiner immerhin 12 Jahre älteren Frau umsegelte er darin die Welt. Weder schwierige Bypassoperationen noch das fortschreitende Alter konnte die beiden daran hindern, weiterzusegeln. Natürlich ohne Selbststeueranlage.

Steve schrieb mir ganz aufgeregt zurück, er glaube zwar, daß ich dies irgendwie fertigbringen würde, er könne sich aber beim besten Willen nicht vorstellen, wie das Ganze funktionieren sollte.

Das konnte auch ich zu diesem Zeitpunkt nicht.

Jetzt wurde es allmählich Zeit, sich Gedanken um die Auswahl meiner Mannschaft zu machen. Die SARITA war ein Schiff von 52 Fuß Länge und hatte Platz für elf Leute. Im Charterbetrieb, wohlgemerkt! Das bedeutete aber nicht, daß es mit elf Mann an Bord unbequem zugehen würde. Ich allerdings brauchte weniger Crew und dachte, acht Mann seien die ideale Besatzung.

Ich ging davon aus, daß es nicht die geringsten Schwierigkeiten machen würde, Leute zu finden, die diesen Törn mitsegeln wollten. Als erstes fragte ich meinen Bekannten Ernst, der mit mir schon in den San-Blas-Inseln und in der Südsee gesegelt war. Nachdem er sich die Geschichte angehört hatte, meinte er, daß dies eine hochinteressante Sache sei, aber aus Zeitgründen...

Diese Absage hörte ich noch häufig. Andere Bekannte verwiesen auf die Ehefrau, die ganz und gar nicht mit einem derartigen Unsinn einverstanden sei. Ungefähr nach der zehnten Absage aus meinem privaten Kreis merkte ich, daß dieses Abenteuer von meiner Umgebung doch als etwas riskanter eingeschätzt wurde als von mir selbst. Nur einer jedoch sagte es mir offen: Manfred, mit dem ich schon auf unserer zehn Meter langen THALASSA im Sturm von den Azoren ins Mittelmeer gesegelt war, erklärte schlicht und einfach: „Nein, die Sache ist mir zu riskant!"

Ich merkte sehr bald, daß ich meine Kreise weiter ziehen mußte, um Mitsegler zu bekommen. So bat ich Christa, die Managerin vom Yacht Club Austria, eine entsprechende Notiz in ihr ansehnliches Mitteilungsblatt zu setzen. Der Yacht Club Austria hat immerhin fast 3000 Mitglieder, ist somit einer der ganz großen Segelvereine in Europa und steht, was die Qualität und Kompetenz seiner Mitglieder im Fahrten- und Yachtsegeln betrifft, sicher mit an erster Stelle. Wenn ich Meldungen von den dortigen Mitgliedern bekommen würde, bräuchte ich mir wegen deren Eignung für einen solchen Törn keine Gedanken zu machen.

Die Redaktion der Zeitschrift YACHT, für die ich seit gut zwei Jahrzehnten schreibe, bat ich, eine ähnliche Notiz zu veröffentlichen. Ich erzählte, daß ich einen Sponsor gefunden hätte, der mir eine Yacht im Wert von immerhin fast einer Million zur Verfügung stellen würde. Ich dachte eigentlich, damit würde ich dort offene Türen einrennen. Denn schon häufig hatte sich diese Zeitschrift darüber beklagt, daß sich im deutschsprachigen Raum keine Sponsoren bereitfänden, irgendwelchen seglerischen Unternehmungen finanzielle Rückendeckung zu verleihen. Ich aber brachte schon einen großzügigen Sponsor mit.

Die Notiz, die die YACHT druckte, wunderte mich: Sie stand nämlich unter der Rubrik „Chartern", was in meinen Augen die ganze Angelegenheit abwertete. Niemand, ich am wenigsten, hatte die Absicht, mit dem „Unternehmen Columbus", wie ich es nannte, Geld zu verdienen. Es gab hier keine Yacht zu verchartern und auch keine Charterkunden.

In der YACHT stand:

Schenks neues Abenteuer
Ohne Navigationsinstrumente will der Weltumsegler den Atlanik überqueren.

Ganz auf navigatorische Hilfsmittel will Weltumsegler und Computerspezialist Bobby Schenk bei seinem neuen Abenteuer im Herbst dieses Jahres verzichten. Ohne GPS, Kompaß, Seekarte, Sextant, Radio und nautische Tafeln wird er auf einer 16-Meter-Yacht den Atlantik überqueren. Segler mit Mut und unbeschränkter Zeit können mit Schenk das Abenteuer teilen; noch sind Kojen frei.

„Ziel der Expedition ist es“, so Schenk, „zu zeigen, daß es schon lange vor Columbus möglich gewesen sein könnte, Amerika über die Passatroute mit einem Segelboot zu erreichen.“ Außerdem erwartet der Weltumsegler von seinem neuen Abenteuer nautische und psychologische Erkenntnisse, die unter Umständen Schiffbrüchigen weiterhelfen könnten.

Wer an der „Unternehmung Columbus“ teilnehmen möchte, wendet sich an: Bobby Schenk...

Etwas fehlte in dieser Meldung: Es fand sich kein Hinweis auf die Firma Kurt Ecker, auch der Schiffsname SARITA blieb unerwähnt. Meine Gegenleistung an Kurt, so hatte ich ihm versprochen, sollte sein, daß ich bei allen Gelegenheiten versuchen würde, sein Firma ins Gespräch zu bringen. Das gehörte zu den Selbstverständlichkeiten, denn ein Geschäftsmann hat nichts zu verschenken. Wenn er mir eine Riesenyacht gibt, muß er erwarten können, daß ich ihm mindestens einen Teilbetrag in Form von Werbung zurückzahle. Ich genierte mich etwas vor Kurt. Wenn schon die YACHT den Sponsornamen unter den Tisch fallen ließ, wie sollte ich sonst meine Verpflichtungen Kurt gegenüber erfüllen können?

Üblicherweise vergehen zwischen dem Aufgeben einer Notiz in einem Magazin und dem Erscheinungsdatum ein bis zwei Monate. So tat sich also zunächst aus Richtung YACHT gar nichts. Kaum war aber das Mitteilungsblatt des YCA erschienen, flatterten uns per Telefax zwei Meldungen ins Haus. Da bewarb sich ein gewisser Bernhard aus Wien, der selbst schon über den Atlantik gesegelt war, um die Teilnahme. Was mich an dieser Meldung besonders interessierte, war die Tatsache, daß Bernhard als Beruf Unfallchirurg angab.

Die zweite Meldung kam von einem Theo aus Graz, von Beruf Kriminalbeamter, der ebenfalls schon über den Atlantik gesegelt war. Er gab an, Amateurfunker zu sein. Letzteres gefiel mir als Amateurfunker besonders, weil Radioamateure verpflichtet sind, einen gewissen „Ham Spirit" an den Tag zu legen. Nach meinen jahrzehntelangen Erfahrungen halten sich die meisten Funkamateure daran, so daß man mit einem „Ham", so nennen sie sich, kaum danebengreifen kann.

Häufig wurden Carla und ich schon gefragt, wie groß das Risiko sei, fremde Menschen mitzunehmen. Wie suchte man sie aus? Wie lernte man sie kennen?

Unserer Erfahrung nach, die meistens bestätigt wurde, kann man jeden blindlings auf einen Törn mitnehmen. Man kann dabei Glück haben oder reinfallen. Aber das gleiche gilt auch für Menschen, die man schon sehr gut kennt oder zu kennen glaubt. Denn meistens verändern sie sich nach ein paar Tagen an Bord erheblich. Präziser ausgedrückt, sie geben sich zu erkennen. Um es auf einen Nenner zu bringen: Man kennt keinen Menschen vor einem Törn, weder langjährige Bekannte noch Fremde. So hatten wir kein schlechtes Gefühl, Fremde auf unseren Törn mitzunehmen.

Ich ließ die Meldung der beiden Österreicher zunächst liegen. Inzwischen hatte ich nämlich schon die ersten beiden Mitsegler gefunden. Ludwig, seines Zeichens Redakteur beim Bayerischen Fernsehen, hatte einmal einen Film über das Thema „Zeit " gemacht und mich in diesem Zusammenhang über „Zeit in der Navigation" interviewt. Zusätzlich hatten wir eine Pilotsendung zu einem Segelmagazin am Starnberger See gedreht, und ich hatte Ludwigs Begeisterung für das Element Wasser und den Segelsport kennen und schätzen gelernt. Außerdem reizte mich die Idee, meine experimentelle Atlantiküberquerung ohne Navigationsinstrumente in einem Film zu dokumentieren. Ich hatte zwar früher bei meinen Törns regelmäßig gefilmt, aber dabei festgestellt, daß es doch sehr belastet, sich neben der Schiffsführung noch einer weiteren Tätigkeit zu widmen. Das mag angehen bei gemütlichen, langsamen Ozeanüberquerungen, wo genügend Zeit bleibt, auch zu fotografieren oder zu filmen. Doch schon damals merkte ich, daß es der Arbeitsqualität beim Filmen abträglich ist, wenn man beides macht. Deshalb hatte ich mich entschlossen, dieses Mal auf die Filmerei zugunsten des Fotografierens zu verzichten.

Carla und ich haben schon hunderte Bild-Vorträge gehalten, wobei wir erfuhren, daß auch heute, trotz der massenweisen Überflutung durch Fernsehprogramme, ein unbewegtes Bild, dem durch das gesprochene Wort Leben eingehaucht wird, beim Publikum durchaus gut ankommt. Da wir auch über die bevorstehende Unternehmung Vorträge halten würden, verzichtete ich also von vornherein auf das Filmen. Eine Videokamera wollte ich nicht mitnehmen. Zum einen gibt es kaum noch eine Videokamera, bei der keine Uhr eingebaut ist, was sich wiederum mit dem Ziel unseres Unternehmens nicht vertrug, zum anderen stellt das Videofilmen genauso hohe Ansprüche wie das Filmen auf Zelluloid.

Nachdem ich also auf das Filmen verzichten mußte, hätte es mich gefreut, einen professionellen Film von unserem Unternehmen zu bekommen. Ob Ludwig Segler war oder gar schon größere Ozeanerfahrungen hatte, wußte ich in dem Moment noch nicht, als ich ihm vorschlug, daß er diese Unternehmung mitmachen könne, wenn ihn die Sache reizte und er nebenbei einen Film drehen würde. Gleichzeitig dachte ich an Michael, einen Kameramann und Werbefilmer, mit dem wir am Starnberger See bei Filmaufnahmen gesegelt waren.

Ein paar Tage später saßen wir mit Ludwig und Michael bei uns zu Hause, und ich erklärte die Details meiner Atlantiküberquerung. Dann kam meine entscheidende Frage an sie, ob sie mitmachen würden. Kostenlos, versteht sich. Ludwig wiegte bedächtig den Kopf, zeigte grundsätzlich Bereitschaft, erklärte aber, hierbei handle es sich doch um eine so außergewöhnliche, weil riskante Sache, daß er sie unbedingt zuerst mit seiner Familie besprechen müsse. Zu meiner großen Überraschung hörte ich rechts von mir den Kameramann Michael sagen: „Also, ich komme mit!"

Eine Woche später sagte auch Ludwig zu.

Der Schenk wird's schon richten

Gleichzeitig erzählte Ludwig von seinem Nachbarn, der zwar kein Segler sei, aber großes Interesse habe, uns auf dem abenteuerlichen Törn zu begleiten. Karl sei von Beruf Zimmermann und ein sportlicher Typ, der schon manches Ungewöhnliche gemacht habe. So sei er einmal allein in einem Kajak den McKenzie River in Kanada heruntergefahren, immerhin 1800 Kilometer lang. Ludwig berichtete mir weiter, daß er vor kurzem in Feuerland gewesen sei, um dort einen Film über den Mythos Kap Hoorn zu drehen. Karl sei ihm einfach nachgereist und habe in der Wildnis von Feuerland die verwegensten Dinge mitgemacht. Er sei möglicherweise ein geeigneter Mitsegler für mich, ich solle ihn mir aber selbst ansehen.

Das klang nicht schlecht, denn ich hatte das Gefühl, Segler gar nicht zu brauchen. Tatsächlich waren Carla und ich ohne weiteres in der Lage, die SARITA allein zu segeln. Ja, aber wen würde ich denn brauchen?

Da mußte ich nicht lange überlegen. Ich wünschte mir Mitsegler, die von der Materie – also von Navigation, Astronomie, der Geschichte der Navigation und ein wenig Mathematik – eine Ahnung hatten. Sie durften nicht zu selbstsicher und auch nicht zu risikofreudig sein. Sie sollten erfinderisch veranlagt sein, um eigene Ideen einzubringen, sie sollten kritisch sein, um nicht jedem Fehlgedanken lange zu folgen. Vor allem aber sollten sie nicht allzuviel Vertrauen zu mir haben – nach dem Motto: „Der Schenk wird schon wissen, wie das Ganze geht."

In Gesprächen traf ich immer häufiger auf Gegenüber, die mir ins Gesicht sagten, daß sie in der Sache kein allzu großes Risiko sahen, weil ich es sonst doch gar nicht angepackt hätte.

Mit diesem Vorurteil hatte ich oft zu kämpfen. Weil ich in meinen Fachbüchern über Navigation und Fahrtensegeln immer wieder die Komponente „Sicherheit" an erste Stelle stellte, hatte ich mir über die Jahre hinweg den Ruf eines Sicherheitsfanatikers erworben, eines Seglers, der kein unnötiges Risiko einging. Das entsprach aber nicht den Tatsachen.

Offensichtlich wollen meine Leser mich so sehen. Aber sie vergessen dabei wohl, daß ich immerhin zweimal meine Beamtentätigkeit mit Pensionsberechtigung (was heute in Deutschland anscheinend den Inbegriff der bürgerlichen Sicherheit darstellt) ohne nennenswerte Rückversicherung aufgegeben habe.

Hatte ich nicht, lediglich in Begleitung Carlas, in den stürmischsten Segelrevieren der Welt eine 16 Meter lange und 22 Tonnen schwere Segelyacht – also ein eigentlich für zwei Mann Besatzung viel zu großes Schiff – durch die heftigsten Stürme ums Kap Hoorn gesegelt? Wobei wir den weitaus gefährlicheren Weg wählten, draußen auf dem freien Wasser, wo der Schwell von Kontinent zu Kontinent freien Lauf hat und bei aufkommenden Stürmen keine Fluchtmöglichkeit hinter die zahlreichen Inseln an der Südspitze Amerikas bestand. Also kein „Island Hopping"! Es irrt derjenige, der meint, daß allein durch gute Seemannschaft und durch vorsichtiges Segeln absolute Sicherheit gewährleistet werden kann. Letztlich ist man in diesen Gewässern nur dem Zufall ausgeliefert, daß sich eben eine Riesensee nicht in der Nachbarschaft der Yacht mit einer Kreuzsee trifft, welche die erstere zum Brechen bringt und damit tödlich macht.

Oder gingen Carla und ich bei unserem letzten Abenteuer kein Risiko ein, als wir mit einem winzigen einmotorigen Flugzeug quer über den Südatlantik flogen? Wenn Piloten kleiner einmotoriger Maschinen über die schmale Adria fliegen müssen, dann suchen sie immer die engste Stelle aus, denn sie rechnen mit der Möglichkeit, daß der einzige Motor stehenbleibt. Sie wollen kein unnötiges Risiko eingehen. Als Risiko sehen sie schon die 120 Kilometer Flug über offenes Wasser zwischen Jugoslawien und Italien an. Carla und ich sind mit unserem 6-Zylinder-Motor und einem Propeller immerhin 3000 Kilometer weit über den menschenleeren Südatlantik geflogen. Hätte es eine Motorstörung gegeben, dann wäre dies mit Sicherheit unser Ende gewesen. Was aber mußte ich mir manchmal in meinen Vorträgen über dieses Abenteuer anhören? „Wenn ein Risiko dabeigewesen wäre, dann wären Sie es sicherlich nicht eingegangen.“ Die Leute meinen es nicht einmal böse. Es sind jedoch die gleichen Leute, denen der Angstschweiß auf der Stirn steht, wenn ich mit ihnen nur einen kleinen Rundflug um den Ammersee mache und die Maschine etwas ruckelt.

Ich gebe es ehrlich zu: Mir immer anzuhören, daß alles vollkommen ungefährlich sei, weil der Schenk niemals ein echtes Risiko eingehen würde, das ging mir auf die Nerven. Vor allem deshalb wünschte ich mir Mitsegler, die sich des Risikos bewußt waren, sie hätten sogar Angst haben dürfen.

Nach Erscheinen der kurzen Notiz in der YACHT erwarteten wir die ersten Briefe. Uns war klar, daß wir viel mehr Interessenten für die Atlantiküberquerung haben würden, als Plätze zu vergeben waren. Tatsächlich hatten wir ja nach der Zusage von Ludwig und Michael nur noch vier Plätze frei.

Mir wurde auch bewußt, daß ich die Qual der Wahl haben würde. Deshalb machte ich mir vorher Gedanken, auf welchen Brief ich sofort anspringen würde. Er mußte ungefähr so lauten:

Ich bin ein sportlich eingestellter Mann (Frau), der sich brennend für Ihre Unternehmung interessiert. Auch ich habe noch keine Ahnung, wie das Problem gelöst werden soll. Ich bin aber der Meinung, daß wir spätestens unterwegs alle zusammen die richtigen Ideen haben werden, zumal ich annehme, daß jeder in der Mannschaft sich wie ich für Navigation und den Weg der Gestirne interessiert. Auf ein sicheres Ankommen hoffe ich, doch muß ich gestehen, daß ich bei der ganzen Geschichte auch etwas Angst habe.

Ob Mann oder Frau wäre mir gleichgültig gewesen. Carla und ich sind der Meinung, daß im allgemeinen Frauen die besseren Mitsegler sind. Sie sind in Krisensituationen psychisch belastbarer und deshalb auch physisch meistens stärker. Nach meinen Beobachtungen werden beispielsweise Frauen viel besser mit der Seekrankheit fertig, weil sie letztlich ängstlicher sind und deshalb rechtzeitig zu Medikamenten greifen oder den starken Willen entwickeln, nicht seekrank zu werden. Ich hoffe, nicht als Verräter an meinen Geschlechtsgenossen dazustehen, wenn ich verrate, daß häufig die stärksten Männer nicht mehr viel zählen, wenn sie seekrank sind. Leider waren diese Überlegungen mehr theoretischer Natur, denn unter den nahezu hundert allesamt sympathischen Zuschriften, die wir bekamen, befand sich nur eine einzige von einer Frau.

Die ersten Briefe trudelten ein. Zum Beispiel der:

Ich habe gerade in dem Bericht in der YACHT Nr. 18/92 Seite 93 über Ihr neues Abenteuer gelesen. Ich möchte dabeisein. Mut brauche ich nicht, da Sie der Skipper sind; Gottvertrauen habe ich. Unbeschränkte Zeit habe ich…

Das war genau der Typ, den ich mir für dieses Unternehmen nicht wünschte, denn von ihm würde ich nicht viel Hilfe erwarten können. Eher schon von folgendem:

Bin selbst aktiver Segler, selbständiger Kfz-Meister und würde mich über eine Zusage freuen.

Handwerker oder handwerklich geschickte Leute sind auf einer Yacht immer willkommen. Problematischer war schon der:

Mich interessiert an dem Unternehmen insbesondere der navigatorische sowie der psychologische Affekt. Ich hoffe jedoch, auch seglerisch viel an Erfahrung gewinnen zu können.

Ich gebe es zu: Menschen mit zuviel Interesse an Psychologie sind mir irgendwie suspekt. Und außerdem war ich ja auch egoistisch: Ich brauchte keine Segler, die bei mir Erfahrung gewinnen wollten, sondern solche, von denen ich unter Umständen etwas lernen konnte.

Für den nächsten Briefeschreiber hätte ich mich wegen seines ersten Satzes fast entschieden:

Seglerische Kenntnisse sind nur rudimentär vorhanden. Bei zwei Törns von jeweils 14 Tagen in Griechenland und der Türkei wurden mir nur Hiwidienste zugeteilt.

Diese Offenheit bestach, aber wie ging's weiter? So:

Ich hoffe, mir bei der Reise einige praktische Kenntnisse aneignen zu können und Sie mit vielen Fragen nerven zu dürfen. Soviel weiß ich sicher: Steuerbord ist rechts, und Backbord ist links. Oder?

Das war wieder zuviel des Guten, denn es ließ sich voraussehen, daß er mich wirklich nerven würde. Der Törn sollte nicht dazu dienen, anderen etwas beizubringen (warum auch?), sondern ich wollte für das Gelingen der Reise von meinen Mitseglern profitieren.

Dieser hätte es beinahe geschafft:

Wie sind Ihre Vorstellungen zur Navigation? Nach allem, was ich bisher von Ihnen gelesen habe, bin ich sicher, daß Sie dafür ein Konzept haben, das mehr enthält als nur das Motto „wir lassen uns mal rübertreiben und sehen, wo wir ankommen".

Da war es wieder, das Vorurteil: Der Schenk riskiert schon nichts. Aber dann fährt der Briefschreiber durchaus in meinem Sinne fort:

Mir würde dazu momentan laienhaft nur einfallen: größte Sonnenhöhe, ggf. mit einem selbstgebastelten Quadranten gemessen – hatte Columbus auch – ist gleich Süden; Nordstern ist gleich Norden. Wie das allerdings in der Praxis zu handhaben wäre, ist mir ziemlich unklar. Bin gespannt auf Ihre Vorstellungen.

Obwohl also mein Wunschkandidat unter den vielen Dutzend Briefeschreibern nicht dabei war (möglicherweise war er es doch, und ich hatte ihn nur übersehen), mußten wir uns entscheiden, an wen wir die restlichen vier Plätze vergeben würden. Ich war noch beim Überlegen, als die (einzige) Absage eines Interessenten kam:

Da ich bis jetzt noch keine weitere Nachricht erhalten habe, habe ich verschiedene geschäftliche Aufträge in den neuen Bundesländern angenommen. Mir ist eine Teilnahme an Ihrem Unternehmen nicht mehr möglich.

P.S. Die ganze Unternehmung scheint mir eher zu einem Diskutierclub auszuarten, als daß Sie ein Abenteuer unternehmen wollen.

Dem brauchten wir schon mal nicht mehr abzusagen. Irgendwie tat ich mich schwer, den geeigneten Absagebrief zu formulieren. Denn es waren eine ganze Reihe bestimmt sympathischer Leute darunter, die von einer derartigen Reise träumten. Ich stoße nicht gern andere vor den Kopf, deshalb wollte ich es ihnen leicht machen. Inzwischen war mir nämlich aufgefallen, daß wir mit der Großzügigkeit Kurt Eckers ganz schön verschwenderisch umgingen. Denn wem wird schon angeboten, auf einer 16-Meter-Yacht über den Atlantik nur gegen Kostenbeteiligung mitzusegeln? Verzichtete Kurt nicht schließlich auf einen großen Teil seiner Chartereinnahmen, indem er mir das Schiff kostenlos zur Verfügung stellte? Mir fiel ein Satz ein, der sich in meinem Leben schon häufig als richtig herausgestellt hatte: „Was nichts kostet, taugt auch nichts!"

Warum also nicht von den Mitseglern soviel Geld für den Törn verlangen, wie sie unter Umständen auch für einen Chartertörn bezahlen mußten? Bei einer geplanten Reisedauer von vier Wochen mußte man wohl einen Wochenpreis von 750 DM zugrundelegen, was einen Gesamtpreis von 3000 DM pro Person ergab. Ich dachte mir, da würde sich für viele Leute, die mir geschrieben hatten, die Absage von selbst ergeben. Statt eines klaren Absagebriefes formulierte ich deshalb ein Schreiben an die Interessenten, in dem ich sie darauf hinwies, daß die Großzügigkeit Kurt Eckers insoweit honoriert werden sollte, als jeder Mitsegler, der jetzt noch zustieg und einen der vier freien Plätze belegte, 3000 DM zu zahlen hatte. Nicht an mich, sondern an Kurt Ecker.

Aber dieser Brief an die Interessenten zeigte nicht die erhoffte Wirkung. Bald trudelten die ersten Faxe ein mit einer Kopie meines Briefes und dem handschriftlichen Vermerk: „Einverstanden!“ So konnte ich die Zahl der Möchte-gern-Mitsegler nicht sonderlich verringern. Es blieb mir nichts anderes übrig, als den Leuten ganz ehrlich zu schreiben, daß nicht mehr als vier Plätze vergeben werden konnten. Drei Ehefrauen meldeten sich danach nochmals bei mir und insistierten, ob ich ihren Mann, dem sie das ja so sehr gönnten, nicht doch mitnehmen könne. Auf meine Gegenfrage, ob sie denn gern Witwen werden würden, meinten sie, daß sie sich des Risikos noch gar nicht so richtig bewußt geworden seien.

Noch eine Absage bekam ich, die ich bedauerte. Auf die Yacht-Meldung hatten sich zu unserer großen Überraschung auch Walter und Erika gemeldet, ein Weltumseglerpaar, mit denen wir zum letzten Mal vor zehn Jahren zusammengewesen waren. Die hätte ich gerne mitgenommen, denn da wäre sicher viel Fachkenntnis mit eingebracht worden und reiche Segelerfahrung. Aber nachdem sich Walter meine ganze Geschichte angehört hatte, sagte er ab. Warum genau, fand ich nicht heraus.

Die Entscheidung über unsere zukünftigen Mitsegler ergab sich dann fast von selbst. Es wäre wirklich vermessen gewesen, aufgrund von kurzen Briefen, ohne die Schreiber persönlich zu kennen, große Wertungen abzugeben und den einen zu bevorzugen, dem anderen aber abzusagen. Carla meinte, ich solle auf jeden Fall Bernhard, den Unfallchirurg aus Wien, mitnehmen, schließlich habe er sich als erster gemeldet.

Dann erinnerte ich mich an Ludwig, der mir seinen Bekannten Karl als möglichen Mitsegler ans Herz gelegt hatte. Das wäre faszinierend, einen richtigen Zimmermann mitzunehmen, denn ich dachte daran, daß wir uns an Bord Navigationsinstrumente basteln mußten. So erschien eines Nachmittags bei mir zu Hause Karl, um sich vorzustellen. Ich bin kein Personalchef, der aufgrund eines kurzen Gesprächs irgendein Urteil über einen Menschen fällen kann. Wahrscheinlich können es auch die Personalchefs nicht, denn sonst gäbe es später kaum noch Entlassungen. Doch mein erster Eindruck von Karl war gut, insbesondere imponierten mir seine Aussagen über sein Verhältnis zur Natur: „Sie ist dem Menschen gegenüber niemals feindlich eingestellt, der Mensch macht sie sich höchstens zum Feind!"

Daß Karl ein absoluter Nichtsegler war, bewies er beispielsweise durch seinen Vorschlag, in der Flaute nicht die Maschine zu benutzen, sondern – ganz naturverbunden – mit Hilfe des Beiboots das Schiff ein Stück weiterzurudern, bis wieder Wind kommen würde. Dies wollte ich zu dem Zeitpunkt nicht ausdiskutieren, denn es war mir klar, daß Karl als Nichtsegler noch mehrere solcher Vorschläge bringen würde. Wie sollte jemand, der noch nie mit einer Yacht auf hoher See gewesen war, wissen, daß mit einem leichten Beiboot keine Yacht, nicht einmal auf dem ganz glatten Wasser eines Ankerplatzes, geschleppt werden kann? Nach jedem Riemenschlag würde die Yacht das Dingi zu sich zurückziehen und nicht umgekehrt. Wann immer die Riemen ins Wasser gesetzt würden, wäre die Schleppleine nicht gespannt, und der einzige Effekt eines heftigen Riemenschlags wäre es, die Schleppleine für ein oder zwei Sekunden durchzusetzen.

Karl fand auch nichts an meinem Vorschlag zu beanstanden, für die Passage 3000 DM an Ecker zu zahlen. Somit waren nur noch zwei Plätze frei, und ich sah zum x-ten Mal die Briefe durch, ob ich nicht doch bei irgendeinem Absender die innere Sicherheit bekommen würde, daß genau dieser der richtige war. Carla beendete mein Grübeln, indem sie verlangte, ich solle nach der Reihenfolge der Meldungen vorgehen. Damit war die Wahl auf Theo, den Kriminalbeamten und Amateurfunker aus Graz, gefallen.

Somit war noch ein einziger Platz zu vergeben. Ich schob die Entscheidung vor mir her. An einem dieser Tage wurde ich von der BILD-Zeitung angerufen, die von meinem geplanten „Unternehmen Columbus" Wind bekommen hatte. Man wollte jemanden vorbeischicken, um mit mir ein Interview zu machen. Ich traf mich mit dem Journalisten in einer Caféteria, und bald waren wir mitten in einem guten Gespräch. Wie sich herausstellte, hatte er eine Menge Ahnung vom Segeln (was sonst bei Journalisten nicht sehr häufig vorkommt). Vorsichtig fragte er, ob die Mannschaft schon komplett sei. Ich erzählte ihm, daß ich noch einen einzigen Platz zu vergeben hätte. Seine Frage überraschte mich: „Könnte ich mitkommen?"

Nun habe ich gelernt, bei Journalisten etwas zurückhaltend zu sein. Es gibt großartige Menschen darunter, aber gelegentlich auch welche (wie in allen Berufssparten), die in erster Linie daran interessiert sind, abzustauben. Deshalb erwiderte ich dem Fragesteller ziemlich grob: „Wenn Sie 3000 DM bezahlen, dann können Sie mitsegeln!" So stieß Thomas von der Bild-Zeitung zu uns.

Damit war die Mannschaft der Sarita für das „Unternehmen Columbus" komplett:

Carla und ich
Ludwig, der Fernsehregisseur
Michael, der Kameramann
Karl, der Zimmermann und Kajakfahrer
Bernhard, der Unfallchirurg
Theo, der Polizist und Amateurfunker
und Thomas, der Journalist.

Es war reiner Zufall, mir aber nicht ganz unwillkommen, daß es sich bei der Mannschaft um eine österreichisch-bayerische Kombination handelte. Nicht daß ich etwas gegen norddeutsche oder außerbayerische Mitbürger habe, immerhin stammt Carla aus Pommern; aber ich habe eine ganz besonders enge Beziehung zu Österreich. Das Gleichgewicht zwischen Bayern und Österreichern schuf am Ende sogar noch Thomas, bei dem sich herausstellte, daß er ebenfalls von Geburt Österreicher war, wenngleich er für Bild in München arbeitete. Von den Nationalitäten her konnte also nichts schiefgehen.

Zweifel und Drehbuchideen

Der Countdown lief. Trotzdem wußte ich noch nicht, wie ich Barbados finden sollte. Gut, ich hatte mit Wolfgang Hausner die Methode der Schattenmessung ausprobiert, aber immer noch nagten Zweifel an mir, ob das Ganze auf einem schwankenden Schiff mitten im Atlantik funktionieren konnte. Würde es gehen, wenn wir bei jeder Sonnenmessung eine besonders stabile Lage einnahmen, beispielsweise mit backgesetzter Genua beidrehten? Wie genau würde die Messung ausfallen? Eines war klar: Das große Problem würde die Waagrechte sein. Wie sollte man auf einem Schiff eine Waagrechte darstellen? Mit einem Pendel, da war ich mir sicher, würde es nicht funktionieren. Waagrechte, Pendel, Wasserwaage?

Hierzu fiel mir etwas sehr Beunruhigendes ein: Als Carla und ich mit unserem Kleinflugzeug über den Südatlantik geflogen waren, hatte es noch kein GPS (Global Positioning System, also Satellitenpeiler) gegeben, so daß wir notgedrungen anders navigieren mußten. Für das Navigationssystem der großen Flugzeuge war unsere kleine Maschine zu beengt. Die benutzten nämlich eine Trägheitsplattform.

Die Frage der Navigation war aber bei diesem Flug von lebenswichtiger Bedeutung. Auf der 3000 Kilometer langen Strecke von den Kapverden nach Brasilien wurden nur die ersten und letzten drei- bis vierhundert Kilometer von Funkfeuern abgedeckt. Hätten uns dazwischen Seitenwinde versetzt, wären wir außerhalb der

Reichweite der Funkfeuer angekommen, und unser Flug hätte auf dem Grund des Ozeans geendet, wie es einem Freund passiert ist.

Also war ich auf die Idee gekommen, wie die Flieger vor 30 oder 40 Jahren zu navigieren, nämlich mit Hilfe der Astronavigation. Besser gesagt mit Hilfe der Sonne, die ich in der Mitte des Atlantiks messen wollte. Danach war sogar unser ganzer Flugplan ausgerichtet, denn ich brauchte die Sonne genau querab. Ich mußte sie also bei Halbzeit exakt links von mir haben, was bei einem Kurs von ungefähr 210 Grad um neun bis zehn Uhr Ortszeit sein würde. Dementsprechend hatten wir die Abflugzeit auf kurz nach Mitternacht gelegt. Ich würde die Sonne nicht wie ein Seemann messen, also mit Hilfe des Horizonts, denn in einer Höhe von 12 000 Fuß ist der Horizont nicht mehr als Linie, sondern nur noch als ganz verschwommene Grenzschicht zwischen Himmel und Erde zu erkennen. Die Firma Cassens und Plath, führender Sextanthersteller in Deutschland, stellte mir für diesen Flug einen künstlichen Horizont zur Verfügung.

Ein solcher künstlicher Horizont ist nichts anderes als eine kleine Luftblase in einer Flüssigkeit, also eine zweidimensionale Wasserwaage. Die Kunst bei der Messung besteht darin, die Luftblase genau zentral zu halten und in diesem Moment die Sonne zu messen. Das hatte bei mir zu Hause im Garten einigermaßen funktioniert. Während des Fluges nach Brasilien hatte ich auch eine Messung bekommen, die – im Computer verarbeitet – eine Standlinie exakt auf der Kurslinie ergeben hatte. Das hatte bedeutet, daß wir keinen Wind von der Seite gehabt hatten, also entweder überhaupt keinen Wind oder Wind von vorne (tödlich) oder Wind im Rücken (wahrscheinlich). Ob das Meßergebnis ein Zufall gewesen war, wußte ich nicht. Für ganz ausgeschlossen möchte ich es nachträglich nicht halten, nachdem ich diesen künstlichen Horizont noch einmal, aber von Bord eines Schiffes aus, getestet hatte.

Dieser Versuch auf einem ruhigen Ankerplatz bei der Staateninsel, also fast am Ende der Welt, bestätigte nur das, was ich in meinen Büchern über astronomische Navigation geschrieben hatte: Ein künstlicher Horizont, also ein Libellenhorizont, ist auf einem Schiff nicht verwendbar. Dies haben Messungen auf großen, ruhig liegenden Schiffen ergeben, und das mußten auch wir feststellen, als wir auf dem schwerfälligen Stahlschiff KSAR eines Vormittags die Sonne anpeilten.

Zunächst dachte ich noch an Fehlablesungen, als ich meine ersten Sonnenmessungen im Computer verarbeitet hatte. Sie waren so falsch, wie ich es nicht für möglich gehalten hätte. 100 Meilen daneben war noch ein gutes Ergebnis. Als ich dann den Sextanten Jean Paul Bassaget in die Hand drückte, der immerhin Erfahrungen auf allen Weltmeeren als Kapitän der CALYPSO von Jacques Cousteau gesammelt hatte, war die Überraschung vollends komplett. Seine Messung lag gleich um 250 Seemeilen daneben. Sein Urteil: „Absolut unbrauchbar!"

Während meiner Planungen für den Columbustörn war es kein gutes Gefühl, sich daran zu erinnern. Denn immerhin hatten wir auf der KSAR einen Super-Präzisions-Sextanten benutzt und einen professionell gefertigten künstlichen Horizont. Wenn dieser schon unbrauchbar war, noch dazu auf einem ruhigen Ankerplatz, wie sollte es dann ganz ohne Instrument funktionieren, auf einem schwankenden Schiff?

Es waren nur noch zehn Wochen bis zum beabsichtigten Start mit der SARITA von den Kanaren. Je näher dieser Termin kam, desto unruhiger wurde ich. Ursprünglich war ich der Meinung, ich hätte um diese Zeit längst ein Patentrezept gefunden haben müssen. Carla nervte mich jeden Tag, indem sie mindestens einmal fragte: „Weißt du schon, wie du nach Barbados kommst?" Irgendwann machte ich ihr klar, daß ich sehr verunsichert war und im Moment eigentlich an keine Chance glaubte, zuverlässig Barbados zu finden. Hinzu kamen die nervenden Bemerkungen meiner Freunde, das sei doch kein Problem, ich würde es schon schaffen. Logisch, für sie war es ja wirklich kein Problem!

Ich denke, daß auch Carla die Sache noch immer nicht ganz ernst nahm. Denn ich kenne sie, sie geht sofort auf meine Intentionen ein, wenn sie überzeugt ist, daß es echte Probleme gibt. Ich schenkte ihr reinen Wein ein, damit zumindest sie sich, auch wenn sie sich für Navigation nicht allzu sehr interessiert, entsprechende Gedanken machen konnte, wie das Problem zu lösen war.

Ursprünglich hatte ich gehofft, daß gerade in diesem Stadium konstruktive Vorschläge von meinen Mitseglern kommen würden. Aber von denen hörte ich wenig. Gewiß, die letzten vier hatten ihre 3000 DM an Kurt Ecker überwiesen, was mir Gewißheit gab, daß sie nicht mehr abspringen würden. Nicht, daß ich mir da große Sorgen gemacht hätte, denn zwischenzeitlich hatte ich noch einige Briefe und Anrufe von Bewerbern erhalten, denen ich längst abgesagt hatte. Die Inhalte glichen einander: Sie wollten nur mitteilen, daß sie für den Fall der Absage eines Mitseglers bereitstünden und jederzeit, auch kurzfristig, auf den Kanaren antreten könnten. Ich legte eine Warteliste an.

Jetzt wurde es auch Zeit, meine Mitsegler nochmals nachdrücklich auf eventuelle Gefahren aufmerksam zu machen. Denn an mir nagten Zweifel, ob ich nicht letztlich ein größeres Risiko eingegangen war, als ich ursprünglich beabsichtigt hatte. Es sollte sich nachträglich niemand darauf berufen können, daß er sich nicht des Ernstes des „Unternehmens Columbus" bewußt gewesen sei. Es sollte auch niemand an die Möglichkeit glauben, daß hier mit einer eingebauten Reservesicherheit gearbeitet wurde. Ich hätte mich vor mir selber geschämt, wenn ich ein derartiges Unternehmen mit versiegeltem GPS, Begleitschiff oder irgendeiner anderen Rückversicherung durchgezogen hätte. Nein, das wußte ich von vornherein, interessante Erkenntnisse aus der Expedition würde man nur dann ziehen können, wenn wirklich alles unter Ernstfallbedingungen gelaufen war. Um meine Mitsegler nachdrücklich auf das Risiko aufmerksam zu machen, gleichzeitig aber auch um meine Haftung so gering wie möglich zu halten, ließ ich sie eine Vereinbarung unterschreiben:

1. ... Es wurde vereinbart, daß alle weiteren Teilnehmer quasi als „Eintrittskarte" 3000 DM an Kurt Ecker als kleinen Unkostenersatz zahlen. Damit wird Ecker oder Bobby Schenk nicht (!) zum Charterunternehmer oder gar Reiseveranstalter. Alle Teilnehmer sind zusammen die Veranstalter, so wie eine Freundesgruppe zum Beispiel eine Bergsteigertour macht. Haftungsansprüche gegen Ecker, Schenk oder sonst einen Teilnehmer sind somit ausgeschlossen.

2. Alle sind sich bewußt, daß das Vorhaben Expeditions-, Forschungs- und Selbstversuchscharakter hat. Es soll erforscht werden, wie ein Schiff über den Atlantik allein aus der Naturbeobachtung und ohne weitere Hilfsmittel wie Sextant, Seekarte, Kompaß oder ähnliches navigiert werden kann. Daraus könnte sich ergeben, daß unter Umständen die Entdeckung Amerikas bereits vor Columbus auf der südlichen Nordatlantikroute geschehen sein könnte (wofür einiges im Schrifttum spricht). Eingesetzt werden dürfen deshalb nur Hilfsmittel, die an Bord „erfunden und unterwegs mit Bordmitteln gebaut" wurden. Es werden keine Navigationshilfsmittel mitgebracht und auch nicht an Bord mitgeführt. Wenn auf Gran Canaria solche an Bord sind, werden sie ausgebaut oder für die Dauer der Reise unbrauchbar gemacht. Sie sind auch nicht „zur Sicherheit verplombt" an Bord. Ebenso wird auf die Mitnahme von Radio, Sender und Uhr verzichtet. Alle Teilnehmer verpflichten sich, derartige Hilfsmittel (z. B. Uhren, GPS, Computer) nicht an Bord „einzuschmuggeln". Auf Verlangen ist dies eidesstattlich schriftlich zu versichern. Aus einem vorsätzlichen Verstoß gegen diese Verpflichtungen könnte sich eine Schadensersatzpflicht begründen.

Weiterhin soll die psychische Verfassung der Mannschaft unter solchen zusätzlichen Belastungen durch Einsamkeit, fehlende Positionen, Zeit und fehlende Information von draußen bei einer Atlantiküberquerung erfahren werden. Ein Zweck dieser Reise wird es auch sein, eventuelle Erkenntnisse für Unglücksfälle (Schiffbrüche) zu gewinnen. Aus allem ergibt sich, daß der übliche Sicherheitsstandard in puncto Navigation (!) bewußt nicht eingehalten wird. Es besteht ein erhebliches Risiko! Jedem ist dies bewußt. Auf das Fehlen von Navigationsausrüstung oder einem weitreichenden Sender kann sich somit später niemand berufen.

3. Falls jemand vor Abfahrt noch aussteigen möchte, hat er keinen Anspruch auf Rückzahlung eingezahlter Beträge, dies gilt auch für den Fall einer Krankheit. Jeder möge selbst für eine entsprechende Versicherung sorgen. Wenn die Reise – aus welchen Gründen auch immer – nicht stattfinden kann, so können untereinander oder gegen Ecker keine Ansprüche gestellt werden, mit Ausnahme vielleicht der bezahlten 3000 DM an Ecker, nicht an Schenk!

4. Jeder verpflichtet sich, einen gleichen Anteil in eine zu bildende Bordkasse einzuzahlen. Hieraus werden bezahlt: Proviant, Getränke, Diesel, Hafengebühren, Wasser, kleine Reparaturen und Anschaffungen, sofern diese in Gran Canaria noch notwendig werden sollten; Notargebühren für Überprüfung des Schiffes auf seinen expeditionsgerechten Charakter, Mietwagen und ähnliche Ausgaben für den laufenden Schiffsbetrieb. Beim Einkauf von Verpflegung und Getränken werden nach Möglichkeit individuelle Wünsche aller Mitsegler berücksichtigt.

5. An Bord hat in nautischer Hinsicht nur der Skipper das Sagen. Dieser bleibt rund um die Uhr auf Stand-by, ist also von den regelmäßigen Wachen befreit. Jeder beteiligt sich gleichmäßig an den anfallenden Arbeiten. Im täglichen Turnus muß jeweils ein Mannschaftsmitglied kochen und der Koch vom nächsten Tag beim Abspülen helfen. Der Koch ist vom Wachdienst befreit. Aus den restlichen Mitseglern werden zwei (am Anfang) und später drei Wachen gebildet. Der Skipper hat das Recht, jederzeit ohne Angabe von Gründen den Genuß von Alkohol zu verbieten. Von vornherein ist das Rauchen unter Deck untersagt.

6. Wenn Bobby Schenk handlungsunfähig werden sollte, gehen alle Rechte aus Ziffer 5 auf Carla Schenk über.

7. Verwertungsaktionen (Film, Buch, Artikel): Ludwig und Michael ist das Recht vorbehalten, über dieses Unternehmen einen Film zu drehen. Dieser eventuelle Film wird für Vortragszwecke Bobby Schenk unentgeltlich zur Verfügung gestellt. Ebenso ausschnittsweise für Fernsehsendungen mit den Schenks oder über die Schenks. Das Recht, über die Reise Vorträge zu halten und ein Buch zu schreiben, bleibt alleine bei Schenk. Ausgenommen sind Vorträge im kleinen privaten Kreis. Ansonsten ist jeder von vornherein damit einverstanden, daß in diesem Zusammenhang auch über ihn berichtet wird. Auf die nachträgliche Geltendmachung des Rechts am eigenen Bild oder ähnliches wird verzichtet.

Vereinbarungen mit weiteren Sponsoren sind willkommen, müssen aber vor Abschluß von Bobby Schenk genehmigt sein.

8. Falls das Schiff Mängel zeigen sollte oder sonst nicht zusagt, besteht die Verpflichtung, nichts über diese Mängel zu publizieren oder veröffentlichen zu lassen. Dies geschieht zugunsten der Firma Ecker nach dem Motto: Einem geschenkten Gaul...

9. Jedem Mannschaftsmitglied ist es strengstens untersagt, Gegenstände, die unter das Waffengesetz fallen, oder Drogen im Sinne des Betäubungsmittelgesetzes ohne ausdrückliche Genehmigung durch den Skipper an Bord zu bringen. Auf eine enorme Schadensersatzpflicht aus der Verletzung dieses Verbots weise ich hin.

Aus dem Kreis der Mitsegler kam die Anregung, sich vor dem Törn kennenzulernen. Ich war nicht besonders begeistert von diesem Gedanken, denn was sollte ein Treffen schon bringen? Konnte man dann anschließend sagen, der oder jener Teilnehmer sei nicht geeignet? Würde irgendein Mitsegler erklären, der Schenk sei ihm unsympathisch oder die Sache zu riskant, und er möchte lieber aussteigen? Ich glaube, daß der Wunsch nach einem Treffen nur dem Gefühl entsprang, man müsse sich halt vorher einmal beschnüffeln.

Kleine Irritationen traten auf, als Ludwig, der Filmemacher, anfing, seine Vorstellungen von dem Film über die Unternehmung auszudrücken. Offenbar sah er die Sache etwas anders als ich, und zwar nur von der historischen Seite. Ich glaube, wenn es nach Ludwig gegangen wäre, hätten wir tatsächlich wie Columbus über das Meer segeln sollen, also mit entsprechend einfachem Essen und einem langsamen Schiff, kurzum so, daß Columbus' Reise am besten nachempfunden werden konnte. Das war aber nicht meine Absicht. Ich war ausschließlich an navigatorischen Erkenntnissen interessiert.

Ludwig machte den Vorschlag, die Maschine zu verplomben. Das ehrte ihn, aber ich war mir ziemlich sicher, daß er in diesem Moment nicht wußte, auf was er sich damit einlassen wollte.

Außerdem ist eine moderne Yacht nicht so ausgerüstet, daß man einfach ihr „Herz", nämlich die Maschine, abschalten kann. Es fehlt dann nicht nur der Vortrieb während einer Flaute, sondern auch schlechthin die Energiequelle für das Leben an Bord. Ohne Maschine kein elektrisches Licht, kein Wasser aus den Tanks, keine Positionslampen, um nachts andere Schiffe zu warnen, und so weiter. Und vor allem: Wenn ein Mann über Bord ging, gab es ohne Maschine kaum Rettungschancen! Das sah Ludwig ein. Dann solle man eben die Schraube verplomben.

Ich machte gar nicht den Versuch, lange mit Ludwig zu diskutieren. Ich hatte meine Erfahrungen mit acht Tagen Flaute im Atlantik und wußte, daß man dies kaum jemandem zumuten konnte. Ich war auch überzeugt, daß Ludwig im Ernstfall schon nach einem Tag die Nase voll gehabt hätte von der Dümpelei. Deshalb argumentierte ich gar nicht lange. Ich wußte, dieses Problem würde sich von selbst lösen.

Ein weiterer Vorschlag von Ludwig lautete, noch einen Psychologen mitzunehmen. Da biß er bei mir auf Granit. Ich möchte keinem Menschen zu nahe treten, aber ich persönlich halte überhaupt nichts von dieser Wissenschaft. Schon gar nicht, wenn ein nichtsegelnder Psychologe an Bord Schlüsse über den Geisteszustand der Segler ziehen würde. Da ich mich viel mit Computern beschäftige, weiß ich, daß zu Computerabläufen nur der wirklich etwas sagen kann, der sowohl die Maschine als auch das entsprechende Programm, also die Software, exakt kennt. Je nach Computer und Programm sind das ganz, ganz wenige Leute. Nun ist das menschliche Gehirn, die Seele erst recht, unendlich komplizierter als der gescheiteste und leistungsfähigste Computer der Welt. Deshalb halte ich es für ausgeschlossen, daß ein Mensch über den seelischen Zustand eines anderen allein aus der Beobachtung an Bord irgend etwas Verbindliches sagen könnte. Und um mir auf einer Segelyacht eine oberflächliche Meinung über andere zu bilden, dazu würde meine Urteilskraft allemal ausreichen. Das einzig Interessante an einem Psychologen an Bord wäre wahrscheinlich die Tatsache gewesen, wie so ein Typ mit den psychischen Anforderungen einer Atlantiküberquerung ohne Navigationsinstrumente und ohne Orientierung selber fertig wurde.

Von Ludwig stammte auch die Idee, bei der Abfahrt in Gran Canaria unsere Yacht von einem Notar überprüfen zu lassen, um eventuellen Zweiflern zuvorzukommen. Ich beabsichtigte zwar, dieses Experiment in erster Linie für mich selbst durchzuführen, doch rechnete ich natürlich auch damit, meine Erkenntnisse zu publizieren. Da war es sicherlich gut, Miesmachern und Kritikastern den Wind aus den Segeln zu nehmen, indem sich auch Unbeteiligte davon überzeugten, daß wir mit fairen Mitteln arbeiteten. Obgleich es mir von vornherein keinen Spaß gemacht hätte, falsch zu spielen.

Letzteres hätte sich auch nicht durch noch so genaue Untersuchungen und Checks durch Außenstehende vermeiden lassen. Eine Yacht ist so groß, daß es gar nicht verhindert werden kann, daß jemand einen Kompaß, einen GPS-Empfänger oder sonst ein Navigationsinstrument (von einer Uhr gar nicht zu reden) einschmuggelt. Ein sicheres Versteck läßt sich auf einem 16 Meter langen Boot immer finden. Eine andere Frage war schon, ob derartiges vor den Mitseglern geheim gehalten werden könnte. Daran glaubte ich nicht, ganz abgesehen von der Tatsache, daß man sich dann nicht mehr in die Augen blicken konnte.

Sieger und Verlierer

Unser Zeitplan stand jetzt fest. Der Start sollte um den 25. November stattfinden. Bis dahin mußte die SARITA auf den Kanarischen Inseln sein. Das jedenfalls sagte mir Kurt Ecker zu. Er lud mich für den Oktober ein, nach Tunesien zu fliegen, um dort wie in den letzten Jahren die Siegerehrung beim Ecker-Cup mitzumachen. Ich sollte die Pokale überreichen. Dabei konnte ich auch die SARITA zum letzten Mal inspizieren und festlegen, welche Navigationsinstrumente ausgebaut werden sollten. Ich sagte gerne zu. Diesmal würde die Regatta zum ersten Mal nach Tunesien führen, genauer nach Port el Kantaoui.

Manchmal denke ich, so sehr auch die Hektik unserer heutigen Zeit zu beklagen ist, ermöglicht sie uns doch ein Leben mit gelegentlich unglaublicher Abwechslung. Noch am Nachmittag hatte ich in meiner schwarzen Richterrobe in einem düsteren Gerichtssaal gesessen und mir die Geschichte eines kleinen Betrügers angehört; ein paar Stunden später stand ich in finsterer Nacht bis zur Brust im Wasser am Strand von Port el Kantaoui in Afrika, und die salzigen Wellen schlugen mir ins Gesicht.

Zusammen mit 30 anderen Seglern versuchten wir unter lautem Schreien, eine große Yacht wieder flott zu machen, die im Sturm kurz vor der Hafeneinfahrt von Port el Kantaoui gestrandet war. Vergeblich. Mit jeder See wurde die Yacht ein paar Zentimeter weiter auf den Strand gehoben, und bald gaben wir unser nutzloses Unterfangen auf.

Die Yacht hatte am 1000-Meilen-Race von Marmaris in der Türkei nach Port el Kantaoui teilgenommen. Sie hatte sich wacker geschlagen, aber in finsterer Nacht die Hafeneinfahrt verfehlt. Möglicherweise war sie nur ein paar Meter aus der Fahrwasserrinne geraten, als sie ein Brecher von der Seite ins seichte Wasser versetzte, wo sie sofort Grundberührung hatte. Bis dahin war mit GPS, diesem Wunderwerk menschlicher Technik, das Positionsbestimmungen bis zu zehn Meter Genauigkeit erlaubt, navigiert worden. Aber gegen eine See, die in einer Sekunde eine acht Tonnen schwere Yacht um ein Dutzend Meter seitwärts versetzt, ist auch das genaueste Instrument machtlos. Hier hätte nur Navigation mit den Augen geholfen. Mit den kalten Digitalziffern des GPS war das nicht rechtzeitig zu erkennen. Aber Augen, die die Einfahrtslichter aufmerksam beobachteten, hätten die seitliche Versetzung wahrscheinlich nicht übersehen.

Ein paar Stunden später saßen wir auf dem Begleitschiff der Regatta, einer großen Jongertyacht. Um den riesigen Tisch im Salon drängten sich rund ein Dutzend Segler und erzählten von ihren Erlebnissen. Einen schweren Unfall hatte es gegeben: Ein Segler war vom Großbaum getroffen worden. Er war am Kopf verletzt, hatte sich alle Rippen gebrochen und war ohne Bewußtsein: eigentlich ein hoffnungsloser Zustand. Über Funk wurde auch die SARITA angepreit, auf der sich der pensionierte Chefarzt Dr. Wimmer befand. Er schlug ohne zu zögern vor, daß man ihn übersetzen solle, damit er dem Verunglückten sofort medizinischen Beistand leisten konnte.

Man könnte nun leicht sagen, dies sei ja wohl eine Selbstverständlichkeit. Aber wer schon einmal versucht hat, auf hoher See von einer Yacht auf eine andere überzusteigen, erst recht bei fünf Windstärken in finsterer Nacht, wird sofort den Ernst der Situation erkennen und den Mut des 67jährigen Dr. Wimmer bewundern. Wie leicht wäre es für ihn gewesen zu sagen, dies sei zu riskant, *ein* Verletzter reiche schon. Gewiß gehörte auch etwas Glück dazu, gerade den richtigen Moment für die Annäherung der beiden Yachten abzupassen, um Dr. Wimmer den Sprung nach drüben zu ermöglichen. Tatsache ist aber, daß aller Wahrscheinlichkeit nach der verunglückte Segler nur deswegen heute noch lebt, weil auf der SARITA ein Arzt war, der trotz seiner 67 Jahre den Mut hatte, unter eigenem Risiko auf die andere Yacht überzusteigen. Die ganze Nacht über kämpfte Dr. Wimmer darum, den Kreislauf des Verunglückten zu stabilisieren. Am nächsten Morgen war Port el Kantaoui erreicht, von wo aus der Segler sofort per Flugzeug nach Österreich überführt und dort gesundgepflegt wurde.

Wenige Minuten, nachdem ich diese Geschichte erfahren hatte, trafen die Crew und der Skipper der gestrandeten Yacht ein und standen im Salon des Begleitschiffs. Im fahlen Licht der batteriegespeisten Salonfunzel wirkten ihre Gesichter gewiß noch bleicher, als sie wirklich waren. Einen kräftigen Schluck Alkohol lehnte der Skipper mit der Begründung ab, daß er für eine eventuelle Untersuchung des Unglücks nüchtern bleiben müsse.

Alle Segler in Port el Kantaoui machten sich in diesen Tagen Gedanken, wie es zur Strandung jener Yacht hatte kommen können. Es wurde nicht ausgesprochen, aber jeder suchte nach Fehlern des Skippers. Hatte er sich zu sehr auf sein GPS konzentriert? Hätte er möglicherweise überhaupt nicht einlaufen sollen? Aber ist es nicht zuviel verlangt, nach mehreren Tagen harten Regattasegelns, das Ziel unmittelbar vor Augen, trotz stundenlanger Vorfreude auf Steak und Bier zu sagen: „Nein, da laufe ich nicht ein, das ist mir zu gefährlich?" Noch dazu, wenn Dutzende von Yachten bereits ohne erwähnenswerte Schwierigkeiten in den Hafen eingelaufen waren?

Gerade in der Seefahrt sollten wir uns gelegentlich damit abfinden, daß es Unglücksfälle gibt, für die Menschen nicht verantwortlich gemacht werden können; sie sind schicksalshaft. Es ist eine Unart unserer Zeit, bei jedem Unglück sofort nach dem Schuldigen zu fragen, natürlich mit dem Hintergedanken, ihn dann zur Rechenschaft zu ziehen. Aber auch wenn *diesem* Skipper möglicherweise kein Vorwurf gemacht werden konnte – wie würde es *mir* ergehen, wenn ich die SARITA irgendwo auf ein Riff setzte, weil ich keine Position gehabt hatte? Schlimmer noch: Weil ich überhaupt nicht in der Lage gewesen war, die Position festzustellen? Und noch schlimmer: Weil ich, um irgendeine Herausforderung zu erleben, von vornherein überhaupt keine Navigationsinstrumente mitgenommen, also – im Falle eines Unglücks rückblickend betrachtet – unverantwortlich leichtsinnig gehandelt hatte?

Am Tag nach der Siegesfeier, bei der ich den riesigen Eckerpokal an den Gesamtsieger Willi Lettner überreicht hatte, suchten wir die

Sarita auf, um uns nochmals zu überlegen, wie all die Navigationsinstrumente ausgebaut werden konnten. Auf einer so gepflegten Yacht war dies nicht einfach, weil die Werft Wert darauf gelegt hatte, die Geräte in die Holzpaneele zu integrieren. Doch Kurt Ecker schien bei dem Gedanken, daß seine schöne Yacht halb zerlegt werden sollte, nicht das geringste Unbehagen zu verspüren. Trotzdem wollte ich den Schaden begrenzen. Ich hatte mit der Möglichkeit gerechnet, daß wir uns unterwegs aus Holz irgendwelche Navigationsinstrumente (welche, das wußte ich noch nicht) basteln konnten. Auf jeder Weltreiseyacht würden sich hierfür sicherlich ein paar Bretter finden lassen. Die Sarita war eine Charteryacht und ganzjährig im Dienst. Mir war klar, daß hier nicht irgendwo Holzbretter herumliegen würden. Wenn wir keine Holzbretter fanden, mußten wir eben die Bodenbretter der Schubladen verwenden. Aber jetzt hatte ich doch etwas Mitgefühl mit Kurt und bat ihn, auf der Sarita ein paar Holzbretter zu hinterlegen, damit wir uns nicht über sein wertvolles Inventar hermachen mußten.

Ein besonderes Problem war die Selbststeueranlage. Aus eigener Erfahrung wußte ich, daß das Fehlen einer funktionierenden Selbststeueranlage aus einer Vergnügungsreise eine lange Tortur machen konnte. Das moderne Heck der Sarita, mit Stufen ins Wasser, ließ die Anbringung einer mechanischen Selbststeueranlage nicht zu. Außerdem hätte es für eine Selbststeueranlage vom Typ Aries (mit der wir beste Erfahrungen gemacht hatten, die aber nicht mehr gebaut wurde) oder Monitor größere Schwierigkeiten gegeben. Denn diese Selbststeueranlagen eignen sich zwar von der Kraftentwicklung her durchaus für eine Yacht wie die Sarita, doch nur dann, wenn diese Kraft nicht durch kräftezehrende Übersetzungen oder Hydraulik verloren geht. Wir hätten also zusätzlich eine Möglichkeit finden müssen, um die Seilzüge einer Windselbststeueranlage direkt auf eine Notpinne der Sarita zu übertragen. Dies wäre viel zu kompliziert geworden, um es in der Kürze oder gar nur mit Bordmitteln bewerkstelligen zu können.

Blieb also die elektrische Selbststeueranlage, die in der Sarita installiert war. Sie eignete sich allerdings nicht für unser Vorhaben, denn eine elektrische Selbststeueranlage bezieht üblicherweise die

Information über den anliegenden Kurs aus einem eingebauten Kompaß. Und einen Kompaß wollten wir ja auf keinen Fall mitnehmen. Aber Kurt beruhigte mich und wies darauf hin, daß an diese Selbststeueranlage auch eine kleine Windfahne angeschlossen werden konnte, die wie eine mechanische Windfahnensteuerung die Information über den scheinbaren Wind weitergab, worauf diese Impulse elektronisch zu Ruderausschlägen verarbeitet wurden. Ich war froh darüber, denn ich wußte, daß es für meine Mitsegler eine unendliche Erleichterung sein würde, wenn sie von der Knechtschaft des Rudergehens rund um die Uhr befreit wurden. Also konnte es doch eine Vergnügungsreise werden!

Brainstorming

Unsere Vorbesprechung fand an einem herbstlich verregneten Sonntagvormittag statt. Bernhard und Theo hatten den langen Anreiseweg aus Wien beziehungsweise Graz nach München auf sich genommen, um beim ersten Treffen der SARITA-Mannschaft dabeizusein. Es wurde von der Räumlichkeit her eine ungemütliche Angelegenheit. Münchener Wirtschaften sind ja eigentlich der Inbegriff der Gemütlichkeit, aber nicht am frühen Morgen. Der kalte Rauch der vergangenen Nacht hing noch in den Vorhängen, die Heizung war noch nicht so recht auf Touren. Hinzu kam, daß wir kein Nebenzimmer bekommen hatten, so daß wir in einer Ecke eines großen Saales Platz nehmen mußten, gestört durch das laute Reden und Kartenspielen der anderen Gäste. Es fiel schwer, sich vorzustellen, daß wir uns in dieser grauen Stimmung auf einen Atlantiktörn zu Palmeninseln unter strahlender Passatsonne vorbereiteten.

So wie ich es früher an Bord gemacht hatte, wenn ich zahlende Gäste auf einen Törn mitnahm, verteilte ich die Rollen. Theo wurde verantwortlich für die Technik an Bord, Bernhard als Arzt – wen wundert's – war für die Gesundheit zuständig. Theos Freundin, die mit angereist war, wurde von mir gleich zur Protokollführerin ernannt und schrieb sorgfältig unsere Rollenverteilung nieder. Ich wies meine Mitsegler nochmals energisch darauf hin, daß ich immer noch nicht wußte, wie das Ganze funktionieren würde, und daß ich mich auf Anregungen von ihrer Seite verließ.

Bernhard wollte wissen, was ich denn von einer Funkboje für den Notfall hielte. Daraus schloß ich, daß zumindest er sich noch Illusionen darüber machte, wieviel Risiko ich tatsächlich eingehen wollte. Ich hatte ihn ja auch deshalb eingeladen, weil eine Funkverbindung zur Außenwelt nicht vorgesehen war und er uns als Unfallchirurg im Notfall helfen sollte. Meine Antwort war folglich klar: „Kein Sender, auch kein Seenotsender!" Denn schließlich wollte ich mir niemals nachsagen lassen, nur Scheinrisiken eingegangen zu sein. Wenn ich im Notfall für unsere Rettung nur eine Taste zu betätigen hatte, wäre ich lediglich ein Risiko auf Kosten anderer eingegangen.

Nach den ersten Tassen Kaffee bestellten sich die meisten ein Bier. Das beruhigte mich, denn ich bezeichne mich zwar nicht als Alkoholiker, finde aber gemeinschaftliche Segelunternehmungen ohne Alkoholgenuß langweilig, um nicht zu sagen unerträglich. Weil niemand sein Bier hastig herunterschüttete, glaubte ich davon ausgehen zu können, daß wir keine Alkoholprobleme bekommen würden. Damit hatte ich mich einmal auf einem Törn herumgeschlagen, was deshalb schlimm gewesen war, weil jeder an Bord die Sorge hatte, daß der Mitsegler, der rund um die Uhr westindischen Rum in sich hineingoß, irgendwann betrunken über Bord fallen würde. Mir war damals nichts anderes übriggeblieben, als generell jeden Alkoholgenuß zu verbieten und außerdem zu untersagen, an die Reling zu gehen. Trotzdem war ich froh, als wir in voller Mannschaftsstärke heil ankamen.

Ludwig brachte wieder seinen Vorschlag ein, daß die Maschine nicht benutzt werden sollte. Ich hielt mich mit einer Antwort zurück, denn ich hoffte auf genügend seglerische Erfahrung um mich herum, daß dieser Vorschlag gleich abgeblockt würde. Aber offensichtlich waren alle noch zu schüchtern, um hierbei mit einer eigenen Meinung vorzupreschen. So wies also ich darauf hin, daß wir alle nicht unbeschränkt Zeit hatten, und hoffte, daß dieses Argument ziehen würde. Das sah Ludwig offensichtlich ein, denn er machte einen Kompromißvorschlag: Wir sollten mal lossegeln und nach einer gewissen Zeit eben abstimmen, ob die Maschine nun benutzt würde oder nicht.

Hatte ich richtig gehört? Hatte Ludwig tatsächlich davon gesprochen, daß „abgestimmt" werden sollte? Ich blickte in die Runde. Carla versuchte, hinter vorgehaltenem Taschentuch mühsam das Lachen zu verbergen. Glücklicherweise bemerkte ich auch sonst nirgendwo Zustimmung. Ein Nicken hätte auf völlige Unerfahrenheit schließen lassen. Alle schwiegen, was bedeutete, daß ich mit dieser Mannschaft keine Schwierigkeiten bekommen, daß sie mir nicht in den Rücken fallen würde.

„Abgestimmt wird auf einem Schiff, auf dem ich der Skipper bin, nie!" meinte ich und erklärte: „Demokratie ist im Zivilleben schon nicht besonders effektiv, aber für ein Schiff, das sich mit den Elementen herumschlagen muß, ist sie völlig ungeeignet."

Nachdem sich in der Runde nicht einmal andeutungsweise Zweifel oder gar Ablehnung bemerkbar machten, nickte auch Ludwig, aber sichtlich widerwillig. Damit, so hoffte ich, war dieses Thema vom Tisch. Bernhard machte noch einen Vorschlag in Sachen Demokratie an Bord: Die Belegung der Kojen sollte ausgelost werden. Natürlich war er sich bewußt, daß er sonst die letzte Wahl haben würde, weil er erst zwei Tage später als die anderen anreisen konnte. Auch dieser Vorschlag wurde nicht lange diskutiert.

Nach der Vorbesprechung kamen Carla und ich überein, daß das Treffen höchst überflüssig gewesen war. Wir hatten von unseren zukünftigen Mitseglern weder einen schlechten noch einen guten, sondern überhaupt keinen Eindruck gewonnen. Zu besprechen hatte es nicht viel gegeben, denn uns allen war die SARITA in ihren Details ziemlich unbekannt, so daß wir keinerlei präzise Vorbereitungspläne hätten schmieden können. Vielleicht war es sinnvoll gewesen, nochmals nachdrücklich auf das Risiko hinzuweisen. Und vielleicht nahmen es sich unsere Mitsegler zu Herzen, daß sie gefälligst eigene Navigationsvorschläge einbringen sollten?

Ich machte mir weiter Gedanken über ein Patentrezept, wie ich nach Barbados kommen konnte. Und Carla nervte mich weiter mit der Frage: „Weißt du schon, wie du Barbados findest?"

Inzwischen hatte sich ziemlich eindeutig herauskristallisiert, daß uns bei dem Weg nach Amerika keine Sterne – höchstens der Nordstern –, sondern nur die Sonne helfen konnte. Ich vergegenwärtigte mir den Weg der Sonne über den Tag hinweg zum wiederholten Mal vor meinem geistigen Auge. Die Sonne würde irgendwo im Osten aufgehen, das war klar, am Mittag den höchsten Punkt erreichen und irgendwo im Westen untergehen. Aber wo im Osten? Wo im Westen?

So dreht sich die Sonne um die Erde

Ich nahm mir das nautische Jahrbuch von 1989 vor, das ich noch zufällig zu Hause herumliegen hatte, und überlegte mir die Himmelsrichtung der Sonne in bezug auf die Tageszeit. Aber war dies nicht unsinnig, wenn wir an Bord der SARITA gar keine Tageszeit haben würden? Wir konnten also nicht sagen, daß die Sonne um 11.00 Uhr eine Richtung von beispielsweise 160 Grad und eine Höhe von vielleicht 45 Grad haben würde.

Das brachte mich auf eine Idee, der ich in meinem Nautikerleben bis dahin noch nicht nachgegangen war. Die Richtung der Sonne ist von der Ortszeit abhängig. Hat man die Zeit, so kann man für jeden Zeitpunkt genau sagen, in welcher Himmelsrichtung die Sonne stehen wird. Gleichzeitig läßt sich auch der Winkel der Sonne über dem Horizont exakt angeben. Das heißt, die Höhe der Sonne hängt ebenfalls von der Ortszeit ab. Wenn aber die Höhe und (!) die Richtung der Sonne von der Ortszeit abhängen, dann läßt sich aus der Höhe der Sonne genauso auf ihre Richtung schließen. Denn beide Werte können jeweils paarweise zur Zeit genannt werden. Habe ich also keine Zeit, so kann ich aus der Richtung der Sonne ihre Höhe und eben umgekehrt erkennen.

Einen Schritt weiter gedacht: Wenn ich die Höhe der Sonne über dem Horizont messe, weiß ich auch ihre Richtung. Ich kann die Zeit sozusagen aus der Rechnung herauskürzen, so daß dann eine Gleichung mit einer Unbekannten, nämlich der Richtung der Sonne, übrigbleibt. Unbekannt würde die Richtung immer sein, denn ein Kompaß stand uns ja nicht zur Verfügung.

Vielleicht hatte ich mit dieser primitiven Überlegung unser Navigationsprogramm für die Atlantikpassage bereichert oder zumindest verfeinert! Ich studierte mit Hilfe des nautischen Jahrbuchs die Richtung der Sonne für den Fall, daß wir im Dezember, wenn sich die Sonne auf 23 Grad Süd befand, auf einer Breite zwischen 13 und 20 Grad Nord über den Atlantik segeln würden. Ich stellte fest, daß die Sonne dann irgendwo in der Richtung von 110 Grad, also erwartungsgemäß im Südosten, aufgehen würde, daß sie relativ gleichmäßig ihre Himmelsrichtung nach Süden hin verändern würde; dabei würde sie dann vergleichsweise schnell um die Mittagszeit von einer südöstlichen auf eine südwestliche Richtung wechseln, um schließlich am Abend auf 260 Grad unterzugehen. Der Tag würde ungefähr zwölf Stunden dauern, was mir im Hinblick auf die Wacheinteilung ein günstiger Zufall schien. Ganz klar, die Himmelsrichtung der Sonne hing exakt von ihrem Winkel über dem Horizont ab. Aber wie?

Irgendwelche vernünftigen Gesetzmäßigkeiten konnte ich nicht erkennen. Aber eines fiel mir auf, wenn ich mal die Zeit unmittelbar vor Mittag, am Mittag und unmittelbar danach außer acht ließ. Wenn ich zum Winkel der Sonne über dem Horizont einfach 100 Grad dazuzählte, bekam ich die Himmelsrichtung der Sonne auf drei oder vier Grad genau. Für den Nachmittag erkannte ich eine ähnliche Gesetzmäßigkeit. „Gesetzmäßigkeit" ist vielleicht nicht der richtige Ausdruck, eher war es ein bemerkenswerter Zufall! Am Nachmittag ließ sich das Ganze spiegelbildlich betrachten: Wenn man da von 260 Grad die Höhe der Sonne über dem Horizont abzog, kam man ebenfalls auf ihre Himmelsrichtung – mit einer Genauigkeit von plus/minus drei oder vier Grad. Ich war wie elektrisiert. Wir brauchten also untertags, nachdem die Sonne schon einige Zeit am Himmel stand, lediglich ihre Höhe über dem Horizont zu messen (das mußte nicht einmal besonders genau sein, jeder Schattenstift würde ausreichen) und konnten dann durch einfaches Hinzuzählen von 100 Grad aus der Summe der beiden Werte die recht genaue Himmelsrichtung der Sonne bestimmen. Hatten wir die Himmelsrichtung der Sonne, so war es eine leichte Übung, daraus auch die Richtung unseres Schiffes abzuleiten. Ein einfaches Beispiel verdeutlicht das: Wenn 220 Grad gesteuert werden müssen und die Sonne in einem Höhenwinkel von 30 Grad geschätzt wird, dann ist die Richtung zur Sonne 130 Grad; das heißt, der Rudergänger muß nur so steuern, daß er die Sonne an Backbord querab sieht, also der Bug in eine Richtung von 130 Grad plus 90 Grad und somit auf 220 Grad zeigt. Wollte er 240 Grad steuern, dann müßte er, über den Daumen gepeilt, die Sonne 20 Grad achterlicher als querab halten.

Schade, etwa zwei Stunden um die Mittagszeit würde das ganze Rezept nicht mehr funktionieren, denn dann hat die Sonne einen weiten Weg, um von Südosten, also aus 150 Grad, über 180 Grad bis 210 Grad zu kommen. Aber das würde nichts ausmachen, denn der Passatwind würde so gleichmäßig sein, daß wir uns für diese Fehlzeit auch genausogut an der Windrichtung orientieren konnten. Diese Entdeckung stimmte mich etwas optimistischer. Es würde zumindest kaum Schwierigkeiten bereiten, die richtige Richtung zu steuern. Ich hatte da sicher nichts Weltbewegendes gefunden, denn ohne diese Beobachtung hätten wir bei Schätzung der Sonne nach Gefühl und Augenmaß höchstens weitere fünf Grad an Genauigkeit verloren, was uns immer noch befähigt hätte, den Kurs mit Windfahnengenauigkeit zu steuern. Was haben denn die Altvorderen gemacht, die keine Jahrbücher besaßen? Bestimmt haben sie ähnliche Regeln gesucht und wahrscheinlich auch gefunden. Sie blickten dabei nicht in ein Buch, sondern gleich auf die Sonne, über lange Zeiträume hinweg. Denn damals hatte man viel Zeit, wenn auch keinen Sekundenzeiger. Aber seit jeher wurden Sonnenuhren benutzt.

Freilich, die Lösung des Hauptproblems, nämlich die Position oder zumindest die Breite einigermaßen genau zu bestimmen, war trotz des Tricks mit den 100 Grad kein bißchen näher gerückt.

Ich warf auch einen Blick auf die Sternkarte und wurde mir zum ersten Mal bewußt, daß es zwar unendlich viele Sterne gibt, daß aber die sichtbaren Sterne, also die etwas auffälligeren, ziemlich dünn über das Firmament verstreut sind. Ich dachte an Rodo, meinen polynesischen Freund, der davon gesprochen hatte, daß jede Insel „ihren" Stern habe. Welchen Stern aber hatte Barbados? Wenn man es genau nahm, hatte Barbados überhaupt keinen Stern, denn der nächste Fixstern war der Regulus, der knapp im

Norden der Insel Barbados vorbeilief. Andererseits stand ein schwacher Stern aus dem Zwilling knapp südlich von Barbados. Das war allerdings auch schon eine ganz wichtige Erkenntnis, denn wenn es gelang, diese schwachen Lichtpunkte am Himmel ganz genau zu peilen, brauchte man ihnen nur bei ihrer Wanderung über das Firmament nachzublicken und über den Daumen zu peilen: „Etwas links (oder rechts) davon muß eigentlich Barbados liegen!"

Carla beschäftigte sich inzwischen mit dem Problem der Zeitmessung. Für mich war dies nicht so wichtig, denn es war von vornherein ausgeschlossen, etwa mit Bordmitteln eine wirklich genaue Uhr zu bauen. Selbst wenn uns dies gelang, konnten wir sie nur als Zeitmesser für die Wacheinteilung nutzen. Für die Navigation würde sie unbrauchbar sein, denn zu unseren Vorgaben gehörte es, keine „Zeit" mitzunehmen. Für die Wacheinteilung brauchte sie nicht besonders genau zu gehen, auf eine Viertelstunde mehr oder weniger kam es mir nicht an. Diese Großzügigkeit rührte nicht etwa daher, daß ich als Skipper ohnehin nicht von den Wacheinteilungen betroffen war; vielmehr nahm ich an, daß uns die Wachen nicht allzu sehr belasten würden, denn ich rechnete mit der Windfahnensteuerung der SARITA.

Trotzdem waren solche Gedankenspiele reizvoll. Dr. Peter Förster, der einen großen Teil zu meinen Computerprogrammen für die astronomische Navigation beigetragen hatte, regte an, eine Sanduhr zu bauen. Er gab mir sogar eine Zeitschrift, die sich intensiv mit dem Bau von Sanduhren auseinandersetzte. Hierbei wurde auch das weltbewegende Problem angesprochen, warum eine Sanduhr immer schneller läuft.*

Carla hatte die Idee, eine Wasseruhr zu bauen; bald fanden sich in der Küche immer häufiger abenteuerliche Konstruktionen aus Schläuchen und Gefäßen. Aber Erfolgsmeldungen blieben aus.

---

* Jetzt weiß ich: Es liegt nicht daran, wie ich annahm, daß die Sandkörner einander abschleifen, sondern daß jedes Körnchen den Flaschenhals ganz minimal glättet, weshalb sich im Lauf langer Zeit die Durchflußgeschwindigkeit des Sandes erhöht.

Versicherungsrisiko

Zwei Wochen vor der geplanten Abfahrt passierte etwas, das den ganzen Törn um ein Haar in Frage gestellt hätte. Ein alter Bekannter von mir, Hermann M., in gehobener Position bei der Versicherungsgesellschaft Wiener Allianz, rief mich an und lud uns zum Abendessen ein. Wir kamen ins Gespräch, und ich erzählte ihm von dem bevorstehenden Törn über den großen Teich. Hermann war ganz begeistert und sagte, da würde er auch gerne mitkommen. Auf meine Erwiderung, daß wir ohne jegliche Navigationsinstrumente segeln wollten und somit die Sache nicht ganz ungefährlich war, wiegelte er ab und fragte, was daran schon so gefährlich sein könne. „Na ja", meinte ich, „für dein Leben besteht vielleicht keine Gefahr, aber bei der Strandung auf einem Riff ist jedenfalls die Yacht verloren!"

Am Telefon herrschte einen Moment Schweigen.

Dann Hermann im Originalton: „Mach' mich nicht schwach, die SARITA ist bei uns versichert!"

Es dauerte eine ganze Weile, bis ich, jetzt andersherum argumentierend, Hermann so weit besänftigt hatte, daß er tatsächlich annahm, die Sache würde ohne größeres Risiko über die Bühne gehen.

Von Kurt Ecker bekamen wir einen Anruf, daß sich Skipper Gerhard von der SARITA aus Gibraltar telefonisch gemeldet hatte. Carla und ich machten lange Gesichter, denn wenn jetzt, eine Woche vor Törnbeginn, die SARITA erst in Gibraltar war, dann mußten wir um unseren Starttermin auf den Kanaren fürchten. Wir waren die Strecke Gibraltar – Kanarische Inseln schon einige Male gesegelt und hatten trotz harten Segelns meist nahezu zwei Wochen benötigt. Jeder Tag, um den sich die SARITA verspätete, würde uns weh tun, denn mit der Törnvorbereitung konnten wir ja erst auf den Kanaren so richtig beginnen. So hofften wir also auf günstige Winde für die SARITA in der nächsten Woche.

Jetzt kam alles zusammen! Der Termin beim Zahnarzt stand an. Das war schon fast Tradition, denn noch vor jedem Törn hatte mich Dr. Schurkämper und sein Zahntechniker, mein alter Segelfreund Heinz Wilhelmy, dental vorbereitet. Als ich bei Dr. Schurkämper im Zahnarztstuhl saß und zwischen den meine Zähne absuchenden Instrumenten die Story von den fehlenden Navigationsinstrumenten speichelte, meinte Dr. Schurkämper ganz trocken zu seiner Assistentin: „Herr Schenk zahlt dieses Mal bar!" Hernach beteuerte er, daß dies nur ein Scherz gewesen sei, aber Tatsache ist, daß mir seine Rechnung am nächsten Tag ins Haus flatterte.*

Auch Zahntechniker Wilhelmy hörte sich meine Idee vom Spiegelmeßinstrument für einen einzigen Winkel an. Zwischenzeitlich hatte ich nämlich Carla mit meiner Sorge ums Ankommen in Barbados so genervt, daß sie schließlich den Vorschlag machte, ich solle doch an Bord einen Sextanten bauen, dann könne ich den Sonnenwinkel genau genug messen. Ich hatte ihr sofort erwidert, daß dieser Gedanke abwegig sei.

Trotzdem hatte ich immer wieder darüber nachgedacht, und irgendwann war sie da gewesen, die Frage, wieso ich denn einen Sextanten bauen sollte, mir kam es ja doch nur auf einen einzigen Winkel an. Tatsächlich, das einzige, was mich auf dem Weg über den Atlantik interessieren würde, wäre der Winkel der Sonne zur Mittagszeit, ein paar Tage vor der geschätzten Ankunft in Barbados. Dazu brauchte ich keinen Sextanten, sondern nur ein „Instrument", das für einen ganz bestimmten Winkel eingestellt war. Die nächste Idee drängte sich auf: Es reichte doch aus, auf ein Holzbrett

---

* Dr. Schurkämper legt allerdings Wert auf die Feststellung, daß ich von ihm sofort einen Termin bekommen hatte!

zwei Spiegel in einem ganz bestimmten Winkel einander gegenüber aufzukleben. Dieser Winkel mußte so beschaffen sein, daß die Sonne bei Erreichen des „Barbados-Winkels“ eben auf dem Horizont aufliegend zu sehen war. Nach dem Grundsatz aus dem Physikunterricht: „Einfallswinkel ist gleich Ausfallswinkel“ mußten also die beiden Spiegel einander genau mit halbem „Barbados-Winkel“ gegenüberstehen. Freilich, die Genauigkeit der beiden Winkel zueinander war nicht mehr: „1 Winkelminute = 1 Seemeile“, sondern: „1 Winkelminute = 2 Seemeilen“.

Das erzählte ich Wilhelmy, worauf er spontan meinte: „Da ist ja gar nichts dabei!“

Als ich ihn aber fragte, wie er dies an Bord machen würde, kratzte er sich hinterm Ohr und wurde doch sehr nachdenklich. An solch eine notwendige Genauigkeit habe er nicht gedacht. Das war genau die Reaktion, die ich immer wieder erlebte. Spontan meinten alle meine Zuhörer, daß es nautisch wohl keine Probleme geben könne, und dann hatten sie irgendwelche schnell hingesagten Patentrezepte parat. Bei näherem Nachdenken aber begriffen alle die praktischen Schwierigkeiten.

Nochmals gab es Probleme mit der Versicherung: Hermann M. von der Wiener Allianz rief erneut an und fragte etwas hektisch, was denn folgendes zu bedeuten habe: Sein Versicherungsnehmer Kurt Ecker habe ihm ein Fax geschickt, worin die Versicherung darauf aufmerksam gemacht wurde, daß für die bevorstehende Atlantikreise der SARITA sämtliche Navigationsinstrumente ausgebaut werden sollten. Hermann hatte immer noch nicht ganz begriffen, daß es mir mit meinem Unternehmen wirklich ernst war. Jetzt befand er sich in einer Zwickmühle: Einerseits hatte er mit mir noch nie irgendeinen Schadensfall erlebt, andererseits war er verpflichtet, was ich gut verstand, seine Firma vor unnötigen Risiken zu bewahren. Ich versuchte ihm zu erklären, wie ich ohne Havarie nach Barbados kommen wollte, aber so ganz überzeugen konnte ich ihn wohl nicht.

Vor allem stieß er sich am Fehlen eines Funkgeräts, was wiederum ich nicht verstand. Ein Radio lehnte ich für unser Vorhaben deshalb ab, weil damit eventuell von einem anderen Schiff die

Position hätte übermittelt werden können. Doch offensichtlich gab es bei Hermanns Versicherung irgendwelche Vorschriften, die die Wichtigkeit eines Funkgeräts besonders hervorhoben. Aber ein Funkgerät konnte ich gar nicht gebrauchen, deshalb begann ich mit Hermann zu handeln und bot ihm an, zum Ausgleich ein Radargerät mitzuführen. Ein Radargerät mit einer Reichweite von 24 oder 30 Seemeilen taugt auf hoher See nicht dazu, irgendwelche Rückschlüsse auf Kurs oder Position zu ziehen; andererseits bietet es in der Nacht einen gewissen Schutz vor Schiffen auf Kollisionskurs. Aber Hermann zögerte immer noch.

Jetzt spielte ich meinen letzten Trumpf aus. Ein paar Tage zuvor hatte ich, zeitlich höchst unpassend, nach mehrjähriger Lieferzeit ein neues Auto bekommen, für das mir Hermann wohlwollend Versicherungsschutz besorgt hatte (was bei diesem Auto schwierig war). Der Sportwagen hatte immerhin fast die Hälfte des Werts der Sarita gekostet, was Hermann wußte. Um den Versicherungsschutz für die Sarita zu retten und um Hermann davon zu überzeugen, daß ich am sicheren Ausgang des Unternehmens Columbus nicht zweifelte, bot ich als letzte Konsequenz bei einem Versicherungsschaden meinen nagelneuen Ferrari an. Das schien ein starkes Argument zu sein, und ich konnte Hermann überzeugen. Fast entschuldigend meinte er abschließend: „Weißt du, es könnte ja jemand auf die Idee kommen, ohne Seekarten über den Atlantik zu segeln . . .!“

Dazu sagte ich wohlweislich nichts.

Am Abend vor unserem Abflug nach den Kanaren meldete sich Hermann nochmals und überzeugte mich, daß ich eine weitere Versicherung brauchte. Nicht fürs Schiff, sondern um eventuelle Schadensersatzansprüche meiner Mitsegler abzudecken. Diesen Hinweis fand ich gut, denn wer sollte auf der Sarita haften wenn nicht der Skipper? Wir vereinbarten Schweigepflicht meinerseits darüber, daß ein entsprechender Versicherungsschutz bestand. Hermann wies nämlich zu Recht darauf hin, daß meine Mitsegler im Schadensfall möglicherweise dann keine Ansprüche an mich stellen würden, wenn sie davon ausgingen, daß ich persönlich haften mußte. Womit er sicher recht hatte. Man kann der Versuchung, selbst gegen seine besten Freunde vor Gericht zu gehen, kaum widerstehen, wenn man weiß, daß hinter den Freunden eine Versicherung steht, die für den Schaden aufkommt. Für mich hatte diese Vereinbarung den Vorteil, daß die Versicherungsprämie wegen des geringeren Risikos ziemlich niedrig war.

Auf dem Weg zum Flugplatz warf ich das Kuvert mit dem Scheck für meine private Versicherung in den Briefkasten.

Hochseevögel treffen ein

Auf dem Flug nach den Kanaren konnte ich zufällig unsere „Navigationsausrüstung“ vervollständigen. Einer von der Stewardeß gereichten Illustrierten war im Hinblick auf die bevorstehende Weihnachtszeit ein Adventskalender beigelegt, den ich mitnahm. Somit hatten wir also doch so eine Art Zeitmesser, wenn auch nur für ganze Tage. Der Kalender deckte ziemlich genau die Zeit unserer Atlantiküberquerung ab, denn wir hofften alle auf ein Weihnachten unter Palmen, mit Rumpunsch und Steelband. Entsprechend diesen heiteren Wünschen war auch der Adventskalender nicht gerade pietätvoll, denn hinter den Tagestürchen aus Papier verbargen sich nicht gerade heilige Motive, sondern samt und sonders Ottifanten.

Sonst verlief die Anreise problemlos, wenn man mal davon absieht, daß Ludwigs Geldbörse mit sämtlichen Kreditkarten auf der Busfahrt vom Flughafen zum Hafen abhanden kam und ein Koffer mit der Hunderttausend-Mark-Kamera von Michael auf dem Flughafen in Las Palmas verschwand. Die Kamera tauchte glücklicherweise später wieder auf.

Carla, Thomas und ich waren mit einem Mietwagen vorausgefahren. Mogan ist ein reizender kleiner Hafen, architektonisch vielleicht der berühmten Mittelmeermarina Banus südlich von Malaga nachempfunden. Es ist ein sicherer Hafen, was ich gleich daran merkte, wie lasch die Yachten an den Stegen befestigt waren.

Ich mußte zurückdenken an die Zeit, als Carla und ich zum ersten Mal über den Atlantik gesegelt waren. Damals hatte es nur einen einzigen Hafen auf den Kanaren gegeben, und das war Las Palmas. Viele Yachties haben diesen schmutzigen und riesigen Hafen noch in guter Erinnerung, wenn sie Glück mit dem Wetter hatten. Dann haben sie nämlich nie erlebt, wie es dort zuging, wenn der Wind – was selten geschah – von der offenen See auf die Reede stand, wo rund ein halbes Dutzend Yachten auf die Fahrt über den Atlantik warteten.

Dann waren die Segler im plötzlich meterhohen Hafenschwell damit beschäftigt, in Windeseile die Ankertrossen mit einer Boje zu versehen, ins Wasser zu werfen und entweder aufs offene Meer hinauszusegeln oder Schutz in dem unglaublich dreckigen Fischereihafen zu suchen, wo oft eine zentimeterdicke Ölschicht auf dem Wasser schwamm.

Aber dies waren auch die Zeiten gewesen, als die Mitglieder des vornehmen Real Club Nautico in Las Palmas bereitwillig den Seglern Bar, Swimmingpool und Duschen zur Verfügung gestellt hatten. Vorbei!

Der Zutritt zum Real Club Nautico ist heute durchreisenden Seglern generell verboten. Dafür gibt es aber inzwischen auf den Kanarischen Inseln mehrere Häfen, in denen sich die Yachten auf den Atlantik vorbereiten können: Pasito Blanco, in Las Palmas selbst ist eine Marina, Puerto Rico; der schönste und netteste Hafen aber ist Mogan.

Die Hauptfrage für uns war: Wo lag die SARITA? Mit dem Mietauto fuhren wir langsam die Pier entlang – und siehe da, als ob es das Selbstverständlichste von der Welt wäre, die SARITA war eingetroffen. Bald steckte der langmähnige Gerhard verschlafen seinen Kopf aus dem Niedergang und erzählte, daß er erst vor wenigen Stunden angekommen war. Die SARITA sei technisch in Ordnung, wenn auch nicht aufgeräumt, denn seine Gäste hätten notgedrungen fluchtartig das Schiff verlassen, um noch das Flugzeug nach Hause zu bekommen. Das war uns im Moment wirklich gleichgültig; für mich war es erstens ein Wunder, daß die SARITA tatsächlich da war, schließlich ist eine Yacht nicht dafür geschaffen, nach

Fahrplänen zu segeln. Und daß die SARITA technisch okay war, überraschte mich ebenfalls, denn gerade dann, wenn auf Teufel komm raus zu einer bestimmten Zeit ein Hafen erreicht werden muß, werden meistens das Rigg und die Technik so belastet, daß immer irgend etwas kaputt geht. Es sprach für die Qualitäten und das Engagement des Skippers, daß er das Schiff so schnell und in technisch einwandfreiem Zustand ablieferte. Vielen Dank, Gerhard.

Allerdings will ich nicht verheimlichen, daß uns aus der SARITA ein bestialischer Gestank nach Kloake entgegenströmte. Gerhard machte dieser Geruch offensichtlich nichts mehr aus, er bemerkte aber unser prüfendes Schnüffeln. Er meinte entschuldigend, daß der Fäkalientank vor dem Stillegen mehrfach durchgespült worden sei, aber immer noch ein bißchen schlecht rieche. Er sagte tatsächlich „ein bißchen", was mich tröstete, denn offensichtlich konnte man sich daran gewöhnen.

An diesem Abend sahen wir nicht mehr viel vom Hafen, denn unser erster Weg führte in die nächstbeste Kneipe, wo Gerhard uns die Überfahrt schilderte. Fahrtensegeln ohne Hafenkneipen ist für mich unvorstellbar, und so wurde es ein langer Abend, von dem ich nicht mehr viel weiß. Schade, daß nach so schönen Erlebnissen das Erwachen am nächsten Morgen um so qualvoller ist.

Ämterverteilung

Am nächsten Morgen war die Mannschaft der SARITA komplett bis auf Bernhard, der erst ein paar Tage später einen preiswerten Flug nach den Kanarischen Inseln gebucht hatte und nachkommen wollte. Ich begann gleich am Morgen nach dem Frühstück Jobs zu verteilen, denn die SARITA sollte so schnell wie möglich startklar gemacht werden. Nach unserer Erfahrung mit zahlenden Gästen funktioniert es mit dem Arbeiten nur dann, wenn jemand persönlich dafür verantwortlich gemacht werden kann.

Deshalb die Jobverteilung: Thomas wurde zum Kassenwart „ernannt". Ich wußte, daß dies der undankbarste Job sein würde. Wir hatten beschlossen, daß wir eine gemeinsame Schiffskasse bilden würden, woraus ab jetzt alles bezahlt werden sollte. Auch abends in den Hafenkneipen sollte nicht jeder einzeln seine Getränke bezahlen, sondern eben, gleichgültig was er gegessen oder getrunken hatte, alles anteilig aus der Schiffskasse bestritten werden. Gewiß hat dieses System den Nachteil, daß besonders Sparsame zu Mehrkosten gezwungen werden, andererseits erfolgt über längere Zeit automatisch ein Ausgleich, wenn nicht vollständig gegensätzliche Lebensphilosophien aufeinandertreffen. Im letzteren Fall ist der Ärger allerdings vorprogrammiert. Deshalb sollte dieser Punkt bereits beim ersten Kontakt der Crew angesprochen werden. Im übrigen läßt es sich in südlichen Ländern kaum vermeiden, daß sich der Ober bei gemeinsamen Lokalbesuchen außerstande sieht, für jeden einzeln eine Rechnung zu schreiben. Kaum etwas hasse ich mehr als die nachträgliche Auseinanderdividiererei der verschiedenen Drinks, Nachspeisen und so fort. Thomas jedenfalls schien die Gefahren, die mit der Funktion eines Kassenwarts verbunden sind, zu kennen, denn voraussehend meinte er: „Dann kassiere ich gleich mal ab, denn in den nächsten Tagen läßt die Zahlungsmoral sicherlich nach."

Carla wurde von mir zum Proviantmeister bestimmt, was vorauszusehen war, denn ein so wichtiger Job benötigte eine Person mit Erfahrung auf diesem Gebiet. Wer sonst von uns hatte damit in seinem Leben so viel zu tun gehabt wie Carla, die schon für unzählige Törns mit bis zu drei Monaten Reisedauer die Proviantpläne aufgestellt hatte?

Gut überlegte ich mir, wen ich zum Getränkemeister machen sollte. In Westindien hatte ich einmal einen unserer Paying Guests dazu ausgewählt, bei dem sich hernach herausstellte, daß ich den einzigen wirklich exzessiven Alkoholiker erwischt hatte. Bei unserer Vorbesprechung in München hatte ich ja die Mannschaftsmitglieder schon beobachtet, deshalb war ich mir sicher, daß ich einen derartigen Reinfall nicht erleben würde. Von Michael wußte ich, daß er gelegentlich einen Whisky nicht verabscheute, aber einen zweiten immer abgelehnt hatte. Deshalb meinte ich, in ihm den richtigen Getränkewart gefunden zu haben.

Gegen Mittag fuhren dann die beiden Mietwagen, die wir uns besorgt hatten, zum Einkaufen los, und ich hatte Zeit, mich etwas im Hafen umzusehen. Wie sich doch in den letzten Jahren die Größe der Yachten verändert hatte! Als ich mit unserer THALASSA, einem zehn Meter langen Kunststoffschiff, 1970 auf Weltumsegelung gegangen war, hatte sie in den meisten Häfen zu den längsten Yachten gehört. Als wir in den 80er Jahren mit unserer 15 Meter langen THALASSA II unterwegs gewesen waren, war sie im Vergleich zu ihren Liegeplatznachbarn in den großen Yachthäfen der Welt zwar immer noch ganz schön ansehnlich, doch bei weitem davon entfernt, zu den größten gezählt zu werden. Doch die 16 Meter lange SARITA war heute von der Größe her in Mogan nicht viel mehr als Mittelmaß. Oder lag es vielleicht auch daran, daß ich den Blick für kleine Yachten verloren hatte? Nein, denn mein Auge suchte vergeblich nach den typischen Weltreiseyachten der vergangenen Tage, also nach stäbigen Schiffen mit Windfahnensteuerungen am Heck und den buschigen Tausendfüßlern im Rigg. Vielleicht gab es die noch draußen auf Reede, wo keine hohen Liegegebühren wie im Hafen von Mogan gefordert wurden?

Riesige Yachten lagen hier herum. Die größte, eine schätzungsweise 30 Meter lange Sloop, gehörte einem arabischen Scheich, wie mir Gerhard erzählte. Das war nichts Neues für mich, denn die größten Yachten in den Luxushäfen der Welt sind grundsätzlich in arabischer Hand. Die berühmteste Yacht aber, keineswegs die größte, war die FLYER, die offensichtlich ebenfalls für eine Atlantiküberquerung vorbereitet wurde. Die FLYER hat einen großen Namen im internationalen Yachtsport, denn sie hatte, nach gesegelter und berechneter Zeit wohlgemerkt, vor ein paar Jahren eine Regatta rund um die Welt gewonnen. Aber jetzt ereilte sie offensichtlich das gleiche Schicksal, dem alle berühmten Yachten ausgeliefert sind, wenn sie auf den Regattabahnen der sieben Meere ausgedient haben. Das geht schnell: Die Vermessungsformel ändert sich, und schon gehört eine Yacht, die erst vor ein paar Jahren nach modernsten Erkenntnissen für viele Millionen gebaut wurde, zum alten Eisen. Solche Rennziegen lassen sich kaum noch verkaufen, denn sie eignen sich nicht zum Spazierensegeln, und in ihrem eigentlichen Metier, den Hochseeregatten, segeln sie hoffnungslos hinterher, sind dafür also wertlos. Deshalb werden sie umgebaut und meist im Charterbetrieb als die besondere Gelegenheit angepriesen, auf einem berühmten Schiff mitsegeln zu können. Aber auch dieser Reiz verblaßt schnell. Ein paar Jahre lang sieht man sie dann noch in irgendwelchen Häfen herumliegen, und die Zuschauer auf der Pier erzählen einander bewundernd: „Schau, da ist die WINDVOGEL, die das erste Transatlantik-Race gewonnen hat!“

Am späten Nachmittag kam ein Teil der Crew, allen voran der Getränkemeister und dahinter die Proviantmeisterin, mit heiteren Gesichtern zurück. Sie hatten also alles bekommen, was sie sich vorgestellt hatten. Vor allem erkannte ich aber an ihrem beschwingten Tänzeln über die schmale Gangway, daß unsere Getränkevorräte offensichtlich bereits besorgt (und getestet) waren. Michael bestand darauf, daß die eingekauften Weine sogleich im Cockpit probiert wurden. Er fand besonderen Gefallen an dem sogenannten M-Wein, einer Lage, von der ich noch nie im Leben gehört hatte. Konnte man mit einiger Phantasie den B-Wein noch als „blanco" und den T-Wein als „tinto" bezeichnen, so schien mir der M-Wein reichlich undefinierbar, zumal auf den Fünf-Liter-Korbflaschen keine nähere Herkunftsbezeichnung zu finden war. Gleichgültig, eines merkte ich sogleich: Besonders trocken war er nicht, und seine Wirkung war schnell zu spüren.

Den eingekauften Lebensmitteln schenkten wir im Moment wenig Aufmerksamkeit, denn ich wußte, Carla hatte das Richtige besorgt. Appetitlich sah der große Schinken aus, für mich ein Muß auf jeder Atlantiküberquerung. Denn der zivilisierte Städter, der nur gelegentlich mal eine Konservendose öffnet, glaubt nicht, wie widerwärtig Konservennahrung dann wird, wenn man ganz auf sie angewiesen ist. Auf all unseren Ozeanreisen haben wir festgestellt, daß für die Psyche die Illusion wichtig ist, man hätte ausreichend Frischverpflegung. Nichts kann besser diesen Eindruck erwecken als ein schönes Stück Schinken, das gerade vom großen Vorrat heruntergesäbelt wurde. Besonders befriedigte mich aber, daß es den Einkäufern gelungen war, Gefrierkost auch tatsächlich hart gefroren zu bekommen. Denn es wäre Energievergeudung gewesen, auf der SARITA erst den großen Hauptmotor anzulassen, um das eingekaufte Fleisch stundenlang in unserer Gefriertruhe herunterzukühlen. Obst und Gemüse sahen frisch und knackig aus. Was konnte da noch passieren? Unserer Atlantiküberquerung stand nun nichts mehr im Wege, Proviant jedenfalls war reichlich vorhanden.

Nachdem wir uns am Abend noch ausgiebig mit anderen Yachtleuten in einer der zahlreichen Hafenkneipen Mogans über so wichtige Dinge unterhalten hatten wie über die Frage, wie weit südlich man segeln müsse, um den Passat zu erwischen, wankte die ganze Gesellschaft fröhlich spät nachts auf die SARITA zurück.

Michael schrieb in sein privates Tagebuch:

Erster Einkaufstag beginnt auch äußerlich positiv: gut 20 Grad und fast Ferienstimmung. Mit Carla und Thomas sehr vergnüglich in der Mogan Cooperative. Legen den Grundstein zur Crewversorgung mit M-, B- und T-Weinen, Wasser, Bier, Obst und einer Bananenstaude. Nach reichlicher Weinprobe geben wir auch anderen exotischen Vorschlägen der Co-op-Besatzung willig nach. Fortsetzung des Einkaufs in Mas Palomas. Hier Konserven und andere „harte" Sachen. Wir sind selbstzufrieden am Abend. Entsprechend längere Sitzung beim „Iren" auch mit Gerhard, dem PINACOLADA-Skipper.

Die „Notare“

Auf der PINACOLADA war am frühen Morgen von Gerhard nichts zu sehen. Statt dessen saßen erwartungsvoll zwei Damen im Cockpit, mittelalterlich, nicht besonders hübsch, aber auch nicht abstoßend. Also Frauen, wie sie sich zu Dutzenden in den Yachthäfen herumtreiben, um irgendwie zu einer Passage über den Atlantik zu kommen.

Längst war am späten Vormittag auf der SARITA alles wach, als Gerhard ziemlich bleich und übernächtigt in unserem Cockpit erschien und kleinlaut nach einem Bier verlangte. Er hatte offensichtlich Kummer. Den beiden Damen in seinem Cockpit habe er, so erinnerte er sich schwach, nachts in Bierseligkeit eine Segelpartie auf „seiner“ Yacht versprochen. Hierzu muß man wissen, daß es für einen Berufsskipper wahrscheinlich kein größeres Opfer gibt, als freiwillig zu segeln. Schließlich handelt es sich hierbei um seinen Job, und wer arbeitet schon gern gratis?

Auf meine verwunderte Bemerkung hin, daß die Damen so attraktiv gar nicht aussähen, meinte Gerhard kleinlaut, daß sie vor zehn Stunden noch erheblich hübscher gewesen seien. Zumindest habe er das so empfunden, vielleicht weil er zuviel getrunken hatte. Armer Gerhard!

Gegen Mittag traf endlich auch Bernhard ein, der mit großem Hallo begrüßt wurde. Er kam auf seinen Vorschlag mit der Kojenauslosung zurück, stieß damit jedoch nur auf taube Ohren. Denn schließlich waren die Kojen längst verteilt, und es wäre ungerecht gewesen, wegen eines Crewmitglieds, das zwei Tage später gekommen war und sich an einem Teil der Arbeiten deshalb nicht beteiligt hatte, die Einteilung nochmals umzuwerfen. Andererseits hatte

Bernhard von vornherein die besonders aufwendige Aufgabe übernommen, eine Bordapotheke zusammenzustellen, die auf ihn als Unfallchirurg abgestimmt war. Ihr Umfang übertraf somit bei weitem die üblichen Sanitätskästen unter dem Navigatorsitz, denn die sind ja nur für Laien bestimmt, die vielleicht mal einen Erste-Hilfe-Kurs absolviert haben.

Traditionsgemäß hatte ich mir die Koje gleich beim Niedergang an Steuerbord vorbehalten. Steuerbord ist nun mal die „vornehmere“ Seite und damit die richtige Position für den Skipper. Aber Spaß beiseite, dies hatte einen recht handfesten Grund. Schließlich mußte der Skipper rund um die Uhr auf Stand-by sein und brauchte dazu einen Platz, von dem er das Schiff am besten unter Kontrolle hatte. Hierfür gab es keinen besseren Platz als gleich beim Niedergang unten. Nachts würde ich somit auch akustisch ständig mitbekommen, was oben lief, und konnte am schnellsten an Deck sein, um einzugreifen. Außerdem mochte dieser Platz auch eine Menge Nachteile haben, denn schließlich war ich mit meinem Ohr keine zwanzig Zentimeter von der Maschine entfernt. Unter Motor würde dies die heißeste und lauteste Koje sein. Die Koje an Backbord hatte sich Carla reserviert, während sich die anderen im Vorschiff verteilten. Eine wirklich bequeme Koje gab es da vorne ohnehin nicht, denn überall waren Gepäckstücke, Wasserflaschen und Bierkästen verteilt; Michael verkeilte sich sogar zwischen seinem umfangreichen Kamerazubehör. Das Vorschiff hatte einen zusätzlichen, deutlich wahrnehmbaren Nachteil: Es stank dort besonders intensiv nach dem schlecht durchgespülten Fäkalientank. Aber wir beruhigten uns alle damit, daß dieser Geruch sich ja nicht ewig halten könne. Bernhard suchte sich unter den Kojen, die die anderen nicht haben wollten, eine aus.

Die Navigationsinstrumente mußten ausgebaut werden. Kurt Ecker hatte dazu eigens seinen Mitarbeiter Herbert nach Mogan geschickt. Er ging nicht gerade mit Begeisterung an seine Aufgabe, denn bei der hochkomplizierten Elektronik auf einer modernen Hochseeyacht war diese Arbeit immer mit der Gefahr verbunden, daß irgendein Gerät beim Ausbau kaputtging, was sich selbstverständlich erst auf der anderen Seite des Ozeans herausstellen würde. Außerdem sah Herbert, und wer will ihm das verdenken, den Sinn dieses Unternehmens nicht ganz ein.

Ludwig wollte als wichtigen Bestandteil für seinen Film Aufnahmen vom Ausbau der Instrumente machen. Zu diesem Zweck hatte er beabsichtigt, einen Notar zu organisieren, der den Ausbau überwachen und bestätigen sollte. Nachdem aber, ebenso wie in Deutschland, an einem Samstag kein Notar aufzutreiben war, verfiel er auf die Idee, statt dessen für ein paar Peseten zwei einheimische Fischer zu engagieren, die uns unterschreiben sollten, daß die Instrumente unter ihrer Aufsicht entfernt worden waren. Tatsächlich brachte er zwei junge Männer an Bord, die neugierig und ziemlich verständnislos zusahen, als Herbert den großen Steuerkompaß im Cockpit abschraubte. Selbst nachdem Ludwig ihnen lange auf spanisch erklärt hatte, für was das Unternehmen gut sein sollte, dämmerte auf den Gesichtern der Männer kein Begreifen. Wahrscheinlich hielten sie uns für ziemlich bescheuert. Sie hatten sicherlich schon verrückte Yachtleute in Mogan erlebt, aber solche Typen wie wir waren ihnen fremd.

Herbert baute den Kompaß aus, schraubte LoranC und GPS ab, entfernte Barometer und Glasenuhr, verpackte Sender und Wetterkartenschreiber, machte Logge und Windanzeiger unbrauchbar. Bitter war es für uns, als sich herausstellte, daß sich die kleine Windfahne für den Ruderautomaten nicht in Gang bringen ließ, ohne daß wir den Kompaß im Selbststeuerautomat beließen. Denn daher bekam der Computer des Geräts seine Rückmeldung über die Richtung, in die das Schiff gerade lief. Meine Mannschaft überblickte in diesem Moment noch nicht, was auf sie zukam, als ich ihr erklärte, daß wir dann eben von Hand die Sarita während der ganzen Atlantiküberquerung steuern müßten. Mir aber war bewußt, daß der Törn jetzt ein anderes Gesicht bekommen würde, daß es mit Sicherheit keine Erholungsfahrt mehr werden konnte.

Nach dem Ausbau unserer Navigationsgeräte sah das Bord hinter dem Navigationstisch wie ein Schweizer Käse aus. Statt vertrauenerweckender Digitalzahlen starrten uns häßliche Löcher entgegen, wenn wir uns probeweise hinsetzten. Aber so hatten wir es eben gewollt.

Schlußbesprechung

Die letzten Einkäufe wurden getätigt, nun blieb noch der Diesel. Ich dachte nicht im Traum daran, Ludwigs Vorschlag zu folgen und unterwegs, etwa bei Flaute, ohne Motor zu treiben. Denn ich war sicher, daß auch bei meiner Mannschaft schon nach einer Stunde in der Flaute Ungeduld aufkommen, daß sich jeder dann sehnlichst wünschen würde, die Maschine zu benutzen. Zu diesem Zweck wollte ich mich, so gut es eben ging, mit Diesel eindecken. Die 400 Liter, die in den Haupttank der SARITA gingen, schienen mir etwas wenig. Nach der Faustregel – eine Seemeile pro Liter – würden wir in einer langen Flaute damit nicht weit kommen, zumal ich rechnete, daß ich die Maschine pro Tag ein bis zwei Stunden allein für Strom und Kälteerzeugung laufen lassen mußte. So kauften wir noch zusätzliche acht Plastikkanister, die wir an Deck festzurrten.

Was mir etwas Sorge bereitete, war die schwache Ersatzteilausstattung der SARITA. Das war nicht weiter verwunderlich, und ich mache niemandem einen Vorwurf daraus, denn üblicherweise sehen es Vercharterer nicht gerne, wenn ihre Gäste plötzlich anfangen, auf einer schönen Hochseeyacht mehr oder weniger laienhaft herumzureparieren. In einem solchen Fall ist es dem Vercharterer immer lieber, daß der nächste Hafen aufgesucht und die Reparaturen dort fachgerecht vorgenommen werden. Freilich gilt das nur für Reviere, wo sich üblicherweise Charterbetrieb abspielt, wo also ein Hafen in Tagesreichweite liegt, nicht aber bei einer Atlantiküberquerung. Deshalb kaufte ich vorsichtshalber noch ein paar Meter Eisenkette, große verzinkte Schäkel, zwei Meter Gummischlauch und einen größeren Vorrat an Gummistropps. Kette und Schäkel sollten im Notfall dazu dienen, ein gebrochenes Want oder Stag provisorisch zu ersetzen.

Warum ich den Schlauch gekauft hätte, wurde ich gefragt. Den Grund kennt jeder, der schon einmal versucht hat, auf hoher See Diesel aus einem Kanister in den Haupttank umzufüllen.

Ich gebe es ehrlich zu, um das Rigg und um die Segelausrüstung kümmerten wir uns wenig. Ich wußte, daß wir auf hoher See noch Zeit genug haben würden, uns mit der Bedienung des Riggs auseinanderzusetzen. Die Rollgenua aufzuziehen, würde sicherlich kein großes Problem sein, und zur Bedienung des Roll-Großsegels fand ich eine übersichtliche Betriebsanleitung im Navigationstisch der SARITA. Ein kurzer Blick unter das Vorluk zeigte mir einen großen Segelsack auf der Ankerkette. Das mußte wohl die zweite Genua sein, die mir Kurt Ecker versprochen hatte. Aber überprüft haben wir es nicht. Wir verließen uns darauf, daß alles in Ordnung war, denn immerhin hatte Gerhard, der Profiskipper, die SARITA hierhergesegelt und von keinem echten Problem berichtet. Darauf konnte ich mich verlassen, denn Gerhard wäre sich bewußt gewesen, was er uns angetan hätte, wenn er uns einen ernsthaften technischen Mangel verschwieg, den wir erst auf hoher See entdekken würden.

Vor einem wollte ich mich aber nicht drücken: Das Rigg mußte auf Fehler oder Risse überprüft werden. Dazu mußte ein Mann in den Mast geschickt werden. Ich brauchte nicht zweimal zu fragen: Karl, Zimmermann und Kajakfahrer, meldete sich als erster. Das stimmte mich optimistisch, denn üblicherweise geht kaum jemand gerne in den Mast. Freilich, im Hafen ist es kein großes Kunststück, doch auch ich bin nicht gerade begeistert, wenn ich in den Mast steigen muß. Also erklärte ich Karl ganz genau, auf was er zu achten hatte, und wir winschten ihn dann hoch. Er stellte fest, daß auch oben alles okay war.

Es sah so aus, als ob wir am nächsten Tag starten könnten. Ganz hundertprozentig paßte mir dieser Abfahrtstermin nicht, denn für

10

11

Die Mannschaft der Sarita:

10 Skipper Bobby (Bayer)

11 Co-Skipperin Carla (Pommerin)

12 Thomas von der Bildzeitung (Österreicher)

13 Kriminalpolizist Theo (Österreicher)

14 Unfallchirurg Bernhard (Österreicher)

12

13

14

15

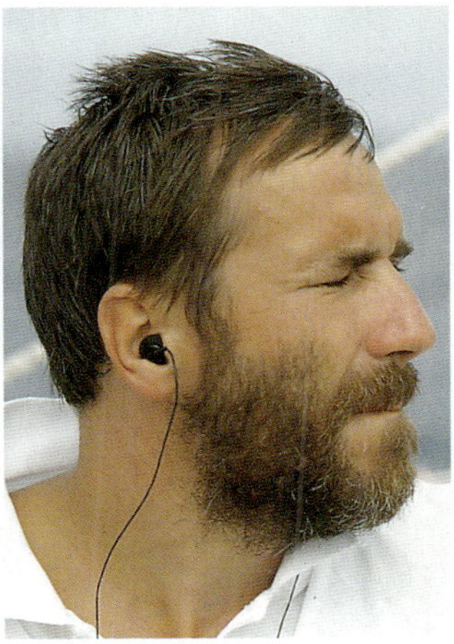

16

17

15 Fernsehregisseur Ludwig (Bayer)

16 Zimmermann Superkarl (Bayer)

17 Kameramann Michael (Bayer)

18 Vor der Kamera wird der Steuerkompaß der SARITA ausgebaut.

19 Eine Stunde vor dem Start zur Atlantiküberquerung weist uns Skipper Gerhard in die SARITA ein.

20 Die letzten noch an Bord befindlichen Seekarten und Uhren werden vor der Abfahrt auf der Mole abgegeben.

21 Die „Notare“ bezeugen, daß SARITA ohne Compaß & Co ist.

18

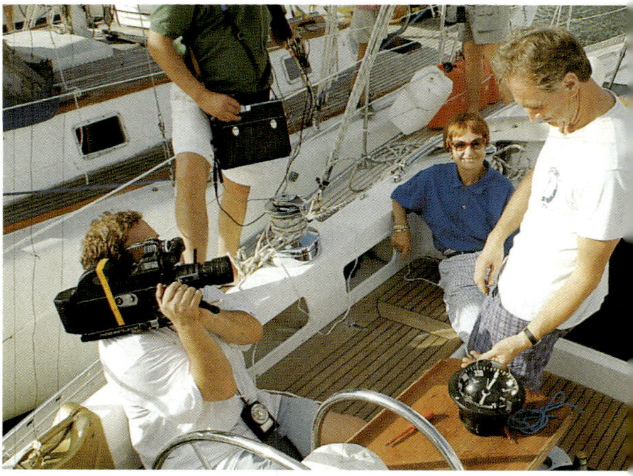

19

20

23

21

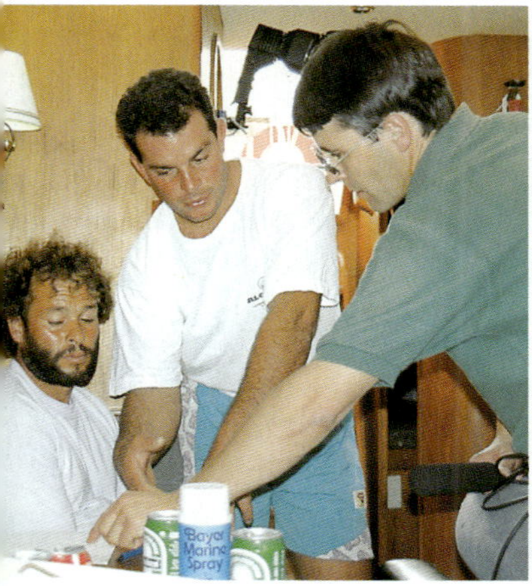

22

22 Nur häßliche Löcher bleiben in der ehemaligen Navigationsecke zurück.

23 Hafenausfahrt von Mogan unser Tor nach Amerika

24

24 Sarita unter Doppelgenua

diesen Tag war mittags in Las Palmas, 100 Kilometer von unserem Startplatz entfernt, der Start für die ARC angesagt, die Atlantic Ralley for Cruisers. Das ist eine Idee, die in den letzten Jahren, für mich nicht ganz nachvollziehbar, eine Menge Anhänger gewonnen hat. Gewiß ist für viele Segler eine ganz normale Atlantiküberquerung immer noch ein großes Abenteuer, und so ergab es sich fast von selbst, daß sich irgendwann mehrere Yachties abgesprochen hatten, gemeinsam über den Atlantik zu segeln. Die Skipper glaubten, daß dadurch eine größere Sicherheit gewährleistet würde, konnten sie sich doch im Notfall bei den Yachten in ihrer Nähe über Funk Hilfe holen.

Für mich ist Ozeansegeln auch die ständige Suche nach der großen Freiheit auf dem Wasser, deshalb widerspricht es meiner Idee vom Fahrtensegeln, im Konvoi oder in Gruppen die Meere zu überqueren. Tatsache ist aber, daß zum Beispiel das von einigen Charterfirmen propagierte Flottillensegeln in den letzten Jahren viele Anhänger und Freunde gewonnen hat. Die ARC ist sogar so populär geworden, daß am nächsten Tag mit dem Start von ungefähr 150 Yachten zu rechnen sein würde. Ich wollte damit nichts zu tun haben. Nicht etwa, daß ich gegen diese Yachten etwas gehabt hätte, doch wollte ich den Atlantik ohne Begleitschiffe, auch nicht in Sichtweite anderer Yachten überqueren. Da der Atlantik riesengroß ist, war mir klar, daß sich auch ein Pulk von 150 Yachten bereits nach ein paar Tagen auf der scheinbar unendlichen Wasserfläche so verteilen würde, daß ein Treffen mit anderen Yachten nicht gerade wahrscheinlich war.

Aber ich akzeptierte den Starttermin, denn wir würden ohnehin mit der ARC nichts zu tun haben. Einerseits wollten wir ein paar Stunden vor deren Start in Las Palmas absegeln, und andererseits waren die Rallye-Yachten ja 100 Kilometer entfernt. Die Sarita mit ihren 16 Metern würde aufgrund ihres größeren Geschwindigkeitspotentials sicherlich weit vor dem Feld hersegeln und allenfalls von den Allerschnellsten irgendwann einmal eingeholt werden.

Es war nun Zeit für eine gemeinsame Schlußbesprechung, und so bat ich meine Mannschaft in den Salon, wo ich einige Dinge besprach, die ich, der Skipper, als feste Regeln beachtet wissen wollte. Dazu gehörte beispielsweise, daß unter Deck auf keinen Fall geraucht werden durfte, was kein großes Problem war, denn wir hatten in Michael den einzigen Raucher an Bord, der von sich aus meine Wünsche respektierte. Ich belehrte meine Mannschaft über das Anlegen von Sicherheitsgurten, wies sie in die Rettungsmittel der SARITA ein und wünschte mir so scheinbare Nebensächlichkeiten, wie daß sich niemand in nassen Kleidern oder Badehosen auf die Polster setzen sollte. Früher, als ich mit Paying Guests unterwegs gewesen war, hatte ich dies alles schriftlich niedergelegt und mir unterschreiben lassen. Diesmal verzichtete ich darauf, was sich als Fehler herausstellen sollte.

Wie immer bei solchen Besprechungen kam auch die Frage nach der Seekrankheit. Berechtigt, denn erfahrungsgemäß leidet jeder, zumindest in den ersten Tagen, in irgendeiner Form darunter. Ich für meinen Teil hatte schon mein jahrelang erprobtes Rezept, nämlich Bonamine, mit dem ich gute Erfahrungen gemacht hatte. Aber es wäre ganz falsch gewesen, jetzt allen meinen Mitseglern eben dieses Medikament einzureden, denn die Seekrankheit hat eine starke psychische Komponente, und der Erfolg eines Mittels wird oft schon dadurch gesichert, daß der Benutzer von seiner Wirksamkeit überzeugt ist. Karl schien die Geschichte doch sehr zu beschäftigen, worauf Bernhard einsprang und ihm versprach, ihn am nächsten Morgen mit Medikamenten zu versorgen.

Auch die Frage des Badens auf dem offenen Meer wurde erörtert. Je nach Reisedauer würde dieses Problem ohnehin auf uns zukommen, denn es gibt keinen Unterwasseranstrich, der so wirksam giftig wäre, daß er gerade auf dem Atlantik den Bewuchs mit langstieligen Entenmuscheln verhindern könnte. Diese Tierchen setzen sich, stecknadelkopfgroß, am Unterwasserschiff fest und gedeihen dann im Lauf der Reisetage bis zu einer Länge von mehr als zehn Zentimetern; dies kann zu einem ernsten Problem werden, denn die Schiffsgeschwindigkeit kann durch den fahrthemmenden Bewuchs schlicht halbiert und damit die Reisedauer verdoppelt werden. Deshalb mochte es notwendig werden, das Unterwasserschiff abzuschaben, damit wir wieder besser vorwärtskamen. Trotzdem – wenn ich es vermeiden konnte, würde ich nicht derjenige sein, der ins Wasser ging. Aber ich mußte mir da wenig Sorgen machen, denn sofort sprang Karl ein und versprach, daß er das Unterwasserschiff säubern würde. Prima!

Ich machte meine Mitsegler darauf aufmerksam, daß ich es riskant fand, unterwegs ins Wasser zu gehen. Bernhard stand mir bei und erklärte, er hätte von ganz kompetenter Seite gehört, daß zwar die Riffhaie in Landnähe nicht besonders gefährlich seien, weil sie genügend zum Fressen fänden, daß jedoch jeder Hai auf offenem Wasser lebensgefährlich sei. Ich schmunzelte, denn genau das hatte ich in einem meiner Bücher geschrieben.

Tatsächlich gibt es kaum Berichte von Haiunfällen auf dem offenen Wasser. Ich hatte dort bisher selten Haie gesehen, aber dann jedes Mal unter merkwürdigen Umständen. Zweimal verbissen sich Haie in meine Selbststeueranlage, wovon einer sogar das mehrere Zentimeter dicke Holzbrett abriß. Einmal erschien im Atlantik ein Hai ganz kurz, nachdem ich das Unterwasserschiff gereinigt hatte, und schrammte mit der Rückenflosse unter dem Heck entlang. Ich räume ein: Wenn ich vor irgendeinem Tier wirklich Angst habe, dann sind es Haie. Selbst im Mittelmeer, auch wenn die Hitze in der Flaute noch so sehr zum Baden einlädt, fühle ich mich nicht ganz wohl, wenn ich 10 oder 20 Meter vom Schiff entfernt in das dunkle Blau hinab blicke.

Das Problem mit der Wacheinteilung sprach ich ebenfalls an. Weil wir ohne Selbststeueranlage unterwegs sein würden, mußten wir nicht nur rund um die Uhr Wache gehen, sondern es mußte tatsächlich immer ein Mitsegler knechtisch am Ruder sitzen. Mit einer Selbststeueranlage wäre auch das Kurshalten kein so großes Problem gewesen, denn man hätte vielleicht alle Stunde die Richtung des Windes mit Hilfe des Nordsterns oder der Sonne ermittelt, und die SARITA hätte sich dann auf dem vorgegebenen Kurs eben selbst gesteuert. So aber mußte der Rudergänger im Kopf den Kurs fortwährend mitdenken. Rund um die Uhr!

Als Skipper war ich wachfrei. Der Koch – jeden Tag ein anderer – würde ebenfalls diese Wohltat genießen. Blieben also sechs Mann zum Rudergehen, wobei sich eigentlich aufgedrängt hätte, drei

Wachen zu je zwei Personen zu bilden. Aber ohne Uhr ließ sich das nicht realisieren. Außerdem schien es mir zumindest für den Beginn einer Reise auf einem großen unbekannten Schiff notwendig, mindestens drei Mann gleichzeitig im Cockpit zu haben, denn erfahrungsgemäß bildet sich bei Zweierwachen sofort die Unart heraus, daß die jeweilige Gruppe ihre Wachzeit intern praktisch durch zwei teilt, also einer am Ruder steht und der andere pennt. Die fehlende Uhrzeit gab mir schließlich den Wachrhythmus vor: Es blieb nichts anderes übrig, als den Tag in vier Wachen einzuteilen, nämlich von Sonnenaufgang bis Mittag, danach bis Sonnenuntergang, von da an bis Mitternacht und schließlich bis Sonnenaufgang. Vier Wachrhythmen ergaben automatisch zwei Dreierwachen. Keiner murrte, wahrscheinlich deshalb nicht, weil sich niemand außer Carla in der momentanen Anfangseuphorie vorstellen konnte, was da auf jeden zukam.

Ganz besonders eindringlich wies ich darauf hin, daß wir zwar mit 1400 Liter Trinkwasser einen reichlichen Vorrat hatten, daß es aber ausgeschlossen war, damit beispielsweise Haare zu waschen oder ähnliches. Ich wußte, daß 1,4 Tonnen bei sparsamer Verwendung, also nur für Trinken, Kochen und kleine Wäsche, notfalls auch ein halbes Jahr reichen würden. Überließ man es aber dem freien Verbrauch der Besatzung, waren die Tanks garantiert nach drei oder vier Tagen leer, zumal an Bord der SARITA zwei Duschen installiert waren. Nachmittags hatten wir noch entdeckt, daß die zentrale Druckwasseranlage gelegentlich ihren Dienst aufgab, aber das beunruhigte mich nicht, war mir im Gegenteil im Hinblick auf den Süßwasserverbrauch ganz willkommen, denn das bedeutete, daß weder auf den Toiletten noch sonstwo Süßwasser entnommen werden konnte. Ein Mangel an der SARITA fiel mir dabei gleich auf: Mechanische Trinkwasserpumpen, die per Hand oder Fuß betätigt werden, fehlten auf den Toiletten. Nur in der Küche war eine Fußpumpe installiert. Damit hatte ich eine gute Kontrolle über den Süßwasserhaushalt.

Dann blickte ich nochmals in die Runde meiner Mitsegler und fragte, was sie nun an neuartigen Navigationsideen mitgebracht hätten. Die Reaktion begeisterte mich nicht gerade, denn im

Grunde stieß ich nur auf etwas peinliches Schweigen. Bis auf ein paar allgemein gehaltene Hinweise: „Ja, so mit dem Nordstern", oder: „Die Sonne also links halten", bekam ich nichts zu hören. Dabei hatte ich sie mit meiner Idee von der Schattenstiftanwendung noch gar nicht vertraut gemacht. Das war ja wirklich unglaublich: Hier waren sechs Leute dabei, über den Atlantik zu segeln, ohne zu wissen, wie sie ihr Ziel auf der anderen Seite des Ozeans finden sollten. Das alte Lied: „Der Schenk wird's schon richten", ehrte mich einerseits, andererseits fand ich es doch unfaßbar. Ich kann es nicht oft genug betonen, ich hatte kein Patentrezept parat.

Die Schattenstiftmethode hatte zwar in den Philippinen fast(!) funktioniert, doch dort waren wir auf dem ruhig liegenden Riesenkatamaran Hausners und auf einer geschützten Reede gewesen. In meinem kleinen Flugzeug hatte der künstliche Horizont mit Libelle gearbeitet, jedoch auf einem ruhigen Ankerplatz kläglich versagt; die Ergebnisse hatten um 200 oder 300 Meilen daneben gelegen. Hier aber brauchten wir Werte auf 10 oder 20 Seemeilen genau. Ob wir Spiegel so aufkleben konnten, daß sich damit die Höhe der Sonne einigermaßen abschätzen ließ, hatte ich nie ausprobiert, wußte ich also nicht. Thomas wies darauf hin, daß er sich zu Hause Gedanken gemacht hatte, wie der Nordstern zu messen war. Er hatte sich aus Sperrholz sogar eine kleine „Peilpistole" gebastelt, jedoch noch vor dem Abflug eingesehen, daß seine schöne Nordstern-Uzi höchstens für den Kinderfasching taugte. So war sie zu Hause geblieben. Ich war aber keineswegs verärgert darüber, sondern freute mich, denn es war ja gerade meine Idee, auf diesem Törn eine wirkliche Abenteuerfahrt mit zwar erhofftem sicherem Ausgang, letztlich aber mit Ungewißheit und viel Risiko zu erleben.

Am Ende der Besprechung wurde ich nach der Wacheinteilung gefragt. Ich wollte und konnte sie noch nicht bekanntgeben, denn ich wollte am nächsten Morgen meine Mannschaft zunächst beobachten, um danach Wachführer und Wachmannschaften entsprechend den ersten Eindrücken von der Qualität meiner Mitsegler einzuteilen. Daraus würde sich alles von selbst ergeben. Das heißt, ich würde zwei Dreiermannschaften zusammenstellen, in denen

Carla nicht enthalten war, denn sie hatte sich bereit erklärt, als erste den Koch zu spielen. Dieser Job würde am ersten Tag einerseits leicht sein, weil man sich an Land noch mit fertigem Essen eindekken konnte, andererseits war die Belastung durch Seekrankheit am größten. Anschließend sollte der Koch in eine Wache zurückspringen und nach dem Alphabet dafür ein Mannschaftsmitglied ausscheiden, das am nächsten Tag seinerseits den Koch spielen würde.

Den Vorabend des Starts verbrachten wir wieder beim „Iren", und die Stimmung war völlig gelöst. Wir saßen im Spätherbst unter freiem Himmel, dachten an die bereits winterlichen Temperaturen in Deutschland und träumten von Sonnentagen unter dem Passathimmel. Unsere Tische wurden von flackernden Petroleum-Windlichtern beleuchtet. Plötzlich war sie da, die Idee: ein solches Windlicht als Uhr zu benutzen. Denn in dem durchsichtigen Glas war gut zu sehen, wie der Docht in den Petroleumbehälter eintauchte, dessen Flüssigkeitspegel Stunde um Stunde niedriger wurde.

Was mir weniger gefiel: Ich hatte erfahren, daß Ludwig einen Magnetiten an Bord hatte, einen Magneteisenstein. Er hatte mir schon in Deutschland davon erzählt, aber ich war von dieser Idee nicht angetan. Es kam zu einer kleinen Diskussion, und als ich spätabends in die Koje kriechen wollte, stand plötzlich Ludwig neben mir und drückte mir resignierend den staubigen Magnetiten in die Hand. Das fand ich gut!

Was mich schmunzeln ließ: Im Salon der Sarita lagen morgens jede Menge Kartons mit Windlichtern herum und dazu ein Essig-und-Öl-Set, das ebenfalls aus unserem Restaurant in Mogan stammte. Ich rätselte herum, für was der wohl gut sein sollte.

Vor dem Einschlafen notierte Michael in sein Tagebuch:

Zur wiggerlschen Zeit-Visualisierung in die Dünen von Playa des Ingles gefahren und mit Karl Wüstenszenen gedreht – vielleicht nur für Löwenbräu. Dann weitere Startvorbereitungen. Letztes Essen beim Iren. Davor nachmittags der starke Auftritt: zum Ausbau der Geräte besorgt Wiggerl gleich zwei Notare. Nebenberuflich sind sie offenbar ernstzunehmende Fischer. Ich empfinde – innerlich – nahezu ungezügelte Heiterkeit und drehe artig. Gegen Honorar sind Neptun I und II sogar bereit, eine Art Unterschrift zu leisten. Was sie sonst von uns halten, drücken gottlob nur ihre Gesichter aus: Die Herren mit den weißen Jacken sind hier überfällig.

Letzte Nacht auf ruhigen Planken.

IM SELBSTVERSUCH ÜBER DEN ATLANTIK

Proberunde

Wegen Michael und Ludwig liefen wir gleich zweimal aus, denn eine Schlüsselszene des Films mußte ja der Start in Mogan sein. Die meisten Segelfilme, speziell von Amateuren, leiden darunter, daß sie wegen ihrer immer wiederkehrenden Einstellungen, nämlich Blick von achtern nach vorne und Blick von vorne nach achtern, gelegentlich nervtötend sind. Was meistens fehlt, sind Außenaufnahmen. Wir wollten dies besser machen und ließen die SARITA zweimal starten, einmal zum Filmen und dann als Ernstfall. Mir war dies willkommen, denn so konnte ich eine Proberunde vor dem Hafen drehen und hierbei bereits meine Mannschaft beobachten.

Das Handicap der fehlenden Instrumente fiel mir gleich beim Ablegen im Hafen auf. Der elektronische Ruderlagenanzeiger war in die Selbststeueranlage gekoppelt gewesen und somit nicht mehr vorhanden. Bei einer hydraulischen Steuerung fehlt jede sensible Rückmeldung vom Ruder, so daß die Lage des Ruderblatts erst aus der Reaktion der Yacht zu ersehen ist, wegen ihrer Trägheit viel zu spät. Noch spielte dies keine große Rolle, aber für das Rudergehen auf hoher See ohne Kompaß und Windlupe mußten wir uns etwas einfallen lassen.

Gerhard war auf die Proberunde mitgekommen, damit er mir für den Betrieb der SARITA noch ein paar Tips geben konnte. Ich weihte ihn beim Auslaufen ein, daß ich draußen ziemlich bald ein Mann-über-Bord-Manöver fahren würde. Er solle sich dabei raushalten, denn ich wollte möglichst echt die Situation „Skipper über Bord“

nachstellen. Üblicherweise werden hierfür Fender oder Bojen über Bord geworfen, die allerdings im Gegensatz zu einer echten Person den Nachteil haben, daß sie viel schneller abtreiben als ein Schwimmer. Deshalb plante ich, den Plastikeimer der Sarita an einen Fender zu binden, um so eine Art Treibanker herzustellen. Gerhard spielte seine Rolle blendend. Er rief, jemand solle ihm einen Eimer mit Wasser bringen, damit er die Fender endlich putzen könne. Danach machte er sich über den Fender her, als wolle er tatsächlich die Plastikhülle reinigen, und meine Mannschaft schaute verdutzt, weil sie einen derartigen Sauberkeitsfimmel auf einer Yacht noch nie erlebt hatte. Geschickt verband Gerhard nebenbei den Fender mit dem Nirostabügel der Pütz, und ich warf das Ganze so über Bord, daß der Eimer sich gleich mit Wasser füllte und als Treibanker fungierte. Laut rief ich: „Skipper über Bord!" und ging dem tumultartigen Gerenne aus dem Weg, indem ich mich auf den Heckkorb setzte.

Was dann kam, überraschte mich. Theo, der Polizist aus Graz, war am Ruder und gab geradezu schulmäßig seine Kommandos. Er bestimmte sofort ein Mannschaftsmitglied, das nach dem Fender Ausschau halten sollte, drehte durch den Wind (wie ich es dringend und immer wieder für Mann-über-Bord-Manöver unter Segeln empfehle), und gleichzeitig startete er die Maschine. Alles schien perfekt. Aber dann machte er doch noch einen Fehler, wie ich gehofft hatte, denn sonst wäre ein solches Übungsmanöver ja nicht besonders lehrreich gewesen. Er rief einfach ins Blaue nach vorne: „Großsegel weg!" Niemand fühlte sich durch dieses Kommando angesprochen, und erst bei der zweiten oder dritten lautstarken Wiederholung des Befehls stürzten sie dann – aber gleich alle – zur Groß-Reffwinsch, worauf die Finger wieder zurückzuckten, denn jeder verließ sich doch lieber auf den anderen. Das zeigte abermals, daß so ein Befehl nur dann einen Sinn hat, wenn gleichzeitig ein Mannschaftsmitglied persönlich angesprochen wird.

Es hätte also heißen müssen: „Thomas, Groß eindrehen!" Oder: „Bernhard, andirken!"

Aber dies tat meinem ersten guten Eindruck von Theo keinen Abbruch, denn ich wußte, daß dieser Fehler immer wieder gemacht wird, und freute mich, daß ich der Mannschaft seine Folgen demonstrieren konnte. Im übrigen fuhr Theo mit Bravour das Manöver zu Ende, und wenige Sekunden später konnte vom Badeheck der SARITA aus der Fender mitsamt Eimer gefischt werden. Nicht schlecht, wenn man bedenkt, daß es sich um eine behäbige, 16 Meter lange Yacht handelte, daß Theo sie nicht kannte, die Mannschaft nicht eingespielt war und das Manöver genau wie im Ernstfall überraschend gekommen war.

Auch die übrige Crew stellte sich bei der Bedienung der SARITA nicht ungeschickt an. Man merkte, eine Segelyacht war ihnen nicht fremd. Einzig Karl, bisher nur in Kajaks auf dem Wasser gewesen, fiel mir durch seinen zwar selbstbewußten, aber hölzernen Gang an Deck auf. Den mußte er sich abgewöhnen, sonst würde er bald über Bord gehen. Das sagte ich ihm auch – „immer etwas geduckt, nie mit steifen Knien" –, aber er lächelte mich überlegen an, was wohl bedeuten sollte, daß ich ihm, dem Supersportler, nicht erklären mußte, wie er zu gehen hatte. Ich versuchte ihm mit wenigen Worten plausibel zu machen, daß er wenig Überlebenschancen auf hoher See hatte, wenn er wegen seines Storchenschritts von einer überraschenden See über die Reling katapultiert wurde. Doch in seinem Gesicht konnte ich lesen, daß er mir das nach dem gelungenen Mann-über-Bord-Manöver nicht mehr abnahm.

Der Probeschlag hatte seinen Zweck erfüllt, wir fuhren zum letzten Mal nach Mogan zurück, um Michael und Ludwig, die oben vom Berg aus unsere Ausfahrt gefilmt hatten, wieder aufzunehmen.

Nach dem Anlegemanöver an der Tankstelle, das Theo unter Gerhards Komando mit dem ihm unbekannten riesigen Schiff routiniert hinlegte, wurden die Tanks randvoll mit Diesel gefüllt, ebenso die Plastikkanister an Deck. Gerhard sammelte die letzten an Bord vorhandenen Navigationsmittel ein: unsere Armbanduhren, den Magnetiten und sämtliche Seekarten. Er wollte seinerseits als Skipper auf der PINACOLADA nach Amerika segeln und uns dort die Uhren wiedergeben.

Es folgten ein paar Abschiedsfotos, Händedrücke, Umarmungen, und ich tauschte mit Gerhard noch die Trikots. Nicht um es

Fußballern nachzumachen, sondern weil ich festgestellt hatte, daß Kurt Ecker nirgendwo auf seiner schönen SARITA einen Reklameaufdruck angebracht hatte, was aus Werbegründen bei der Auswertung späterer Fotos oder Filme nicht schlecht für ihn gewesen wäre. Gerhard trug als sein Angestellter ein Trikot mit dem Aufdruck „Yachtcharter Ecker", so daß ich hoffte, durch den Tausch das Firmenlogo während der Überfahrt gelegentlich ins Bild bringen zu können. Dann setzten wir mit gemeinsamen Kräften von der Kaimauer ab, Theo schob den Gashebel nach vorne, und die SARITA glitt aus der Hafenausfahrt. Ein paar hundert Meter weiter draußen rollten wir die Segel aus, wie es uns Gerhard gerade eben noch gezeigt hatte. Unter der gleißenden kanarischen Sonne füllte ein mäßiger Nordost Genua und Großsegel, und als die SARITA einen idealen raumen Kurs zum Wind eingenommen hatte, war unter dem Bugkorb kein Land, wohl aber die Trennungslinie zwischen Himmel und Wasser zu sehen, hinter der irgendwo Amerika liegen mußte.

Start ins Blaue

Als wir am 29. November um 10.00 Uhr Ortszeit ausliefen, spürte ich das Gefühl, das ein Fallschirmspringer haben muß, wenn er sich aus dem Flugzeug nach draußen in die Tiefe stürzt. Mir war bewußt, daß es ein Zurück nicht mehr geben konnte. Wir würden 10 oder 20 Stunden segeln, bis das Land achteraus verschwand – und das war's dann! Denn mit meinen Navigationsmittelchen, mit denen ich Barbados finden wollte, wäre es ausgeschlossen gewesen, wieder nach den Kanaren zurückzusegeln, auch wenn es sich nur um ganz kurze Strecken gehandelt hätte.

Navigationsmittelchen? Das war übertrieben, denn im Moment des Auslaufens hatte ich keine feste Vorstellung, wie wir navigieren sollten. Eines war klar: Wir mußten Südwest, so ungefähr 240 Grad, steuern. Aber zunächst kümmerte ich mich noch nicht um die Navigation, denn erst wollte ich das Rigg der SARITA und ihre Besegelung einigermaßen kennenlernen. Wir waren absichtlich am Vormittag ausgelaufen, denn niemand von uns kannte die Yacht unter Segeln, und es wäre dumm gewesen, mit einem fremden Schiff in die Nacht hinein zu segeln; beim geringsten Zwischenfall wären wir im Dunkeln über Deck geirrt und hätten gar nicht richtig gewußt, wo hinlangen.

Die SARITA war eine moderne Yacht, also waren alle Segel zum Ein- und Ausrollen. Gegenüber dieser Besegelung brachte ich wie wohl alle, die ihre ersten Seemeilen in den 60er Jahren gesegelt sind, eine gehörige Skepsis mit. Denn zum Segler-Alptraum gehört es, bei schlechtem Wetter oder zunehmendem Wind nicht mehr in der Lage zu sein, ein Segel unter allen Umständen und jederzeit wegnehmen zu können, um die Segelfläche zu verkleinern – ein Gebot der Sicherheit! Ich kenne mehr als ein paar Dutzend Geschichten, wo eine Besatzung unterwegs das ausgerollte Vorsegel nicht mehr eindrehen konnte. Auf der SARITA hatten wir nicht nur das Vorsegel an einem Rollstag, sondern auch das Großsegel.

Im Kartentisch der SARITA lag, eigentlich vorbildlich, eine große Mappe, wo alle Systeme einigermaßen beschrieben waren. Beim Rigg war genau erklärt, wie Vor- und Großsegel ein- und ausgerollt werden konnten. Beim Großsegel wurde sogar darauf hingewiesen, daß dies vom Cockpit aus geschehen könne. Man bräuchte dazu nur in den Wind zu gehen.

Das gefiel mir nicht. Denn ich betrachte es als veraltet, zum Segelverkleinern oder Ausreffen auf einen bestimmten Kurs gehen zu müssen. Jeder, der schon ein paar Seemeilen gesegelt ist, weiß, daß es in punkto Bequemlichkeit und Schiffsbewegungen einen riesigen Unterschied ausmacht, ob eine Yacht gegenangeht oder fast voll vor dem Wind abläuft. Dies läßt sich auch ohne weiteres erklären: Entscheidend bei der Segelei ist ja, das weiß jeder Anfänger, nicht der tatsächlich herrschende Wind, sondern der Wind, den man an Bord fühlt, also der sogenannte „scheinbare“ Wind.

Angenommen, es bläst mit einer schönen Segelbrise von 25 Knoten. Läuft eine Yacht dann vor dem Wind ab, so muß von den 25 Knoten selbstverständlich die Geschwindigkeit der Yacht abgezogen werden. Ist sie eine gute Seglerin, dann sind auf ihr nur noch 25 minus sieben, also 18 Knoten zu spüren, eine mäßige Brise. Ist die Yacht jedoch, weil ihr Ziel in Luv liegt, gezwungen, gegenan zu bolzen, so wird sie hierbei fünf bis sechs Knoten machen, so daß sie nicht mehr mit einem Wind von 25 Knoten segelt, sondern mit einem steifen Wind von 30 bis 31 Knoten. Beide Kurse unterscheiden sich also allein schon dadurch, daß auf dem einen Kurs 18 Knoten scheinbarer Wind herrschen und auf dem anderen über 30 Knoten.

Hinzu kommt aber noch das Wellenbild. Wellen sind nicht das, was unsere Augen uns glauben machen wollen, nämlich Wasser, das sich irgendwie fortbewegt; in Wirklichkeit sind es nur Wasserteilchen, die auf und ab schwingen. Auch hat eine Welle in der

Praxis keine symmetrische Form. Sie wird immer auf ihrer Luvseite flacher und auf der Leeseite steiler sein. Das heißt, daß die gegenangehende Yacht immer zunächst die steilere Seite der Welle erklimmen muß, während eine Yacht mit achterlichem Wind sozusagen auf der gemütlicheren Seite segelt.

Wie gesagt, es gefiel mir nicht, wegen einer Änderung der Segelfläche meinen Kurs verlassen zu müssen. Ein Rigg, das dieses verlangte, konnte man beim besten Willen nicht als modern bezeichnen. Aber zunächst machte ich mir darüber nicht allzu viele Gedanken, denn wir wollten die SARITA erst einmal unter Segeln kennenlernen. Diese mit Hilfe der Maschine zu setzen, war kein Kunststück, und bald standen Genua und Großsegel bestens und wurden vom Wind gefüllt. Mit geschätzten sieben Knoten schoß unsere SARITA dahin.

Obwohl wir schönstes Segelwetter hatten, kämpfte jeder seinen leisen Kampf gegen die Seekrankheit. Ich glaube, wir hatten alle Tabletten dagegen eingenommen. Im Lauf unseres Seglerlebens haben Carla und ich schon alle möglichen Mittelchen ausprobiert. Ich selbst bin zwar noch nie richtig seekrank geworden, das heißt, ich habe mich noch nie übergeben müssen, was ich auf den Tod nicht ausstehen könnte. Aber ich war sehr häufig nahe dran. Dabei half es mir immer, mich flach in die Koje zu legen und das Schiff Carla zu überlassen. Dies hätte ich mir jetzt selbstverständlich nicht leisten können, meine ganze Autorität wäre dahingewesen.

Carla wollte dieses Mal etwas Neues ausprobieren und hatte sich ein sogenanntes Sea-Band mitgebracht. Dieses Armband arbeitet mittels Akupressur, das heißt, es sind Knöpfe eingearbeitet, die auf einen ganz bestimmten Punkt am Arm einwirken sollen. Um es ehrlich zu sagen, ich halte von dem Zeug nichts. Meiner Meinung nach wirken nur spezielle Seekrankheits- oder Reisetabletten auf das entsprechende Zentrum im Gehirn und verhindern so mit großer Wahrscheinlichkeit, daß man seekrank wird. Alle anderen Mittelchen wie Ingwerwurzeln, Stutgeron (ein Mittel bei Herzproblemen), Akupressurbänder, Beruhigungstabletten und ähnliches hatten meiner Erfahrung nach versagt, wenn das Wetter entsprechend rauh wurde. Einen Trost habe ich für die ganz besonders

Empfindlichen: Wenn man einmal durch ist oder die ersten zwei, drei Tage überstanden hat, ist es höchst unwahrscheinlich, daß die Seekrankheit nochmals nach einem greift.

Der einzige, der keine Seekrankheitstabletten mit nach Mogan gebracht hatte, war Karl. In seiner Vorstellungswelt, in der er als Naturbursche eine gewisse Hauptrolle spielte, war einfach kein Platz für einen seekranken Titelhelden. Aber offensichtlich war er durch unsere Reden vor dem Lossegeln so nervös geworden, daß er sich von Bernhard mit entsprechenden Medikamenten hatte versorgen lassen. Und dennoch war der erste (und einzige), der den Kampf gegen die Seekrankheit auf der SARITA schon nach kurzer Zeit verlor, unser Freund Karl, der schlicht und einfach kotzte.

Holznavigation

Die Sonne hielten wir an Backbord achteraus, das mußte als Kursbestimmung für den Anfang reichen. Bald konnten wir den Motor, einen 80-PS-Yanmar-Diesel, abschalten. 240 Grad sollten wir steuern, wo aber waren 240 Grad? Die Sonne würde es uns sagen, doch in welcher Richtung stand die Sonne?

Ich erinnerte mich an die „100-Grad-Regel“, die ich für diesen Törn gefunden hatte. Danach war die Richtung zur Sonne die Summe aus 100 Grad und ihrem Winkel über dem Horizont, solange es Vormittag war. Ich schätzte die Ortszeit auf ungefähr 11.00 Uhr. Die Sonne würde an ihrem höchsten Punkt kaum den 50-Grad-Winkel über dem Horizont erreichen, so daß sie jetzt – ganz grob gesagt – etwa 45 Grad hoch stand. Also ganz einfach: Die Sonne stand in einer Richtung von 145 Grad. Ich versuchte sie genau an Backbord zu halten, so daß ich nun einen Kurs von 235 Grad steuerte, denn wenn die Sonne ganz genau an Backbord querab steht, so muß man nur den rechten Winkel, also 90 Grad, zur Richtung der Sonne dazuzählen, um die Schiffsrichtung zu bekommen. 235 Grad brachte also schon ziemlich genau das, was wir wollten, nämlich 240 Grad. Ich blickte achteraus nach Gran Canaria und prägte mir die Landschaft ein, denn so brauchten wir die nächsten paar Stunden nur dahinzufahren, um ungefähr unseren Kurs zu halten. Warum aber 240 Grad?

Meine Taktik war einfach: Wir mußten auf die Breite von Barbados kommen und dann auf dieser Breite genau nach Westen segeln, um Barbados zu erwischen. Selbstverständlich wäre es töricht gewesen, den Kurs so anzulegen, daß wir erst einen Tag vor Ankunft

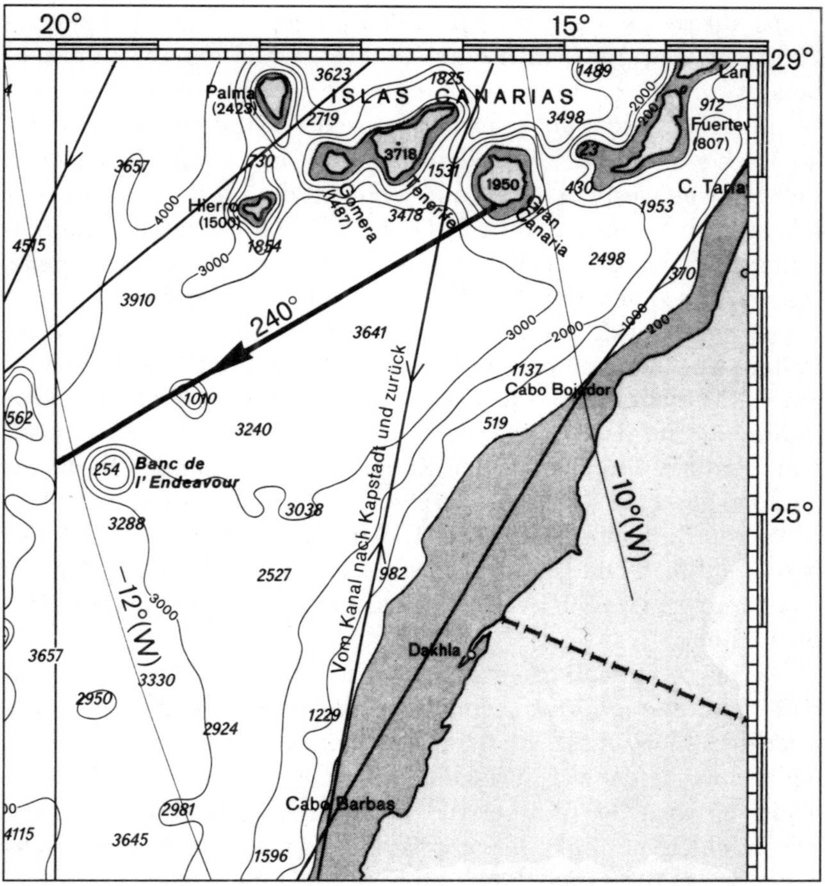

Ein Kurs von 240 Grad führt am sichersten an Afrika und Hierro vorbei, schließlich muß ja mangels Kompaß mit erheblichen Ungenauigkeiten beim Steuern gerechnet werden. Außerdem bringen uns 240 Grad rechtzeitig auf die Breite von Barbados.

auf der Breite von Barbados waren. Dies wäre mit einem hohen Risiko verbunden gewesen, denn selbst bei wenig Abtrift nach Steuerbord hätten wir Barbados verfehlen und auf einem Riff stranden oder weit ins karibische Meer hineinsegeln können.

Der direkte Kurs* von Gran Canaria nach Barbados wäre etwa 260 Grad gewesen. Noch eines mußte ich bei meiner Kurswahl bedenken: Ich durfte zu Beginn des Törns nicht zu weit südlich kommen, um nicht auf einer afrikanischen Sandbank oder später an den Gestaden der Kapverden zu landen. Ebenso durfte ich auch nicht zu weit westlich halten, um nicht auf die westlichste Insel der Kanaren zu brummen, die Isla Hierro. 240 Grad schienen mir ein guter Kompromiß. Wir hatten ja ab jetzt keine Möglichkeit mehr, irgend etwas nachzuprüfen. Ein merkwürdiges Gefühl!

Der einzige Fakt, den wir an Bord (genaugenommen im Kopf) hatten, war die Position von Barbados. Die hatte ich nicht einmal einer Karte entnehmen müssen, denn bei meinen Computerprogrammen und deren Beschreibung tauchte so oft die Frage nach Kurs und Entfernung von den Kanarischen Inseln nach Barbados auf, daß ich seine Koordinaten schon seit Jahren auswendig wußte: Mitte von Barbados ist 13 Grad 13 Minuten Nord und 59 Grad 30 Minuten West. Die Entfernung von Mogan (27 Grad 48 Minuten Nord und 15 Grad 45 Miuten West) betrug ziemlich genau 2600 Seemeilen.

Das erste Navigationsgerät mußte her, denn für das Kurshalten benötigten wir ja fortwährend den ungefähren Winkel der Sonne über dem Horizont. Sehr schnell stellten wir nämlich fest, daß es gar nicht so leicht war, ihre Höhe über dem Horizont zu schätzen. Meistens wird der Winkel viel zu hoch angenommen, und ein Schätzfehler von fünf oder zehn Grad ist da leicht gemacht. Nachdem meine 100-Grad-Regel ohnehin nur eine Näherungsformel war, wollten wir nicht weitere fünf oder zehn Grad Ungenauigkeit bei der Richtungsbestimmung der Sonne riskieren, weil ja alle diese Fehler letztlich in den gesegelten Kurs eingeflossen wären. Wir brauchten also etwas, womit wir ganz grob den Winkel der Sonne bestimmen konnten: ein Stück Brett mit einem Stab darauf, das der Rudergänger zur Sonne hin halten sollte, um dann an der

* Anmerkung für Navigationsfachleute: Ob hier ein Großkreiskurs oder ein Kurs nach Mittelbreite genommen wird, bleibt sich bei solchen Überlegungen, wie generell in der Praxis, gleich.

Schattenlänge auf dem Brett ihre ungefähre Höhe ablesen zu können. Hierzu mußte auf dem Holz nur eine Bleistiftmarkierung für die verschiedenen Winkel angebracht werden.

Ich blickte zu Karl hinüber. Er war grün im Gesicht, die Seekrankheit hatte bei ihm voll zugeschlagen, obwohl das Wetter günstig war. Es gehörte schon ein starker Wille dazu, wie sich Karl in diesem Zustand gleich auf die Suche nach einem Stück Holz machte. Hätte ich nicht Kurt Ecker gebeten, ein paar Bretter auf seiner Yacht zu deponieren, hätten jetzt die Schubladenböden dran glauben müssen. So aber machte sich Karl mit einer Handsäge über ein Sperrholzbrett her. Er ließ sich auch nicht davon abhalten, gleich noch unter das Brett einen für seine Funktion völlig unnötigen Handgriff zu basteln. Kurze Zeit später brachte er noch ein paar Bleistiftmarkierungen für die Winkel von 30, 40 und 50 Grad an, und unser erstes „Navigationsinstrument" war fertig. Wir nannten den Schattenstift SARITA I.

Er war ausschließlich zu dem Zweck gesägt, geklebt und genagelt worden, um dem Rudergänger jederzeit die Möglichkeit zu geben, schnell mal mit dem Schattenstift die Sonne zu peilen; so konnte er fortlaufend zu ihrem festgestellten Höhenwinkel 100 Grad hinzuzählen, um ihre Richtung zu kennen. Nachmittags mußte der Winkel nur von 260 Grad abgezogen werden. SARITA I war auch dazu gedacht, von einem einzelnen Mann benutzt zu werden, denn zur Kursbestimmung genügte es ja, die Höhe der Sonne auf ein paar Grad genau zu kennen. Griffbereit lag ab da SARITA I immer neben dem Rudergänger im Cockpit und fiel auch schon mal runter, was dem „Instrument" nicht schadete. Schließlich war es ja kein Präzisionsgerät.

Wir sollten uns über SARITA I noch wundern.

Unmittelbar nach unserem Probeauslaufen für die Filmaufnahmen hatte ich zwei Wachen zusammengestellt. Mangels besserer Informationen über die seemännischen Qualitäten meiner Mitsegler teilte ich als Wachführer Theo ein, der mich bei seinem Mann-über-Bord-Manöver überzeugt hatte. In seine Wache steckte ich Karl, denn ich war mir klar darüber, daß dieser zunächst trotz seiner Kraft und Begeisterung als Segelneuling nur beschränkt einsatzfähig war. Damit ergab sich zwangsläufig der dritte Mann. Denn mit Absicht riß ich das Kamerateam Ludwig/Michael auseinander, weil ich zu Beginn mehr an einem sicheren Törn als an einem guten Film interessiert war. Ich vermutete, daß die beiden in einer Wache zusammen während der ganzen Zeit über neue Einstellungen oder weitere Regieeinfälle diskutiert hätten, statt dem Schiff die nötige Aufmerksamkeit zukommen zu lassen. Also steckte ich Michael zu Theo und Karl in die Wache.

Carla, von der ich wußte, daß sie im Hinblick auf Seekrankheit am belastbarsten war, hatte ich den schwierigsten Job für den ersten Tag gegeben, nämlich Koch. Die zweite Wache bestand somit aus dem Wachführer Bernhard (wegen seiner Atlantiküberquerung), aus Thomas und Ludwig. Kaum hatte ich diese Wache bekanntgegeben, protestierte Ludwig bereits und wies mich darauf hin, wie wichtig es sei, daß Michael und er in eine Wache kämen, denn nur so könne das weitere Vorgehen bei der Filmherstellung besprochen werden. Ich versuchte Ludwig klarzumachen, daß mir der Film zwar wichtig, aber noch viel wichtiger ein geglückter Törn sei. Wirklich eingesehen hat Ludwig das sicher nicht, aber er fügte sich sofort und ohne langes Diskutieren. Mir war klar, daß sich die Mannschaft, mich eingeschlossen, in einem ziemlich nervösen Zustand befand. Das Schiff war uns fremd, wir wußten nicht, wie wir navigieren sollten, und kannten einander wenig.

Kaum hatten wir die ersten Seemeilen zurückgelegt, begannen wir schon, die SARITA zu „verbessern", um unsere fehlende Instrumentierung wenigstens teilweise wettzumachen. Sie war bisher nur mit elektronischen Windanzeigern gesegelt worden, die jetzt stillgelegt waren. Zwar war im Mast sinnvollerweise ein Verklicker vorhanden, also ein mechanischer Windrichtungsanzeiger, doch war es für den Rudergänger mühsam, fortwährend 22 Meter nach oben in den Mast zu blicken. Ludwig nahm eine Holzstange und suchte nach einem Stückchen leichten Stoff, das man als Windrichtungsanzeiger benutzen konnte. Auf meinem eigenen Boot hätte ich so etwas immer griffbereit gehabt, jetzt aber war ich auf einer Charteryacht, wo die einfachsten Gegenstände entweder nicht vorhanden waren oder in irgendwelchen Ecken lagen, die man erst im

Lauf der Wochen kennenlernen würde. Dann hatte jemand die richtige Idee. Wir holten die spanische Gastlandflagge ein, die mit Sicherheit überflüssig geworden war, und rissen sie in lange Streifen. Daraus bastelten wir uns einige Windanzeiger. Ludwig brachte einen Fetzen Stoff an der Holzstange an, die er im Blickwinkel des Rudergängers an der Reling befestigte. Ein Provisorium, dachte ich, war mir aber auch bewußt, daß es auf einem Segelschiff nichts Dauerhafteres gibt als Provisorien. Tatsächlich benutzten wir diesen Windanzeiger auf dem ganzen Weg über den Atlantik.

Wir segelten in die Dämmerung hinein. Inzwischen konnten wir bereits ganz gut Kurs halten. Außer dem Verklicker hatten wir noch ein „Meßinstrument" gebastelt, nämlich einen Ruderstandsanzeiger. Denn wir spürten den Nachteil einer hydraulischen Steuerung, bekamen einfach keine Rückmeldung von Ruderdruck und Ruderlage. Außerdem fehlte die Information von einem Kompaß, was den Rudergänger ziemlich orientierungslos machte. Die Folge war eine hektische Kurbelei am Rad, die mich nervte, denn nichts fürchte ich mehr als ein Ruderversagen mitten auf dem Atlantik. Dagegen ist ein Mastbruch noch harmlos. Man kann immer irgendwelche Möglichkeiten finden, ein Notrigg zu setzen, oder aber, wenn das Ziel nicht allzu weit entfernt ist, mit der Maschine weiterfahren. Bei einem Ruderbruch aber sind die Reparaturmöglichkeiten, vor allem auf einem Charterschiff, meistens sehr gering.

Ich kritisierte die Ruderpraxis meiner Mannschaft, war mir aber bewußt, daß ich selbst es auch nicht viel besser gemacht hätte. So sannen wir, wie wir einen mechanischen Ruderstandsanzeiger basteln konnten. Die Lösung war einfach: Wir drehten den Deckel dort ab, wo die Notpinne aufgesetzt werden sollte. Ein Vierkanteisen kam zum Vorschein, an dem wir ein Stück Holz befestigten, das nun wie ein Zeiger den jeweiligen Ruderstand angab.

Wie immer in solchen Situationen bewährte sich Carla als Koch hundertprozentig. Die Belastung ist doppelt so hoch, wenn man sich unter Deck aufhält. Ein zusätzliches Handicap sind Dünste aus der Küche oder sonstige üble Gerüche. An den Fäkalientank hatten wir uns in den letzten Tagen schon einigermaßen gewöhnt, der

Küchendunst jedoch war neu. Trotzdem gelang es Carla, etwas Eßbares zustande zu bringen. Es wurde nicht gerade mit viel Begeisterung gegessen, was nicht an der Qualität lag, sondern ganz einfach daran, daß keiner richtigen Appetit hatte.

Der Wind schlief auch in der Dämmerung nicht ein. Mit zwei bis drei Stärken aus östlicher Richtung kam er bei unserem Kurs von ungefähr 240 Grad so günstig, daß die Genua hinter dem Großsegel gerade noch zog. Es war ein ruhiges Segeln mit ungefähr fünf Knoten Fahrt.

Die Reise fing gut an, zumindest vom Wetter her. Als Carla und ich zu unserer ersten Atlantiküberquerung aufgebrochen waren, gerieten wir gleich an der Südspitze von Gran Canaria in stürmisches Wetter, an das ich mich heute nur noch ungern erinnere. Im Vergleich dazu wurde uns auf der SARITA herrliches Segeln geboten. Ich dachte an die Yachten der Atlantic Ralley for Cruisers, die zwei Stunden nach uns rund 100 Kilometer achteraus gestartet waren. Die größten davon hatten sicherlich inzwischen ihre riesigen Spinnaker gesetzt, aber auch sie konnten keinen anderen Kurs als vor dem Wind steuern. Dabei sind die Geschwindigkeitsunterschiede nicht so gravierend. Ich war mir sicher, daß uns zumindest in dieser Nacht selbst die schnellsten Yachten der ARC nicht einholen würden. Die SARITA war ja schon von ihrer Länge her schnell und würde sich trotz schwächerer Besegelung nicht bereits nach ein paar Stunden von gleich großen Rennyachten überholen lassen.

Nachdem die Dämmerung in die Nacht übergegangen war, leuchtete der Abendstern, die Venus, knapp an Steuerbord voraus. Aufgrund des gelaufenen Kurses sah ich, daß sie ungefähr auf 250 Grad stand. Gut zu wissen, denn dann würden wir während der gesamten Atlantiküberquerung zwischen dem Sonnenuntergang und der Nacht, in der uns der Nordstern weiterhelfen konnte, mit Hilfe der Venus einen guten Kursanzeiger haben.

Auch den Wind würden wir später als brauchbaren Kursindikator benutzen können, denn im Gegensatz zu Windsystemen in unseren Breiten ändert sich die Richtung des Passats nicht von Minute zu Minute, sondern bleibt im großen und ganzen über Stunden, ja sogar Tage gleich.

Kaum war die Nacht so finster geworden, daß alle Sterne deutlich hervortraten, kam die Enttäuschung, die mich nicht besonders überraschte. Der Nordstern war nur sehr schwer zu identifizieren, was ich ja schon auf den Philippinen bei Wolfgang Hausner erlebt hatte. Hätten wir unseren Hobbyastronom Bernhard nicht dabeigehabt, wären wir bezüglich des Nordsterns sehr unsicher gewesen. Denn er ist kein besonders heller Stern, sondern zeichnet sich lediglich dadurch aus, daß er zufällig genau im Norden steht. Wir sahen Dutzende von Sternen, die erheblich auffälliger waren als der Nordstern.

Bernhard jedoch identifizierte den Nordstern sogleich mit Hilfe des „Himmels-W“, nämlich der Kassiopeia. Nachdem wir aber auch die Richtung der Venus kannten, ließ sich der Nordstern durch gedachte 90-Grad-Winkelschläge nach rechts und Zugabe eines weiteren kleinen Winkels einigermaßen gut ausmachen.

Bevor ich mich in die Koje legte, überprüfte ich die Tiefkühltruhe. Sie hatte mir schon beim Auslaufen Sorgen gemacht, denn ihre Temperatur ging nicht so herunter, wie ich es eigentlich erhofft hatte. Auf der SARITA standen zwei unabhängig voneinander gekühlte Truhen, wovon die eine als Kühlschrank und die andere als Gefriertruhe benutzt werden sollte. Welche der beiden aber nun die Truhe sein sollte, wurde mir nicht ganz klar. Als ich noch in der Hafenausfahrt von Mogan festgestellt hatte, daß die Temperatur der von mir identifizierten Truhe kaum in die Nähe des Gefrierpunkts kam, hatte ich hektisch das gesamte Kühlgut in die andere umgepackt. Aber ein Blick auf die Thermometer zeigte mir schon am Abend, daß wir jedenfalls die Tiefkühltruhe nicht so benutzen konnten, wie wir das von zu Hause gewohnt waren. So empfahl es sich für die nächsten Tage, die Temperatur eben so niedrig wie möglich zu halten und bereits bei Törnbeginn tüchtig Fleisch zu verbrauchen.

Mit einem schlechten Gewissen legte ich mich in die Koje. Denn ich wußte, daß nun auf meine Mannschaft die härtesten Stunden zukommen würden, während ihr Skipper es sich in der breiten Koje bequem machen konnte. Falls die Nacht ohne Zwischenfälle verlief, würde ich – wie an Land – durchschlafen können und am anderen Morgen ausgeruht ins Cockpit kommen, wahrscheinlich mit der aufreizenden Frage, ob das Frühstück schon fertig war. Andererseits, so beruhigte ich mich, war ich der einzige, der praktisch 24 Stunden in Bereitschaft sein mußte. Ich hatte meine Mannschaft angewiesen, mich bei der geringsten Kleinigkeit aus der Koje zu holen. Um gut schlafen zu können, brauchte ich das Bewußtsein, daß niemand zögern würde, mich zu wecken, auch dann nicht, wenn nur über irgend etwas Ungewißheit bestand.

Bevor er sich in seine enge Koje zwängte, trug Thomas in sein privates Tagebuch ein:

Große Anspannung. Alle Instrumente sind ausgebaut, wie im 13. Jahrhundert segeln wir hinaus auf den Atlantik. Er ist ruhig und strahlend blau.

Ich lauschte den Segeln, die gelegentlich, so schien es mir, aufschrien, wenn sie vom Rudergänger malträtiert wurden. Tatsächlich war dies nachts der schwierigste Kurs. Fiel der Rudergänger nämlich eine Idee zu weit ab, so ging nicht nur die Fahrt zurück, weil die Genua vom Großsegel abgedeckt wurde und einfiel, sondern das Vorsegel knallte auch wie eine Kanone, wenn es danach wieder Wind einfing und von ihm aufgerissen wurde. Was mich bei diesem Lärm vor allem nervte, war das Bewußtsein, daß wir kein vernünftiges Reparaturmaterial dabeihatten, wenn die Nähte irgendwann vor diesem mörderischen Rucken kapitulierten und sich das Segel auflöste.

Wir hatten zwar in Mogan noch versucht, das Nötigste für Segelreparaturen einzukaufen, doch das war nicht gerade berauschend: ein wenig Takelgarn, ein paar Dezimeter Segelstoff und Tape sowie einige Segelnadeln. Das war alles, was wir an Material für Segelreparaturen und Ersatzteilen für die Atlantiküberquerung dabeihatten. Vor allem deshalb gab es mir jedesmal einen Stich, wenn ich an den Bootsbewegungen spürte, daß die Kraft aus den Segeln genommen wurde, weil schon wieder das Groß die Genua abgedeckt hatte. Manchmal hielt ich mir die Ohren zu, um den nachfolgenden

Knall nicht zu hören. Dabei konnte sich der Rudergänger nicht einmal an einem beleuchteten Kompaß orientieren, wann er in den gefährlichen Grenzbereich geriet. Der Verklicker aus der zerrissenen spanischen Flagge war alles, was er hatte, um den richtigen Kurs zum Wind zu fahren. Dabei sollte er auch noch 240 Grad steuern und hatte hierfür nur den Nordstern zur Verfügung. Er mußte diesen also an Steuerbord ungefähr 30 Grad achterlicher als querab halten.

Unter diesen Umständen steuerte meine Mannschaft hervorragend, auch wenn es sich in der Koje qualvoll anhörte. Anhand der Zeitintervalle zwischen den „Kanonenschlägen" konnte ich erhebliche Unterschiede in der Qualität der Rudergänger feststellen. Schon in der ersten Nacht fiel mir auf, daß Michael ein besonderes Talent für diese von vielen als stupide abgetane Tätigkeit hatte. Zwischen den von ihm verursachten Knallern der Genua lagen so große Zeitintervalle, daß ich in meiner Koje einschlief.

Michael trug nach Beendigung seiner Wache in sein Tagebuch ein:

29. 11. Drehen von weit oben den Probeschlag als Abfahrt: erste vernünftige Einstellung! Dann Abgabe der Uhren bei Gerhard und – ca. 11.30 Uhr – ernsthaftes Auslaufen. Tankerbegegnung etwa 15.00 Uhr. Laufen vor seinem Bug durch. In meiner Wache: Theo und Karl, der Körperbetonte. Herrliches Segelwetter. Erste Navigationsversuche. Karl kotzt – er hatte noch nie Bonamine im Sturmgepäck. Von 16.00 bis 18.00 Uhr erstmals in die bewegte Koje. Drangvoll eng, aber noch lustig. 24.00 Uhr erste Wache beendet bei strammem Wind, Dünung und bedeckt. Die Ablösung liefert zwei Patenthalsen. Die haben wir noch gut!

Erster Tag auf hoher See

Wacheinteilung ohne Uhr

30. November: Der Wind stand immer noch durch. Mit drei bis vier Stärken kam er aus der „richtigen" Richtung. Danke, Rasmus, einen Schluck Whisky sollte uns das wert sein! Denn jeder Tag, an dem wir in diesen Breiten Wind hatten, war sozusagen geschenkt. Im Passat geht man davon aus, daß der Wind tagaus, tagein bläst, ohne seine Richtung allzusehr zu ändern. Aber wir waren noch lange nicht in der Passatzone. Den Weg dorthin galt es zu segeln und nicht die Maschine einzusetzen. Denn wir hatten nur eine begrenzte Menge Diesel dabei. Auch bin ich heute kein so fanatischer Segler mehr, daß ich auf hoher See tagelang in der Flaute liegen bliebe. Wir alle an Bord hatten nur beschränkten Urlaub für diesen Törn und konnten es uns nicht leisten, unendlich lange unterwegs zu sein.

Am Morgen beim Frühstück gab es heftige Diskussionen um die Wacheinteilung, denn der Mitternachtszeitpunkt, also der Wachwechsel, war nicht eindeutig zu bestimmen. Die ersten schüchternen Versuche, eine Uhr zu basteln, waren gescheitert. Wir hatten es alle als selbstverständlich angenommen, daß wir die Zeit anhand des Petroleumwindlichts ohne weiteres auf eine halbe Stunde genau würden messen können. Aber daraus wurde nichts. Denn mit jeder Schiffsbewegung brannte der Docht etwas anders. Einige glaubten sich zu erinnern, daß der Docht im Lokal in Mogan viel kürzer gewesen war, andere plädierten für einen längeren Docht und damit für schnelleren Petroleumverbrauch. Kurzum, diese „Erfindung" erwies sich als erster totaler Fehlschlag.

Wie sich bei der heftigen Diskussion um den Wachwechsel schnell herausstellte, hatte offensichtlich (genau wußte es freilich niemand) die Abendwache viel zu früh die Hundewache mit der Behauptung herausgeholt, es sei nun Mitternacht. Im Halbschlaf merkte die Ablösung nicht gleich, auf was sie sich da eingelassen hatte. Erst als sich die Stunden ihrer Wache scheinbar endlos hinzogen, ohne daß im Osten das erste Morgengrauen auszumachen war, mußte die Hundewache davon ausgehen, daß sie um ein paar Stunden Schlaf betrogen worden war. Entsprechend gereizt war die Stimmung am Morgen. Trotzdem, das waren noch keine richtigen Probleme. Irgendwie würde sich da eine Lösung finden lassen.

Zu einem kleinen Problem wurde der Pantrydienst. Karl war dran, aber ich brauchte ihn nur anzusehen, um zu wissen, daß der von der Seekrankheit Geplagte seine Pflicht nicht erfüllen konnte. Seekrank sein, aber kochen müssen, das war zuviel des Guten. Nun kamen genau die Diskussionen auf, die ich erwartet hatte. Thomas schlug vor, die Wachen zu ändern, Ludwig bot sich selbstlos an, statt Karl zu kochen. Einer meinte gar, wir sollten Karl aus dem regelmäßigen Smutjeturnus entlassen. Ohne daß es die Mannschaft merkte, wurde hier an der Borddisziplin genagt. Ich war darauf vorbereitet, denn solche Diskussionen sind mir nicht neu. Also ordnete ich an, daß es bei der bisherigen Wacheinteilung bleiben würde, Karl jedoch für dieses eine Mal als Koch entschuldigt war. Sobald er gesund war, mußte er allerdings seinen Dienst als Koch nachholen. Geschenkt würde er den Dienst in der Küche nicht bekommen.

An der frischen Luft schien es Karl nicht schlecht zu gehen. Jedenfalls sägte er mit seiner mitgebrachten Handsäge aus einem Stück Brett eine geometrisch einwandfreie, kreisrunde Scheibe, die wir genau an die Stelle plazierten und mit Tape befestigten, wo in Mogan noch der Kompaß gewesen war. In die Mitte bohrte Karl mit seinem antiken Handbohrer ein Loch und ließ ihn der Einfachheit halber gleich drin stecken, so daß wir nun statt des Kompasses einen Bohrer hatten, der immerhin auf die Holzscheibe einen Schatten warf. Das erleichterte das Rudergehen. Der Steuermann

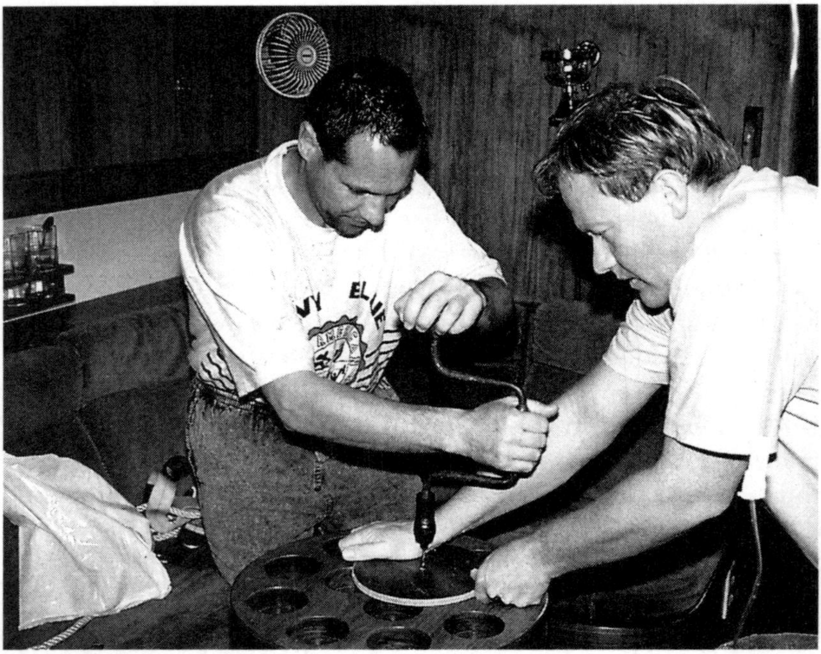

Bernhard und Theo vollenden den Sonnenkompaß.

mußte sich nur im klaren darüber sein, wo die Sonne und damit der Schatten zu stehen hatte, und diesen dann auf dem gleichen Punkt der Holzscheibe halten. Freilich, das galt nur für den Moment, in dem die SARITA bei ihrem ständigen Rollen für einen Augenblick aufrecht segelte. Nach ein paar Minuten Eingewöhnung bereitete es damit keine Schwierigkeiten mehr, einen geraden Kurs zu steuern. Immerhin hatte die Holzscheibe gegenüber einem richtigen Kompaß den Vorteil, daß der Schatten absolut schleppfehlerfrei war.

Ich war übernervös und wirkte deshalb sicherlich auf meine Mannschaft gelegentlich etwas schroff. Der Grund hierfür war nicht nur das Problem der Navigation, sondern auch die Besegelung der SARITA. Kurt Ecker hatte mir zwar noch in Tunesien angeboten, einen Blister von 250 m^2 mitzugeben, doch ich lehnte dieses großzügige Angebot dankend ab, weil ich die Besegelung der SARITA so einfach wie nur möglich halten wollte. Schließlich kannte ich meine Mannschaft nicht und wußte vor allem nicht, wie sie mit großen Segeln fertigwerden würde. Ich wollte die Überfahrt, notfalls unter Verzicht auf Geschwindigkeit, so sicher wie möglich machen, auch wenn sie dadurch ein paar Tage länger dauern würde.

Immerhin hatte Ecker mir eine zweite Genua mitgegeben. Was ich allerdings damit anfangen sollte, war mir im Moment nicht klar. Denn ein Stag, an dem ich die zweite Genua hätte setzen können, war nicht vorhanden. Im übrigen, um es ehrlich einzugestehen, hatten wir uns in Mogan doch zuwenig um die seglerische Ausrüstung der SARITA gekümmert. Das mag sehr unseemännisch gewesen sein, aber ich dachte mir, immerhin war die SARITA zu den Kanarischen Inseln gesegelt worden; unterwegs würden wir genügend Zeit haben, um uns mit dem Segeln zu beschäftigen. So wußte ich nicht einmal, ob die Genua mit Stagreitern versehen war, also überhaupt an einem Stag gesetzt werden konnte, oder ob es sich ebenfalls nur um eine Rollgenua handelte.

Die Segelknaller hatten mich im Halbschlaf immer wieder zusammenfahren lassen. Ich konnte mir nicht vorstellen, daß unsere Segel bei dieser Art von Rudergeherei bis auf die andere Seite des Atlantiks halten würden. Ich war bisher Wind-Selbststeueranlagen gewohnt, wobei es dieses Problem praktisch nicht gegeben hatte. Da wurde ganz einfach ein Kurs gewählt, der so weit wie möglich achterlich war, aber gerade noch so, daß die Genua nicht vom Großsegel abgedeckt wurde. Ein paar Zentimeter am Justierbändsel gezogen, und schon war die Yacht entsprechend getrimmt; der automatische Rudergänger steuerte dann zuverlässig innerhalb der vorgegebenen Grenzen weiter. Hierbei nahm man gerne in Kauf, 10 oder 20 Grad gegenüber dem vorgegebenen Kurs zu verlieren. Wurden es mehr, dann blieb nichts anderes übrig, als Passatsegel zu setzen.

Passatsegel? Fehlanzeige auf der SARITA! Passatsegel sind nichts anderes als gleichgeschnittene Focks oder Genuas, die mit zwei Bäumen nach jeder Seite ausgespreizt werden, um vor achterlichem oder fast achterlichem Wind mit guten Selbststeuereigenschaften zu segeln. Auf reinen Fahrtenyachten werden selten Spinnaker gesetzt, schon allein deshalb, weil ein Spinnaker kaum mit Selbststeueranlagen gefahren werden kann. Hierbei muß nämlich der Rudergänger darauf achten, den Spinnaker immer voll zu halten, was notfalls nur mit geringen Kursänderungen zu machen ist. Zu einer solchen Kursänderung ist eine Selbststeueranlage nicht fähig, weil sie nicht denken kann.

Bei unserer Art des Rudergehens mit Hilfe der Gestirne konnte es nicht ausbleiben, daß gelegentlich Patenthalsen gefahren wurden, was auch an der Unerfahrenheit der Mannschaft lag. Diese Halsen waren an und für sich kein Unglück, denn natürlich war der Großbaum mit einer Bullentalje ständig gesichert. Es gehört zu den Selbstverständlichkeiten, daß auf jedem Kurs, auch am Wind, der Großbaum durch eine zusätzliche Sicherung am Schlagen gehindert wird. Der „Bullenstander" ist nichts anderes als ein starker Tampen (Format Kälberstrick), der von der Baumnock je nach Ausstellwinkel des Großbaums zu irgendeinem Befestigungspunkt an Deck geführt wird. Um ihn durchzusetzen, wird ganz einfach der Baum ein Stückchen weiter als notwendig gefiert, anschließend wird der Bullenstander angeschlagen und durchgesetzt und dann der Großbaum über die Talje wieder dichtgeholt. So blieb also auch bei einer Patenthalse (bei diesem mäßigen Wind!) der Baum unverrückbar auf der richtigen Seite. Das Segel wurde allerdings gehörig belastet.

Meine Gedanken kreisten vor allem um das Großsegel, denn an eine Reparatur mit Bordmitteln war wirklich nicht zu denken. Ich wollte mich damit gar nicht näher befassen, sondern sehnte mich nach dem Tag der Überfahrt, an dem wir genug Sprit gespart hatten, um die Atlantiküberquerung notfalls nur unter Maschine zu beenden. Immerhin hatten wir rund 500 oder 600 Meilen in den Tanks.

Der zweite Grund für meine Nervosität war immer noch die Navigation. Denn ich hatte zwar bemerkt, daß wir mit dem Kurshalten, zumindest wenn die Gestirne zu sehen waren, keine größeren Schwierigkeiten haben würden. Wie stand es aber mit Gestirnsmessungen? Ich schob den Gedanken daran von mir weg und beschloß, das Problem erst am nächsten Tag anzugehen. Aufgrund der abgelaufenen Zeit und der Tatsache, daß wir zügig vorangekommen waren, wußte ich, daß wir jedenfalls in den letzten 24 Stunden weit über 100 Seemeilen geschafft hatten, wahrscheinlich um die 140. Somit hatten wir die erste Gefahrenstelle, nämlich die westlichste Insel der Kanaren (Hierro), schon hinter uns gelassen. Ich blickte achteraus, sah aber längst kein Land mehr, nur Dunst.

Meine Nervosität war sicherlich der Grund, warum ich Bernhard gegenüber ziemlich unduldsam wurde. Er wollte nämlich unbedingt wissen, woher ich die 100-Grad-Formel hatte. Als ich ihm erklärte, daß die Richtung der Sonne eben die Summe aus 100 plus Höhenwinkel sei, meinte er: „Das befriedigt mich aber gar nicht!"

Ich murmelte etwas von Großkreispeilung, um die Fragerei abzustellen. Ehrlich gesagt, wußte ich selber nicht, wie ich die Formel erklären sollte. Ich hatte sie ja nur durch Beobachtung der verschiedenen Azimute (= rechtweisende Richtung zur Sonne) empirisch herausgefunden.

Kurze Zeit darauf war Bernhard wieder im Cockpit, diesmal mit Papier und Bleistift. Er zeichnete eine Skizze mit der Sonnenbahn, der Erdkugel und unserer Breite. Wiederum wollte er von mir die Ableitung der Formel wissen. Ich wollte, vor allem aber konnte sie ihm nicht geben. Mein Hinweis, er solle halt die Formel so anwenden, wie sie war, sagte ihm offensichtlich nicht zu. Ziemlich mißmutig zog er ab.

Fleißig peilte der Rudergänger mit SARITA I (dem Schattenstift) die Sonne und überlegte sich dann, auf welcher Stelle der Holzscheibe vor dem Steuerrad er den Schatten des Bohrers halten mußte, um den richtigen Kurs zu laufen.

Theo machte den Vorschlag, die Genua auszubaumen. Wir suchten uns aus dem Leinengewirr am Mast die richtigen heraus, um den Spinnakerbaum herunterzulassen und damit die Genua auszubaumen. Hier zeigten sich die Vorteile einer Rollgenua. Denn wir konnten unser Vorsegel so zentimetergenau einrollen, daß es mit der Spinnakerbaumlänge in der Größe zusammenpaßte. Bei festen Genuas ist es immer so, daß entweder das Unterliek oder das Achterliek sackähnlich durchhängt, es sei denn, der Spinnakerbaum ist speziell auf dieses eine Segel hin gefertigt worden.

Probleme mit den Schoten standen an, denn sie arbeiteten und scheuerten dadurch heftig am Spinnakerbaum-Endbeschlag. Theo schien meine Gedanken zu erraten, er meinte: „Das werden wir häufiger kontrollieren müssen!" Den ganzen Tag über hatte ich schon gemerkt, daß ich mit Theo – seglerisch gesehen – einen Volltreffer gemacht hatte. Er wußte wirklich gut Bescheid und hatte vor allem ein Gefühl für das Schiff. Er gehörte nicht zu den Seglern, die nur in dem Augenblick strahlen, wenn die Segel vollstehen und das Schiff mit Höchstgeschwindigkeit dahinprescht. Nein, bei Theo merkte man, daß er sich Gedanken machte, wie die Segel in ein paar Stunden, in ein paar Tagen oder auch in ein paar Wochen aussehen würden.

„Wie viele Seemeilen hast du eigentlich schon gesegelt?" fragte ich, denn ich hatte zwar alle Briefe der Interessenten gelesen, aber bei der Vielzahl der Leute, die mich angeschrieben hatten, mir die Details nicht gemerkt. Theo war für mich immer noch der Funkamateur und Kriminalbeamte aus Graz.

„Knapp 9000", antwortete Theo. Wenn man bedenkt, daß er keine eigene Yacht hatte, war dies schon eine ganze Menge. Üblicherweise bringt man bei einem Charterurlaub auf dem Mittelmeer nicht viel mehr als 500 Meilen zusammen, woraus sich leicht errechnen ließ, daß Theo zu der fanatischen Sorte Segler gehörte. Er erzählte mir, daß er mit seinem Freund (ebenfalls Kriminalbeamter) eigentlich an der Columbusregatta, einem Race, das kurz zuvor auf den Kanaren gestartet war und in die Bahamas führte, hätte mitsegeln wollen. Das Startgeld für ihre Yacht von rund 6000 DM sei ihnen aber dann doch zu hoch gewesen. Dazwischen sei dann mein Angebot gekommen, auf der SARITA mitzusegeln.

Mittags überlegte ich mit Theo zusammen, wie viele Meilen wir wohl zurückgelegt hatten. Die letzten 24 Stunden war es ziemlich flott gelaufen, so daß ich von einer Durchschnittsgeschwindigkeit von fünf Knoten ausging. Das seglerische Potential der SARITA mußte so bei 180, 190 Meilen pro Tag liegen, aber davon waren wir weit entfernt. Derartige 24-Stunden-Leistungen kommen nur dann heraus, wenn eine Yacht ständig Höchstfahrt läuft, wenn also der Bug sich im Fünf-Sekunden-Rhythmus immer wieder so tief ins Wasser gräbt, daß links und rechts von der Bugspitze nur noch 10 oder 20 Zentimeter Freibord bleiben. Und dies 24 Stunden lang! Auch muß der Strom günstig sein, wenn man in die Nähe solcher Rekordleistungen kommen will. Oder anders herum, subjektiv gesehen: Man muß 24 Stunden lang das Gefühl haben, daß man eigentlich etwas Segelfläche wegnehmen sollte.

Die letzten 24 Stunden hatte die SARITA nichts anderes getan, als gemütlich dahinzusegeln, höchstens hin und wieder geschüttelt vom Rucken der sich aufblasenden Genua, wobei das ganze Rigg erzitterte. Also rund 120 Meilen und dazu etwas Strom, lautete unsere Schätzung. Theo und ich waren uns einig, daß dies wohl die Mindeststrecke war, die die SARITA zurückgelegt hatte. Wenn wir uns zu unseren Ungunsten verschätzt hatten und auch der Strom mehr als angenommen mitgeholfen hatte, mußten wir wohl zehn Prozent dazurechnen. Unter ganz optimalen Bedingungen konnte man auch einen Zuschlag von 20 Prozent in Erwägung ziehen. Theo und ich kamen überein, daß wir uns mit Mindestschätzungen begnügen sollten, um immer auf der sicheren Seite zu bleiben.

Aber nicht nur Theo schien mir ein zuverlässiger Mitsegler zu sein, auch mit den anderen hatte ich offenbar keinen schlechten Griff getan. Thomas nahm die Sache sehr ernst und konzentrierte sich eisern beim Rudergehen. Man spürte, daß er genauso unter den sehr seltenen Patenthalsen litt wie ich.

Bernhard konnte offenbar den Streß seiner Arbeitsüberlastung im Krankenhaus nicht ganz ablegen. Er fühlte sich an Bord noch sichtlich unwohl. Zudem war er extrem empfindlich gegen Sonne und erschien deshalb zum Rudergehen in einer Art Kaftan und mit einer Mütze, wie sie aus Fremdenlegionärsfilmen, die in Nordafrika spielen, bekannt sind: ein Hauch von Casablanca – aber nur, was Bernhards Outfit betraf.

Ludwig wirkte etwas unzufrieden mit der Wacheinteilung, schluckte es aber tapfer hinunter. Man merkte es seinen Gesprächen mit Michael an, daß ihn das Filmprojekt sehr beschäftigte.

Nur Karl machte mir einige Sorgen. Er schien schwer unter der Seekrankheit zu leiden, was sich jedoch schnell besserte, wenn er an die frische Luft kam. Was mich aber wirklich beunruhigte, war die Art und Weise, wie er sich an Deck bewegte. Hochaufgerichtet stakste er freihändig einher, strotzend vor Selbstvertrauen. Bald wurde es mir lästig, ihn zum wiederholten Male darauf hinzuweisen, wie leicht er bei einer unvorhergesehenen Bewegung der Yacht über Bord gehen konnte. Trotz seiner Seekrankheit lächelte er dann nur etwas überheblich, so nach dem Motto: „Normale Menschen wären da verloren, aber ich doch nicht, ich bin ein durchtrainierer Sportler!“

Ich versuchte Karl, dem Nichtsegler, zu erklären: „Ein sehr guter Kraulschwimmer schafft die 100 Meter in 50 Sekunden, oder sagen wir, um's einfacher zu machen, in einer Minute. Dies entspricht einer Geschwindigkeit von sechs Stundenkilometern oder läppischen 3,2 Knoten: eine Geschwindigkeit, die die SARITA nie unterschreitet. Der exzellente Kraulschwimmer hält aber diese Geschwindigkeit nur sehr kurze Zeit durch, hätte schon bei zwei Windstärken gegen die SARITA keine Chance mehr. Ein über Bord Gegangener wäre also unbedingt auf die Hilfe der Mannschaft angewiesen. Wenn aber ein derartiger Unglücksfall nicht direkt beobachtet wird oder sogar in der Nacht passiert, kann sich die Yacht schon so weit vom Verunglückten entfernt haben, daß sein Kopf im Wasser gar nicht mehr auszumachen ist. Hinzu kommt, daß auf offener See keinerlei Orientierungsmöglichkeit besteht, daß also die ‚Landschaft‘ immer gleich ist, wohin man auch blickt. Die Situation Mann über Bord bedeutet deshalb fast immer ein Unglück.“

Hatte Karl dies begriffen?

Nachts briste es auf, und wir mußten etwas vom Großsegel wegnehmen, weil der Ruderdruck zu stark wurde. Ich beratschlagte mich mit Theo im Cockpit, wie dies am besten zu bewerkstelligen war. Ich dachte an die Segelanweisungen auf der SARITA, wo unmißverständlich geschrieben stand, daß die Yacht zum Großsegelverkleinern in den Wind gebracht werden müßte. Jetzt zeigte sich sehr schnell der ganze Unsinn, daß man nur auf diesem Kurs reffen konnte: Um die SARITA in den Wind zu bringen, mußte der Spibaum aus der Genua genommen werden – eine Heidenarbeit, nur um die Großfläche etwas zu verkleinern. Dabei sollten doch Rollreffs dazu dienen, die Arbeit zu erleichtern, vor allem aber das gefährliche nächtliche Rumtanzen auf dem Vorschiff zu vermeiden.

Das Gegenteil war der Fall. Theo zog Ölzeug an und schnallte sich den Lifebelt um. Denn im Moment segelte die SARITA zwar ruhig und trocken, das würde sich aber sehr schnell ändern, wenn wir in den Wind gingen. Ich übernahm das Ruder, und Theo holte den schweren und im Seegang gefährlichen Spinnakerbaum mitschiffs, zurrte ihn fest und kam zurück ins Cockpit, wo er sich an der Reffwinsch für das Großsegel bereithielt. Langsam drehte ich in den Wind. Kaum hatte die SARITA den Vorwind-Kurs verlassen und war auf raumen Kurs gegangen, kamen die ersten Spritzer über. Sie begann zu stampfen, als wir in den Wind gingen. In der Nacht konnte Theo beim Einreffen nicht gut sehen, was sich vorne mit dem Großsegel tat. Er verließ deshalb das Cockpit, sprang zum Mast und reffte dort unter der nassen Dusche der Bugwelle das Großsegel die paar Dezimeter ein. Endlich schrie er, daß ich wieder abfallen könne. Dann die Manöver in umgekehrter Reihenfolge: abfallen, Großsegel fieren, auf einen Nahezu-vor-dem-Wind-Kurs gehen, Großbaum mit Bullenstander sichern, Spinnakerbaum auf dem Vorschiff wieder losbinden und die Schot der Genua einklinken. Das alles in stockfinsterer Nacht. Und zwar nur dazu, um das Großsegel geringfügig zu verkleinern!

Theo und ich waren einer Meinung, daß dies nicht der Weisheit letzter Schluß sein konnte. Wir würden uns die ganze Geschichte einmal bei ruhigen Wetterverhältnissen am Tage anschauen.

Thomas trug in sein Tagebuch ein:

Hundewache mit Bernhard und Ludwig. Ermüdend, anstrengend, ohne Ende. Ich war zwei Stunden in der Koje. Kein Schlaf. Die Hundewache hat bestimmt wesentlich länger als sechs Stunden gedauert, und jetzt haben wir die Nachmittagswache auch noch zu früh übernommen. Zwei Schildkröten schwimmen gemächlich an der SARITA *vorbei – Kurs Kanaren. Sie beachten uns überhaupt nicht.*

Michaels Tagebucheintrag:

Wachantritt 07.00 Uhr, bedeckt, manchmal ein Sonnenloch. Wiggerl drängelt schon wieder, will mich aber erst einmal an das Schiff und das „neue“ Leben gewöhnen. Eine Wasserschildkröte. Genua ausgebaumt. Technik zum Weinen: Hall auf dem Tonband, Wiggerl nervös. Ecker-Crew hat doch den 12-Volt-Anschluß abgeklemmt. Trotzdem wird es gehen. Habe nämlich Krücken im Gepäck – also kein Problem. Das Schiff läuft phantastisch. Herrlicher Sonnenuntergang. Nach Monduntergang habe ich ein paar Mal Probleme mit der Orientierung. Patenthalse ließ sich aber vermeiden. Trotzdem etwas deprimiert. Wenn wir durch einen solchen Unsinn ein Segel verlieren – dann gute Nacht. Um 02.00 Uhr in die Koje. Es rauscht, und auch die anderen haben hörbare Probleme. Sogar Bernhard. Ungewohnt: Nichts wie Wasser – ohne Landmarken. Erstmals erlebt: Meeresleuchten. Nachtrag: Mittags hat sich ein kleiner Vogel auf die Bananenstaude an der Baumnock verirrt.

Zweiter Tag auf hoher See

Der Sonnenkompaß

1. Dezember: Am Vormittag gab es wieder Diskussionen um den Mitternachtszeitpunkt. Noch immer hatten wir keine Möglichkeit gefunden, irgendwie die Zeit zu messen, nicht einmal auf eine Stunde genau. Es hatte auch niemand richtig Lust, sich mit solchen Problemen zu beschäftigen. Denn nur allmählich lösten wir uns langsam aus der Umklammerung der Seekrankheit. Mir ging es bestens, wie ich eigentlich noch nie nach der Einnahme von Bonamine Probleme gehabt hatte. Man sagt, die Tabletten machen etwas euphorisch, was mir aber lieber ist als beispielsweise diese Depressionsmüdigkeit, die ich nach Einnahme von Peremesin verspürte.

Der Wind blies inzwischen aus Nord mit vier bis fünf Stärken, und so holten wir das Großsegel nach Backbord, um „Schmetterling" zu segeln. Dies ist für den Rudergänger keine leichte Aufgabe, vor allem auf dem offenen Ozean, denn wirklich gut stehen beide Segel nur dann, wenn man nahezu platt vorm Wind segelt. Hierbei ist die Gefahr einer unfreiwilligen Halse am größten. Wie gut hätte ich jetzt Passatsegel gebrauchen können, die fortwährend den gleichen Vortrieb liefern, wobei Kursabweichungen nach jeder Seite von 20 bis 30 Grad erlaubt sind. Die Gefahr einer Halse entfällt dann vollkommen. Der kleine Bereich beim Schmetterlingsegeln rührt daher, daß Groß und Genua hintereinander am Schiff ansetzen. Wird nämlich aus dem Groß der Abwind in das Vorsegel gelenkt, dann zieht auch dieses nicht richtig und fällt zusammen.

Teilweise kurbelte meine Mannschaft wie wild am Ruderrad, was meine immer noch vorhandene Nervosität weiter steigerte. Ich konnte mir nicht vorstellen, daß die Hydraulik der SARITA diese in meinen Augen unnötige Dreherei bis nach Westindien tolerieren würde. Der richtige Kurs mußte doch auch mit viel ruhigeren Ruderbewegungen zu halten sein! Aber ich scheute mich, selbst ans Ruder zu gehen, um dies zu demonstrieren, weil ich mir nicht sicher war, ob ich mich da nicht blamieren würde. So ließ ich meine Mannschaft gewähren in der Hoffnung, daß sie selber zu einer ruhigeren Gangart finden würde.

Der Himmel war wolkenlos, und der Wind blieb bei vier bis fünf aus Nord. Es hätte schon durchaus der Passat sein können, wenn auch Passatwolken vorhanden gewesen wären. Doch die fehlten eben noch. Gelegentlich kam aber schon die Frage aus der Mannschaft, ob dieser stetige Wind denn der Passat sei. Mürrisch verneinte ich, denn an Bord bin ich reichlich abergläubisch. Ich hatte das Gefühl, daß man den Passat wieder vertreiben konnte, wenn man zu sicher war.

Michael war Koch. Bis jetzt hatten wir hervorragend gegessen, was eigentlich kein großes Kunststück war, denn unsere Vorratsbehälter und die Tiefkühltruhe waren noch gut gefüllt. Ich war zufrieden, daß wir offensichtlich keine problematischen Esser dabeihatten. Schlimm sind Mitsegler, die keine Freude am Essen haben. Damit entfällt nämlich ein großer Teil des Vergnügens an Bord.

Der einzige, der zwar nicht den Koch kritisierte, doch generell am Essen etwas herummoserte, war Karl, der behauptete, daß wir uns ungeheuer ungesund ernähren würden. Nach seinen Worten war die wahre Seligkeit beim Essen in Ballaststoffen zu suchen. Ich taufte ihn insgeheim „Körnerfresser". Nicht, daß ich Körner für etwas Abscheuliches halte, doch sind es immer wieder Menschen, die auf ballaststoffreiche und körnerhaltige Nahrung schwören, die mich von meinen Eßgewohnheiten abbringen wollen. Im Gegensatz zu ihnen esse ich jedoch nicht nur der Gesundheit halber, sondern auch aus Freude daran. Ein allzu fanatischer Naturapostel schien aber auch Karl nicht zu sein, denn im wesentlichen aß er genau das gleiche wie wir alle. Er schreckte selbst vor Fleisch nicht zurück, wobei er aber nie den Hinweis vergaß, daß dies im Grunde höchst ungesund sei, er es sich aber leisten könne, weil er sich ansonsten immer naturgemäß ernährte. Im übrigen aß er nahezu das Doppelte der anderen, was ihm herzlich gegönnt wurde, denn seinem athletischen und harmonischen Körper war anzusehen, daß er auch gepflegt werden mußte.

Vormittags machten wir an Steuerbord, vielleicht drei oder vier Meilen entfernt, eine Yacht aus, die offensichtlich unter Spinnaker weit voraus auf Backbordbug unseren Kurs kreuzte. War dies ein Boot aus dem Feld der ARC? Da ein Spinnaker auf einer Langfahrtyacht nicht sehr häufig gesegelt wird, sprach einiges dafür. Aber ihr Kurs stimmte nicht mit dem Ziel der Rallye überein. Denn die Yacht hielt offensichtlich weiter nach Süden als wir, wogegen das ARC-Ziel geringfügig nördlich von unserem lag. Wir wunderten uns ohnehin, daß wir nicht schon andere Yachten der ARC-Rallye irgendwo gesehen hatten. Aber der Ozean ist – glücklicherweise – doch so groß, daß sich auch 1000 Yachten darauf verteilen würden, ohne einander zu treffen. Wie klein die Welt von Bord aus ist, ergibt sich schon aus der Tatsache, daß eine Yacht zwar über den Atlantik rund 2500 Seemeilen weit segelt, ihr Horizont aber nur drei Seemeilen entfernt ist.

Der Rudergänger hatte den Schattenstift SARITA I griffbereit neben sich liegen, und so fragte ich ihn etwa jede halbe Stunde, wie hoch er die Sonne sah. Je mehr es auf die 50 Grad zuging, um so spannungsreicher war die Atmosphäre auf der SARITA. Denn heute wollten wir zum ersten Mal versuchen, ganz grob die Mittagsbreite festzustellen, um eine Idee zu bekommen, wie wir die nächste Schattenstiftkonstruktion bauen mußten, um präzise Meßergebnisse zu erzielen. Die Bleistifteinteilung, mit der der Rudergänger die Schattenlänge als Grad ablesen konnte, taugte für unsere Zwecke nichts. Denn wir brauchten ja die Höhe der Sonne nicht auf zwei, drei Grad genau, sondern so exakt wie möglich, also am besten auf ein Zehntelgrad genau.

Dies war im Moment noch reine Utopie. Ein paar von uns setzten sich aufs Deck, wobei wir abwechselnd die Sonne anpeilten. Um es genau zu sagen, wir peilten den Horizont an, während ein zweiter

Mann auf den Ruf: „Jeeeeeetzt!“ mit Bleistift auf der SARITA I einen Punkt markierte. Zur besseren Ablesbarkeit hatten wir auf die Scheibe ein Stück Papier geklebt, auf dem sich der Schatten des Holzstücks einigermaßen deutlich abzeichnete. Trotzdem war wegen der Scheibengröße der Sonne der Schatten so diffus, daß auch bei seinem Anzeichnen ein wenig Schätzen dabei war. Um so überraschter waren wir, als nach jeder Messung, die wir so alle fünf bis zehn Minuten vornahmen, der Bleistiftpunkt auf dem Papier immer mehr zum Schattenstift hinwanderte, so daß sich das Steigen der Sonne recht deutlich abzeichnete.

Klar, daß eine Messung nur dann Sinn machte, wenn die Brettebene parallel zum Horizont ausgerichtet war. Das aber war schwierig festzustellen, denn wir peilten nur über das flache Brett hinweg. Hoben wir es dabei leicht zum Horizont, so war dies einfacher, weil wir ja den Horizont auf die Brettebene herunterkommen sahen. Umgekehrt war eine Messung fast nicht möglich,

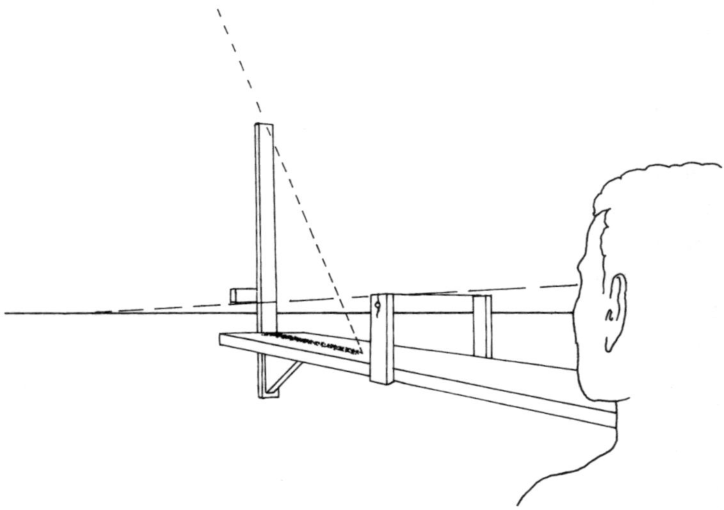

Schattenstift SARITA I kann jedes Brett mit irgendeinem Stift am Ende sein, das so gehalten wird, daß der vom Stift geworfene Schatten auf dem Brett erscheint. Messungen ergeben nur dann den korrekten Höhenwinkel, wenn das Brett mit Hilfe der Fäden genau waagerecht gehalten wird.

weil durch das Brett der Horizont darunter verdeckt war. Uns war klar, daß wir hierzu eine andere Visiereinrichtung bauen mußten.

Aber im Moment versuchten wir, die Sonne weiter zu messen. Irgendwann lagen dann die Bleistiftpunkte für eine lange Zeit, die uns mangels Uhr als Viertelstunde vorkam, fast auf einer Linie. Wir hatten schon das Gefühl, daß sich die Punkte wieder vom Schattenstab entfernten. Aber als wir fünf Minuten später eine neue Messung vornahmen, lag die Schattenspitze wieder auf einem der schon vorhandenen Bleistiftpunkte. Mehrfach wollte ich sagen, daß jetzt Mittag sei, doch dann schrieb ich mir selber vor, diese Feststellung erst zu treffen, wenn wir das Sinken der Sonne wirklich durch Bleistiftpunkte wahrnahmen, die vom Schattenstift wieder wegwanderten. Endlich war es soweit.

Wir gingen nach unten. Ich setzte mich in die Navigationsecke und legte SARITA I auf den Navigationstisch. Jetzt kam die Aufgabe, vor der ich zu Hause am meisten Horror gehabt hatte. Auf Wolfgangs TABOO hatte ich noch einen Taschenrechner dabeigehabt, mit dem ich ganz einfach aus dem Millimeterverhältnis zwischen Schattenlänge und Höhe des Schattenstifts den Höhenwinkel der Sonne ausrechnen konnte, indem ich auf die Tangenstaste des Rechners gedrückt hatte. An Bord der SARITA aber waren keine Elektronikrechner vorhanden. Wir mußten das irgendwie „per Hand" fertigbringen. Karl, der Zimmermann, wußte eine Methode, wie wir dies auch nach einfachen Regeln auf dem Papier ausrechnen konnten.

Aber soweit kam es nicht mehr, denn Thomas hatte eine glänzende Idee. Sie ist rückblickend so primitiv und wirkungsvoll, daß es einen wundert, warum sie nicht jedem von uns schon lange zuvor eingefallen war. Wir nahmen ein Stück Takelgarn, das wir, um es feiner zu machen, in seine Fäden aufdrüselten, und spannten einen Faden mit den Fingern von dem Bleistiftpunkt, der am nächsten an dem Schattenstift dran war, bis zur Spitze des hölzernen Stifts. Dies gab genau den Schattenverlauf wieder. Jetzt wurde ein Kartendreieck so angelegt, daß der Nullpunkt exakt auf dem „Mittags-Bleistiftpunkt" lag, und schon sahen wir, daß das Takelgarn in der Nähe der 43 durch die Gradeinteilung des Kartendreiecks lief. Das

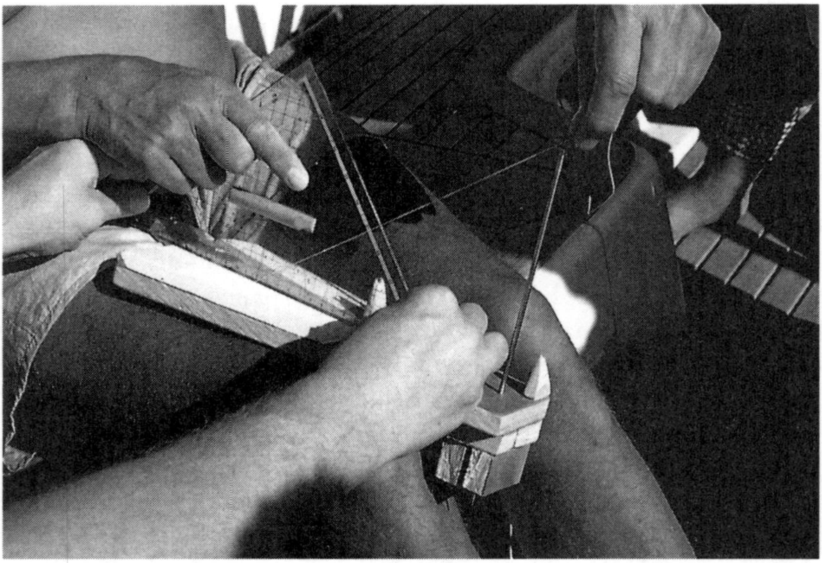

Der Schattenwurf wird mit einem Faden oder Haar nachgestellt und dann der Sonnenwinkel am Kursdreieck abgelesen.

war faszinierend einfach: Wir brauchten nur die Grad abzulesen und die Gradbruchteile zu schätzen (was wegen der Dicke des Garns nicht ganz einfach war), und schon hatten wir den Höhenwinkel der Sonne zur Mittagszeit.

Halt, eine kleine Berichtigung mußten wir noch anbringen. Im Gegensatz zu den sonst üblichen Sextantmessungen hatten wir ja nicht den Sonnenunterrand gemessen sondern die Sonnenmitte, weil wir den Kern des Schattens geschätzt hatten. Wir mußten also auf den Sonnenunterrand verbessern, was jedes Kind kann, wenn es weiß, daß der Sonnendurchmesser 32 Winkelminuten beträgt. Es mußten somit nur von unserer Messung 16 Winkelminuten abgezogen werden. In der astronomischen Navigation wird bei jeder Gestirnsmessung noch ein Verbesserungswert hinzugezählt, was wegen der Kimmentfernung und der Lichtbrechung notwendig ist. Denn die Strahlen, die zum Auge des Beobachters verlaufen, werden ja beim Eintritt in die Atmosphäre durch die verschiedenen Luftschichten geringfügig gebrochen, wie auch ein Fisch im Wasser nicht genau an der Stelle steht, wo unsere Augen ihn sehen; wobei die Brechung im Wasser allerdings wesentlich stärker ist.

Die zweite Verbesserung, die bei einer Sextantmessung noch angebracht werden muß, rührt daher, daß zur Berechnung in der astronomischen Navigation nur der ganz exakte Winkel eines Gestirns zum Lot beziehungsweise zur Waagerechten genommen werden darf. Mißt man mit einem Sextanten den Winkel der Sonne, so bezieht sich dieser nicht auf die Waagerechte, sondern eben auf die Verbindungslinie Auge–Horizont. Weil die Entfernung zum sichtbaren Horizont, der Kimm, aber auch davon abhängt, wie hoch der Beobachter steht, es sich also genaugenommen nicht um eine waagrechte, sondern um eine zum Horizont hin geneigte Linie handelt, muß auch hierfür in den Winkel eine Verbesserung eingebracht werden. Beides faßt der Nautiker in der sogenannten Gesamtbeschickung zusammen.

Die Gesamtbeschickung für den Sonnenunterrand ist nicht sehr groß, je nach gemessenem Winkel und Augeshöhe beträgt sie

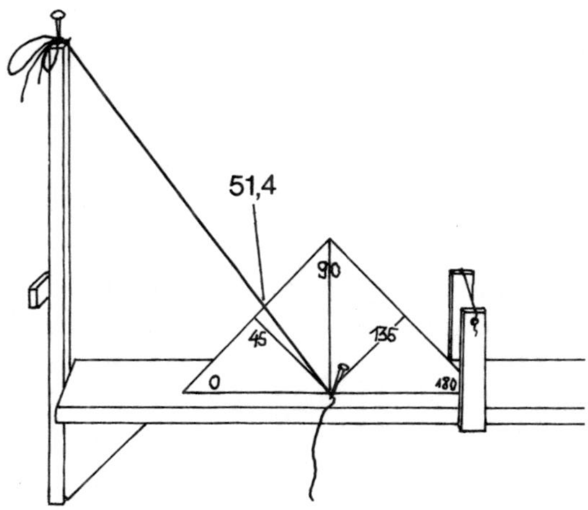

Zur Messung des Höhenwinkels wird ein Kartendreieck an einen dünnen Faden angelegt. Minus 16 Minuten für den Sonnenhalbmesser und plus 10 Minuten für die Gesamtbeschickung müssen berücksichtigt werden.

üblicherweise bei Yachten zwischen 10 und 13 Winkelminuten. Würde man sie weglassen, so hätte man sofort eine Genauigkeit von 10 Minuten verschenkt. Weil wir auf der SARITA darauf angewiesen waren, die höchstmögliche Genauigkeit zu erzielen, rechneten wir unserem auf Sonnenunterrand verbesserten Winkel einfach nochmals zehn Winkelminuten hinzu. Insgesamt mußten wir also unseren gemessenen Winkel um minus 16 Minuten (Halbmesser) plus 10 Minuten (Gesamtbeschickung), also um minus 6 Winkelminuten verbessern*.

Die weitere Berechnung der Mittagsbreite ist so kinderleicht, daß sie sogar im Kopf ausgeführt werden kann. Weil die Sonne am 21. Dezember (Winteranfang) auf ihrem südlichsten Punkt um die Erde läuft, also genau auf 23 Grad 26 Minuten, so mußte sie jetzt Anfang Dezember ungefähr auf 22 Grad 00 Minuten sein. Unser gemessener Winkel mußte also nur noch diesen 22 Grad hinzugerechnet und die Summe aus beiden von 90 Grad abgezogen werden, um die Mittagsbreite fix und fertig zu haben. Wir kamen auf eine Mittagsbreite von 24 Grad 50 Minuten, wobei ich davon ausgegangen war, daß ihre Genauigkeit in der Größenordnung von einem Grad lag. Vorsichtshalber trug ich in mein Logbuch ein: „Mittagsbreite mit SARITA I grob: 24 Grad 50 Minuten Nord."

Wie genau nun diese Breite war, konnten wir nicht sagen. Schließlich hatte ich dies noch nie auf offener See, vor allem auf einem rollenden Einrumpfboot und schon gar nicht mit dem groben Holz-Schattenstift SARITA I ausprobiert. Vielleicht stimmte die Breite punktgenau, vielleicht lagen wir gar zwei Grad, also 120 Seemeilen daneben.

Optimistisch stimmte uns die Tatsache, daß die Bleistiftpunkte auf dem Papier der SARITA I eine ganz deutliche Mittagsbreite zeig-

---

* Falls der Leser in Astronavigation sachkundig ist, wird ihm auffallen, daß wir also zunächst vom Sonnenmittelpunkt zum Sonnenunterrand und dann wieder zum Sonnenmittelpunkt verbessert haben. Dies rührt daher, daß ich mein Leben lang nur mit dem Sonnenunterrand gearbeitet habe, dies also für mich Standard ist. Ich wollte so primitiv wie möglich vorgehen, um ja keinen Denk- oder Vorzeichenfehler zu machen.

ten. Was wir brauchten, waren weitere Hilfsmittel, um mehr Meßergebnisse zu bekommen. Erst daraus ließen sich dann gewisse Schlüsse ziehen. Mit Theo beriet ich, welche Richtung wir wohl seit gestern gesegelt und wie weit wir gekommen waren. Wir stimmten überein: 240 Grad und 140 Seemeilen. Bernhard und Theo zeichneten ein maßstabsgetreues Gradnetz auf ein blankes Stück Papier und trugen dort unsere geschätzten Kurse und Etmale ein. Der geschätzte Schiffsort lautete 24 Grad 10 Minuten Nord und 90 Grad 34 Minuten West. Wir hatten also hier schon einen Unterschied in der Breite von 40 Seemeilen. Ganz klar: Je länger die Reise dauerte, um so mehr würden beide Breitenbestimmungen auseinanderlaufen. Aber von dieser Art Navigation (der Seemann nennt es Koppelnavigation, in Wirklichkeit ist es eine reine Raterei) hielt ich ohnehin nichts, denn mit fortlaufender Zeit vergrößerte sich der Fehler. Dies bewies, was uns ohnehin klar war: daß wir Barbados ausschließlich mit Hilfe der Mittagsbreite finden konnten.

Nachmittags gingen die Diskussionen über den Wachwechsel um Mitternacht weiter. Die Lampenuhr hatte kläglich versagt, aber dieser gläserne Petroleumhalter steckte immer noch in der kardanischen Aufhängung, wo sonst die elektrische Lampe gehalten wurde. Das Windlicht hing so schief darin, daß man meinen konnte, es würde jeden Moment herunterfallen. Die Sauerei wäre nicht auszudenken gewesen, wenn sich ein Liter Petroleum über die Polster im Salon ergossen hätte, vom Gestank nicht zu reden. Aber niemand hielt es für notwendig, den alten Zustand wieder herzustellen. Im übrigen sah es im Salon wüst aus. Ludwigs Rucksack lag immer noch so herum, wie er am Tag der Ankunft hingelegt worden war, ebenso das Tonbandgerät, das Ludwig und Michael für die Filmaufnahmen benutzt hatten. Zwischen den Polstern mochte es bei ruhiger See ganz gut aufgehoben sein, doch wehe, wenn sich die SARITA einmal übergelegt hätte. Ich dachte nicht im Traum daran, das Zeug wegzuräumen. Das hätte keinen Effekt gehabt. Ich tröstete mich mit dem Gedanken, daß sicher mehr Ordnung einkehren würde, wenn endlich alle Spuren der Seekrankheit abgeschüttelt waren. In ein, zwei Tagen also ...

Wie wollten wir den Mitternachtszeitpunkt besser in den Griff bekommen? Bernhard hatte inzwischen eine „Wasseruhr“ gebastelt. Sie bestand aus dem Infusionsbesteck, das der Arzt für Notfälle mitgebracht hatte. Oben an der Decke hing also eine Tropfflasche, mit Wasser gefüllt, das sich langsam in eine andere Flasche unten am Boden ergießen sollte. Wie im Krankenhaus üblich, konnte die Tropfgeschwindigkeit durch einen Knick im Schlauch beeinflußt werden. Aber die Schwerkraft spielte hier nicht mit. Je nach Lebhaftigkeit der Schiffsbewegungen tropfte das Wasser mal schneller, mal langsamer. Von einer echten Glasenuhr, nach der man sich beim Wachwechsel hätte richten können, waren wir noch weit entfernt.

Inzwischen orientierten sich die Wachen mehr am Himmel. Lange nach Sonnenuntergang tauchte am Horizont langsam der Große Wagen auf, den wir schon in der Dämmerung zur Identifizierung des Nordsterns benötigt hätten. Die beiden Wachen einigten sich jetzt darauf, daß Mitternacht eben dann sei, wenn der Große Wagen zur Gänze sichtbar war.

Michael schrieb in sein persönliches Tagebuch:

Herrlicher Tagesbeginn. Bin Koch. Eine Yacht kreuzt unseren Südwestkurs von Nord. Die Nacht war unruhig. Das Vertrauen zum Schiff wächst. Fotowerbung für Bobby. Mittags: Melone mit Ham und Schinken. Die Crew zeigt sich zufrieden. Achterlicher Wind. Hohe Dünung und rauschende Fahrt – Passat? 120 Meter mit ersten Höhenmessungen gedreht. Erster Sonnenbrand im Gesicht.

Und Thomas notierte:

Ruhige, problemlose Hundewache. Wir haben die Sternenuhr entdeckt. Der Atlantik wird immer leuchtender blau. Wie Berge türmen sich die Seen und rollen langsam der Sarita *voraus. Der Passat: ein unbeschreibliches Gefühl.*

Dritter Tag auf hoher See

Die Sternenuhr

2. Dezember: In der Nacht hatte es aufgebrist. Ich schätzte die Windstärke auf sechs Beaufort aus nordöstlicher Richtung. Ich war auf Schätzungen angewiesen, denn auch die Windmeßanlage auf der SARITA war zusammen mit der ganzen Elektronik stillgelegt worden. Das störte mich nicht weiter, denn ich habe noch nie in meinem Leben einen Windgeschwindigkeitsmesser besessen.

Was mir mehr gegen den Strich ging, war die unangenehme Kreuzsee. Trotz des kräftigen Windes wollten wir das Groß wegnehmen. Zusammen mit Theo spielte ich das Stück vom „In-den-Wind-gehen" durch, um mit der Kurbel das Großsegel in den Mast hineinzudrehen. In mein Logbuch schrieb ich: „Rollgroß = großer Mist!"

So konnte es nicht mehr weitergehen. Ich würde mir mit Theo mal die ganze Geschichte untertags betrachten, um herauszufinden, ob es da nicht andere Möglichkeiten gab. Die Stimmung war noch einigermaßen gut, aber hier und da stellte ich schon Gereiztheiten fest. Ich konnte das verstehen, denn jeden Tag zweimal sechs Stunden Wache gehen ist zermürbend. Da hatte ich es leichter, ich legte mich spät abends ins Bett, blickte ein paar Mal in die Runde (schon um zu zeigen, daß ich immer präsent war) und wachte meistens früh gut ausgeschlafen auf. An diesem Morgen teilte mir Thomas freudestrahlend mit, daß die Streiterei über den Wachwechsel um Mitternacht ein Ende haben würde. Der Große Wagen gab nämlich fast minutengenau die Zeit an. Er drehte sich exakt

„Bayerische Himmelsuhr": Nach der Abenddämmerung stehen nur die vorderen Sterne des Großen Wagens mit dem „kleinen Reiterlein" über dem Horizont, doch sind sie kaum auszumachen.

Drei Stunden später ist der Große Wagen vollends unter dem Horizont . . .

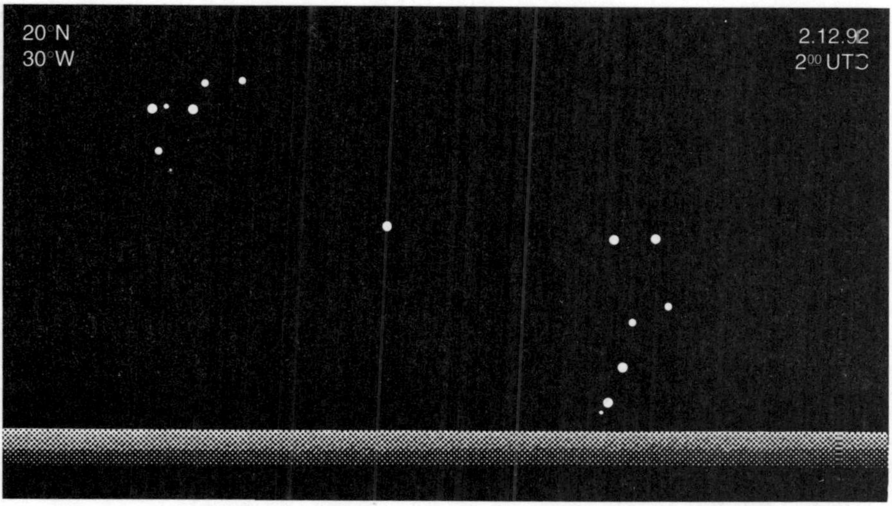

... um gegen Mitternacht wieder rechts vom Nordstern aufzutauchen.

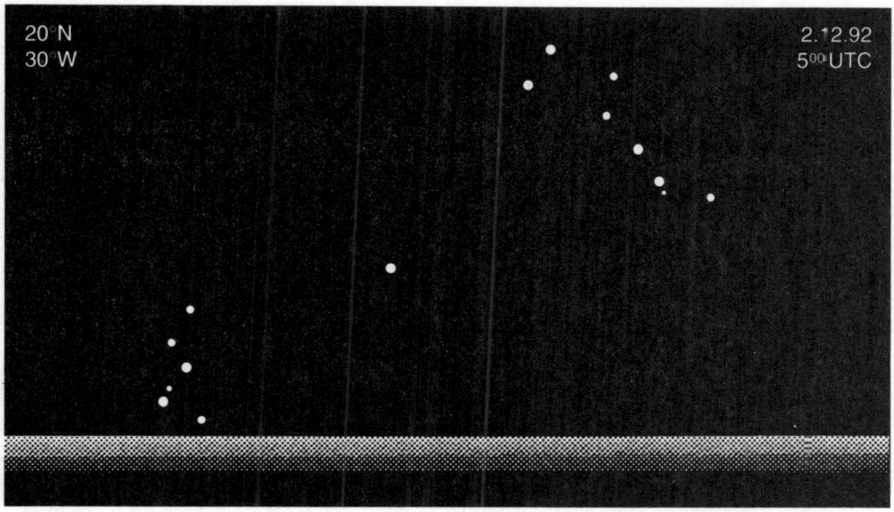

Vor der Morgendämmerung stehen Großer Wagen und gegenüber Kassiopeia mit dem Nordstern als Drehpunkt am sichtbaren Himmel.

um den Nordstern herum, wobei die beiden Rückseitensterne des Großen Wagens immer im gleichen Abstand zu diesem blieben. Wenn sie rechts vom Nordstern mit diesem eine waagrechte Linie bildeten, war es Mitternacht. Wir nannten das ganze System eine „bayrische Uhr", weil der Große Wagen sich entgegen dem Uhrzeigersinn um den Nordstern drehte.

Es stand immer noch ein steifer Wind. Bisher konnten wir hoch zufrieden sein. Wir hofften schon, daß uns der Wind direkt in den Passatgürtel blasen würde, ohne daß wir unseren wertvollen Sprit verbrennen mußten. Bisher hatten wir die Maschine nur fünf Stunden laufen lassen, ausschließlich wegen der Kälte- und Stromerzeugung. Täglich mußten die Tiefkühltruhen, die mittels direkt an der Hauptmaschine angeflanschtem Kompressor betrieben wurden, eine Stunde lang laufen. Was darüber hinausging, benötigten die Batterien.

Nicht, daß wir verschwenderisch mit der Elektrizität umgegangen wären. Die vorgeschriebenen Lichter, nämlich Positionslampen und Hecklaterne, zu fahren war sowieso illusorisch. Obgleich die Sarita technisch sehr gut ausgestattet war, konnte auch sie an den Naturgesetzen nichts ändern. Selbst wenn nachts lediglich die Topplaterne gefahren und ansonsten im wesentlichen nur abends zum Kochen und Essen Licht gebraucht wurde, reichte eine Stunde Maschinenlaufzeit mit immerhin 80 PS nicht aus, um den nötigen Strom zu produzieren. Also entschloß ich mich, auch noch die Topplaterne zu löschen. Ich wies die Mannschaft jedoch an, beim geringsten Zweifel die vorgeschriebenen Lichter zu setzen.

Dies hielt ich für ein erlaubtes Risiko so weit draußen im Atlantik, denn bis jetzt hatten wir, von einer Yacht abgesehen, noch kein Schiff gesehen. Die Berufsschiffe sind immer gut beleuchtet, die haben keine Energieprobleme. Mit Elektrizität gespart, das weiß ich aus zahlreichen Unterhaltungen mit anderen Yachtleuten, wird lediglich auf kleinen Schiffen. Segelschiffe konnten uns kaum entgegenkommen, sie wären mit uns in etwa gleicher Richtung gesegelt, und die Annäherung mußte also extrem langsam vor sich gehen. Wir hatten zudem einen Trumpf gegenüber anderen Segelyachten: drei Mann pro Wache, von denen zumindest einer, der

Rudergänger, nicht schlief. Aus eigener Erfahrung kann ich sagen, daß dies keine Selbstverständlichkeit ist. Gerade auf Yachten, die unter Selbstssteueranlage laufen, ist die Versuchung für den Mann auf Wache extrem groß, die Augen für ein paar Sekunden zu schließen. Aus diesen paar Sekunden werden gelegentlich auch Stunden.

Überraschend ist es für zivilisierte Menschen, wie verlustreich auf einer Yacht die Umwandlung von mechanischer in elektrische Energie ist. Als ich meiner Mannschaft erklärte, daß wir wegen der Ankerlampe, also wegen einer einzigen kleinen Glühbirne, die 80 PS unseres Yanmar-Diesels eineinhalb Stunden lang in Gang setzen mußten, gab es ungläubige Gesichter. Das war kein Wunder, sind wir es als Steckdosenmenschen der Großstadt doch gewohnt, Glühbirnen im Dutzend, ob notwendig oder nicht, anzuknipsen und stundenlang sinnlos brennen zu lassen.

Die Herstellung eines einzigen Eiswürfels ist noch viel energieaufwendiger. Aus diesem Grund hatte ich schon beim Einkauf in Mogan darauf geachtet, daß so viele Waren wie möglich in den Geschäften tiefgefroren wurden. Nicht nur Fleisch, sondern auch Butter, nicht wegen der Haltbarkeit, sondern wegen der geschenkten Energie. Deshalb hatte ich auch zu Törnbeginn angeordnet, daß an den Kühlschrank, beziehungsweise an die Tiefkühltruhe, jeweils nur der Skipper oder der Koch gehen durften. Dies mag manchem zunächst als sinnlose Schikane erschienen sein, doch es hat einen praktischen Hintergrund. Gerade wenn es heiß wird – und seit einem Tag wurde uns die Hitze, in die wir hineinsegelten, bewußt–, liegt die Versuchung nahe, sich ein ganz bestimmtes Getränk aus der Truhe zu holen, meist das unterste. Wenn acht Mann sich dann in regelmäßigen Zeitabschitten ihr Bier oder ihren Softdrink aus der Truhe holen, läßt sich leicht ausrechnen, wie viele Maschinenstunden zusätzlich notwendig sind, um den Kälteverlust wieder auszugleichen.

Apropos Kühlschrank: Die ersten Fehleinkäufe stellten sich jetzt heraus. Wir hatten viel zu wenige Softdrinks dabei. Die paar Dosen Cola waren schon längst ausgetrunken, und die Diät-Cola schmeckte keinem richtig.

Ein weiteres Meßinstrument wurde gebaut. Ich hatte mich an die Versuche bei Wolfgang erinnert, wo wir festgestellt hatten, daß der Schattenstift (damals in der Mitte der Scheibe) in der Höhe verstellbar sein mußte. So bat ich Karl, ein neues Instrument zu bauen, das nichts anderes war als ein Brett, und statt des bisher verwendeten Holzstabes einen Metallstab mit abgerundeter Spitze zu verwenden. Ich hoffte, daß es mir noch rechtzeitig einfallen würde, wofür der Schattenstift in der Höhe verstellbar sein sollte.

Auf der SARITA I hatten wir inzwischen eine Verbesserung in Form eines Visiers angebracht. Karl hatte zwei Holzklötzchen ausgesägt und hintereinander auf die Scheibe geklebt. Ich erzähle dieses Detail nur deshalb, um zu zeigen, wie viele Gedankenfehler man machen kann. Die beiden Holzklötzchen sollten das Visier darstellen. Aber zunächst war das erste Holzklötzchen so nahe am Beobachterauge angebracht, daß man es gar nicht scharf anvisieren konnte, ohne daß das Ziel, nämlich der Horizont, verschwamm. Schließlich kamen wir auf eine simple Idee: Vorne setzten wir neben den Schattenstift ein Holzklötzchen quasi als Korn. Die Kimme bildeten zwei Holzklötzchen nebeneinander, über die ein Faden gespannt war. Damit wir später das Kartendreieck anlegen konnten, war der Faden abnehmbar. Damit ließ sich nun sehr genau die waagrechte Linie des Horizonts anpeilen. Man sah beim Visieren deutlich, wie der Horizont von unten herauf kam und sich langsam mit dem querlaufenden Faden deckte. Wir hatten das Gefühl, daß wir damit um vielleicht zehn Winkelminuten (das wären zehn Seemeilen in der geographischen Breite) genauer peilen konnten.

Was mich aber noch mehr freute, war die Tatsache, daß die Messungen von SARITA I und dem neuen Instrument mit dem beweglichen Schattenstift (wir nannten es SARITA II) nicht allzu weit auseinander lagen. Die Differenz von 10 oder 20 Winkelminuten blieb durchaus im erwarteten Bereich. Am Mittag des 2. Dezember maßen wir mit unseren Schattenstiftinstrumenten die Sonne mit 44 Grad 48 Minuten. Die Rechnungen in meinem Logbuch sahen so aus:

Messung (Sonnenmitte)	44 Grad 48 Minuten
Sonnenunterrand	44 Grad 32 Minuten
+ Gesamtbeschickung	12 Minuten
	44 Grad 44 Minuten
+ Sonnenbreite	22 Grad 00 Minuten
	66 Grad 44 Minuten
–	89 Grad 60 Minuten
geogr. Breite	23 Grad 16 Minuten Nord

Die zurückgelegten Seemeilen schätzten wir auf 140.

Noch etwas machte mich nervös. Im Cockpit, im Schwalbennest links vom Rudergänger, lag immer griffbereit eine Flasche Whisky. Wann immer ich nach ihr blickte, war weniger drin. Der Whiskyliebhaber war schnell ausgemacht: Michael. Es stimmte zwar, daß er, wie es ihm Carla und ich bei der Ausfahrt gezeigt hatten, bei jeder Gelegenheit Rasmus ein Trankopfer brachte. Das geschah gelegentlich aus wichtigem Anlaß, etwa wegen der zurückgelegten 140 Seemeilen, fand aber auch bei Gelegenheiten statt, die ich nicht ganz nachempfinden konnte, zum Beispiel wenn die Genua um ein paar Zentimeter eingedreht worden war. In mir stieg der Verdacht auf, daß Michael die zahlreichen Trankopfer nur deshalb darbrachte, um seinen eigenen Whiskykonsum zu kaschieren. Einen konkreten Anlaß zur Sorge hatte ich jedoch nicht. Michael war immer fröhlich, ausgeglichen, dachte logisch und war als Rudergänger vorbildlich. Nicht nur, daß er sehr aufmerksam steuerte, er war auch derjenige, der sich bereitwillig immer wieder ans Rad setzte, wenn gerade niemand anderer ranwollte. Nachts verließ er das Cockpit nicht, soweit ich das beobachten konnte, so daß zumindest daher kein Grund zur Besorgnis vorlag. Ich nahm mir vor, die Sache mit den Whiskyflaschen im Auge zu behalten, und weihte Theo ein. Er meinte: „Ich hab' schon gemerkt, daß du deshalb beunruhigt bist. Wir werden halt zusammen aufpassen!"

Im Grunde war es mir gleichgültig, wie weit sich jemand dem Alkohol ergab. Ich selbst bin nicht unbedingt ein Abstinenzler und habe schon häufiger Leute mit Alkoholproblemen an Bord gehabt. In einem Fall mußte ich aus Gründen der Sicherheit sogar anordnen, daß der Betreffende des Schiffsinnere nicht mehr verlassen durfte. Aber es wäre ein Alptraum für mich gewesen, nur mit sieben Mann in Barbados einzutreffen. Ich merkte jetzt, daß für mich nicht nur die Segel oder die Navigation ein Grund zur Nervosität waren, sondern auch die Tatsache, daß ich als Schiffsführer Verantwortung für das heile Ankommen von Mannschaft und Schiff trug. Im Falle eines Unglücks hilft es nämlich nicht, daß man, wie bei Politikern üblich, großzügig sagt: „Selbstverständlich übernehme ich die volle Verantwortung!" Und das war's dann... Nein, wenn man auf einer Yacht einen Mann verliert, dann wird man echt zur Rechenschaft gezogen, unabhängig von der psychischen Belastung.

Lag ich nachts in der Koje, träumte ich gelegentlich davon, nur Mitsegler zu sein und keine Verantwortung für die anderen zu tragen. In diesem Moment beneidete ich meine Mannschaft und nahm mir für die Zukunft vor, bei weiteren Segeltörns lieber die Last des Rudergehens zu akzeptieren und nicht den Schiffsführer zu spielen.

Inzwischen war es spürbar wärmer geworden. Die ersten Tage waren überraschend kalt gewesen, entgegen unseren Erinnerungen ans Passatsegeln. Einmal war ich nachts ins Cockpit gekommen und hatte die drei in ihrem Ölzeug dasitzen sehen, vor Kälte bibbernd. Jetzt fingen wir langsam an, unsere Pullover wegzuräumen. Ich hatte das sichere Gefühl, daß wir nun in den Passat einliefen.

Die Stimmung beim Sundowner wurde von Tag zu Tag gelöster. Seit Carla und ich segeln, ist uns der Sundowner, der Drink zum Sonnenuntergang, fast heilig. Denn im Gegensatz zum Stadtmenschen hat der Segler täglich Gelegenheit, der Sonne zuzusehen, wie sie untergeht. Nach Carlas und meiner Erfahrung ist dies der richtige Moment, um sich daran zu erinnern, ein wie beneidenswertes Leben die Yachtsegler führen, die immer nur den Horizont vor Augen haben. Unsere Mitsegler schienen den Brauch des Sundowners begeistert zu übernehmen.

Michael schrieb in sein Logbuch:

„Nachts Groß weg – stürmisch. Die Experten sagen Kreuzsee. Trotzdem Bilderbuch-Sonnenaufgang. Bobby macht einen „Wachführer“ aus mir. Das ehrt mich trotz des häßlichen Wortes und weckt Verantwortungsgefühl – und damit noch mehr Freude. Die äußert sich in einem ersten Badeversuch über die Heckleiter. Diesen Waschmaschineneffekt werde ich beibehalten. Bobby argwöhnt die ersten Passatausläufer. Tagesetmale bisher: 140 bis 150 Seemeilen. Gegen 15.00 Uhr definitiv die ersten Wattebäuschchen am Himmel. Rote Boje mitten auf See. Weiteres Basteln an einem Sex-Tanten-Ersatz. Karls erste Maschine arbeitet offenbar schon ganz gut.“

Und Thomas notierte:

Hundewache. Nur die Genua ist gesetzt. Wir surfen Barbados entgegen. Die See wird immer höher und donnert in der Finsternis heran. Aber der Passat ist ein Freund und macht keine Angst. SARITA I *kommt mittags zum Einsatz. Bobby peilt, ich lese ab.*

Vierter Tag auf hoher See

Keine Geheimnisse am Himmel

3. Dezember: Die Windrichtung blieb Nordost, die Stärke fünf bis sechs Beaufort. Immer noch fuhren wir unter Schmetterlings-Besegelung. Ein Wunder, daß die Segel durchhielten. Täglich checkte ich sie, konnte aber keine Abnutzungserscheinungen entdecken, insbesondere keine Schäden durch Schamfilen. Die Genua war an Steuerbord ausgebaumt. Was hatten wir für ein Glück! Die gesamte bisherige Strecke konnten wir segeln, rund 1000 Kilometer hatten wir schon mit Windkraft zurückgelegt. Unmittelbar nach dem Auslaufen hatten wir das Vorsegel an Steuerbord hochgezogen, und da stand es auch jetzt noch. Die Luvschot hatten wir längst weggenommen; wofür brauchten wir zwei Schoten, wenn wir tagelang weder Halse noch Wende fuhren? Von Tag zu Tag wurde die Stimmung gelöster. Wir waren uns alle einig, daß in punkto Navigation der Kompaß am wenigsten fehlte. Bezüglich der Schiffsortbestimmung fiel niemandem etwas Neues ein.

Mit Ludwig unterhielt ich mich zum wiederholten Male über die Navigationsmethoden der frühen Seefahrer. Er und Bernhard bestanden darauf, daß es damals Geheimnisse gegeben haben muß, die heute verlorengegangen sind. Ich war da ganz anderer Meinung. Denn immerhin hatte ich mich mit diesem Problem jetzt ein halbes Jahr beschäftigt und war auch nicht andeutungsweise auf irgendeine Idee gebracht worden, wie man aus dem Sternenhimmel Rückschlüsse auf die Schiffsposition ziehen konnte. Der Dreh- und Angelpunkt war die fehlende Meßmöglichkeit. Noch in der Nacht hatte ich Thomas gebeten, mir mit Hilfe der Finger, der Faust oder der Handbreite, wie man es beim Militär lernt, den Winkel zwischen dem Nordstern und dem Horizont zu schätzen. Es gehört schon fast zum laienhaften Grundwissen, daß der Winkel des Nordsterns über dem Horizont gleichzeitig die geographische Breite des Beobachters ist, zumindest grob ausreichend für Laien. Tatsächlich ist dem aber nicht so. Denn immerhin variiert der Winkel des Nordsterns über dem Horizont innerhalb von 12 Stunden um fast 50 Winkelminuten, also um 50 Seemeilen. Selbst wenn wir in der Lage gewesen wären, den Nordstern ganz exakt zu messen, so hätten wir aus dieser Messung allein nicht genau genug auf unsere Breite schließen können, um Barbados zu finden.

Als ich nun Thomas bat, den Winkel zwischen der Kimm und dem Nordstern grob zu schätzen, da meinte er trocken, daß dies nicht möglich sei, weil er die Kimm nicht sehen könne. Damit hatte er etwas bestätigt, was jedem Praktiker in der Navigation geläufig ist: Nachts können keine Sterne gemessen werden, weil sie nicht gleichzeitig mit der Kimm sichtbar sind.

Genauso wie niedrige Sterne – auf unserer Breite der Nordstern – nicht gemessen werden können, sind erst recht keine hohen Sterne auch nur annähernd nach ihrem Winkel zu bestimmen. Völlig ausgeschlossen ist die Feststellung, wann ein Stern exakt, also wirklich auf ein Viertelgrad genau, über einem steht. All dies muß daran scheitern, daß es auf einem Schiff nicht möglich ist, ohne Beobachtung der Kimm eine Waagrechte darzustellen.

Aber Ludwig und Bernhard ließen sich nicht überzeugen: Es müsse damals etwas gegeben haben.

Auch mein Argument, Fixsterne würden sich eben dadurch auszeichnen, daß sie zueinander immer gleich stünden, kam bei den beiden nicht an. Rückschlüsse auf die eigene Position könne man doch nur aus Auffälligkeiten in der Bewegung oder Umgebung ziehen, wenn sich also Himmelskörper in einer ganz bestimmten, für diese Position spezifischen Konstellation zeigen würden. Bei Fixsternen sei das ausgeschlossen. Und überhaupt, war es nicht merkwürdig, daß es so viele Seefahrtskulturen gegeben haben soll, deren entscheidende Geheimnisse verlorengegangen seien?

Ludwig redete auf Theo ein und fragte ihn, ob er es nicht für möglich hielt, daß es da noch andere Methoden gegeben hätte. Als Theo mit einem trockenen Nein antwortete, setzte Ludwig nach: „Warum?"

Theo: „Weil es da nichts gibt!"

Ich wunderte mich, denn eigentlich hatte ich gerade von Bernhard, der als Hobby Astronomie und Sternenbeobachtung betrieb, erwartet, daß er vielleicht die eine oder andere Idee zur weiteren Positionsbestimmung beisteuern würde. Aber da kam nichts. Andererseits half er uns gelegentlich nachts weiter, wenn sich eines der kleinen Wolkenwattebäuschchen vor den Nordstern geschoben hatte und wir deshalb keine Nordorientierung mehr besaßen. Bernhard wußte regelmäßig, welcher Stern in welcher Himmelsrichtung stand, was bemerkenswert war, denn außer dem Nordstern bleibt ja kein einziger Stern in der gleichen Himmelsrichtung stehen.

Am späten Vormittag kam Bernhard mit einem Glas in der Hand ins Cockpit und hielt es gegen die Sonne. „Dies ist unser Trinkwasser!" meinte er vorwurfsvoll in die Runde. Tatsächlich war es nicht gerade erheiternd: eine ziemlich schmutzige Brühe mit einer Reihe von Schwebeteilchen darin, die mit bloßem Auge ganz gut zu erkennen waren. Algen eben!

Bernhard berichtete, daß er dieses „Wasser" gerade aus den Tanks geholt hatte. Und zu mir gewandt: „Die Tanks gehören mal durchgespült!"

Die Idee, 1000 Kilometer vom Land entfernt die Tanks durchzuspülen, belustigte mich. Denn immerhin befanden wir uns auf dem Weg über den Atlantik, und diese trübe Flüssigkeit würde uns notfalls vor dem Verdursten bewahren. Ich konnte es mir nicht verkneifen, den Vorschlag Bernhards mit der Aufforderung zu beantworten: „Tu's doch!"

Aber Bernhard hatte offensichtlich Humor genug, um nicht sauer zu sein. Gefreut hat er sich aber nicht über meine Bemerkung.

Mittags schätzten wir die zurückgelegte Tagesstrecke wiederum auf 140 Seemeilen. Wir hatten jetzt also nach unseren vorsichtigen Schätzungen bereits 560 Seemeilen geschafft.

Mit SARITA I und II stellten wir unsere Mittagsbreite fest – 22 Grad 09 Minuten Nord – und wunderten uns über die übereinstimmenden Ergebnisse der beiden Instrumente. Eine Schwäche unseres Systems war die schlechte Ablesbarkeit des gemessenen Winkels, weil der an unserem Kartendreieck angelegte Faden doch eine bestimmte Dicke hatte. Ein langes Haar, also am besten ein Frauenhaar, hätte die Genauigkeit noch verbessert. Aber woher nehmen? Carla war kurz vor der Abfahrt noch beim Friseur gewesen, so daß sie uns mit ihrem Kurzhaarschnitt nicht aushelfen konnte. Vielleicht konnten wir in den nächsten Tagen ein paar Haare zusammenknüpfen, um die Genauigkeit zu steigern.

Der Wind blieb auch nachmittags und abends gleichmäßig; der Himmel mit seinen vielen Wölkchen, in denen kein Grauton sondern nur strahlendes Weiß zu sehen war, zeigte uns, daß wir jetzt mitten im friedlichen Passat zu einem anderen Kontinent dahinsegelten. Kurz vor Mitternacht bemerkten wir an Backbord einen Schatten, und als dieser näherkam, machten wir eine unbeleuchtete Yacht unter Passatsegeln aus. Erst als sie sich auf ungefähr eine halbe Meile genähert hatte, wurde drüben ein Topplicht gesetzt. Langsam zog sie von Backbord nach Steuerbord ihres Wegs. Wie groß die Yacht war oder andere Details ließen sich in der Dunkelheit nicht erkennen.

In dieser Nacht schrieb Michael in sein privates Tagebuch:

Heute ist es sicher: Wir sind im Passat. Nachts haben wir unseren Kurs (260 Grad) nach Venus und Mond ganz gut halten können. Seit Groß und Genua besser abgestimmt sind, liegt das Schiff stabiler auf dem Ruder. Zwei kleine Seen im Cockpit. Neue Erkenntnis: Oberkante Großer Wagen und Nordstern auf einer Höhe = Mitternacht. Die Sonne wird allmählich tückisch. Von 06.00 Uhr bis 13.00 Uhr am Ruder. Bernhard hat mir nachts verschiedene Sternfelder erklärt – Löwe, Kassi usw.

Thomas notierte:

Heftige Schiffsbewegungen, mächtige Seen. Aber daran habe ich mich gewöhnt. Heute konnte ich zum ersten Mal auf der Reise schlafen – länger als nur die paar Minuten am Stück wie die Tage zuvor. Ich genieße das Passatsegeln. Jetzt ziehen auch die walzenförmigen Wolkengebilde ohne Unterbrechung über den Passathimmel: Kino für die Phantasie.

Fünfter Tag auf hoher See

Bierdosenlogge

4. Dezember: An unsere Navigation hatten wir uns nun gewöhnt. Wir würden genauso weitermachen wie bisher und versuchen, unsere Breite noch genauer zu bestimmen. Zwar lagen die Meßergebnisse von SARITA I und II ziemlich eng zusammen, aber eine Gewähr für ihre Richtigkeit war dies noch nicht. Merkwürdigerweise schien sich auch die Mannschaft damit abgefunden zu haben, daß wir in punkto Navigation nichts Neues mehr entwickeln würden. Unsere Versuche, eine Uhr zu bauen, waren kläglich gescheitert. Das Datum verfolgten wir mit unserem Ottifanten-Adventskalender, den Theo jeden Morgen nach dem Frühstück bediente.

Mehr zum Spaß denn aus Notwendigkeit probierten wir auch die Relinglogge aus. Thomas setzte sich in den Bugkorb, warf eine mehrfach durchlöcherte Bierdose in hohem Bogen nach vorn über Bord und senkte genau in dem Augenblick, in dem sie an ihm vorbeitrieb, den Arm. Ich begann laut zu zählen: „21, 22, 23 ...“, bis die Bierdose am Heck querab war. Jeder Segelanfänger kennt die Rechnung mit Meridiantertien: Die zurückgelegten Meter (in unserem Fall 16) werden mal zwei genommen und durch die Anzahl der Sekunden geteilt, was unmittelbar die Geschwindigkeit in Knoten ergibt. Aber inwieweit unsere so errechnete Schiffsgeschwindigkeit von fünf Knoten tatsächlich der Realität entsprach, ließ sich nicht nachprüfen. Auch beim Zählen von Sekunden macht man leicht Fehler von 10 bis 20 Prozent.

Aber das war ohnehin Spielerei. Wir benötigten die Schiffsgeschwindigkeit für unsere Navigation nicht. Wenn wir jeden Mittag das Etmal schätzten, hatte dies eher einen psychologischen Hintergrund: um uns den Reiseverlauf plastisch vor Augen zu führen. Gegen Ende der Überquerung allerdings würden die von uns geschätzten Gesamtmeilen zu mehr Aufmerksamkeit in der Nacht anstacheln, denn wir mußten ja auch mit der Möglichkeit rechnen, daß unsere Breitenbestimmung höchst ungenau war und wir auf Land oder gar ein Riff zusteuerten. Freilich, damit rechnete an Bord der SARITA jetzt noch niemand. Die Stimmung war gelöst und heiter.

Wir hatten uns an das Leben ohne Uhrzeit gewöhnt. Niemand an Bord vermißte etwa Nachrichten oder irgendwelche Telefonate mit zu Hause. Was uns wirklich fehlte, war Musik aus Radio oder Kassettenrekorder. Im Salon war ursprünglich ein Autoradio mit Kassettenteil montiert gewesen, aber auch den hatten wir wegen des Radioempfängers entfernen lassen. So gab es auf der SARITA keine Möglichkeit mehr, laut Musik zu hören. Das war die große Zeit der Walkmänner. Es war niemandem zu verübeln, besonders bei den langen Ruderstunden, wenn er sich die Kopfhörer ins Ohr stöpselte. Ansprechbar waren die Kameraden dann nicht mehr.

Mir war bewußt, daß Musik über Kopfhörer ein besonders tiefes Erlebnis vermittelt, doch andererseits wird die Kommunikation beeinträchtigt. Gerade dann, wenn ihm das Musikstück besonders gefällt, möchte der Hörer anderen mitteilen, wie schön er es findet. Dies führte immer wieder dazu, daß die Kopfhörer im Cockpit für ein paar Sekunden herumgereicht wurden, bis der Besitzer sie dann wieder an sich riß. Besonders Bernhard machte unter seinem Legionärshut immer ein ganz verträumtes Gesicht, wenn er sich das Neujahrskonzert der Wiener Philharmoniker unter Herbert von Karajan reinzog. Er rollte mit den Augen und kündigte an: „Jetzt kommt das Lied von der Lerche!“ Damit traf er auf allgemeines Verständnis.

Alle waren jetzt in Topkondition – bis auf Karl, der immer noch leicht an Seekrankheit litt (was ich über so viele Tage hinweg noch nie erlebt hatte). Von Tag zu Tag wurde die Mannschaft unternehmungslustiger, bis Bernhard zum ersten Mal unter Beifall von Ludwig seine Angel ausbrachte. In Mogan hatte er sich noch als Köder einen roten Gummitintenfisch gekauft. Ich hoffte nur, daß er nichts fangen würde. Jedem Yachtie ist bekannt, daß Angeln von Bord aus gar nicht so erfolgversprechend ist. Ich wünschte mir deshalb einen Mißerfolg, weil ich nur mit größter Mühe und vielem Herumtricksen die Temperatur in den Kühltruhen noch einigermaßen niedrig halten konnte.

Offensichtlich war Feuchtigkeit in das komplizierte System geraten und blockierte das Ventil mit dem Erfolg, daß die Gefriertruhe trotz laufendem Kompressor nicht tiefer kühlte. Gelegentlich half es schon, das Ventil im Kühlraum mit der warmen Hand ein paar Minuten zu bedecken, was offensichtlich dazu führte, daß sich die gefrorene Luftfeuchtigkeit wieder löste. „Maschinen haben keine Launen“, heißt es, aber aufgrund meiner Erfahrung mit Segelschiffen wußte ich, daß dies vielleicht für Motoren oder irgendwelche elektronischen Geräte galt, nicht aber für Tiefkühltruhen. Und so rechnete ich damit, daß die Kühlung irgendwann in den nächsten Tagen versagen und das Gefriergut langsam, wahrscheinlich über Tage hinweg, auftauen würde. Deshalb wollte ich den Dosenvorrat noch nicht anrühren und drängte statt dessen jeden Tag dem Koch Fleisch oder Geflügel aus der Truhe auf. Ein Fisch hätte mir da einen Strich durch die Rechnung gemacht, hätte wahrscheinlich bedeutet, daß wir dafür in Mogan teuer eingekauftes Fleisch wegwerfen mußten.

Glücklicherweise blieb die Angelei ziemlich erfolglos.

Mittags wurde die Schiffsbreite mit 20 Grad 53 Minuten gemessen, ein zurückgelegter Kurs von 240 Grad und ein Etmal von 120 Seemeilen geschätzt. Mehr aus Spaß rechneten Theo und Bernhard immer noch den Koppelort aus. Sie lagen jetzt bei einem gegißten Schiffsort von 20 Grad 51 Minuten Nord und 25 Grad 31 Minuten West. Die Übereinstimmung in der Breite war selbstverständlich reiner Zufall. Nautische Schlüsse daraus zu ziehen, wäre sicherlich nicht seemännisch gewesen.

Am Abend schrieb Michael in sein Tagebuch:

Bobby zeigt sicheren Instinkt: Er entdeckt in einiger Entfernung ein Schiff. Ab ca. zwei Seemeilen wird es gelegentlich per Auge sichtbar. Wir setzen volles Licht. Der Atlantik wird plötzlich klein wegen womöglich anzuwendender Vorfahrtsregeln. Unter Passatsegeln läuft die Yacht in sicherer Entfernung vor unserem Bug nach Steuerbord durch.

Auch tagsüber sehr guter und kräftiger Segelwind. Fliegende Fische und Seeschwalben. An der Schleppangel beißt immer noch nichts. Angestrebt sind Goldmakrele (Dorade) und Bonito. Heute ziemlich kaputt – zu wenig Schlaf. Liegt an Seegang und fehlendem Leesegel in der Koje. Da wird man zum Klammeraffen – die allerdings so schlafen können. Heute nacht praktisch sechs Stunden allein am Ruder bei viel Wind. Schiff liegt prima. Fliegender Fisch im Cockpit. Einer an der Schleppangel konnte sich befreien – mit Haken und Schnur.

Thomas notierte:

Ludwig während der Hundewache: „Ich habe es mir nicht leicht gemacht, dieses Wagnis mit mir einzugehen und die Reise mitzumachen. Ich habe große Angst gehabt.“ Bernhard sagt, er habe sich das lange überlegt und ist sich immer noch nicht sicher, ob es die richtige Entscheidung war, mitzufahren: „Ich trage schließlich Verantwortung, ich habe ein Patenkind. Aber ich wollte soviel von Bobby lernen, ich bin wie ein trockener Schwamm. Doch jetzt weicht er allen Fragen aus.“

Ich beobachte zwei Seeschwalben, die uns seit gestern begleiten. Sie jagen im Messerflug über Schaumkämme und tauchen in die Wellentäler.

Sechster Tag auf hoher See

Wo bleibt das Wasser?

5. Dezember: Eine der interessantesten Erfahrungen beim Fahrtensegeln: daß jeder wirklich ganz auf sich gestellt ist. Das ist für viele ein noch nie erlebtes Gefühl. In unserer hochtechnisierten Zivilisation machen wir uns ja keine besonderen Gedanken um die nächste Zukunft. Wenn im Haus irgend etwas kaputtgeht, gut, dann wird der Handwerker geholt. Man ärgert sich vielleicht über die hohen Preise und über die unerwarteten Extraausgaben, aber mit Geld läßt sich alles einigermaßen reparieren. Nicht so auf einem Schiff, das mitten im Atlantik segelt. Hier ist es eben nicht möglich, nach dem Reparaturdienst zu rufen, ein neues Ersatzteil zu kaufen oder ähnliches. Wenn es zu einem unerwarteten Defekt kommt, muß man sich mit Bordmitteln behelfen.

Wer diesen Defekt vorhergesehen hat, wird niemals Probleme bekommen. Auf Hochseeyachten ist in Notfällen schon Außerordentliches geleistet worden. Wohl am berühmtesten ist die Geschichte, wie der große Franzose Bernard Moitessier bei einer Einhandregatta rund um den Globus mit einem Frachter kollidierte und dabei seinen stählernen Bugsprit so verbog, daß dieser nicht mehr geeignet war, die Kräfte von Wasserstag und Vorstag aufzunehmen. Tatsächlich gelang es Bernard, mit Bordmitteln (!) diesen Bugsprit wieder hinzubiegen ... Der Deutsche Theo Biesemann wurde von einer Riesensee am Kap Hoorn so hart getroffen, daß seine Yacht innerhalb von Sekunden ohne Rigg schwamm. Mit Bordmitteln schafften es der Skipper und sein Sohn, ein Notrigg zu basteln und sich damit immerhin bis zu den Falkland-Inseln durchzuschlagen.

Jeder, der sich ernsthaft mit Ozeanüberquerungen befaßt, läßt sich diese Geschichten durch den Kopf gehen und trifft Vorsorge für derartige Katastrophen. So befindet sich auf einer gut ausgerüsteten Fahrtenyacht (besser gesagt Blauwasseryacht) meist ein umfangreiches Ersatzteillager, mit dem sich notfalls ein halbes Rigg herstellen läßt. Ein Wantenschneider, mit dem die Yacht im Falle einer Entmastung vom treibenden Mast befreit werden kann, gehört zur Standardausrüstung. Mit Schraubterminals und Nirosta-Stagen-Meterware lassen sich je nach Bedarf das Achterstag, das Vorstag oder auch irgendein Want ersetzen. Auf der THALASSA II waren ein Ersatzgetriebe, ein zweiter Hydraulikzylinder, ein zweiter Auspuffsammler, ein zweiter Klüver und so fort vorhanden.

Auf der SARITA aber lag nichts dergleichen in den Backskisten. Auch das trug zu meiner Nervosität bei, ist aber keine Kritik an der Yacht, denn all diese Dinge gehören einfach nicht auf ein Charterboot. Die meisten Chartergäste können damit ohnehin nichts anfangen, und außerdem werden die Yachten vor einem Törn professionell gewartet.

Irgendwie behagte es mir trotzdem nicht, nach dem Motto zu segeln: Es wird schon nichts passieren! Am Vormittag des 5. Dezember war dann das Problem da, eines, das ich ganz und gar nicht erwartet hatte. Wir führten an Bord 1400 Liter Trinkwasser mit. Eine Tankanordnung wie auf diesem Schiff hatte ich noch nie erlebt, aber mir gefiel die Idee. Die zwei Wassertanks, der Haupttank mit 1000 und der kleinere Tank mit 400 Liter, waren beide miteinander verbunden. Sie konnten nur durch einen Stutzen betankt werden, der in den kleineren Tank mündete. Beim Betanken war also darauf zu achten, daß das Ventil zwischen den beiden Tanks offenstand. Lief dann das Wasser in die Tanks, so wurde zunächst der niedriger gelegene Haupttank mit 1000 Liter gefüllt und danach der 400-Liter-Tank, sozusagen die Reserve. Wichtig war, daß nach dem Betanken das Ventil zwischen den beiden Tanks wieder geschlossen wurde. So bestand auch ohne Instrumente eine gute Kontrolle über den Trinkwasserverbrauch.

Mein Plan war es, die 400 Liter als eiserne Reserve zu benutzen, also ausschließlich aus dem 1000-Liter-Tank Wasser zu entnehmen. Beide Tanks hatten elektrische Tankuhren, und zu meiner Verwunderung zeigte die eine an, daß der 1000-Liter-Tank schon fast zur Hälfte entleert war. Dies war für sich allein nicht besorgniserregend, denn es blieben uns ja immer noch insgesamt 900 Liter übrig. Es machte mich aber stutzig, daß in diesen wenigen Tagen der Trinkwasserverbrauch so hoch gewesen sein sollte. Allesamt fanden wir keine Erklärung dafür, wo das Wasser hingekommen war.

Erst recht nicht, als sich herausstellte, daß auch schon ein erheblicher Teil des Wassers verbraucht war, das wir in Mogan in Fünf- und Ein-Liter-Plastikflaschen gekauft hatten. Offensichtlich hatten sich einige aus der Mannschaft nicht mit dem schmuddeligen Wasser aus den großen Tanks begnügt und statt dessen, vielleicht auch zum Waschen, das Wasser aus den Plastikflaschen verwandt. Das ärgerte mich, denn zu Beginn des Törns hatte ich darauf hingewiesen, daß dieses Wasser nur für Drinks benutzt werden sollte. Die Plastikflaschen mit Wasser hatten eine ganz besondere Bedeutung. Im Falle eines Schiffbruchs wäre es besonders wichtig gewesen, diese Flaschen in die Rettungsinseln mitzunehmen, da diese keinen Notvorrat an Wasser enthielten. Der Mensch kann zwar notfalls monatelang ohne Nahrung überleben, nicht aber ohne Wasser. Würde die Sarita beispielsweise von einem Wal gerammt und leckgeschlagen, so blieben der Mannschaft wahrscheinlich nicht viel mehr als 10 oder 20 Minuten, in die Rettungsinseln zu gehen. Nur Wasser in Flaschen konnte dann mitgenommen werden, denn es fehlte die Zeit, um aus den großen Tanks Wasser abzupumpen. Ich fragte mich, wie meine Mitsegler so leichtsinnig sein konnten, gerade dieses Wasser schon zu Beginn des Törns zu verbrauchen.

Freilich, ein Fehler war auch beim Einkauf unterlaufen. Wir hatten viel zu wenig Wasser dabei. Ich wollte dem Getränkewart hieraus keinen Vorwurf machen, stellte aber fest, daß sich auf der Sarita wahrscheinlich mehr Wein befand als das zum Überleben wichtige Wasser.

Eindringlich erklärte ich der Mannschaft, daß ab jetzt die Flaschen tabu seien. Karl lächelte überlegen, ich hatte das Gefühl, er lachte mich aus. Aus ihm sprach die Selbstsicherheit des Überlebenskünstlers. „Durst ist was für Weichlinge!"

Was Karl nicht kannte, war die Einteilung für die Rettungsinseln. Wir hatten zwei davon an Bord, was dazu führte, daß insgeheim schon mal diskutiert wurde, wer mit wem in die Rettungsinsel gehen würde. Im kleinen Verschwörerkreis einigte man sich darauf, daß jedenfalls Karl in die zweite Insel müsse. Denn seine Kraft mochte in manchen Situationen für seine Mitmenschen hilfreich sein, wenn es aber – vor dem Hungertod – um sein eigenes Überleben ging, dann...

Ansonsten stand Karl über der Sache. Auch beim Zähneputzen an der Reling ließ er sich, obwohl die Cockpitbesatzung lautstark protestiert hatte, nicht davon abbringen, seinen Mund deutlich hörbar auszuspülen und unter lautem Brüllen grundsätzlich nach Luv zu prusten. Die Folge: Sein Mundwasser wurde, säuberlich zerstäubt, vom Wind zurückgeblasen und verteilte sich so fein über alle im Cockpit, daß gelegentlich ein kleiner Regenbogen sichtbar wurde. Immer dann, wenn Karl mit der Zahnbürste im Cockpit erschien, war man versucht, das Ölzeug zu holen. Er war eben ein Nichtsegler, der nie den Spruch gelernt hatte: „Spuckst nach Lee, geht's in See, spuckst nach Luv, kriegst du's druff!" Die meisten von uns waren froh, als seine Zahnbürste nach drei Tagen verschwunden war. Vielleicht hatte Karl sie verloren, vielleicht aber...

Auch über noch etwas mußte ich innerlich lächeln. Als die anderen beschäftigt waren, holte ich mir rund 20 Liter Süßwasser in Plastikflaschen und verstaute sie als Reserve für den Notfall unter meiner Koje. Aus den Augenwinkeln konnte ich beobachten, daß Thomas das gleiche machte und auch Theo einen kleinen Notvorrat an Wasser für die Allgemeinheit anlegte. Jedenfalls waren danach sämtliche Plastikflaschen in irgendwelchen Verstecken verschwunden.

Ein Glück, daß an Bord ohnehin nicht sehr viel Wasser getrunken wurde. Ein technisches Versagen kam mir bei meiner Vorsorge für den Notfall zupaß. Die SARITA hatte mindestens drei Zapfstellen, wo das Süßwasser aus den Tanks gepumpt werden konnte, nämlich auf der Toilette im Vorschiff, auf der Toilette im Achterschiff und in der Küche. Leider wurden alle drei Wasserstellen von einer zentralen elektrischen Pumpe mit Druckausgleichsbehälter angesteuert. Das Problem war, daß diese Pumpe, wie schon in Mogan erwartet, jetzt den Geist ganz aufgab. Technisch war diese Anlage nicht besonders gut durchdacht, denn nun gab es nur noch die Möglichkeit, Wasser in der Küche mit Hilfe einer Fußpumpe deziliterweise heraufzupumpen. Das bedeutete, daß auf den Toiletten kein Süßwasser mehr zur Verfügung stand. Mir war klar, daß dies nicht besonders komfortabel war, doch eines war damit sichergestellt: Unnötig würde Süßwasser nicht mehr verschwendet werden.

Die Mittagsbreite ergab 19 Grad 35 Minuten Nord. Wir schätzten Kurs und Entfernung, die wir seit gestern zurückgelegt hatten, auf 230 Grad und 140 Seemeilen.

Nachmittags drehte der Wind in eine ungünstige Richtung. Unsere Genua stand zwar immer noch an Steuerbord, war also seit sechs Tagen ununterbrochen auf dem gleichen Bug gefahren worden. Das Groß dagegen fuhren wir an Backbord, also in Schmetterlingsstellung, bis der Wind zu weit von Backbord einkam und wir das Groß auf Steuerbord schifteten. Damit spielten wir eine Weile herum, aber unseren Sollkurs von 240 Grad konnten wir so nicht anliegen. Hatten wir beide Segel auf derselben Seite, dann mußten wir 220 Grad laufen, um sie voll zu halten, in der Schmetterlingsstellung aber konnten wir nur noch einen Kurs von 280 Grad laufen. Wie schön und bequem wären jetzt Passatsegel gewesen! Der Wind hätte uns genau gepaßt, um den ganzen Tag über 240 Grad steuern zu können.

Ich erzählte Karl von meinem Plan, die geographische Breite von Barbados mit einem Spiegelinstrument festzustellen. Das ließ er sich nicht zweimal sagen. Wieder griff er zu seiner Handsäge und begann sofort, ein viereckiges Holzbrett zuzuschneiden. Holz war offensichtlich das Material, bei dem sich Karl wohlfühlte. Auf dem Deck der Sarita sah es bald aus wie in einer Schreinerwerkstatt. Vom Vorschiff bis zum Cockpit lagen überall Sägespäne herum.

Gleichmäßig waren die Spuren von Karls Arbeit über das gesamte Deck verteilt.

Mir war klar, daß wir unmöglich zwei Spiegel mit der erforderlichen Genauigkeit in einem ganz bestimmten Winkel einander gegenüber montieren konnten. Denn um die traumhafte Meßgenauigkeit von zehn Winkelminuten zu erreichen, hätte der Winkel zwischen den beiden Spiegeln nur einen Fehler von fünf Winkelminuten, also einem zwölftel Grad, haben dürfen. Das lag jenseits unserer Meßgenauigkeit. Aber wenn es Karl gelang, den Winkel einigermaßen genau hinzubringen, war damit schon viel gewonnen. Zusätzlich hätte ich einen weiteren Maßstab insofern, als die geographische Breite von Barbados eben nicht dann erreicht wäre, wenn der Sonnenunterrand genau auf dem Horizont aufsaß, sondern zum Beispiel wenn der Horizont durch die Sonnenmitte oder durch den Oberrand verlaufen würde. Einen gewissen Maßstab gab die Natur ja vor, denn die Scheibenbreite der Sonne war bekanntlich 32 Winkelminuten. Wir wollten es auf einen Versuch ankommen lassen. Als Spiegel benutzte Karl den Make-up-Spiegel von Carla, den er zerteilte.

Im Sextantbau ist häufig die Rede von „absolut plan geschliffenen Spiegeln". Ich war gespannt, wie es sich auswirkte, daß wir nicht irgendwelche Spezialspiegel benutzten, sondern Pfennigartikel von einer Qualität, wie sie sicher auch vor tausend Jahren auf Schiffen zu finden gewesen war.

Als Karl mir das fertige Holzbrett mit den beiden geklebten Spiegeln überreichte, erschrak ich zunächst. Denn alle Linien, die ich in einem der beiden Spiegel erblickte, verliefen kaum faßbar in merkwürdig gekrümmten Kurven. Ich merkte sofort, daß ich mit einem derartigen Instrument nichts würde anfangen können. Zunächst war ich enttäuscht, aber dann ging mir ein Licht auf: Karl hatte den falschen Make-up-Spiegel erwischt, er hatte den Vergrößerungsspiegel genommen.

Der nächste Versuch sah schon besser aus. Allerdings wirklich ernsthaft ausprobieren konnten wir dieses Instrument, das ich FIXWINKEL nannte, nicht, denn unsere Breite „paßte" ja noch nicht; mit diesem Holzbrett würde ich die Sonne erst dann auf dem Horizont sehen, wenn wir zumindest ungefähr auf der Breite von Barbados waren, also vielleicht ab 14 Grad Nord.

An diesem Abend notierte Michael in sein Tagebuch:

Herrlicher Tag und guter Wind – wie immer bisher. Kurzzeitig ein Walrudel an Backbord. Sie waren nicht sonderlich interessiert an uns. Wasser rationiert – Bier und Wein nicht. Spiegeleinbauten gedreht. Und mehr Bilder. Denke viel an zu Hause, die anderen wohl auch. Dabei sind wir erst eine Woche unterwegs. Nachtwache bei starkem und drehendem Wind, ungemütliches Segeln. Schreckensschreie von Karl: Ein fliegender Fisch hat sich in sein naturbelassenes Gesicht verirrt und es mit einem kräftigen Schwanzwedeln wieder verlassen. Ein herrliches Naturschauspiel! Stimmung an Bord aber auch ohne solche Einsätze gut. Sonnenbrand klingt ab.

Thomas schrieb:

Ein fliegender Fisch klatscht gegen Ende der Hundewache ins Cockpit. Er blutet und stinkt grausam. Ludwig wirft ihn über Bord. Das einzige Ereignis während der Wache. Sie hat wieder zu früh begonnen, da Dunst den Polarstern verschluckt hatte und die Sternenuhr deshalb ausgerechnet um Mitternacht nicht zu lesen war.

Siebter Tag auf hoher See

Tanzendes Lot

6. Dezember: Viele Stunden lang hatten wir auf der SARITA schon darüber nachgedacht, ob der Sternenhimmel nicht doch mehr Informationen über unsere Position hergab. Aber die kalten Sternbilder verrieten uns keine weiteren Geheimnisse. Auch Bernhard und Ludwig fiel hierzu nichts ein – außer dem ständigen Gerede, daß es irgendwelche Geheimnisse gegeben habe, die aber verlorengegangen seien. Aus unserer Erdenbürgersicht befinden wir uns ja in der Mitte eines riesigen kugelförmigen Saales, dessen Wände scheinbar mit Sternbildern bemalt sind. Wie soll die menschliche Ameise auf ihrer fußballgroßen Kugel in der Mitte des Saals anhand dieser Wandmalereien erkennen, wo genau sie sich auf dem Fußball befindet? Wenn ich an Rodo aus Polynesien zurückdachte, der ja angeblich im Besitz dieser Geheimnisse gewesen war und mir eigentlich auch nichts Wesentliches hatte verraten können; wenn ich an die Museen in Polynesien dachte, in denen ebenfalls keine Hinweise auf mystische Navigationswissenschaften zu finden gewesen waren; wenn ich an die Unberechenbarkeit der Billionen von Wellenbildern dachte, die ich in meinem Leben schon nachdenklich betrachtet hatte – kurzum, wenn ich mich vergeblich an irgendwelche Navigationstricks zu erinnern versuchte, die in unzähligen Gesprächen unter Yachtleuten irgendwann einmal erwähnt worden waren, dann stieg langsam in mir der Verdacht hoch, daß es über das kleine Einmaleins der Navigation hinaus, das der Mensch des 20. Jahrhunderts auf Seefahrtschulen gelernt hat, nichts weiteres zum Thema Navigation zu sagen gibt.

Aber unzweifelhaft hatten die Polynesier Reisen unternommen, die über offenes Meer führten und glücklich beendet wurden! Richtig, doch darf dabei nicht übersehen werden, daß in ihrer flächenmäßig riesigen Inselwelt, die immerhin ein Gebiet von der Größe Europas bedeckt, die Entfernung von Insel zu Insel selten größer als 500 Seemeilen ist und meistens unter 100 Seemeilen liegt. Und sind uns auch ihre Unglücksfahrten überliefert worden? Also, ich hatte Zweifel, daß da etwas Geheimnisvolles existierte.

Ich war aber überzeugt, daß es in der Geschichte der Menschheit noch nie eine Hochseefahrt gegeben hatte wie die unsere, bei der also eine Gruppe von Seeleuten (oder solche, die es unterwegs wurden) zu einem 5000 Kilometer entfernten Ziel auf der anderen Seite des Ozeans aufbrachen, ohne im Moment der Abfahrt genau zu wissen, wie dieses Ziel angesteuert werden sollte, und ohne die Gewißheit, über eine zuverlässige Navigation verfügen zu können. Als wir im Cockpit versammelt waren, fragte ich die Runde, ob zu meiner Art Navigation trotz fehlender Kontrollmöglichkeiten inzwischen einiges Vertrauen herrschte.

Thomas antwortete grinsend: „Wie können wir zu einem Kapitän Vertrauen haben, der ohne Kompaß über den Atlantik segelt?"

Ich holte aus meiner Koje einen kreisrunden Winkelmesser aus Plexiglas, in dessen Mitte an einem Stück Draht ein kegelförmiges Lot befestigt war. Mein Freund Dr. Peter Förster, der gern selbst an diesem Törn teilgenommen hätte, mit dem zusammen ich zahlreiche Computerprogramme über die astronomische Navigation entwickelt hatte, hatte mir dieses selbstgebastelte „Instrument" mitgegeben, damit ich es auf offener See ausprobierte. Es war im Prinzip nichts anderes als ein Astrolabium, das in der Seefahrt bereits im 15. Jahrhundert bekannt war. Oder ein „Gunter-Quadrant".

Verfolgt man die Entwicklung der Navigationsinstrumente über viele Jahrhunderte hinweg, so fällt auf, daß für die Hochseenavigation zumindest in der Alten Welt nur ein einziger Weg eingeschlagen wurde, nämlich die Messung des Höhenwinkels, also des Winkels zwischen der Blickrichtung zu einem Gestirn und der Waagrechten. Um die Waagrechte darzustellen, wurden zwei verschiedene Methoden angewandt: zum einen das gleichzeitige Peilen des Horizonts und zum anderen die Senkrechte auf ein Lot, also das Ausnutzen der Schwerkraft.

Ich hielt das „Förster-Astrolabium“ mit zwei Fingern hoch und versuchte mitschiffs, wo die Schiffsbewegungen am ruhigsten waren, das Senklot zur Ruhe kommen zu lassen. Aber ich schaffte es nicht annähernd. Auf der von Peter Förster aufgeklebten Papierskala beschrieb der Draht zum Senklot Abweichungen von plus/minus fünf Grad, und dabei machte ich noch nicht einmal den Versuch, gleichzeitig einen Stern oder die Sonne zu peilen. Dies bedeutete aber, daß ich mit Fehlern von bis zu zehn Grad rechnen mußte, also mit schlicht und einfach an die 1000 Kilometer Ungenauigkeit. Bei derartigen Dimensionen kann man wohl nicht mehr von Navigation sprechen.

Möglicherweise hätten wir bei absoluter Flaute etwas günstigere Werte erzielt. Doch wann herrscht im Passat schon Flaute? Sie allein hätte auch noch nicht ausgereicht, denn um das Senklot wirklich die Senkrechte einnehmen zu lassen, hätte es außerdem einer ruhigen See ohne Dünung bedurft. Der Versuch zeigte so eindrucksvoll die Ungeeignetheit eines Lots, daß nicht einmal mehr Ludwig weitere Tests wünschte. Im Gegensatz zur Benutzung an Land ist ein Lot auf hoher See deshalb nicht zur genauen (!) Darstellung einer Waag- oder Senkrechten geeignet, weil es nicht nur *eine* Bewegung im Raum auszugleichen hat. Die Dünung hebt und senkt gleichzeitig das Schiff, so daß sich ein Lot immer weiter aufschaukeln wird.

Wer übrigens schon mal versucht hat, unterwegs aus an Deck mitgeführten Plastikkanistern (wie bei uns) Diesel in die Tanks zu schütten, wird selbst bei Flaute und scheinbar (!) fehlender Dünung feststellen müssen, daß es ohne Sauerei nicht abgeht, auch wenn man noch so sehr versucht, die kaum spürbaren Schiffsbewegungen auszugleichen. Das war der Grund, warum ich in Mogan ein Stück Schlauch mitgenommen hatte.

Den Polynesiern wird trotzdem eine „kardanische“ Methode nachgesagt: Sie sollen durch ein Rohr, das sie zwischen zwei Fingern „kardanisch“ hielten, Sterne angepeilt haben, um festzustellen, wann diese genau über dem Kanu standen. Ganz abgesehen davon, daß es kaum vorstellbar ist, einen im kreisförmigen Blickfeld isolierten Stern noch sicher zu identifizieren, kann diese Methode aus den gleichen Gründen nicht funktionieren. Das gilt auch dann, wenn vom ruhigsten Punkt eines Schiffes, etwa vom Salonboden, nach oben durchs Luk beobachtet wird. Eine solche Messung wäre niemals so genau, daß damit Barbados gefunden werden könnte.

Ganz hatte ich Bernhard und Ludwig, die Sternenträumer, mit meinem Versuch wohl nicht überzeugt. Ich probierte es mit einer Hypothese: „Stellt euch vor, wir erreichen glücklich Barbados, und alle Aufzeichnungen von dieser Reise gehen im Lauf der nächsten Jahrhunderte verloren. Nur die Tatsache wird der Nachwelt überliefert, daß Ende des zwanzigsten Jahrhunderts eine Segelyacht ohne Elektronik, ohne Kompaß, ohne Seekarte, ohne Radio, ohne Uhr und ohne Sextant Barbados genau getroffen hat. Vielleicht säße in 1000 Jahren eine Gruppe von Seglern zusammen und unterhielte sich über die Reise der Sarita, wobei es sicherlich einen ‚Ludwig' geben würde, der behauptet: ‚Die Menschen des 20. Jahrhunderts kannten offensichtlich Geheimnisse der Navigation, die inzwischen verlorengegangen sind!'"

So schwierig es ist, an Bord von Yachten mit Hilfe der Schwerkraft eine genaue Waagrechte für Zwecke der Navigation darzustellen, so leicht wäre es gewesen, dies für den Küchenbetrieb zu erreichen. Ein echter Mangel auf der Sarita war nämlich das Fehlen eines kardanischen Tisches. Gerade beim Rollen vor dem achterlichen Passat hätte ein Schwingtisch den Wohnkomfort an Bord drastisch gesteigert. Wir konnten uns alle nur schwer daran gewöhnen, daß in der Küche oder auf dem Tisch nichts, aber auch gar nichts länger stehen oder liegen blieb. Immer wieder wurde irgendein Glas (auch mit Rotwein) in weitem Bogen vom Tisch geworfen und flog durch den Salon. Er sah wirklich wüst aus. Der Überzug der Polster war längst entfernt worden, um die Rotweinflecken zu bleichen und zu trocknen, wir saßen auf dem blanken Schaumstoff. Carlas Idee, angefeuchtete Viledatücher unter das Geschirr zu stellen, um es am Wegrutschen zu hindern, wirkte zwar bis zu einem bestimmten Krängungsgrad, aber dann legte sich die

SARITA wieder besonders weit über, und die nächste Bescherung war da. Gut, daß Kurt Ecker dieses Bild nicht sehen konnte, er hätte wahrscheinlich einen Nervenzusammenbruch bekommen.

Hinzu kam, daß der Salon der SARITA häufig zum Basteln der Navigationsinstrumente herhalten mußte. Gelegentlich sah es darin wie in einer Schreinerwerkstatt aus. Mich störte besonders, daß meine Mitsegler auch nicht vor der Navigationsecke haltmachten. Daß dort nur der Skipper etwas zu suchen hatte, war einer jener Punkte, die ich zwar zu Beginn des Törns kurz erwähnt, aber nicht schriftlich niedergelegt hatte. Jetzt hätte ein kurzer Fingerzeig auf das Schriftstück an der Wand (das es nicht gab) genügt, um die Leute daran zu erinnern. So aber hielt ich den Mund, denn möglicherweise wäre mir das als kleinliche Meckerei ausgelegt worden.

Das mit der Navigationsecke war nicht bloß eine Eigenart von mir, sondern hatte einen ernsten Hintergrund. Meine „Navigationsinstrumente" wie Radiergummi, Bleistift und Kartendreiecke verschwanden von dort Stück für Stück und tauchten irgendwo an Bord wieder auf, aber eben nicht dann, wenn man sie dringend brauchte. Besonders störte mich, daß ich meine Kartendreiecke gelegentlich im Cockpit, in Backskisten oder auf anderen Sitzgelegenheiten fand, wobei es nur Glück war, daß sie nicht schon vom Draufsitzen verbogen waren. Ich ging dazu über, mir einen kleinen Extravorrat in der letzten Ecke meiner Koje unter dem Polster anzulegen, sozusagen eine „Sekundär-Navigationsecke".

Die Unordnung an Bord störte mich gewaltig – wobei ich gern einräume, daß auch ich nicht zu den Ordentlichsten gehöre. Immer noch lag das Tonbandgerät von den Filmaufnahmen im Salon herum; ich war es schon müde, immer wieder darauf hinzuweisen, daß das schwere Gerät bei einer besonders hohen See von den Sitzen fliegen konnte. Ludwig trug dieses Risiko mit Gleichmut. Nicht gerade eine Zierde war auch die „Wasseruhr", das Infusionsbesteck von Bernhard, das immer noch in der Salonmitte von der Decke hing, obwohl es wegen Funktionsuntüchtigkeit niemals richtig in Betrieb genommen worden war.

Am Vormittag brachte Bernhard wieder seine Angel aus und hatte schon nach fünf Minuten einen Biß. Hand über Hand holte er die hundert Meter scharfer Perlonleine ein. Damit sie ihm nicht in die Finger schnitt, hatte er Lederhandschuhe angezogen. Eine schöne Goldmakrele hing am Ende des rubinroten Köders. Bevor sie auf den Tisch kam, wurde die Mittagsbreite mit 17 Grad 19 Minuten Nord festgestellt, Etmal und Kurs auf 120 Seemeilen und 200 Grad geschätzt.

Naturbursche Karl beschwerte sich, daß kein Trinkwasser mehr da sei; das Wasser im Tank sei nicht zum Trinken geeignet, weil es nach Chlor schmecke. Damit hatte er nicht unrecht, aber der Chlorzusatz kam nicht von uns, sondern war schon in Mogan dem Trinkwasser beigemischt worden. Wir hatten nur ein paar Gramm Mikropur in die Tanks geschüttet. Carla und ich hatten hervorragende Erfahrungen mit Mikropur gemacht. Im übrigen amüsierte mich die Beschwerde Karls wegen des fehlenden Trinkwassers; schließlich wußte ich, daß die noch vorhandenen Plastikflaschen in diverse „Notvorräte“ unter mindestens drei verschiedenen Kojen aufgeteilt waren.

Michael schrieb ins Tagebuch:

Nikolausgeschenk: Nach Sonnenaufgang beißt die erste Goldmakrele. Sie tut dem Speiseplan ausgesprochen gut. Geschätzte zehn bis zwölf Tage noch bis nach Barbados. Um 14.00 Uhr trotz oder wegen heißer Sonne in die Koje. Nachtwachen werden allmählich anstrengend. Grundsatzgespräch mit Wiggerl: Wir machen weiter.

Thomas vermerkte:

Mineralwasser wird knapp. Täglich steht eine neue Flasche in der Toilette, angebrochen, fast leer. Irgendwer nimmt Mineralwasser zum Waschen!! Die wenigen verbleibenden Kanister und Flaschen werden als Notration weggeschlossen. Ausgerechnet diejenigen, die wohl die Situation ausgelöst haben, murren. Unglaublich, welche Maßnahmen Disziplinlosigkeit nötig macht. Wieder hat eine Dorade angebissen. Carla will sie roh zubereiten. Bernhard, der Überängstliche, warnt: „Sie könnte durch Küstenabwässer verseucht sein.“ Wir sind 1000 Meilen von jeder Küste weg und überstimmen ihn.

Achter Tag auf hoher See

Doppelgenuas machen Speed

7. Dezember: Theo und ich rafften uns auf, endlich mal die Ersatzgenua im Ankerkasten zu checken. Wir stellten fest, daß es sich ebenfalls um eine Rollgenua handelte, also keine mit Stagreitern. Ich schlug vor, sie probeweise fliegend zu setzen. Theo griff die Idee auf, meinte aber, daß wir zunächst die Genuaschot vom Dienst überprüfen sollten. Es machte Spaß, bei blauer See und heiterem Passathimmel hinter der Abdeckung durch das Groß mit den Segeln zu arbeiten. Tatsächlich, die Schot war schon wieder fast durchgescheuert. So häßliche Schoten hatte ich noch nie gesehen: keine Spur von Lehnigkeit, beinahe so starr wie Drähte. Die Leute von Ecker hatten mir erzählt, daß sie in der Türkei nichts Besseres bekommen hatten. Na ja, sie funktionierten, aber unästhetisch schaute es aus, wenn der Tampen nach dem Palstek in der Schot merkwürdig gekrümmt gen Himmel zeigte. Weil der Knoten schon fast wieder durchgescheuert war, wurde der brauchbare Teil der Schot noch einmal verkürzt, indem wir einfach den Palstek einen Meter weiter vor setzten. Der unästhetische und nutzlose Tampen wurde damit noch einmal um einen halben Meter länger.

Der Passatwind war auf drei Beaufort abgeklungen, so daß es keine großen Schwierigkeiten machte, bei exakt achterlichem Wind die zweite Genua mit dem Fall fliegend nach oben zu winschen. Wir ließen die Rollgenua an Steuerbord, drehten das Groß fast völlig ein und benutzten der Einfachheit halber gleich den mit dem Bullenstander fixierten Großbaum, um die fliegend gesetzte zweite Genua auszubaumen. Welch ein Unterschied war das zum bisherigen Segeln! Die Bewegungen wurden harmonisch, der Rudergänger hatte keine Angst mehr, eine Halse zu bauen, der segelbare Kurssektor vor dem Wind war so groß, daß keine der Genuas mehr einzufallen drohte. Ein ganz neues Gefühl! Mit zwei Fingern war der Rudergänger nun in der Lage, Kurs zu halten; gelegentlich konnte er das Rad fünf oder zehn Minuten lang ganz loslassen, ohne daß die SARITA aus dem Kurs lief.

Inzwischen hatten wir gelernt, das Groß auch vor dem Wind ein- oder auszureffen. Man mußte hierzu nur auf den fragwürdigen Komfort verzichten, dies vom Cockpit aus zu tun. Wenn man die Winschkurbel direkt am Mast ansetzte und bei rollender Yacht die Sekunden abwartete, in denen das Großsegel nicht vom Wind in die Mastkeep hineingepreßt wurde, sondern etwas Lose bekam, war es möglich, das Groß auf jedem Kurs zum Wind zu reffen oder auszudrehen, ohne das Tuch zu strapazieren. Wir spürten allmählich, daß wir die SARITA auch segeltechnisch in den Griff bekamen.

Obwohl inzwischen allen klar war, daß es mangels Erfolgsaussichten wenig Sinn hatte, eine Uhr zu basteln, sie uns auch nicht mehr fehlte, machten sich Ludwig und Karl erneut an die Arbeit. Ihre Ausgangsmaterialien waren der auf den Dünen der Kanarischen Inseln gesammelte Sand und das Essig- und Ölgefäß vom letzten Hafenkneipenbesuch in Mogan. Mir gefiel die Idee, denn ich konnte mir vorstellen, daß diese Sanduhr recht schiffig aussehen würde. Dies hatte aber mit Navigation nichts zu tun, es war reine Freude am Basteln, wie sich früher auch die Seeleute auf den alten Segelschiffen mit Walzahnschnitzereien oder Knotenarbeiten die Zeit vertrieben.

Mittags wurde die Breite mit 16 Grad und 30 Minuten Nord gemessen. Wir waren jetzt also nur noch 180 Meilen nördlich der geographischen Breite von Barbados. Kurs und Entfernung wurden auf 260 Grad und 110 Seemeilen geschätzt, so daß wir nach vorsichtiger Kalkulation schon über 1000 Seemeilen gesegelt waren. Von Barbados waren wir somit vielleicht noch 1600 Meilen entfernt – oder 1400 – oder 1200? Von unserer geographischen Länge hatten wir nicht die geringste Ahnung.

Nachmittags stellten wir fest, daß die erste unserer vier Gasflaschen leer war. Wir würden also mit unserem Gasvorrat ganz gut zurechtkommen.

Michael und „Wiggerl“ (wie Ludwig von seinem Kameramann genannt wurde) arbeiteten weiter an ihrem Film. Hier waren Profis am Werk. Dies hatte nichts mehr damit gemein, einfach eine Filmkamera aufs Motiv zu halten und abzudrücken, sondern jede Einstellung wurde sorgfältig besprochen und von Michael mit dem Belichtungsmesser aus allen möglichen Richtungen ausgemessen. Filmen auf der rollenden SARITA war Schwerarbeit und nicht ohne Risiko. Die Arriflex, die Michael herumwuchtete, hatte immerhin einen Wert von rund hunderttausend Mark. Ich nahm mir vor, ihn einmal über seine Filmtechnik zu befragen und danach zu Hause mein altes Filmmaterial noch einmal zu sichten.

Seitdem ich segle, filme ich auch. Mein Material wurde in Form von Videos unter die Leute gebracht, teilweise auch im Fernsehen gesendet. Was ich bis heute noch nicht weiß: Ist es auf einer Segelyacht besser, unter allen Umständen den Horizont gerade zu halten, oder soll man quasi auch auf der Yacht mit Stativ arbeiten, den Horizont also im Bild sich drehen lassen? Oder bringt es die Abwechslung zwischen beiden Einstellungen?

Etwas nervte unsere beiden Filmleute seit langem. Bereits in Mogan wurde festgestellt, daß auf dem Ton zum Film unerklärlicherweise ein Hall drauf war, so daß die synchron gedrehten Mikrophonaufnahmen technisch nicht einwandfrei waren. Wurde auf Synchronität verzichtet, also keine elektrische Verbindung zwischen Kamera und Tonbandgerät hergestellt, dann war der Hall weg, und die Aufnahmen klangen natürlich. Michael und Ludwig versuchten das Manko dadurch zu umgehen, daß sie nur kurze Einstellungen mit Ton machten, gerade so lang, bis Ton und Bild wegen der Gleichlaufschwankungen auseinander liefen.

Michael schrieb in sein Tagebuch:

Erneuten Goldmakrelenfang gedreht. Und die unvermeidliche Sanduhr. Vermehrtes Heckleiterbaden. Das Arbeiten mit Wiggerl ist schwierig. Zu viele vorgefaßte Ansichten. Alle anderen sind Ignoranten. Heute den ganzen Körper voller Blasen. Die Sonne ist wirklich stark. Ich nicht, sonst gäbe es heute Krach. Will aber die Stimmung nicht mit unserem Blödsinn stören.

Thomas notierte:

Wir fahren auf einem Schweineschiff über den Atlantik. Überall zentimeterdick Sägespäne. In den Schwalbennestern im Cockpit vertrocknen ausgelaufene Fruchtsäfte, weil Karl immer wieder halbvolle, nicht verschlossene Packungen hineinlegt. Auch Säge und scharfe Messer liegen offen in den Schwalbennestern. Nur die Taschenlampe ist während der Nachtwache nie zu finden. Endlich zeichnet sich ein Ende der Hundewache ab. Morgen bin ich Koch und wechsle dann in die angenehmere erste Wache.

Neunter Tag auf hoher See

Wachtorturen

8. Dezember: Heute vormittag lief es gut. Bei sechs Windstärken marschierte die SARITA dahin. Ich ärgerte mich, daß ich die jetzige Besegelung, nämlich die beiden Genuas an Backbord und Steuerbord, nicht von Anfang an gesetzt hatte. Wir hätten uns viel erspart, vor allem die zahlreichen Knaller in den Segeln. Außerdem haben wir durch die primitive Besegelung am Anfang sicher einen ganzen Tag verloren.

Ich tröstete mich damit, daß nicht alles perfekt sein kann. Immerhin hatten wir in Mogan nur drei Tage Zeit gehabt und mußten in dieser Frist die SARITA auf eine Atlantiküberquerung vorbereiten. Daneben waren wir mit unseren Navigationsproblemen beschäftigt, so daß es kein Wunder war, wenn andere Themen einer Blauwasser-Langfahrt vernachlässigt wurden.

Leider war die Segelherrlichkeit mit den beiden Genuas nur von kurzer Dauer. Sicherlich lief die SARITA gelegentlich acht oder neun Knoten, also Höchstgeschwindigkeit, aber ich traute dem Frieden nicht. Ein Blick aufs Vorschiff zum Fußpunkt der fliegend gesetzten Genua bestätigte meine Zweifel. Die Schlaufe war dabei, durchzuscheuern. Was mich nicht weiter wunderte, denn sie war nicht dazu gebaut, den gesamten Zug der Genua auszuhalten. Dieses Segel war es gewohnt, in einer Nut am Vorstag gefahren zu werden, so daß die Hauptbelastung am Vorliek und nicht unten am Fußpunkt ansetzte. Die Schlaufe am Fußpunkt war eigentlich nur dazu da, um der Genua in der Nut eine gewisse Vorspannung zu geben, keinesfalls aber um ein paar hundert Kilogramm Winddruck aufzunehmen. Es half nichts, die Genua mußte runter! Dies war jedoch leichter gesagt als getan.

Beim Setzen hatten wir nur drei Windstärken gehabt, so daß die Genua notfalls auch von drei oder vier kräftigen Händen hätte gehalten werden können. Jetzt aber war die Schlaufe der Genua an ihrer Belastungsgrenze angelangt, und mir war nicht wohl bei dem Gedanken, ausgerechnet jetzt dieses Riesensegel wegnehmen zu müssen. Genau besprach ich das Manöver mit Theo und Thomas. Trotz des starken Windes wollten wir zunächst das Groß setzen, um dann in seinem Windschatten die Genua reinzuzerren. Ich erinnerte mich an einen Ratschlag, den mir ein erfahrener Binnensegler zu Beginn meiner Seglerzeit in Ungarn am Plattensee gegeben hatte. Carla und ich haben ihn häufig zitiert, und sein Rat hat sich eigentlich immer wieder als richtig herausgestellt. Der alte K. u. K.-Offizier in seiner weißen langen Hose mit den scharfen Bügelfalten meinte nämlich: „Beim Segeln hat alles sehr viel Zeit!“

Genauso war es bei diesem Manöver. Carla als zuverlässige Rudergängerin setzte sich ins Cockpit hinter das riesige Rad, dann wurde der leere Großbaum möglichst weit nach Backbord hinausgelassen, so daß er gerade noch nicht die Unterwanten berührte, und dort mit Bullenstander und Großschot gesichert. Karl wurde aufgetragen, den Achterholer des Großsegels dichtzuholen, soweit das Tuch aus dem Mast herausgedreht war. Theo bediente die Winsch, mit der Lose ins Großsegel gegeben wurde. Bei jedem Rollen der Sarita nach Backbord wurde das Tuch des Großsegels ganz leicht von der Mastnut abgehoben, so daß kaum noch Reibung vorhanden war; diese Sekunden nutzten Karl und Theo, um das Großsegel Stück für Stück herauszudrehen. Bald war es zur Gänze draußen, wir hatten wieder unsere Schmetterlingsbesegelung, nur daß zusätzlich eine zweite riesige Genua hinter dem Großsegel stand. Aber sie war inzwischen im Windschatten des Großsegels kraftlos geworden, flatterte gelegentlich nur noch schlapp herum. Vier Mann hängten sich nun unten an die Genua, während ich ihr Fall fierte. So war es kein großes Kunststück mehr, die Genua wie einen Spinnaker aufs Vorschiff zu ziehen. Nicht einmal naß war sie geworden.

Die Segelherrlichkeit war zu Ende. Jetzt hatten wir wieder das Kreuz mit den beiden verschiedenen Segeln und dem engen Kurssektor bei ständiger Gefahr einer Patenthalse. Bei drei oder vier Windstärken ist vielleicht die psychologische Wirkung einer Patenthalse schlimmer als die mechanische Belastung von Segel und Schiff, bei sechs Windstärken aber sieht es damit schon anders aus. Wenn auch der Bullenstander das Schlimmste verhindert, so ist der Druck auf den Großbaum, was häufig übersehen wird, doch enorm. Für diesen Stauchdruck ist er nämlich nicht konstruiert.

Nach dem Segelmanöver genehmigten wir uns einen Extraschluck. Dann aber gab es verhaltenen Ärger. Ludwig, dessen müdes Gesicht zeigte, daß ihm die Wachen besonders zugesetzt hatten, beschwerte sich, er sei nun schon viel zu lange in der schlechten Wache, also in der Hundewache am Morgen. Außerdem wollte er endlich mit Michael zusammen in eine Wache, um ihr weiteres Vorgehen wegen des Films zu besprechen. Er ließ durchblicken, daß er doppelt belastet sei, weil er einerseits wie jeder andere die Wachen gehen müsse, aber auch mit dem Filmprojekt eine Menge zu tun habe.

Ich schwieg hierzu, obwohl ich diese Argumente nicht gelten ließ. In erster Linie kam es für mich darauf an, Schiff und Mannschaft heil nach Barbados zu bringen, und diesem Ziel hatte sich alles unterzuordnen, auch der Film. Weil ich mangels Selbststeueranlage unbedingt an der Dreierwache festhalten wollte, konnte ich auf Ludwig nicht verzichten. Außerdem erkannte ich sofort die Gefahr des allgemeinen Abweichens vom Wachturnus: Dann konnte einer nach dem anderen ebenfalls private Wünsche durchsetzen. Obwohl ich Mitgefühl mit Ludwig hatte, wollte ich unbedingt den Eindruck beibehalten, daß die Wacheinteilung so starr war, daß es darüber nichts zu diskutieren gab. Ludwig reagierte mißmutig, aber er fügte sich.

Das beeindruckte mich. Eine Stunde später hatte ich nochmals darüber nachgedacht und festgestellt, daß Ludwig tatsächlich gegenüber den anderen erheblich benachteiligt war, weil er wirklich die meiste Zeit in der ungeliebten Morgenwache zugebracht hatte. Aus Gründen der Fairness blieb mir nichts anderes übrig, als meine vorangegangene Entscheidung zu revidieren und Ludwig zu sagen, daß ich mich geirrt hätte. Ich tat dies nicht gerne, weil ich befürchtete, daß solche kurzfristigen Meinungsumschwünge meine Autorität ankratzen würden.

Bernhard war in seinem Element. Zum zweiten Mal hatte er eine Goldmakrele herausgeholt. Diesmal war Carla dran mit Kochen, und so blieb es ihr überlassen, wie sie den Fisch verarbeiten wollte. Eines muß ich neidlos einräumen: Bernhard und Ludwig fingen nicht nur die Fische, sondern nahmen sie auch aus und lieferten sie wirklich gebrauchsfertig in der Küche ab. Als ich noch gefischt hatte, sah ich meine Aufgabe als erledigt an, wenn der Fisch auf dem Trockenen und tot war. Alles andere mußte Carla übernehmen. Daraus ersieht man schon meine insgeheime Abneigung gegen die Fischerei. Das wäre vielleicht anders, wenn ich ein begeisterter Fischesser wäre. Aber bei der Wahl zwischen Fisch und Fleisch ziehe ich das Steak vor.

Allenfalls begeistert mich tahitianischer roher Fisch, möglicherweise auch deshalb, weil diese Delikatesse nicht mehr nach Fisch schmeckt. Auch diesmal machte Carla rohen Fisch, denn in Mogan hatten wir das Glück gehabt, außer den wunderschön aussehenden (aber inzwischen verfaulten) Zitronen auch Limonen, die für Fisch nach Tahiti-Art unbedingt notwendig sind, einkaufen zu können. Das Rezept ist einfach, wenn man Limonen und vor allem frischen(!) Fisch zur Verfügung hat. Deshalb essen wir in München niemals rohen Fisch, denn auch der „fangfrische" Fisch aus den Fachgeschäften ist ja meist schon ein paar Wochen alt. So lange hat er nämlich auf Eis in den Fischerbooten gelagert.

Also, das Fischfleisch – ohne Haut, versteht sich – wird in Würfel geschnitten, vollständig mit dem Saft von Limonen bedeckt und eine halbe Stunde lang mariniert. Daß die Sache funktioniert, sieht man daran, daß der Fisch so schön weiß wird, als ob er in einem Kochtopf gedünstet worden wäre. Freilich, innen sollten die Stücke noch zartrosa sein. Anschließend, und das ist wichtig, wird der Limonensaft restlos abgegossen. Vor dem Servieren den Fisch mit einer Marinade aus Salz, Pfeffer, neuem Limonensaft und Öl anmachen, denn durch das Garen hat sich der ursprüngliche Limonensaft „verbraucht“. Zuletzt mischt man feingeschnittene Zwiebel darunter, sowie nach Wunsch winzige Schnitzel Paprika oder Tomaten.

Dieses Fischgericht gibt es nicht nur in den verschiedensten Ländern der Welt, es wird auch in Südamerika angeboten; dort heißt es dann „Servici“. Servici gibt es auch von Langusten, und viele fügen noch Pfeffer oder Chili hinzu, um es pikanter zu machen.

Aber was Carla servierte, gehörte zum Feinsten an Fisch, was ich jemals gegessen hatte. Thomas war ebenso begeistert. Nur den Fischern Bernhard und Ludwig paßte es offensichtlich nicht, daß Carla Kopf, Flossen und alle möglichen Dinge weggeworfen hatte und nur das reine Filet servierte. Als ob sich nicht auch die Haie über ein bißchen frische Makrele gefreut hätten!

In navigatorischer Hinsicht gab es zwei Verbesserungen. Das Brett mit den beiden starren Spiegeln darauf war einstweilen nicht zu verwenden, weil wir noch nicht die Breite von Barbados erreicht hatten. Das machte mich ungeduldig, und so schlug ich Karl vor, einen der beiden Spiegel drehbar zu montieren, so daß jeder beliebige Winkel eingestellt werden konnte. Es sollte kein Problem sein, damit die Sonne ganz exakt auf den Horizont zu setzen.

Die eigentliche Schwierigkeit hierbei war, den Winkel zwischen den beiden Spiegeln herauszumessen, der dafür gesorgt hatte, daß die Sonne auf dem Horizont auflag. Wie immer widmete sich Karl dieser neuen Aufgabe mit Inbrunst. Selbst seine Seekrankheit, unter der er immer noch litt, schien in den Stunden verflogen zu sein, in denen er sich mit seinen Holzarbeiten beschäftigte. Es störte mich nicht, daß er häufig auch übers Ziel hinausschoß und unsere Navigationshilfen nicht nur nach zweckmäßigen Gesichtspunkten bearbeitete, sondern sie aus Handwerkerstolz gelegentlich auch mit höchst unnötigem Zierat, zum Beispiel mit Handgriffen, versah. „Nützt es nichts, so schadet es doch auch nichts“, sagt der Bayer, aber in diesem Fall war es anders. Denn mitunter befand sich ein Handgriff im Strahlengang oder genau an der Stelle, wo später das Kartendreieck angelegt werden mußte. Doch ohne zu murren, realisierte Karl sofort jeden meiner Verbesserungsvorschläge.

Nachdem Karl auf dem Holzbrett den einen Spiegel beweglich gemacht hatte, stellte ich fest, daß der Winkel zwischen den beiden gar nicht herausgemessen werden konnte, weil der Punkt, wo sich die Spiegelebenen geschnitten hätten, also der Nullpunkt des Kartendreiecks angelegt werden mußte, an einer Stelle lag, wo Karl das Brett wegen der besseren Handlichkeit einfach abgesägt hatte. Auf ein Neues!

Wo Licht ist, ist auch Schatten. Karl hatte sich immer noch nicht dazu herabgelassen, zu kochen. Ohne es richtig auszusprechen, schob er seine Seekrankheit als Entschuldigung vor. Andere an Bord waren ebenfalls nicht gerade Meisterköche (es hat aber immer geschmeckt), bemühten sich jedoch zumindest, etwas Brauchbares in der Küche zustandezubringen, auch wenn sie sich dabei helfen ließen. Karl dagegen unternahm nicht einmal den Versuch. Er verachtete ohnehin unsere Ernährungsweise, was er sich deutlich anmerken ließ. Er ernährte sich nach dem Motto: „Alles ist gut für den Körper, wonach er verlangt."

Bei Karl waren das in erster Linie Haferflocken, Müsli, Körner und ähnliches Zeug. Wenn man mal davon absah, daß er nebenbei auch Kuchen, Steaks, überhaupt Fleisch in jeder Form nicht verachtete, war sein Lebensstil wohl der allergesündeste. Einige an Bord amüsierten sich darüber, denn sie stellten fest, daß die Ungesunden, die mal gelegentlich einen hoben und rauchten, kurzum, die mit ihrem Körper Schindluder trieben, von der Seekrankheit weitgehend verschont geblieben waren. Und sie registrierten schadenfroh, daß ausgerechnet unser Naturbursche so früh flach gelegen hatte.

Die zweite nautische Verbesserung stammte von mir. Ich setzte meine Kompaßformel „100 Grad plus Höhenwinkel der Sonne" graphisch um und klebte eine Skala aus weißem Papier auf die Scheibe, die anstelle des Steuerkompasses mit Tape vor dem Steuerstand befestigt war und aus deren Mitte der schon fast verrostete Bohrer ragte. Das Ganze sah ziemlich geheimnisvoll aus, war aber nichts anderes als die Beantwortung der Frage: „Auf welchen Punkt muß die Schattenspitze des Bohrers gehalten werden, damit der vorne mit einem Streichholz markierte Kurs anliegt?“ Es war ziemlich einfach: Ich teilte die 360-Grad-Skala in die Hälfte, eine für Vormittag und eine für Nachmittag. Ich machte die Scheibe drehbar und klebte vorne ein Streichholz mit Tesa an, so daß es einen bestimmten Kurs bezeichnete. Dann markierte ich, an der richtigen Stelle versteht sich (sie ergab sich aus der 100-Grad-Formel), jeweils den Punkt für einen Höhenwinkel von 50, 40 und 30 Grad. Der Kompaß konnte genaugenommen nur dann betrieben werden, wenn die Sarita für einen Moment waagrecht lag. Mit einiger Übung ließ sich das aber ganz gut abschätzen. War die Sonne noch nicht auf 50 Grad, sondern irgendwo dazwischen, dann mußte die Schattenspitze nur eben zwischen dem 40-Grad-Kreuz und dem 50-Grad-Kreuz gehalten werden.

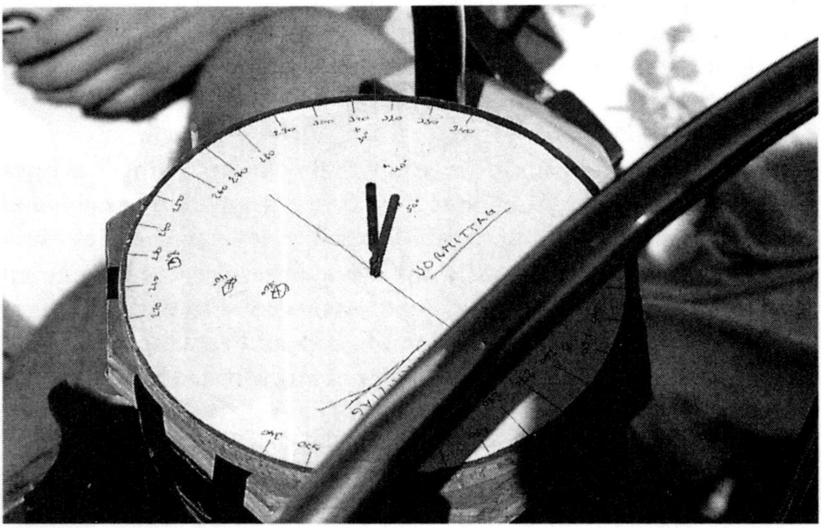

Es ist Vormittag, die Sonne hat noch nicht 50 Grad über dem Horizont erreicht. Ein Kurs von 270 Grad ist zu steuern, der vorne am Streichholz als Kursmarker eingedreht ist. Die graphische Umsetzung der „100-Grad-Regel“ zeigt, wie einfach das Steuern ohne Magnetkompaß ist. Der Rudergänger braucht nur so zu steuern, daß bei aufrechter Yacht die Schattenspitze kurz vor die 50-Grad-Marke fällt.

Nachdem wir jetzt schon fast mitten im Atlantik waren, fiel mir ein weiterer Vorteil unseres Sonnenkompasses gegenüber einem Magnetkompaß ein: Wir brauchten nicht auf die Mißweisung zu achten. Es wird ja Columbus höchstpersönlich zugeschrieben, daß er die Mißweisung entdeckte. Bei der Vorbereitung zu dieser Reise hatte ich nicht nachgesehen, welche Mißweisung wir quer über den Atlantik haben würden, denn auf der SARITA ging es einfach zu: kein Kompaß, keine Kompaßfehler, keine Magneten, keine Mißweisung! An der Stelle, wo wir uns jetzt befanden, konnte die Mißweisung schon fast 20 Grad erreichen, was bei einem Magnetkompaß doch eine nennenswerte Ablenkung darstellte. Ich war überzeugt, daß unser Sonnenkompaß bei einem guten Rudergänger um ein Vielfaches genauer arbeitete als ein Magnetkompaß. Alle aus unserer Mannschaft waren gute Rudergänger, auch Karl. Dies ist der Erwähnung wert, weil Karl ja Nichtsegler war; aber allmählich, so erkannte ich, bildete sich auch bei Karl ein gewisses Gefühl für das Schiff und seine Bewegungen heraus.

Die meiste Zeit hinter dem Ruder verbrachte allerdings Michael. Mit ihm hatte ich bei der Auswahl meiner Mannschaft großes Glück gehabt. Der einzige Grund, warum ich ihn mitgenommen hatte, war ursprünglich der gewesen, daß Michael beim Film über dieses Unternehmen die Kamera führen sollte. An seine seglerischen Qualitäten hatte ich überhaupt nicht gedacht. Abgesehen davon, daß er bestechend das Schiff auf Kurs hielt, war er eigentlich immer guter Laune. Ihm sah man so richtig an, wieviel Spaß ihm der Törn machte. Das lag nicht am Whisky allein, der immer griffbereit neben dem Rudergänger im Schwalbennest stak. Längst waren meine Bedenken wegen des Whiskyverbrauchs geschwunden. Möglicherweise wäre dieser auch gar nicht aufgefallen, wenn Michael nicht immer wieder laut und fröhlich angekündigt hätte, nunmehr Neptun ein Opfer bringen zu müssen.

Mittags probierten wir zum ersten Mal das Holzbrett mit dem variablen Spiegel aus. Die Ergebnisse waren enttäuschend. Während wir mit SARITA I und SARITA II eine Breite von 16 Grad und 40 Minuten Nord maßen, ergab der bewegliche Winkel eine Breite von 16 Grad und 00 Minuten Nord. Dies war eine Ungenauigkeit, die uns wieder zur Besinnung brachte. Denn mit einem derartigen Fehler konnten wir leicht an Barbados vorbeisegeln. Noch wußten wir nicht, warum wir eine so große Abweichung hatten; wir wußten nicht einmal, welcher der beiden Werte der richtige war.

Wir schätzten das Etmal der letzten 24 Stunden auf 155 Seemeilen bei 260 Grad, so daß wir insgesamt an die 1205 Seemeilen zurückgelegt hatten.

Wieder wurde ich unruhig; es nervte mich allmählich, daß meine Mannschaft offensichtlich überhaupt keine Zweifel am guten Ausgang des Unternehmens hegte. Immerhin hatte ich ja zu Beginn des Törns alle unterschreiben lassen, daß ich das Ganze als großes Risiko ansah und auch kein Patentrezept für das Auffinden von Barbados hatte. Meine Mitsegler hatten dies offenbar nicht für bare Münze genommen. Als ich Ludwig zum wiederholten Male sagte, daß ich mir immer noch nicht sicher war, wie ich mein Ziel erreichen würde, blickte er mich fragend an. „Du stapelst wohl tief", meinte er. Fast war ich versucht zu sagen: „Ich hoffe, ihr glaubt mir wenigstens dann, wenn wir alle zusammen mit der SARITA in der Brandung auf einem Riff sitzen und versuchen, die Rettungsinsel klarzumachen."

Am meisten von allen Mitseglern überraschte mich der Grazer Polizist Theo. Selten hatte ich bisher ein Crewmitglied erlebt, das einerseits vom Segeln so viel verstand, aber andererseits nichts auf die leichte Schulter nahm und neben einem Gefühl für die speziellen Probleme des Segelns auch Sinn für die gesamte Bordtechnik und das Schiff hatte. Theo war es, der richtigerweise darauf gedrängt hatte, alle paar Tage das Rigg genau zu untersuchen, ob sich nicht irgendwelche Schäden durch Schamfilen anbahnten. Dies war erheblich leichter gesagt als getan. Denn dazu mußte die ausgebaumte Genua heruntergeholt werden, was immer mit einer Menge Arbeit verbunden war. Theo war es auch, der darauf bestand, nach einer Woche den Treibstoffilter der Maschine zu reinigen, obwohl sie derzeit einwandfrei lief. Recht hatte er, denn bei schlechtem Wetter würde der Dreck im Treibstoffilter hochgewirbelt werden und unter Umständen die Maschine dann stoppen, wenn wir es am wenigsten gebrauchen konnten. Nur mit Mühe war

Theo davon abzuhalten, auch noch einen Ölwechsel an der Maschine durchzuführen.

Am eindrucksvollsten war Theo aber, wenn er nachts die Wache übernahm. Hierbei weckte er Erinnerungen an seinen Beruf, wobei ich nicht so sehr an einen Kriminalbeamten, sondern eher an einen Streifenpolizisten dachte. Zur Wachablösung erschien Theo immer mit einer Taschenlampe in der Hand, und ehe er sich hinters Ruder setzte, machte er seine Streife, einen Rundgang ums Schiff, wobei er jeden neuralgischen Punkt im Rigg anleuchtete, ob sich nicht ein Schäkel gelöst, ein Wantenspanner aufgedreht hatte und so fort. Das war Seemannschaft im besten Sinne.

Am Nachmittag nahm ich mein Diktiergerät, drückte es Theo in die Hand und forderte ihn auf, einfach mal seine Eindrücke vom bisherigen Törnverlauf draufzusprechen. Ich gestand ihm zu, daß ich sein Diktat nicht abhören würde, wenn er dies am Ende des Törns nicht wünschte.

Theo nahm das Gerät, ging nach vorne, setzte sich an den Mast und sprach auf Band:

Ich persönlich vergleiche das Segeln irgendwie mit dem Bergsteigen. Wir haben den ersten Teil der Reise, den Gipfelanstieg, ganz gut überwunden, sind heute mehr oder weniger am Gipfel angelangt, mit sich in Grenzen haltenden Schwierigkeiten, die eigentlich, wie man sagt, keine sind... Jetzt beginnt der Gipfelabstieg, was die ganze Aktion sicherlich vereinfacht, weil das leichter wird als der Aufstieg. Ich bin guter Laune und voller Zuversicht. Das Schiff läuft gut, die Mannschaft arbeitet gut zusammen; eigentlich ist, wie erwartet, die ganze Aktion ein Teamwork geworden. Wind und Wetter passen dazu. Ich glaube, daß der zweite Teil vielleicht etwas angespannter wird, jedoch genauso oder vielleicht sogar noch mehr den Reiz dieser Reise hervorhebt, beziehungsweise unterstreicht. Für mich ist dieses Unternehmen sicherlich ein besonderes Erlebnis, was auch darauf zurückzuführen ist, daß ich privat einige Entbehrungen auf mich genommen habe, um dies verwirklichen zu können. Mein Wunsch, wahrscheinlich auch der Wunsch der übrigen Teilnehmer ist es, gut hin und wieder sicher nach Hause zu kommen, und so soll nach dem

Landfall ein würdiger Abschluß gefunden werden. Für mich ist die einzige offene Frage und auch derzeit der belangloseste Teil am Rande: Wieso ist eigentlich der Draht von mir zu Bernhard abgebrochen? Ich glaube, er hat die Reise aus ärztlicher Sicht sehr intensiv vorbereitet, hat, wie er sagt, gut 1000 DM an Medikamenten investiert und sich sicherlich auch bemüht, sein Bestes beizutragen. Es tut mir persönlich leid, daß bis jetzt nicht die richtige Wellenlänge gefunden wurde.

Abends schrieb Michael in sein Tagebuch:

Heute viel Wind, anstrengend Ruder zu gehen. Habe dennoch viel Spaß daran, weil es – gefühlsmäßig – einen Beitrag zum Ankommen bedeutet. Weitere Erkenntnis: bei Schiffskauf keinen Kurzkieler wie SARITA, *weil zu wenig kursstabil. Dto. Großreff im Mast – beim Rollen scheuert auf Raumwindkursen das Groß an der Mastnut durch. Heute schätzungsweise: Halbzeit. Bobby mußte mich an der Lifeline ins Boot ziehen, nachdem er mich animiert hatte, die Heckleiter loszulassen. Lerneffekt: Man kann wirklich nicht vorsichtig genug sein. Ein großer Fisch hat erneut die Angelleine abgerissen. Letzte Wache im alten Turnus. Ab sofort „Hundewache" – freilich bis Ankunft. Positiv: Man erlebt die herrlichen Sonnenaufgänge intensiver. Carla hält sich bewundernswert, trotz offensichtlicher Schmerzen.*

Und Thomas meinte:

Wenn nachts irgend etwas unklar scheint, taucht Bobby schon im Niedergang auf – auch wenn kein Mensch ein Wort darüber verloren und er zuvor fest geschlafen hat. Ein Blick voraus, dann hoch in die Segel, dann rundum.

Zehnter Tag auf hoher See

Salmonellen verderben den Appetit

9. Dezember: Schon vormittags war ich gespannt, was der Mittag an Messungen bringen würde. War die gestrige Abweichung von Spiegelinstrument und Schattenstift mit immerhin 40 Winkelminuten nur ein Ausrutscher? Welche Schlüsse konnten daraus gezogen werden, falls sich beide heute entsprechen würden? Für die Sache besser wäre es sicherlich, wenn sich wiederum ein erheblicher Unterschied ergab, denn dann wußte ich immerhin, daß ich mich nicht darauf verlassen konnte. Aber auf was? Welches der beiden Instrumente arbeitete richtig, welches falsch?

Trotz der gestrigen Enttäuschung wuchs bei mir das Selbstvertrauen, daß wir die Reise zu einem guten Abschluß bringen würden. Die Frage nach dem Sinn dieses Unternehmens kam wieder auf.

Wenn der Törn mit einem Unglück enden würde, da war ich mir sicher, würden die Kritiker auf der Matte stehen und mit spitzen Fingern auf mich zeigen. Würden sie dies aber auch tun, wenn wir heil ankamen? Ist es nicht völlig belanglos, ob schon lange vor Columbus der Atlantik mit Primitivstmitteln hätte überquert werden können? Das einzige, was wir den Menschen vor 1000 oder vor 2000 Jahren voraushatten, war das Wissen um die Position von Barbados. Wirklich? Wir kannten Länge und Breite dieser Insel.

Aber die geographische Länge war für uns völlig uninteressant, weil unbrauchbar. Es hätte uns auch gereicht, nur die Breite von Barbados zu kennen. Wer sagt denn, ob nicht schon vor 1000 Jahren irgendwelche Fischer auf die andere Seite des großen Teichs getrieben und dort irgendwo gelandet sind? Dann aber können sie genausogut zurückgekommen sein mit dem Wissen, daß die Sonne auf der Insel am Mittag unter dem oder dem Winkel stand, weil sie sie am höchsten Punkt gemessen hatten. Damit aber waren sie im Besitz der Breite und haben dieses Wissen vielleicht weitergegeben. Ich dachte an das Gerücht, daß Columbus angeblich eine Karte von seinem Ziel hatte.

Alle anderen natürlichen Gesetzmäßigkeiten, die wir für die Navigation benutzten, waren vor vielen Jahrhunderten schon bekannt. Insbesondere die Babylonier kannten lange vor Christi Geburt die Deklination, also die Tatsache, daß die Sonne täglich auf einer ganz bestimmten Breite scheinbar um die Erde wandert. Die dortigen Astronomen stellten nämlich fest, daß die Sonne auf ihrem höchsten Punkt, also „mittags", unter einem anderen Winkel zu sehen war, je nachdem, ob sie im Norden oder im Süden des Reiches beobachtet wurde. Daß also umgekehrt aus dem Winkel der Sonne auf die Breite geschlossen werden kann, gehört zum Urwissen in der Astronomie und damit in der Navigation. Kritiker würden uns sicher vorwerfen, daß wir ein Kursdreieck benutzt hatten, daß wir an Bord eben eine Art von Winkelinstrument gebaut hatten.

Das Entscheidende an einem richtigen Sextanten sind aber wohl nicht die Spiegel, sondern – dieser Mangel machte sich jetzt an Bord besonders schmerzhaft bemerkbar – der hundertprozentig exakt gearbeitete Gradbogen, der das minutengenaue Ablesen der Stellung eines Spiegels gestattet. Zirkel und Kursmesser, zwar nicht aus Plexiglas sondern aus Metall, waren ebenfalls seit Menschengedenken bekannt oder zumindest die Erkenntnis, die ich zunächst anwenden wollte: daß aus dem Verhältnis von Schattenstift zur Schattenlänge sehr einfach der Sonnenwinkel berechnet werden kann. Und unser Wissen, daß die Sonne je nach ihrer Höhe über dem Horizont in einer bestimmten Richtung steht, war der

Menschheit ebenfalls seit Jahrtausenden aufgrund von Beobachtungen bekannt, wenn auch sicher nicht meine Spezialformel von dem „100-Grad-Höhenwinkel". Wenn ihnen schon nicht derartige Tricks eingefallen waren, dann kannten sie doch aufgrund der Beobachtung zu Hause die tägliche Kurve der Sonne.

Eine Erkenntnis hatte ich bisher aus der Reise schon gewonnen, und diese konnte durchaus auch zum Vorteil von modernen Yachten sein: Allein durch Beobachtung der Natur lassen sich für die Navigation eine ganze Reihe von Erkenntnissen ableiten. Am meisten faszinierte uns alle der Sonnenkompaß. Noch zu Beginn der Reise hatte mir das Fehlen des Kompasses schwer im Magen gelegen. Als ich dann aber unterwegs sah, wie unsere Mannschaft steuerte, war ich von der Leichtigkeit begeistert, mit der ein bis dahin für unentbehrlich gehaltener Ausrüstungsgegenstand plötzlich überflüssig wurde. Dies konnte auch zum Vorteil manches Yachtskippers geraten, der unterwegs Probleme mit der Elektronik hatte. Heute im Zeitalter der Satellitennavigationsgeräte ist die Gefahr ja präsent, daß sich begeisterte Segler zwar die Zeit nehmen, um das Geld für ihre Yacht zu verdienen, aber keine Lust mehr haben, sich wochenlang auf die Schulbank zu setzen und Navigation zu lernen. Die Versuchung ist groß, sich ganz auf das GPS-Gerät zu verlassen. Wenn dieses aber auf einer Ozeanüberquerung ausfällt, könnte es sein, daß der Skipper mit einem Sextanten, so denn einer überhaupt an Bord ist, nichts mehr anzufangen weiß.

Unsere aus der selbstgeschaffenen Not geborenen Methoden waren aber so einfach, daß sie sicherlich jeder nach einer Einweisung von ein paar Seiten anwenden kann, um damit weiterhin genau genug zu navigieren und zumindest einen sicheren Hafen auf der anderen Seite des Ozeans zu erreichen.

Wer auch diesen Sinn unseres Unternehmens nicht befriedigend findet und fragt, wofür denn ein solcher Törn sonst noch gut sein soll, dem läßt sich mit dem Argument antworten, das ein amerikanischer Präsident benutzt hat, als er kritisch nach dem Sinn einer Mondlandung gefragt wurde: „Wir sind auf dem Mond gelandet, weil er da war!" Und wir haben diesen Törn unternommen, weil allein der Gedanke, den Atlantik ohne Navigationsinstrumente zu überqueren, für mich und die Crew eine Herausforderung war.

Außer zur Mittagszeit trat das Thema Navigation allmählich in den Hintergrund. Das mag daran gelegen haben, daß wir zwar glaubten, unsere geographische Breite einigermaßen zu kennen, aber in Wirklichkeit niemand auch nur annähernd wußte, wo wir uns mitten im Atlantik befanden. Gewißheit würden wir darüber erst am Ende der Reise bekommen.

Michael war heute Koch. Er stammt vom Starnberger See, lebt aber zeitweise in Südfrankreich, wo er ein Haus besitzt. Schon allein deswegen ist er der guten Küche verpflichtet. Entsprechend war die Qualität seines Essens. Als er ankündigte, daß es Coq-au-vin geben würde, waren wir begeistert. Aber Michael schien nicht unbedingt der geborene Psychologe zu sein. Auf einer großen Platte servierte er im Cockpit seine Hühnchen in Rotwein, der daran schon auf den ersten Blick farblich auszumachen war. Appetitlich blau-rot leuchteten sie in der Passatsonne.

Aber dann verging uns schnell aller Appetit, denn Michael machte zu seinem Mahl einen kleinen Scherz, in dem das Wort „Salmonellen“ vorkam. Das legte sich bei allen schlagartig auf den Magen. Wenige Tage vor unserer Abfahrt waren nämlich in Deutschland eine Reihe von Bewohnern eines Altenheims an Salmonellenvergiftung gestorben. In Mogan war heftig darüber diskutiert worden, ob wir überhaupt Eier kaufen sollten, und wenn ja, in welcher Form sie an Bord gegessen werden durften. Vor einer Salmonellenvergiftung hatte jeder von uns Angst, zumal Bernhard als Arzt darauf hinwies, daß sie gerade auf einer Yacht ohne Funk für den Notfall eine todernste Angelegenheit war. Hinzu kam, daß die Temperatur unserer Truhe den Gefrierpunkt nicht mehr viel unterschritt, also weit von echten Tiefkühltemperaturen entfernt war. Plötzlich fanden wir den Anblick der häßlich blauen Hühnerkadaver, die mehr Wasserleichen ähnelten, nicht sehr appetitlich, zumal auch Michael selbst sein Werk verschmähte. Kurzum, seine Kochkunst ging voll daneben, und die Hühner flogen über Bord.

Die erste technische Panne war zu verzeichnen: Das Steuerbord-Backstag war nahe am Terminal gebrochen. Ich war darüber nicht

Pfeifenraucher Michael behauptet, so würde man sich einen Takling ersparen. In Wirklichkeit mißbraucht er die Schoten zum Pfeifenstopfen!

besonders erschüttert, denn ich meinte, daß die SARITA auch ohne Backstagen auskam. Nur der Sicherheit halber hatten wir sie immer gesetzt. Üblicherweise dient ein Backstag dazu, einen Gegenzug am Mast abzufangen. Das Parade-Einsatzgebiet für Backstagen ist somit die Kutterbesegelung, wo also die Fock am Kutterstag gesetzt wird, das nicht am Masttop, sondern um ungefähr ein Viertel der Masthöhe darunter angreift. Würde man nach achtern diesen Zug nicht durch Backstagen ausgleichen, so würde das Segel eine ungewollte Kurve in den Mast ziehen. Bei der SARITA gab es aber kein Segel, das an dem Punkt ansetzte, wo das Backstag am Mast endete.

Eine fachmännische Reparatur wäre es gewesen, an der Stelle, wo die Kardeele des Drahtseils gebrochen waren, einen Schraubterminal anzubringen und die Talje, mit der das Backstag durchgesetzt wurde, entsprechend zu verlängern. Auf ständig bewohnten Yachten gehört ein Schraubterminal, meistens ein Norseman-Terminal, zur Grundausrüstung in der Ersatzteillast. Für eine Charteryacht wäre dies zuviel verlangt, deshalb ersparte ich mir die Mühe, danach zu suchen. Ich war sicher, daß kein Terminal vorhanden war.

Die nächstbessere Reparaturmöglichkeit wäre gewesen, das gebrochene Stag in eine großzügige Bucht zu legen – Nirostadrahtseile sind sehr empfindlich gegen zu starke Biegungen –, um dann Bulldoggrips aufzusetzen. In die so entstehende Bucht konnte man die Talje einschäkeln. Bulldoggrips sind nichts anderes als Stahlbügel, die zwei Drahtseile umfassen und mit zwei Schrauben festgepreßt werden können. Werden in einem Abstand von vielleicht 20 cm drei Bulldoggrips aufgesetzt, läßt sich durchaus die erforderliche Festigkeit erzielen und später das Backstag wie vorher durchsetzen. Aber auch Bulldoggrips waren auf der SARITA nicht zu finden. So bat ich Bernhard und Thomas, statt der Bulldoggrips Takelgarn zu verwenden. Bei entsprechend vielen Taklings und nicht allzu großer Belastung des Backstags konnte man es vielleicht wieder setzen. Viel konnte dabei nicht passieren.

Mit Geschick führten Bernhard und Thomas die Reparatur durch. Das Ganze sah danach recht seemännisch und sicher aus, erreichte aber nicht annähernd die vorherige Stärke und Zuverlässigkeit.

Kurze Zeit später kam Theo aus dem Niedergang, und ich erzählte ihm, daß wir ein kleines Problem hatten. Seine Antwort war typisch für ihn: „Kleine Probleme sind dazu da, sofort gelöst zu werden, sonst werden sie zu großen!"

Ich zeigte Theo das gebrochene Backstag, worauf er wortlos wieder nach unten verschwand. Kurze Zeit später kam er zurück und hielt ohne den geringsten Triumph im Gesicht ein paar Bulldoggrips hoch. Die gab er an Thomas und Bernhard weiter, damit sie aufgesetzt werden konnten. Theo schien meine Frage, woher er die Bulldoggrips hatte, erraten zu haben: „Die nimmt man halt auf so einen Törn mit“, meinte er, als sei es selbstverständlich, daß ein Mitsegler ein kleines Ersatzteillager mit sich führte.

Die Arbeiten an der Sanduhr aus den Essig-und-Öl-Fläschchen machten Fortschritte. Eine Frage stand im Raum: Wenn die Uhr jemals fertig würde, wie war sie zu eichen?

Bernhard steuerte hierzu eine Idee bei, die zwar originell war, doch den Schönheitsfehler hatte, daß wir dazu auf moderne Elektronik hätten zurückgreifen müssen. Auf seiner Lieblingskassette vom Neujahrskonzert waren die Musikstücke mit ihrer Laufdauer angegeben. Die „Blaue Donau“ sollte den Zeitmaßstab bilden. Aber so weit kam es gar nicht mehr. Denn der Sand von den Dünen der Kanaren saugte offensichtlich so viel Feuchtigkeit aus der Seeluft, daß die schiffige Essig-und-Öl-Sanduhr nicht einmal bis zum Eichen funktionierte. Der Sand blieb immer wieder stecken.

Mittags wurde die Breite mit Hilfe unseres primitiven Schattenstifts, der SARITA I, mit 15 Grad 26 Minuten Nord gemessen. SARITA II blieb nahe daran, während der bewegliche Spiegel um ein ganzes Grad, also um 60 Meilen, daneben lag. Das war enttäuschend. Aber besser, wir stellten derartige Ungenauigkeiten jetzt fest, da noch etwas dagegen unternommen werden konnte, als daß wir später auf solche Messungen angewiesen waren.

Woran lag aber diese Ungenauigkeit? Nach ein paar Stunden entdeckte Karl die wahrscheinliche Ursache dafür. Er war recht zerknirscht, obwohl er wirklich keinen Vorwurf verdient hatte. Der Fehler steckte in der von ihm angefertigten Skala. Er erzählte mir, daß er noch spät abends daran gearbeitet hatte und sich wohl aus Müdigkeit vertan hatte. Gut, dies war eine Erklärung für die Ungenauigkeit, aber mein Vertrauen in den beweglichen Spiegel war doch erheblich erschüttert. Dabei leuchtete mir ein, daß es eine falsche Hoffnung war, mit Bordmitteln – ein paar primitiven Spiegeln, Holz und Klebstoff – einen Sextanten zu imitieren und von ihm ähnliche Genauigkeit zu erwarten wie von einem mehrere tausend Mark teuren Instrument, an dem höchst qualifizierte Feinmechanikermeister und Präzisionsmaschinen gefräst und gearbeitet hatten.

Am frühen Abend ließ der Wind erheblich nach, die Segel begannen zu schlagen. Trotzdem benutzte ich nicht die Maschine, denn ich wollte mit unserem Spritvorrat nach Möglichkeit so lange sparen, bis absehbar war, daß uns auch allein der Diesel nach Barbados bringen würde. Unser Etmal hatten wir auf 120 Seemeilen und den Kurs auf 260 Grad geschätzt. 1325 Meilen ergaben sich, wenn wir alle unsere Schätzungen zusammenrechneten. Falls wir nicht allzu sehr danebenlagen, hatten wir jetzt mehr als die Hälfte der Gesamtstrecke von 2600 Seemeilen zurückgelegt.

Irgend jemand hatte sich erinnert, daß in den deutschen Zeitungen für den 9. Dezember eine Mondfinsternis angekündigt war. Man hätte aus diesem Naturphänomen durchaus nautischen Nutzen ziehen können, denn wenn wir den Zeitpunkt für die Mondfinsternis in Deutschland gewußt hätten, hätten wir am 9. Dezember an Bord der SARITA aufgrund ihres Beginns die fast minutengenaue Zeit ableiten können. Genutzt hätte sie uns allerdings nicht, weil wir ja keine Uhr hatten, um die so gefundene Zeit zu „konservieren" (in der englischen Nautik werden übrigens Navigationsuhren als „time-keeper" bezeichnet).

Daß wir von der Mondfinsternis die Zeit hätten bekommen können, betrachtete ich mehr als Kuriosum denn als interessantes Navigationsdetail. Denn Mondfinsternisse sind derart seltene Naturphänomene, daß man sie ernsthaft nicht als Navigationshilfen in Betracht ziehen darf.

Michael schrieb in sein Tagebuch:

Herrlicher Morgen. Heute Koch: Coq-au-vin im Vorgriff auf Callian. Fühle mich etwas schlapp, wahrscheinlich zu wenig Schlaf. Reagiere auch wieder gereizt auf Wiggerls Vorstellungen. Jetzt noch – vielleicht – zwei Stunden Schlaf bis zum Beginn der Wache. Mondfinsternis ist angesagt. Keine Geduld, Wiggerl zu erklären, warum man das nicht drehen kann. Nach 25 Jahren Job sollte er es eigentlich von selber wissen! Habe der Mannschaft den Appetit mit Salmonellenstory verdorben. Sie verzichtet auf meine abendliche Kochtätigkeit. Wasserbomben: Hühner und Melone.

Thomas notierte:

Jetzt sägt und schleift auch Ludwig an Holzstücken herum – für eine völlig sinnlose Sanduhr. Wo man hinblickt oder hingreift, kleben Sägespäne. Sie rieseln durchs geöffnete Luk in die Koje. Der Wind bläst sie uns in die Augen und auf das Essen. Seit gestern taucht immer wieder ein Tropenvogel bei Sarita *auf: schlank, weiße Federn, gelber Schnabel. Mittags wird es allmählich unerträglich heiß, an Deck ist es kaum auszuhalten.*

Elfter Tag auf hoher See

Eine Mittagshöhe – drei Winkel

10. Dezember: Immer noch störte mich, daß wir nicht die richtigen Segel für die herrschenden Windverhältnisse fuhren. Selbst bei größter Aufmerksamkeit war nicht zu verhindern, daß beim Schmetterlingssegeln entweder die Genua zu wenig Wind bekam oder daß immer wieder sogar eine Patenthalse gefahren wurde. Ich hatte zwar allmählich mehr Zutrauen zur Stärke der Segel bekommen, denn sie zeigten bisher nicht den geringsten Verschleiß. Aber ich spürte, daß diese Art von Besegelung irgendwie unseemännisch war. Theo hatte entdeckt, daß in der Spiere, in die die Genua beim Reffen eingedreht wurde, eine zweite Nut vorhanden war. Ob diese Nut dafür gedacht war, zwei Genuas gleichzeitig zu setzen? Ich war mir nicht sicher, vermutete es aber, denn zu welchem Zweck diente sonst diese Nut? Was lag also näher, als die zweite Genua in dieselbe Spiere einzufädeln, um beide Tücher dann als richtige Passatbesegelung zu fahren?

Das war aber nicht leicht zu realisieren. Wir hatten zwar noch jede Menge freier Fallen zur Verfügung – auch hätten wir das nicht benutzte Spinnakerfall verwenden können –, doch wäre dies nur bei Windverhältnissen möglich gewesen, die es erlaubt hätten, die riesigen Genuas voll offen zu fahren. Denn ein Eindrehen der beiden Segel wäre nicht mehr möglich gewesen, weil das für die zweite Genua benutzte Fall beim Reffen um das Vorstag drehen mußte. So ging es also nicht!

Es gab nur eine Möglichkeit: beide Genuas mit dem Fall des Rollreffsystems hochzuziehen. Hierzu wäre aber erforderlich gewesen, die beiden Genuas zumindest für das Hochholen voll ausfliegen zu lassen, was unter den jetzigen Windverhältnissen ausgeschlossen war. Beide Segel hätten derart stark geschlagen, daß die Reibung in den Nuten viel zu groß gewesen wäre, um sie ohne Beschädigung hochzuwinschen.

Also mußten wir auf ganz wenig Wind hoffen, am besten auf Flaute, um die beiden Segel gleichzeitig zu setzen. Hatten wir sie erst mal oben, konnten wir je nach Windstärke reffen, also sie auch bei starkem Wind einsetzen.

Theo war heute Koch. Aus der Tiefkühltruhe, die nun wirklich bald geleert werden mußte, suchte er sich die Hammelkeule heraus. Kaum war sie draußen, triumphierte Bernhard: Er hatte wieder eine Makrele gefangen. Ich hielt ihm vor, daß es wenig sinnvoll war, noch mehr Fische zu fangen, weil wahrscheinlich für jede Beute ein Braten, zumindest aber ein Huhn über Bord gehen mußte. Ludwig und Bernhard waren nicht gerade begeistert, daß ich ihre Angelei einschränken wollte. Ich glaubte aber doch, daß sie das Problem einigermaßen einsahen.

Mittags kam der eigentliche Schock der Reise. Obwohl wir geglaubt hatten, den Fehler am Spiegelinstrument mit der ungenauen Skala erklären zu können, gab es wiederum schwer verständliche Abweichungen. Diesmal differierten sogar SARITA I und SARITA II um rund ein halbes Grad. Der bewegliche Spiegel lag ganz daneben, aber was heißt schon „daneben“? Stimmte er vielleicht? Oder stimmte keines der drei Instrumente? Meine bisherige Sicherheit war verflogen, und auch meine Mannschaft machte betretene Gesichter.

Plötzlich stand zumindest die Möglichkeit ganz konkret im Raum, daß wir Barbados verfehlen würden. Ich war im Moment so vor den Kopf gestoßen, daß ich überhaupt keine Erklärung abgab und wortlos in meine Koje verschwand, wo ich versuchte, an etwas anderes, bloß nicht an die verdammte Navigation zu denken. Ich stülpte mir den Kopfhörer meines Walkman über und hörte mir Neil Diamonds Song Sung Blue an. Immer wieder!

Dieser einfältige Schlager hatte für Carla und mich besondere Bedeutung. Ein einziges Mal hatten wir auf den Weltmeeren erlebt, daß sich die Sonne für mehrere Tage nicht blicken ließ. Das war vor 20 Jahren gewesen, auf dem Weg zur winzigen Insel Diego Garcia im Chagos-Archipel, mitten im Indischen Ozean. Fünf Tage lang hatte ich keine Möglichkeit, eine Position zu bekommen, was mich reichlich nervös machte, denn immerhin hatte Bernard Moitessier auf dem Riff von Diego Garcia sein Schiff verloren, als er dort mangels genauer Positionsbestimmung gestrandet war. Mit meinem primitiven Funkpeiler hatte ich damals eine amerikanische Radiostation empfangen können, die tagaus, tagein mehrmals eben diesen Song Sung Blue spielte. Ich wußte aber nicht, ob ich die Peilung zu dieser Station verwenden konnte, denn der Sprecher hatte allen möglichen Unsinn erzählt, bloß nicht, ob er sich auf Diego Garcia befand. Schließlich half mir ein Funkamateur, ein paar tausend Kilometer entfernt, und klärte mich über die Radiostation auf. Aber das war dann gar nicht mehr nötig, denn kurz darauf ließ sich die Sonne blicken, und ich stellte fest, daß wir noch 200 Meilen von Diego Garcia entfernt waren.

Daran erinnerte ich mich jetzt, als ich verzweifelt in meiner Koje lag, wobei meine Gedanken immer und immer wieder um die gelbe Scheibe am Himmel kreisten, die uns mit ihren Sonnenstrahlen unsere genaue geographische Breite mitteilte, was wir aber auf der Sarita nicht verstanden. Ich fand keine Erklärung für die Abweichungen unserer Bastelarbeiten. Ein paar Stunden später setzte ich mich nochmals in die inzwischen frei gewordene Navigationsecke und versuchte zum x-ten Mal, mit dem Kursdreieck aus der Schattenlänge den Höhenwinkel der Sonne nachzumessen. Ich war umgeben von Bleistiften, Radiergummi, von drei Holzbrettern mit Spiegeln drauf und mehreren Kursdreiecken. Immer und immer wieder legte ich ein Kursdreieck an und versuchte mit Hilfe des dünnen Fadens, den Winkel so genau wie nur irgend möglich abzulesen. Doch was war das? Einmal schrieb ich den Winkel bei der Sarita i mit 51,1 Grad und einmal mit 51,6 Grad nieder. So weit konnte ich mich doch nicht vertan haben! Ich versuchte es noch einmal – und plötzlich fiel es mir wie Schuppen von den Augen.

Tatsächlich, der Winkel ergab einmal 51,1 und ein andermal 51,6 Grad – je nachdem, welches Kartendreieck ich benutzte. Beide Kartendreiecke stammten aus der gleichen Fabrikation derselben Firma, und doch unterschieden sie sich um immerhin ein halbes Grad, weil bei dem einen Kartendreieck die Skala offensichtlich bei der Herstellung etwas verrutscht war. Schreck, laß nach! War das die Erklärung für die großen Abweichungen? Ich glaubte es, und ein starkes Gefühl der Erleichterung überkam mich.

Andererseits wurde ich doch sehr nachdenklich, daß ausgerechnet ein so primitives, nicht selbst gefertigtes Hilfsmittel wie ein Kartendreieck derartige Verunsicherungen erzeugte. Möglicherweise wäre es nie dazu gekommen, wenn wir uns selbst einen Gradmesser gebastelt hätten, was ja ohne weiteres durch fortlaufendes Teilen eines Winkels durch Zirkelschläge mit großer Präzision möglich gewesen wäre; oder wenn wir aus dem Verhältnis der Längen von Schatten und Schattenstift den Winkel auf einem Stück Papier ausgerechnet hätten.

Dies war einmal mehr der Tag Theos. Mittags servierte er uns Lammkeule, besser und raffinierter zubereitet, als ich sie je auf einer französischen Yacht gegessen hatte. Bei dieser Qualität war es ausgeschlossen, daß Theo nur mit Begeisterung kochte. Da war ein Profi am Werk gewesen. Aber wie kommt ein Kriminalpolizist zu professionellen Kochkünsten? Theo schwieg und genoß die Anerkennung seiner Mitsegler. Aber er setzte noch einen Gag drauf.

Ich habe ohnehin ein Herz für alles Österreichische, besonders aber für diese Kochkunst. Also begann ich, von der österreichischen Küche zu schwärmen, speziell von den Mehlspeisen, die im deutschsprachigen Raum ihresgleichen suchen. Die Krone aber, so behauptete ich, seien Salzburger Nockerl, wie man sie nur in Österreich bekommen kann. Theo sagte nichts darauf. Eine Stunde später rief er mich nach unten, bat mich, am Salontisch Platz zu nehmen, griff in den Ofen und servierte – was schon? Salzburger Nockerl! Nun kann man diese Mehlspeise nicht gut oder schlecht machen; sie gelingt – oder sie mißlingt. Mißlungen ist sie, wenn sie nicht aufgeht, dann sehen die Nockerl so häßlich aus, daß sie gar nicht mehr serviert werden können.

Die pampelmusengroßen Nockerl von Theo waren prächtig, und wir staunten alle ungläubig. Wenn mir vorher jemand gesagt hätte, daß Salzburger Nockerl mit unseren Bordmitteln zubereitet werden konnten, hätte ich ihm das nicht geglaubt. Denn die Küche der SARITA war von vornherein für eine derartig sensible kulinarische Köstlichkeit nicht geeignet. So fehlte die richtige Pfanne, und um mit Gas und Bratrohr so fein umgehen zu können, bedurfte es schon längerer Erfahrung als eineinhalb Wochen auf See. Aber für Theo schien es keine Handicaps zu geben. Statt einer speziellen Kasserrolle hatte er einfach eine Bratpfanne umfunktioniert, was gar nicht so leicht war, weil sie wegen des langen Kunststoffgriffs eigentlich nicht ins Bratrohr paßte. Kein Hindernis für Theo: Mit Schraubenzieher und Zange montierte er einfach den Griff ab.

Wirklich, Theo war ein Volltreffer! Er schien der perfekte Mitsegler zu sein, konnte segeln, kochen, die Maschine versorgen, hatte (oder zeigte) nie schlechte Laune – er wurde mir langsam unheimlich. Ich bekam Bedenken, daß sich bei anderen Mitseglern vielleicht Vorbehalte einstellen würden, wenn ich Theo immer über alles lobte. Aber obgleich es unter uns schon leicht zu kriseln begann, wurde Theo offensichtlich von allen anerkannt. Jedenfalls bemerkte ich nirgendwo Neid oder Mißgunst.

Nachts schrieb Michael ins Tagebuch:

Zunächst wenig Wind, dann zulegend, mit etwas wirrer Dünung. Schöne Nacht mit Fast-Vollmond und wunderbarem Sonnenaufgang. Es lebe die Hundewache! Schlaf von 08.00 Uhr bis 11.00 Uhr. Erste Flaute. Bordroutine mit mittäglichem „Jetzt“ auf dem Sonnendeck. Sundowner drehen – gelöste Stimmung im Cockpit. Schuberts 9. in C-Dur zum Einschlafen. Nachtdreh: Wachwechsel. Deshalb wieder nur drei Stunden Schlaf. Nachts Halbwindkurs – schnell – und gelegentlicher warmer Regen zum Gratisduschen. Bisher durchgehalten: Wille zum Erlebnis, Hygieneminimum und Rasieren.

Thomas schrieb in sein Tagebuch:

Michael filmt auf dem Vorschiff. Pastellfarbener Sonnenaufgang, ein atemberaubendes Schauspiel, alle sind gebannt. Da sagt Karl muffig: „Was ist das schon? Im Hochgebirge ist es viel schöner, nicht hier in dieser sinnlosen Eintönigkeit." Carlas Menü – immer mehrere Gänge – schmeckt wie bei Witzigmann und bietet optisch den Genuß eines Besuchs im Modern Art Museum. Karl langt, wie immer beim Essen, dreimal hin, dann sagt er: „Für euch ist dieser Luxus und Aufwand anscheinend lebensnotwendig. Für mich nicht. Ich habe andere Werte. Ich bin ein bescheidener Mensch und kein Typ für teure Restaurants."

Zwölfter Tag auf hoher See

Alle an Deck zum Sonnenmessen!

11. Dezember: Selbst wenn unsere Schätzungen der zurückgelegten Strecke trotz aller Vorsicht zu optimistisch gewesen sein sollten, waren wir nun sicher, daß wir mehr als die Hälfte hinter uns hatten. Als nächstes Nahziel sah ich den Punkt, an dem wir sagen konnten: „Jetzt sind nur noch rund 700 Seemeilen zu segeln."

Ab da konnte uns nicht mehr viel passieren, weil wir notfalls mit Maschine und dem hierfür angelegten Spritvorrat Barbados auch ohne Wind erreichen würden. Aber wir befanden uns ja mitten im Passat, so daß Flauten höchst unwahrscheinlich waren. Doch wer weiß – vielleicht an dieser Stelle hatten Carla und ich vor vielen Jahren unsere achttägige Flaute erlebt.

Unsere Verproviantierung enttäuschte. Hätten wir es besser machen können? An Obst und Gemüse hatten wir überall nur das beste und frischeste (und teuerste) gekauft. Beim Einkaufen hatten wir fleißig gefragt, ob die Ware aus dem Kühlhaus kam, was immer verneint wurde. Aber wir hatten mit unseren Befürchtungen recht, denn wie sonst hätten die Äpfel bereits verfaulen können? Es blieb mir nichts anderes übrig, als darauf hinzuweisen, daß die Äpfel ab jetzt gesperrt waren, denn ich achtete darauf, möglichst lange frisches Obst zu haben. Vielleicht würden sie noch eine Woche reichen.

Relativ gut hatten sich die Bananen gehalten, vor allem reiften sie nicht an einem oder zwei Tagen, sondern immerhin über drei oder vier Tage hinweg. Ihr einziger Nachteil war, daß sie das Deck ziemlich versauten. Wir hatten sie vorne am Mast über den Großbaum gehängt, und so konnte es nicht ausbleiben, daß sie je nach Reifegrad über Nacht aufs Deck fielen und dort zertreten wurden.

Aber das machte nichts, unsere SARITA sah ohnehin nicht besonders gut aus. Überall lagen Spuren von Ludwigs Arbeit herum, also Sägespäne und Holzstücke; manchmal wirkte die SARITA, als wäre sie frisch aus der Werft gekommen.

Spät am Vormittag nutzten wir ein zeitweises Abflauen des Windes, um endlich die zweite Genua zu setzen. Das für diesen Zweck notwendige Bergen der Steuerbord-Genua war kein Problem, denn wir änderten unseren Kurs so, daß sie vom Großsegel abgedeckt wurde und kaum noch Wind bekam. Wunderbar glatt rutschte sie in der Nut nach unten, worauf in der zweiten Nut die Ersatzgenua angeschlagen wurde und beide Hälse der Segel von einem Schäkel am Genuafall zusammengefaßt wurden. Dann benutzten wir die zur Stromerzeugung ohnehin mitlaufende Maschine, um den scheinbaren Wind fast auf null zu bringen. Mit Vollgas fuhr die SARITA ihre sieben oder acht Knoten vor dem Wind, der damit an Bord so schwach wurde, daß tatsächlich beide Vorsegel gleichzeitig eingefädelt und hochgezogen werden konnten. Damit hatten wir das große Los gezogen. Jetzt konnten wir endlich die Genuas wie richtige Passatsegel fahren, das heißt, an beiden Seiten ausgebaumt.

Leider fing der Wind an, langsam zu drehen, so daß wir unsere Doppelgenuas nicht lange nutzen konnten, ohne zu weit vom Kurs abzuweichen. Wir mußten auf raumen Kurs gehen, aber dafür hatten wir uns schon ein Rezept zurechtgelegt. Wir nahmen einfach beide Genuas auf eine Seite, winschten die Luvgenua an und belegten die Schot der abgedeckten Genua auf irgendeiner Klampe achtern, damit das abgedeckte Tuch nicht schlagen konnte. Das funktionierte einwandfrei! Jetzt waren wir eigentlich für jede Windrichtung optimal gerüstet. Nur auf eines mußten wir besonders achten: Auf keinen Fall durfte die Reffleine, die jetzt durch zwei Vorsegel belastet war, brechen. Wir hatten schon in den Tagen zuvor bemerkt, daß sie an einem Block schamfilte. Ein Brechen der Reffleine wäre bei schwerem Wetter eine Havarie gewesen, denn dann mußten beide Genuas voll ausrauschen, wobei kaum eine Chance bestand, sie wieder einzuholen. Das Ende wäre gewesen – wenn wir Glück hatten –, daß beide Genuas zerfetzt wurden, ohne daß weiterer Schaden am Rigg entstand.

Unsere Sonnenmessungen liefen fast schon routinemäßig ab. Wir waren nicht mehr Stunden vor „Mittag" am Messen, sondern checkten routiniert gelegentlich mit SARITA I die ungefähre Höhe der Sonne und versammelten uns erst an Deck, wenn der Schatten auf der Scheibe in die Nähe der 50 Grad kam. Wir hatten jetzt drei „Instrumente" im Einsatz, wobei die beiden Schattenstifte SARITA I und SARITA II jeweils zwei Mann zu ihrer Bedienung erforderten. Nach wie vor fanden wir es ziemlich schwierig, wie ein Scharfschütze den Horizont anzupeilen und im richtigen Moment „jeeeeetzt!" zu schreien. Denn jeder Millimeter Peilfehler am Horizont ging ja als Fehler in die Schattenlänge ein und somit auch in den Höhenwinkel der Sonne. Als drittes Instrument kam nun seit zwei Tagen auch der bewegliche Spiegel hinzu, für den wir noch keinen Namen gefunden hatten. SARITA III wollte ich ihn nicht nennen, weil ich bezüglich seiner Qualität noch nicht überzeugt war und es durchaus für möglich hielt, daß wir ihn wieder außer Dienst stellen würden.

Carla übernahm regelmäßig während der Messungen das Ruder, und wenn Michael und Ludwig für ihren Film Aufnahmen von der ganzen Szenerie machten, waren mittags alle acht Mann, die gesamte Besatzung, im Einsatz.

Gelegentlich geschah es, daß eine Wolke vor der Sonne stand, aber wir hatten uns schon an die Gutartigkeit der Passatbewölkung gewöhnt. Selten dauerte es länger als vielleicht eine halbe Minute, bis die Wolke die Sonne in vollem Umfang wieder freigab. Hier zeigte sich ein Vorteil des Winkelmeßinstruments gegenüber den Schattenstiften: War die Sonne hinter einer Wolke, aber im Umriß genau zu sehen, so warf sie zwar keinen deutlich ablesbaren Schatten mehr, so daß SARITA I und II nicht eingesetzt werden konnten;

25

25 Für die Gourmetküche: So frisch schmeckt Fisch am besten.

26 Drei-Sterne-Koch Theo bietet selbstgebackenes Brot an.

26

27

28

29

27 Mißglückte Uhrenkonstruktion: Der Tropf hörte auf.

28 Zweite mißglückte Uhrenkonstruktion: Der Sand wollte nicht rinnen.

29 Schattenstift-Instrument SARITA I sollte anfänglich nur dazu dienen, für den Kurs die Höhe der Sonne grob zu schätzen.

30 Ein neues Instrument wird gebohrt und geklebt.

31 SARITA II, Schattenstift mit Visiereinrichtung.

32

30

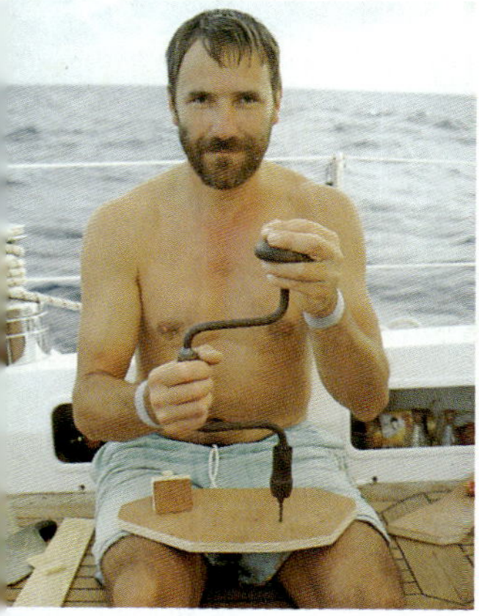

31

32 Eine der ersten Kompaß-Fehlkonstruktionen. In der Sonnenhitze wölbt sich die Pappe, der Schatten wird verzerrt. Ein Gewicht soll diesen Genauigkeitsverlust ausgleichen.

33

34

35

33 „Schöner Wohnen" auf der SARITA. Das Tonbandgerät, das drei Wochen auf der Ban lag, flog am Ende doch noch durch die Gegend.

34, 35 Bordhygiene

doch im Spiegelbild war sie immer noch deutlich genug als Scheibe auf den Horizont zu setzen. Ich erinnerte mich an das Bild der Sonne, wie es im Sextanten zu sehen war. Der Unterschied zu unserem Spiegelinstrument bestand nicht nur in der erheblich schlechteren Genauigkeit, sondern auch in der Kleinheit der Scheibe auf dem Horizont.

Bei der Handhabung des Spiegelinstruments bedurfte es weiterer Improvisationskunst. Denn mit bloßem Auge in die Sonne zu schauen, hätte sicherlich zeitweilige Blindheit zur Folge gehabt. Mit Hilfe einer Kerze berußte ich deshalb einen der beiden Spiegel. Die Rußdichte ließ sich ganz gut mit der Brenndauer der Kerze beeinflussen, doch stimmte das Ganze nicht mehr, wenn die Sonne nicht frei war, sondern durch eine Wolke schimmerte. Dann galt es, den gesamten Ruß abzuwischen, nach unten zu laufen und eine neue Rußschicht aufzubringen.

Während des Wartens auf Mittag konnte Carla als Rudergängerin nicht unseren Sonnenkompaß benutzen, denn meine 100-Grad-Formel taugte für die Mittagszeit nicht. Dann veränderte sich die Richtung zur Sonne ziemlich schnell, denn sie hat einen weiten Weg von zirka 150 Grad über die Südrichtung (180 Grad) nach 220 Grad, nach 230 Grad und mehr in vergleichsweise kurzer Zeit zurückzulegen. Wenn Carla während der Mittagszeit exakt nach dem Wind steuerte, ließ sich sogar aus unserer Blickrichtung fast darauf schließen, ob die Sonne schon auf ihrem höchsten Punkt stand, also kulminiert hatte.

Mit unseren Instrumenten ließ sich das gelegentlich nicht eindeutig sagen. Wir hatten verabredet, daß jedes Meßteam für sich allein die Schattenlänge bestimmen sollte, um jegliche Beeinflussung der anderen auszuschalten. Es kam sogar einmal vor, daß Thomas der Meinung war, die Schattenlänge nähme schon wieder zu, Mittag sei also bereits gewesen, daß er aber trotzdem oben in der brütenden Hitze sitzen blieb, um dem Meßteam an Sarita i nicht zu demonstrieren, daß er die Kulmination schon auf dem Papier hatte. Die anderen hatten aber die gleiche Beobachtung gemacht und blieben ihrerseits sitzen, um ihr Ergebnis nicht zu verraten.

Hierbei machte sich das Fehlen einer Uhr vielleicht am meisten bemerkbar. Hätten wir einen Chronometer dabeigehabt, so hätte die ganze Messerei sicherlich nur eine oder zwei Minuten in Anspruch genommen, weil der Mittagspunkt mit Hilfe des zurückgelegten Etmals und der daraus geschätzten geographischen Länge genau genug vorausberechnet werden kann*.

Obwohl wir vom Vortag den zu erwartenden Winkel einigermaßen kannten, waren wir doch übervorsichtig und deshalb immer etwas früher als notwendig oben. In einem richtigen Sextanten läßt sich schon nach zwei oder drei Minuten erkennen, ob die Sonne am höchsten Punkt ist, also nicht mehr steigt, wogegen es mit unseren Instrumenten ungefähr eine Viertelstunde dauerte, um anhand der Bleistiftpunkte die Kulmination festzustellen. In der tropischen Hitze war es manchmal nicht angenehm, so lange in der Sonne sitzen zu müssen. Das Deck der SARITA war mit schönen Teakstäben belegt, was viele (ich auch) als sehr schiffig ansehen, was aber in meinen Augen gewaltige Nachteile hat. Gegen die Hitze gibt es nur eine Waffe, und das ist ein möglichst hell gestrichenes Deck. Doch das Teakholz der SARITA heizte sich wegen seiner braunen Farbe so auf, daß es uns manchmal unmöglich war, während der gesamten Sonnenkulmination darauf barfuß zu stehen. Einer aus den Meßteams hatte immer die Aufgabe, eine Pütz Seewasser über unsere Beine zu gießen.

Nach der Auswertung der Messungen gab es heute ein großes Hallo. Alle drei Instrumente hatten ungefähr die gleichen Ergebnisse erzielt. In meiner ersten Begeisterung prophezeite ich, unsere Navigation sei nun so genau, daß wir nicht etwa nur Barbados finden würden, sondern gleich seinen Hafen, nämlich Bridgetown. Deshalb tauften wir das Spiegelinstrument nicht SARITA III sondern „Bridgetown".

---

* Das grobe Prinzip für die Längenberechnung: In Greenwich, also auf null Grad Länge, ist die Sonne um 12 Uhr auf dem höchsten Punkt. Sie legt in einer Stunde 15 Längengrade zurück. Ist sie am Schiffsort um 15 Uhr am höchsten Punkt, dann befindet sich das Schiff eben auf 45 Grad West. Und so fort…

Weil die Skala rechts schlecht abzulesen war, wurde zusätzlich eine „Sekundärskala" mit einer Nadel als Zeiger gezeichnet.

Wir befanden uns jetzt auf einer Breite von 14 Grad 46 Minuten Nord und hatten wiederum geschätzte 100 Seemeilen bei einem Kurs von 230 Grad zurückgelegt. Obwohl wir den bisherigen Törnverlauf nicht annähernd überprüfen konnten, hatte ich doch das Gefühl, daß er in nautischer Hinsicht bis jetzt optimal gewesen war. Wir hatten die Maschine noch nicht zur Fortbewegung einsetzen müssen, standen nur noch rund 100 Meilen nördlich der geographischen Breite von Barbados und würden sie somit rechtzeitig (nicht erst nach dem Passieren von Barbados) erreichen.

Nach dem Essen bat ich Bernhard, mir seine bisherigen Eindrücke kurz aufs Band zu sprechen:

Der Törn ist für meine Begriffe bisher problemlos abgelaufen, eigentlich auch meinen Erwartungen entsprechend. Die Crew hat sich hervorragend bewährt und eingespielt. Es herrscht ein weitgehend ausgeglichenes Bordklima, das sämtliche Unbilden wie Platzmangel und erschwerte Arbeitsbedingungen, sicher auch durch die Filmaufnahmen, inkludiert. Persönlich enttäuscht mich etwas die Art der Positionsfindung, ich habe mich vor dem Törn eher der Erwartung hingegeben, daß diese Form eine Alternative zur messenden Navigation sein könnte, sprich durch Beobachtung insbesondere der Gestirne, sowohl des Sonnenlaufes also auch des Sternenlaufes. Es ist für meine Begriffe erstaunlich, in welch kurzer Zeit wir gelernt haben, den Lauf der Gestirne zu beobachten und zu beurteilen. Natürlich ist für unsere Zwecke keine exakte Standortfindung damit möglich. Persönlich bin ich trotzdem der Meinung, daß sie die Basis für die Navigation der alten Völker darstellten, wenngleich wir darüber nicht viel wissen. Ich bedaure, daß es diesbezüglich an Bord keine Meinungsvielfalt gibt. Was die Auffindung unseres Zielpunktes betrifft, besteht von meiner Seite her kein Zweifel, wie ich glaube, auch bei der gesamten übrigen Crew nicht. Psychologisch haben sich eigentlich für mein Dafürhalten die erwarteten erschwerten Bedingungen wie das Nichtwissen der Position, die Abschirmung von der Außenwelt, das Fehlen von Nachrichten in keiner Weise negativ ausgewirkt. Positiven Einfluß in dieser Richtung hatte zweifellos die zu Beginn sehr rasche Überfahrt, die ein positives Denken insgesamt eingeleitet hat. Persönlich trifft es mich etwas, daß ich vor dem Törn erwartet habe, sowohl navigatorisch als auch seglerisch vom Skipper mehr zu profitieren, der jedoch mit seinem Wissen speziell in meine Richtung nicht besonders verschwenderisch umgeht. Insgesamt gesehen ist der Törn für mich ein absolut positives Erlebnis. Ich habe eigentlich, wie jedes Mal beim Segeln, wieder einige Menschen kennengelernt, mit denen die Basis für eine zukünftige Freundschaft gelegt wurde.

Was uns etwas irritierte, war die Tatsache, daß wir bis auf zwei Ausnahmen keine anderen Yachten gesehen hatten. Denn eines war sicher: daß an die 100 Yachten hier irgendwo herumsegelten, alle mit dem Ziel Westindien. Darunter konnten nicht viele sein, die schneller gesegelt waren als wir, denn immerhin war die SARITA ja mit 16 Metern nicht gerade kurz geraten, also von Natur aus schnell. „Länge läuft" ist eine alte Segelweisheit. Nun konnten wir auch dank unserer flexibleren Besegelung mit den beiden Genuas schneller segeln. Bedauernd fragten wir uns, warum wir nicht schon früher die zweite Genua angeschlagen hatten. Aber wir hatten uns eben langsam an die Segelkapazitäten der SARITA herantasten müssen.

Ein lästiges Problem hatten wir nicht in den Griff bekommen, es auch gar nicht richtig versucht: nämlich unseren neunten Mitsegler loszuwerden. Ihn hatte noch niemand gesehen, aber er machte sich während des gesamten Törns auf höchst unangenehme Weise bemerkbar. Die Rede ist von Old Fäky, wie Michael den Geist aus dem Fäkalientank getauft hatte. Er hatte schon in Mogan bestialisch gestunken und das inzwischen leider nicht aufgegeben. Vor dem Mast, wo wir gelegentlich gemütlich zusammensaßen, war es kaum auszuhalten, so unangenehm roch Old Fäky. Ohne sich bitter zu beklagen, erzählte mir Michael, daß Old Fäky mit gleicher Intensität auch im Vorschiff in ihren Kojen wahrzunehmen sei. Ich wußte nicht, wie dieses Problem beseitigt werden sollte, denn niemand an Bord kannte die genaue Installation der Tanks.

Am Nachmittag wandte sich unter Mitwirkung von Karl unser Gespräch wieder einmal dem Standardthema zu, nämlich der richtigen Ernährung. Inzwischen war jedermanns Ansicht dazu hinreichend besprochen und bekannt; bis jetzt war – wie Politiker sagen würden – auch keine Annäherung erzielt worden, und so mündeten die Diskussionen meistens in nicht böse gemeinte hämische Bemerkungen. Weil Karl sich nicht die Mühe machte, seine Überlegenheit in Ernährungsfragen zu vertuschen, erntete er gelegentlich härtere Kritik. Michael war ein Meister solcher Formulierungen. Als Karl betonte, er gehöre nicht zu den Menschen, die in teure Feinschmecker-Restaurants gingen, erwiderte Michael trocken: „Ich weiß, du weidest!“

Aber eines mußte man Karl lassen, und dafür bewunderte ich ihn: Solche Konter steckte er weg, als sei nichts geschehen. Im übrigen waren ihm inzwischen Seebeine gewachsen. Er bewegte sich genauso vorsichtig wie wir an Deck, war mit seiner Urkraft an den Winschen der Effektivste und unterschied sich im Rudergehen in keiner Weise mehr von den anderen. Nur seine Kocherei …

Michael schrieb ins Tagebuch:

Frühdreh: Wachwechsel und Sonnenaufgang, Kaffee – dann ins Bett. Wechsel auf Passatsegel. Spontanventil: „Karl weidet." Grund: Als ich gerade meinen Walkman in Betrieb nehmen wollte, lieh ihn sich Karl von mir aus, ohne meine Antwort richtig abzuwarten, setzte sich die Hörer auf und versenkte ihn in die schweißnasse Badehose. Als er deswegen von der Runde im Cockpit fragend angestarrt wurde, gab er ihn mir mit der trockenen Bemerkung zurück: „Die Batterien gehören gewechselt." Navigation scheint jetzt auf zehn Seemeilen genau zu sein – phantastisch.

Thomas vertraute seinem Tagebuch an:

Allmählich schwere Ermüdungserscheinungen bei einigen Crewmitgliedern. Ludwig hat Probleme, die Sechs-Stunden-Wachen durchzustehen. Spricht immer öfter vom Landfall. Ich sage: „Beobachte doch den Atlantik, diese sich immer verändernde Urlandschaft. Das ist doch ein Erlebnis, jede einzelne Sekunde voller Spannung." Er fühlt sich provoziert, ich habe es aber ernst gemeint. Ich genieße die Reise sehr. Am meisten jammert unser Körndlmonster Karl, er hält es kaum noch aus. Er, der mir bei der Anreise erklärt hat: „Hoffentlich haben wir keine schnelle Überfahrt, sondern tage- und wochenlange Flauten. Nur so kann man die Weite des Ozeans in sich aufnehmen. Doch dazu braucht man innere Gelassenheit." Das sagte er mit mitleidigem Blick auf mich, den Schwächling. Bei ihm habe ich die innere Gelassenheit allerdings seit 13 Tagen nicht entdecken können.

Dreizehnter Tag auf hoher See

Regulus ist nicht zu peilen

12. Dezember: Nachts diskutierten wir mal wieder vergeblich, ob der Sternenhimmel vielleicht doch noch irgendwelche Erkenntnisse für uns übrig hatte, die uns die Navigation erleichtern oder neue Erkenntnisse vermitteln würden. Ich mußte wieder an die Geschichte mit den Polynesiern und dem speziellen Stern für jede Insel denken. Für uns wäre neben einem schwachen Stern aus dem Zwillingsgestirn nur der Regulus in Betracht gekommen, der derzeit auf 14 Grad Nord um die Erde lief, also, zumindest ganz grob gesagt, fast über Barbados hinweg. Um ihn nautisch benutzen zu können, mußten wir wirklich genau sagen können, wann wir „unter" dem Regulus waren, oder andersherum: ob Regulus genau über uns hinweg lief. Um dies festzustellen, gab es nur die eine – theoretische – Möglichkeit, wie bei der Sonne seine Kulmination zu messen, also den Höhenwinkel, während er am höchsten stand. Betrug der Höhenwinkel in diesem Moment (!) 90 Grad, so waren wir genau unter dem Regulus.

Sternenkenner Bernhard zeigte uns den Regulus achteraus, aber niemand von uns konnte sich auch nur annähernd vorstellen, wie diese 90 Grad gemessen werden sollten. Ich legte mich versuchsweise am Mastfuß an Deck und blickte zu den Sternen am Firmament auf. Wie hatte Rodo, der alte Navigationsfuchs der Polynesier, mir das erklärt? „Du legst dich unter den Mast und blickst nach oben zum Stern. Ist er exakt über der Mastspitze, dann bist du auf derselben Breite wie der Stern."

Ganz unmöglich! Als ich am Mastfuß lag, peitschte die Mastspitze beim Rollen der SARITA über das halbe Firmament. Selbst wenn ich davon ausging, daß ein Mehrrumpfboot, wie es damals die Polynesier benutzt hatten, erheblich ruhiger lag als unsere SARITA, war es ausgeschlossen, mit einer derart plumpen Methode den Winkel eines Sterns auf weniger als zehn Grad genau zu bestimmen. So kann nicht navigiert worden sein!

Und überhaupt – hat denn wirklich jede Insel ihren Stern? Der Regulus paßte nicht einmal genau zu Barbados. Einen weiteren größeren Stern, für das Auge gut sichtbar, der um diese Jahreszeit auf der Breite von 13 Grad 20 Minuten Nord entlanglief, fand ich nicht. Um für alle Inselchen einen Leitstern zu finden, ist das Firmament mit gut sichtbaren Sternen viel zu dünn besiedelt.

Am deutlichsten wird dies, wenn man den Orion betrachtet. Er vor allem soll ja das Sternbild gewesen sein, das nach der Sage zu irgendwelchen Inseln hinter dem Horizont führte. Aber man muß sich die Größe des Orions, auf die Erde projiziert, einmal vergegenwärtigen. Die äußersten Sterne, und es gibt nur sieben, begrenzen ein Feld auf der Erdoberfläche, das immerhin die Abmessungen von rund 600 mal 1000 Seemeilen hat. In einem solchen Gebiet sind beispielsweise in der Südsee viele hundert Inseln zu finden, wogegen aber nur sieben Sterne zur Verfügung stehen. Also kann damit unmöglich systematisch und einigermaßen genau navigiert worden sein. Ich dachte an die berühmte Reise von Christoph Columbus nach Amerika, die nun schon ein halbes Jahrtausend zurücklag. Columbus hatte sich mit den Sternen von vornherein nicht abgegeben, sondern sich offensichtlich allein auf die Koppelei und gelegentliche Messungen der Sonne verlassen. Merkwürdig war, daß Columbus mehrere Logbücher* führte, was er auch freimütig zugab. Das „gefälschte“ diente dazu, seine Matrosen mit günstigeren Seemeilenangaben einzulullen, ihnen vorzugaukeln, daß die Rückreise keine besonderen Probleme bereiten würde. Das

* Grund für die falschen Angaben in Columbus’ Aufzeichnungen kann auch militärische Geheimhaltung gewesen sein.

andere Logbuch sollte das echte, unverfälschte sein. Aber auch daran sind Zweifel angebracht. Liest man es durch, spürt man sehr schnell, daß nicht allein die Entdeckung des Seewegs nach Indien das Motiv für Columbus' Reise war, sondern daß das Wunschdenken des Admirals vor allem von der Gier nach Gold beherrscht wurde.

Würde ein Forscher ernsthaft ausschließlich nach einer neuen Seestraße suchen, die bei Erfolg den Weltschiffsverkehr revolutionieren konnte, so läge es doch nahe, peinlichst genau die Positionen und die zurückgelegte Strecke zu dokumentieren, damit die Reise wiederholbar wurde. Jahrhunderte später hat dies mit Bravour der englische Entdecker James Cook vorexerziert. Aber auch in allen anderen schriftlichen Aufzeichnungen der großen Seefahrer finden sich minutiös niedergelegte Daten, so genau eben, wie es mit den Mitteln der damaligen Zeit möglich war.

Columbus benutzte einen Quadranten zur Feststellung der Sonnenhöhe. Das Wissen um die Mittagsbreite, wie wir es auf der SARITA einsetzten, war lange vor Columbus bekannt. Weil ein Quadrant im Vergleich zu unserem Schattenstift SARITA I geradezu ein Superpräzisionsinstrument gewesen sein muß, waren wir uns auch sicher, daß Columbus in ähnlichen Genauigkeitslimits dachte wie wir. Wir benutzten ja den hölzernen Schattenstift deshalb, weil uns Besseres fehlte; unser verstellbarer Spiegel hatte sich bisher zwar als zuverlässig, aber auch nicht als präziser erwiesen, verglichen mit SARITA I. Soviel war schon klar, daß unsere Genauigkeit jedenfalls besser war als 30 Winkelminuten, also ein halbes Grad. Das hatte sich aus der Streuung der zahlreichen Messungen – wahrscheinlich hatten wir schon rund 100 davon hinter uns gebracht – herauskristallisiert.

Um so unbegreiflicher war es für mich, als ich vorne, den schmalen Schatten des Mastes zum Schutz vor der Sonne ausnutzend, im Bordbuch von Christoph Columbus* blätterte. An einer Stelle auf Seite 86, wo Columbus längst im vermeintlichen Indien herumsegelte, fand ich folgenden Satz: „Nach meiner Schätzung liegt der

* Insel-Taschenbuch 467

Ort, an dem ich mich gegenwärtig befinde, 42 Grad nördlich des Äquators."

Ohne eine Sekunde zu zögern, sagte ich mir, daß dies auf jeden Fall falsch sein müsse. Denn obgleich der genaue Landeort von Columbus nicht bekannt ist, weiß man doch, daß sich der Entdekker irgendwo zwischen dem 20. und 25. Breitengrad in den Bahamas herumtrieb. Seine Angabe konnte schon vom Zeitablauf her seit der Entdeckung Amerikas am 10. Oktober, also damals vor gerade 50 Tagen, nicht richtig sein. Es mußte sich um einen Irrtum des Admirals oder aber um eine gezielte Fehlinformation handeln. Tatsächlich bemerkt der Kommentator genau an dieser Stelle des Buches: „In Wirklichkeit nur 21 Grade. Entweder verwendete Columbus zu seiner Berechnung Quadranten mit doppeltem Höhenmesser, oder aber ist die Zahl absichtlich abgeändert worden, um das Geheimnis seiner Kursrichtung zu wahren, was größere Wahrscheinlichkeit für sich hat."

Ein Irrtum? War es möglich, daß sich der geniale Navigator bei seinen Messungen derart vergriff? Oder hatte es sich schlicht und einfach um einen Schreibfehler gehandelt?

Auf Seite 114 schließlich verrät sich Columbus selbst: „Jetzt befanden wir uns auf 42 Grad Nordbreite, wie in Puerto dos Mares; doch bezweifle ich die Genauigkeit des Quadranten, die ich, einmal an Land gelangt, zu überprüfen gedenke. Dennoch war ich der Ansicht, nicht allzuweit von jener Breite entfernt zu sein..."

Das einzige, was an dieser Stelle wirklich verwundert, ist, daß Columbus seiner Nachwelt eine derart faustdicke Lüge zugemutet hat! Ein Schreibfehler kommt ja hier nicht mehr in Betracht, er verweist ausdrücklich auf einen Ort in Spanien, nämlich Puerto dos Mares in Kastilien. Er wollte sich also mit diesen Worten tatsächlich auf 42 Grad Nordbreite festlegen.

Aufgrund unserer Schattenmessungen, die sicherlich das denkbar Primitivste an Navigation darstellten, leuchtete uns sofort ein, daß ein Irrtum um ein halbes Grad möglich, um ein ganzes Grad denkbar, um zwei, drei Grad vielleicht noch auf irgendwelche Irrtümer zurückzuführen, ein Meßfehler von ganzen 21 Grad aber schlechthin unvorstellbar ist. Denn Columbus wird ja, wie es alle

Navigatoren der Welt machen, in etwa den Winkel voreingestellt oder zumindest den Schatten auf einem ganz bestimmten Punkt der Skala erwartet haben. Ein Irrtum ist somit ausgeschlossen. Dies kann nur eine bewußte Fehlinformation – oder nennen wir es deutlich „Lüge" – gewesen sein.

Und wie einer, der sich des Unrechts seines Tuns durchaus bewußt ist, schafft er sich gleich ein Alibi, eine Entschuldigung für den Fall des Ertapptwerdens. Vorsorglich deutet er die Möglichkeit einer Ungenauigkeit des Quadranten an und teilt dem Leser mit, daß er beim Niederschreiben seiner – falschen – Zahlen ohnehin schon die „Genauigkeit" bezweifelt habe. Einerseits schützt er sich damit vor dem späteren Vorwurf, daß er als Navigator diese Fehlposition hätte erkennen müssen, andererseits stellt er schon mal vorsorglich fest, daß nicht er, sondern ein fehlerhaftes Instrument an der Fehlmessung schuld sei.

Es scheint, daß die Nachwelt dem listigen Admiral auf den Leim gegangen ist, denn nirgends in der Geschichtsforschung wird ganz klar festgestellt, daß Columbus hier bewußt die Unwahrheit gesagt hat, um die Spuren seiner Goldsuche zu verwischen. Denn obgleich er in diesem Moment noch weit davon entfernt war, Gold zu finden, hatte er sicherlich die Hoffnung noch nicht aufgegeben, zumindest bei der nächsten Reise irgendwo auf das begehrte Edelmetall zu stoßen.

Geschichtsschreiber haben nicht die Möglichkeit, derartige Schlüsse zu ziehen. Sie können nur Zahlen vergleichen, auf Unwahrscheinlichkeiten hinweisen, dies oder jenes in Zweifel ziehen. Ein nichtsegelnder Historiker kann aber auf keinen Fall wie wir auf der Sarita sofort feststellen, daß ein Irrtum um mehr als ein Grad, schon gar um über 20 Grad, in der Praxis auf einem Schiff ausgeschlossen ist.

Am Vormittag bezog sich der Himmel. Trotzdem hofften wir, daß um die Mittagszeit die Sonne ohne Wolken sein würde. Von Osten kam die Wolkendecke, aber insgesamt machte der Himmel noch den passattypischen Eindruck. Auch an der Stimmung auf der Sarita war noch keine Passatstörung zu erkennen. Nicht umsonst spricht der Segler vom „heiteren Passat", weil es sich um schönes

Wetter schlechthin handelt: zwar heiß, aber niemals schwül – blauer Himmel, aber niemals eintönig. Wie eine weitverstreute Herde von Schafen bewegten sich die kleinen Passatwolken fast unmerklich, aber stetig von Osten nach Westen.

Mittags hatten wir jedoch keinen direkten Blick mehr zur Sonne, so daß unsere Schattenstifte SARITA I und SARITA II unbenutzt an Deck herumlagen. Nun kam die erste Bewährungsprobe für das Modell Bridgetown, doch war es ziemlich aufreibend, ständig damit zwischen Deck und Salontisch hin und her zu sausen, um je nach Wechsel und Grad der Bewölkung den beweglichen Spiegel anzurußen. Die Messung ergab dann einen Winkel von 52,5 Grad, also 52 Grad 30 Minuten, zu dem die Gesamtbeschickung von 12 Minuten und die Deklination von 23 Grad 07 Minuten hinzugezählt wurde. Das Ganze, von 90 Grad abgezogen, setzte uns auf eine Breite von 14 Grad 11 Minuten Nord, also kein ganzes Grad mehr von der geographischen Breite von Barbados entfernt. Wir mußten jetzt insgesamt mindestens 1655 Seemeilen zurückgelegt haben, nachdem wir für diesen Tag wiederum 120 Seemeilen bei einem Kurs von 260 Grad geschätzt hatten.

Nach dem Essen gab ich Carla das Tonbandgerät in die Hand und bat sie, ihre bisherigen Erfahrungen auf diesem Törn notizbuchartig zusammenzufassen:

Hier ist Carla. Die Vorbereitungen für diese Reise waren ziemlich mäßig, und zwar bei allen Crewmitgliedern. Wir hatten auch vor der Abfahrt noch einige Tage Zeit. Also, wir sind am Mittwoch angekommen, hatten dann den Donnerstag, Freitag und Samstag und waren am Sonntag so ziemlich fertig. Wenn man ein Charterschiff übernimmt, das für derartige Reisen nicht ausgerüstet ist, ist die mindeste Zeit drei Tage, die man braucht bis zur Abfahrt. Für weitere Reisen würde sich sehr empfehlen, daß einige Dinge, die man für das Schiff braucht, schon vorher besorgt werden, denn wie wir alle seit vielen Jahren wissen, ist es oft an fremden Plätzen, selbst auf den Kanarischen Inseln, sehr viel schwieriger, etwas zu besorgen als in München. Zum Beispiel das Angelzeug sollte komplett vorher besorgt werden; dann muß unbedingt etwas dasein zum Segelreparieren, nicht nur

Nadel und Faden, auch Tape, ein bißchen Segelstoff und solche Sachen, um kleinere Reparaturen vornehmen zu können, denn diese Charterschiffe sind mit Segeln nur minimal ausgerüstet. Wenn ein Segel kaputtgeht und kein weiteres ist mehr da, dann wäre die Reise beendet. Man müßte auch von zu Hause noch mitnehmen: größere Mengen Stropps, mehr Werkzeug und anderes.

So, jetzt zum Provianteinkauf: Die Einkaufsmöglichkeiten auf den Kanarischen Inseln sind momentan recht gut. Man sollte noch mehr Wert darauf legen, daß genügend Papier da ist, also Küchenrollen. Man kann eigentlich fast eine Küchenrolle pro Tag rechnen. Ansonsten: genügend Toilettenpapier und solche Sachen, auch Spüli und vielleicht noch irgendwelche geruchstilgende Mittel. Ob die allerdings die Gerüche hier auf dem Schiff vertreiben würden, ist eine andere Frage. Es sollten auch genug Lappen da sein. Sehr gut sind die großen, etwas dicken Küchenlappen, denn sonst kann man weder in der Küche noch auf dem Tisch etwas stehen lassen, was sich vor allen Dingen beim Kochen auswirkt. Es würde sonst alles runterfallen. Die Leisten sind so niedrig, vor allem die in der Küche, daß in der Dünung eigentlich nichts stehenbleibt.

Ich komme jetzt zur Kleidung. Für mich persönlich bin ich nicht sehr gut eingedeckt. Durch reinen Zufall nahm ich noch einen Pullover, eine lange Hose und ein paar Turnschuhe mit und habe selbst in diesen Sachen – neues Ölzeug habe ich auch mitgenommen – gefroren. Ich hatte das ganz anders in Erinnerung von unserem Schiff, wo wir immer nachts im T-Shirt draußen saßen, was auch daran lag, daß wir ein sehr großes Klappverdeck hatten. Schließlich hatten wir früher eine Selbststeueranlage. Es sollte schon ein Faserpelz mitgenommen werden und auch Strümpfe, Turnschuhe und gutes Ölzeug, denn ohne diese Sachen hätte ich gar keine Wachen gehen können.

Die Stimmung an Bord finde ich sehr gut, was wiederum beweist, daß es wenig Sinn hat, sich an irgendwelche Freunde zu wenden, sondern es ist besser, einfach fremde Leute mitzunehmen, denn erst auf dem Schiff stellt sich heraus, wie sich jemand in der Gemeinschaft benimmt.

Nachmittags briste es bis sechs Windstärken auf, und die Sarita machte sicherlich sieben bis acht Knoten. Unter Passatbesegelung lag das Schiff wunderbar leicht auf dem Ruder. Was mich etwas störte, war der fürchterliche Lärm, der aus den Trinkwassertanks bullerte. Offensichtlich hatte die Werft es versäumt, Schwellbleche in die Tanks einzubauen, so daß bei jedem Rollen eine halbe Tonne Wasser unter dumpfem Dröhnen von einer Seite zur anderen schwappte.

Jetzt war es kein Problem mehr, beide Genuas einzurollen, um neue Palsteks in die Schoten zu knüpfen. Es war zwar zeitaufwendig, aber nicht mit Risiko verbunden. Wie üblich setzten wir zunächst das Groß (vor dem Wind!), dann wurden unter gleichzeitigem Fieren der Schoten beide Segel synchron eingerollt, wobei auf dem Vorschiff zwei Mann die Bäume in Empfang nahmen, die mit den Topnanten langsam herabgelassen wurden. Freilich, eine kleine Panne gab es. Sie zeigte, daß es gut ist, solche Manöver erst einmal bei Tageslicht durchzuspielen. Das von uns nicht benötigte Spinnakerfall war vorne auf dem Bugkorb angeschlagen und durchgesetzt worden, hing jedoch wegen der Mastlänge von über 20 Meter in der Mitte durch und lag damit auf den Passatsegeln auf. Beim Eindrehen kam so viel Lose in die Segel, daß sie sich das Spinnakerfall griffen und mit eindrehten. Das bemerkten wir aber erst, als das Reffen nicht mehr vorwärtsging. Nachts hätten wir dies kaum erkennen können, weil sich das Ganze ja 10 bis 15 Meter über Deck abspielte.

Wir halfen uns damit, daß wir das Spinnakerfall am Vorstag vorbei weiter achtern anschlugen. Man hätte auch auf die Idee kommen können, es ganz wegzunehmen, denn schließlich hatten wir gar kein Spinnakersegel an Bord; doch bin ich in derartigen Dingen vorsichtig. Wer sagte denn, daß wir nicht in irgendeinem Notfall ein Fall oben (!) brauchen würden? Lieber ein Fall umsonst im Mast über den Atlantik gefahren, als auf dem schwankenden Schiff einen Mann in den Mast schicken, um oben ein Reservefall anzuschlagen!

Unsere Schoten sahen nun fürchterlich aus. Nachdem wir sie alle paar Tage wegen der Gefahr des Durchscheuerns durch Versetzen des Palsteks verkürzt hatten und es niemand wagte, den unbrauchbar gewordenen, scheußlich aussehenden drahtähnlichen Tampen wegzuschneiden, näherten wir uns allmählich einer nutzbaren Schotlänge, die vor allem beim Auffieren zu kurz war. Deshalb drehten wir die Schoten ganz einfach um, das heißt, die vergammelten Tampen hatten wir jetzt im Cockpit, was nicht weiter schlimm war, denn darauf würde keine besondere Last kommen. Die Seelen der Schoten waren längst gebrochen. Um sie mit der Hand einzuholen oder um die Winsch zu legen, dafür waren sie immer noch gut genug, solange kein Zug darauf kam.

Nachmittags kam Thomas zu mir und regte an, die Wacheinteilung zu ändern. Ludwig sei völlig fertig und könne nicht mehr. Er würde gerne die Wache von Ludwig mit übernehmen. Das wunderte mich, denn immer wieder hatte ich zwischen Thomas und Ludwig gewisse Spannungen beobachtet. Das mochte daran liegen, daß sie beide aus dem Journalismus kamen und entsprechend häufig sachlich uneins waren. Oder war es vielleicht umgekehrt? Gab es ganz natürliche Spannungen zwischen ihnen, und suchten sie Themen, bei denen sie mit Nachdruck die Differenzen in ihrer Einstellung herausarbeiten konnten, um sich diese dann unter die Nase zu reiben? Na ja, das spielte jetzt keine Rolle mehr. Für mich erhob sich die Frage, ob ich – rein objektiv gesehen – für Ludwig eine Extrawurst braten sollte. Was hieß schon „fertig"? Krank war Ludwig nicht, er litt halt unter Schlafentzug wie alle anderen auch. Freilich hatte Ludwig besondere Opfer gebracht, als er wiederum freiwillig – der Teufel mochte wissen warum – die Kocherei für Karl übernommen hatte. Wahrscheinlich deswegen, um Karl vor den Vorwürfen der Mannschaft zu bewahren.

Doch so waren nun mal die Gegebenheiten auf einer Yacht bei einer Atlantiküberquerung. So lächerlich es von außen auch aussieht: Da waren acht Leute unterwegs, hatten ein gemeinsames Ziel, nämlich das sichere Ankommen in Amerika, und hatten keine echten Schwierigkeiten. Also schufen sie sich welche! Der Mensch scheint ein problemloses Dasein nicht ertragen zu können, vielleicht von ein paar glücklichen Ausnahmen abgesehen.

Aber wie wurde ich jetzt mit der Sache fertig? Ohne schadenfroh zu sein, fühlte ich mich in meiner Meinung bestätigt, daß man grundsätzlich niemals ohne Not für einen anderen an Bord etwas erledigen, dafür aber seinen eigenen Job hundertprozentig machen sollte. Denn wer sagte mir denn, ob nicht ein paar Tage später Thomas ankommen und mir erzählen würde, er sei total fertig, weil er die Wache für Ludwig übernommen hatte, und der wiederum sei so fertig gewesen, weil er die Kocherei für Karl übernommen hatte...

Nein, da mußte Ludwig durch, der sich im übrigen bei mir gar nicht beklagt hatte. Und so wies ich, absichtlich schroff, Thomas' Ansinnen zurück.

Wie einfach etwas sein kann! Unser Wasserproblem war gelöst. Wer auf die Idee gekommen war, weiß ich nicht mehr, jedenfalls war sie genial: Wir waren uns alle darüber einig, daß die Liter- und Fünf-Liter-Flaschen als echter Notvorrat für die Mitnahme in die Rettungsinseln erhalten bleiben sollten. Aber in einer Rettungsinsel mußten wir nicht unbedingt gerade erst geöffnetes frisches Mineralwasser trinken. Zum Überleben wäre das kaum noch genießbare Wasser aus den Tanks gut genug gewesen, und in der Not hätte sich gewiß niemand über den Chlorgeschmack oder ein paar Algen beklagt. So begannen wir nun, das Mineralwasser zu trinken, die leeren Flaschen aber nicht wegzuwerfen, sondern anschließend mit Tankwasser zu füllen. Plötzlich waren die vorher mysteriös verschwundenen Plastikflaschen alle wieder da und als Notproviant griffbereit.

Michael schrieb in sein Tagebuch:

Nachtwache: fünf bis sechs Knoten Fahrt. Wiggerl hat gestern schlapp gemacht – vielleicht geht es mir deshalb etwas besser. Nachmittags ließ es sich doch nicht mehr vermeiden: Ich bin aus der Haut gefahren. Segeln Spitze – Gewitterwolken, etwas Schatten und viel Wind. Wir verbrauchen reichlich Passatschoten. Heiterkeit mit der anderen Wache und deshalb wieder viel zu spät in die Koje.

Thomas notierte:

Außer für die lähmende Hundewache fehlt mir die Uhrzeit überhaupt nicht. Im Gegenteil. Es ist spannend für mich, nach den wenigen Regelmäßigkeiten im Bordalltag zu leben, nach Natur und Notwendigkeit und sonst nichts.

Vierzehnter Tag auf hoher See

Supermann tobt

13. Dezember: Bei Morgengrauen, als ich an Deck kam, fragte Thomas, ob ich den Krach nachts mitbekommen hätte. Ich schüttelte den Kopf, denn ich hatte wirklich nichts gehört. Thomas berichtete, daß Karl ausgeflippt sei. Er habe über den ganzen Törn, über Schenk, kurzum über alles unbeherrscht geschimpft und sei kaum zu stoppen gewesen. Auch die Mannschaft habe er angegriffen, habe geschimpft, daß diese „schweinisch" sei, ohne Demut vor der Natur die Vorräte zusammenfräße.

Innerlich mußte ich über den Vorfall grinsen, denn gerade Karl hatte ja immer betont, daß er der Supersportler sei und die große Herausforderung suche. Auch er hatte zu Beginn des Törns den Vorschlag gemacht, nicht zu motoren, sondern bei Flaute mit dem Beiboot das 20-Tonnen-Schiff SARITA über den Ozean zu rudern. Freilich hatte er zu diesem Zeitpunkt noch nicht wissen können, daß er als einziger länger seekrank werden und deshalb ausfallen würde. Er war der einzige, der den Küchendienst, den jeder andere freiwillig und tüchtig versah, einfach abgelehnt hatte. Er war es auch gewesen, der als erster über die „unerträgliche" Hitze gestöhnt hatte, bei der sich angeblich jedes Reptil in den Schatten verziehen würde, während wir an Deck in der allergrößten Hitze die Sonne maßen.

Dabei war es sicherlich Karl am schwersten von allen gefallen, sich die Reise zu leisten, das Geld für die Überfahrt aufzubringen. Wie ernst er diese Reise ursprünglich genommen hatte, ging auch daraus hervor, daß er noch schnell eine Lebensversicherung über 500 000 DM zugunsten seiner Frau abgeschlossen und dafür immerhin 500 DM zusätzlich geblecht hatte. Ein solcher Gedanke käme mir nie, allerdings auch deshalb, weil ich meine „Familie" auf meinen Törns immer dabeihabe.

Ich unterhielt mich mit Theo über diesen Vorfall, aber der meinte trocken: „Mich hat das nicht überrascht. Einen solchen Anfall habe ich eigentlich schon nach acht Tagen erwartet. Daß es erst jetzt passiert ist, liegt wohl vor allem daran, daß die Mannschaft durch das knechtische Rudergehen zu sehr von irgendwelchen inneren Schwierigkeiten abgelenkt worden ist."

Schade, aber wir mußten das wohl so hinnehmen. Ich ging zu Ludwig, der auf dem Vorschiff saß, und bat ihn, doch nochmals mit Karl zu reden, ihn insbesondere darauf hinzuweisen, daß er sich damit die Reise ja in erster Linie selbst verdarb. Ludwig meinte, man müsse Karl etwas motivieren, ihm eine neue Aufgabe geben, vielleicht ihn dazu bringen, weitere Instrumente zu zimmern.

Warum nicht, um des Bordfriedens willen? Mir fiel ein, daß Karl schon vor Törnbeginn gemeint hatte, der Sonnenwinkel könne dann am genauesten gemessen werden, wenn eine möglichst große Meßbasis verwendet wurde. Daran erinnerte ich ihn und bat ihn, ein entsprechendes Instrument zu bauen. Kindergarten!

Das morgendliche Bad von der achterlichen Plattform aus war für einige zur ständigen Einrichtung geworden. Dazu wurden mehrere der an Bord befindlichen Sicherheitsgurte zweckentfremdet und an der Heckreling fixiert. Ganz gefiel mir das nicht, daß Sicherheitsausrüstung zum Schwimmen benutzt wurde. Meistens war die Fahrt der SARITA ohnehin so hoch, daß man Mühe hatte, ganz naß zu werden, wenn man sich mit Lifebelt und Sicherheitsgurt nachziehen ließ. Der Rücken blieb immer trocken. Nebenbei hatte die morgendliche Baderei den Vorteil, daß man dabei ganz gut das Unterwasserschiff, zumindest soweit es beim Rollen der SARITA frei wurde, daraufhin prüfen konnte, wie weit der Muschelbewuchs schon fortgeschritten war. Sie hingen zu Hunderten daran, waren aber erst einen halben Zentimeter groß. In diesem Stadium bremsen die später langstieligen Entenmuscheln noch nicht zu sehr. Wenn sie aber eine Größe von fast zehn Zentimetern erreichen, müssen sie entfernt werden.

Als Carla und ich mit unserer ersten THALASSA über den Atlantik gesegelt waren, hatten die Entenmuscheln diese Größe erreicht. Wir machten nur noch eine Maximalfahrt von vielleicht vier Knoten, aber ich wagte es nicht, in der Flaute über Bord zu gehen und das Unterwasserschiff zu reinigen; zu groß war meine Angst vor Haien. Wie sehr wir aber durch die Entenmuscheln gebremst wurden, zeigte sich, als wir in Barbados in die Carlisle Bay einliefen und wenden wollten. Zu meiner Verblüffung hatte das Ruder so wenig Wirkung, daß die THALASSA nicht mehr durch den Wind ging. Die Ursache waren allein die Muscheln.

Auf der SARITA hatten wir das Gefühl, eine schnelle Überfahrt zu machen. Also sorgte ich mich jetzt noch nicht um die Entenmuscheln. Karl hatte ohnehin von vornherein angekündigt, daß er die SARITA unterwegs von Entenmuscheln reinigen würde. Inzwischen waren mir an solchen Vorsätzen allerdings leichte Zweifel gekommen, aber trotzdem wollte ich ihn beim Wort nehmen.

Unser Kamerateam Michael und Ludwig hatte die Reinigung des Unterwasserschiffs auf dem offenen Atlantik fest ins Filmdrehbuch eingeplant. Für diesen Zweck hatten sie sogar Unterwassergehäuse für ihre schweren Kameras mitgebracht. Zu Beginn des Törns hatte ich ihnen aber bereits prophezeit, daß es damit wohl nichts werden würde, denn selbst in der Flaute würde die Atlantikdünung noch so stark sein, daß mit Sicherheit an Filmen gar nicht zu denken war. Beim Reinigen des Unterwasserschiffs mußte man im Gegenteil darauf achten, daß man von der stampfenden Yacht, insbesondere vom Heck, nicht am Kopf erwischt und erschlagen wurde.

Auf all unseren bisherigen Törns mit Gästen hatten Carla und ich die Feststellung gemacht, daß sich die Gruppe immer irgendein Opfer suchte, ohne sich dessen bewußt zu werden; daß sie einen Schwachen unter der Besatzung wählte, der dann als Zielscheibe für Späße, Kritik und Aggressionen herhalten mußte. Eine richtige Hackordnung hatten wir nicht erwartet, auch noch nie beobachtet, nur daß sich alle gegen einen stellten.

Wir waren gespannt, wer es dieses Mal sein würde. Vorher hätten wir nie darauf getippt, daß es ausgerechnet den physisch Stärksten, nämlich Karl, treffen würde. Dies kristallisierte sich aber immer mehr heraus. Gelegentlich hatte ich fast Mitleid mit ihm, wenn ihm wieder in Anspielung auf seine Ernährungsgewohnheiten ein nicht böse gemeinter Spitzname verpaßt wurde. „Körndlmonster" war derzeit in Gebrauch, allerdings meist hinter vorgehaltener Hand gesprochen. Manchmal schien mir Karl es sogar darauf abzustellen, das Opfer zu spielen, denn obgleich er inzwischen eigentlich begriffen haben mußte, daß er mit seiner Ernährungsphilosophie zumindest nicht bei allen Anklang fand, fing er immer wieder davon an. Aber diese Beobachtungen hatte ich schon häufig gemacht, nicht nur bei Karl. Gerade Menschen, die sich intensiv um Ernährungsfragen kümmern und auf Reaktionen des eigenen Körpers geradezu lauern, vor allem ständig in sich hineinhören, sind meistens wenig sensibilisiert für andere, merken es gar nicht mehr, daß sie auf ihre Mitmenschen kaum noch Rücksicht nehmen.

Ernährungsfragen spielten auch in anderer Hinsicht eine Rolle. Unsere Tiefkühltruhe konnte die niedrigen Temperaturen kaum noch halten, deshalb waren wir fast gezwungen, jeden Tag ein Stück Fleisch oder ein Huhn zu essen, um später nichts wegwerfen zu müssen. Trotz meiner Bitten, die blöde Angelei zu lassen, wurde die Angel wieder ausgelegt. Ein wenig Verständnis hatte ich dafür, denn Bernhard und Ludwig waren ja auch deswegen mitgekommen, weil sie die Fahrt mehr von der abenteuerlichen Seite sahen, und dazu gehörte es eben, sich mit dem zu ernähren, was die Natur an Ort und Stelle gelegentlich sogar im Überfluß anbot. Ich mußte die Angelei auf andere Art unterbinden. So holte ich die 100 Meter lange Perlonleine in einem unbeobachteten Augenblick ein und befestigte an dem roten Gummi-Tintenfisch ein Stück Teakholz, das bei Karls Bastelarbeiten übriggeblieben war.

Unseren Dieselverbrauch konnten wir wieder auf eine Stunde pro Tag reduzieren, aber nur, wenn alle in der Mannschaft mit Strom sparsam waren. Ich hatte keine großen Hemmungen, nachts bei aufmerksamer Dreierbesatzung im Cockpit das Topplicht nicht brennen zu lassen. Außer den beiden Segelyachten zu Beginn der

Reise hatten wir kein Schiff mehr gesehen. Man hätte auf die Idee kommen können, daß wir einen vollkommen falschen Kurs liefen, denn es war schon verblüffend, daß auch nicht eine Yacht aus dem riesen Pulk der ARC auftauchte.

Mittags maßen wir mit „Bridgetown“ die Sonne in einem Winkel von 53 Grad 00 Minuten, mit SARITA I in 53 Grad 00 und mit SARITA II in 52 Grad 42 Minuten. Der besseren Vergleichsmöglichkeit halber auf den Sonnenunterrand reduziert, ergab das für „Bridgetown“ 53 Grad 12 Minuten, für SARITA I 52 Grad 56 und für SARITA II 52 Grad 38 Minuten. Also bestand zwischen diesen drei Meßinstrumenten immer noch ein Unterschied von 24 Seemeilen, ziemlich exakt meine erhoffte Genauigkeit. Die Messungen mit dem Spiegelinstrument setzten uns auf 13 Grad 37 Minuten Nord, also nahezu auf die geographische Breite von Barbados. Jetzt konnten wir anfangen, genau Kurs West zu steuern. Für die vergangenen 24 Stunden nahmen wir 150 Seemeilen bei 260 Grad an, so daß sich eine bisherige Gesamtstrecke von 1800 Seemeilen ergab. Aber wie gesagt, galt dies nur für den schlechtesten Fall. Immer noch waren Theo und ich der Ansicht, daß wahrscheinlich zehn Prozent hinzugerechnet werden mußten, im besten Fall sogar 20 Prozent. Somit waren wir bei günstiger Schätzung schon fast in Maschinenreichweite von Barbados.

Am späten Nachmittag holte Bernhard die Angel ein, und wir setzten uns schon erwartungsvoll mit schußbereiten Kameras in Position. Aber Fehlalarm! Bernhard stellte fest, daß der Haken abgerissen war, und meinte, da müsse ein ziemlich großer Fisch drangewesen sein. Wir waren etwas enttäuscht, daß unser Streich danebengegangen war, verrieten ihn aber auch nicht durch lautes Loslachen, denn für die nächsten Tage war eine Wiederholung geplant.

Wieder einmal war Old Fäky Gesprächsstoff, aber ernsthaft regte sich niemand mehr auf. Wir hatten uns damit abgefunden, mit dem Gestank reisen zu müssen.

Nachmittags wurden die ersten Wetten abgeschlossen, wann wir wohl auf Barbados landen würden. Die Frage, ob wir Barbados überhaupt finden würden, war schon lange nicht mehr gestellt worden. Irgendwie war über die SARITA eine innere Sicherheit gekommen. Charakteristisch hierfür war wohl der Anfall Karls gewesen, der offensichtlich auch nicht mehr die geringsten Bedenken hatte, daß die Navigation fragwürdig sei. Dies faszinierte mich, denn niemand an Bord wußte wirklich, wo wir uns befanden, jedenfalls nicht genauer als auf 1000 Kilometer. Um so bemerkenswerter war das Auftreten Karls, den als Segelanfänger und Neuling auf dem Atlantik doch die Frage hätte nerven müssen: Wie finden wir Barbados?

Von anderen Yachten wußte ich, daß die Spannung bei Atlantiküberquerungen immer bis zum Schluß erhalten blieb, bis dann das Land am Horizont auftauchte. Das war die große Stunde des Navigators, der sich nun endlich in seinem Können bestätigt sah. Auf der SARITA dagegen wurde Primitivstnavigation gemacht oder besser gesagt, in Navigation improvisiert, und trotzdem war dies für niemand mehr ein Thema.

Die Wetten über unsere Ankunftszeit mußten wir mangels Uhr mit Datum und Anzahl der täglichen Wachen definieren. Ein paar Dollar Wetteinsatz wurden vereinbart; Carla verlangte, daß sie in bar eingezahlt werden müßten, während Ludwig sagte, er werde seinen Einsatz in den nächsten Tagen hinterlegen. Carla bestand jedoch auf sofortiger Bezahlung und verwies auf ihre Tischtennisvergangenheit. Dabei war immer um viel Geld gespielt, Wetten aber nur dann angenommen worden, wenn das Geld wirklich auf die Platte gelegt wurde.

Einige beschäftigte nicht nur die Ankunftszeit, sondern noch ein Problem nach dem Eintreffen auf der anderen Seite des Atlantiks: Wohin mit den übriggebliebenen Lebensmitteln? Denn daß wir an Bord noch eine Menge Konserven (aber wenig Bier) haben würden, davon gingen wir aus. Selbstverständlich würde nur das übrigbleiben, worauf niemand so recht Appetit hatte oder was unsere verwöhnten Gaumen als ungenießbar eingestuft hatten. „Wir werden die Reste an andere Yachten verkaufen!“ kam es aus der Runde beim Sundowner. Da wurde schon protestiert, bevor ich sagen konnte, daß ich bestimmt nicht in der Marina mit dem Beiboot zwischen den Yachten herumrudern und anfragen würde, ob jemand zwei Dosen Senf oder Erbsen (die Kanonenkugeln!) kaufen wollte.

Michael schrieb in sein Tagebuch:

Heute nacht gründliche Blamage. Habe Bobby wegen einer grünen Leuchtrakete geweckt. In der Folge noch vier. Die grünen „Männchen" waren Meteoriten. Erneute Diskussion mit Wiggerl. Ansonsten ein herrlicher Tag. Meine Ankunftswette lautet auf Mittwoch, vierte Wache. Karl lüftet seinen „Alpenspinnaker" (Schlafsack) auf dem Baum – unmöglich. Mit Walkman drei Stunden am Bug – Sonne, Denken und ein bißchen alleine sein. Nächtliche Diskussion mit Karl im Cockpit – vor lauter Opposition verrennt er sich fürchterlich. Am Boot die ersten Entenmuschelkolonien geortet. Keine Ahnung, wie sie es bei guter Fahrt schaffen, sich anzuheften. Abends erneut Diskussion mit Karl in größerem Rahmen.

Und Thomas notierte:

Nachts grelle, grün leuchtende Lichterscheinungen. Die Wache vor uns weckt sogar Bobby, weil sie glaubt, da schießt jemand mitten im Atlantik grüne (!) Raketen. Zu Beginn der Nachtwache legt Karl plötzlich aggressiv los. Er fährt mich an: „Mach doch nicht andauernd so ein Tamtam um diese Scheißreise und um Bobby! An dieser Reise ist gar nichts dran, da ist nichts dabei. Es ist das einfachste von der Welt!" Er ist nicht zu bremsen. Nicht durch Argumente. „Über den Atlantik kann jeder Anfänger ohne Navigation fahren, das ist nichts als ein harmloser Teich – sogar im Kajak geht das letztendlich völlig gefahrlos." Michael und ich versuchen zu argumentieren. Sinnlos. Da werde ich ganz kurz und ganz deutlich, das kapiert er und hält den Mund.

Theo bittet mich, Bobby nichts zu sagen. „Das würde ihn zu sehr belasten!" Aber ich meine, das muß der Schiffsführer wissen.

Fünfzehnter Tag auf hoher See

Die Breite von Barbados ist getroffen

14. Dezember: Michael hatte ein Buch von Wilfried Erdmann dabei. Gelegentlich las er mir ein paar Zitate daraus vor. Dort schrieb Wilfried auch etwas über das Verhältnis der deutschen Weltumsegler untereinander, das ich nur unterstreichen konnte: Warum sollte uns eine besondere Freundschaft verbinden? Schließlich waren wir nie zusammen gesegelt, hatten kaum jemals Ankerplätze miteinander geteilt, also woher sollten freundschaftliche Gefühle kommen? Was nicht heißt, daß man sich nicht über die Unternehmungen anderer Gedanken macht. Man bewundert sie oder versucht, sie ein wenig anders einzuordnen: „Na, so toll ist das auch wieder nicht!“ Letzteres wird man wohl klugerweise nicht irgendwelchen Außenstehenden auf die Nase binden.

Mit dieser Meinung hielt ich nicht zurück: Mit Abstand am meisten von allen deutschen Weltumseglern bewundere ich Wilfried Erdmann, denn er hat tatsächlich zwei Höchstleistungen vollbracht. Eine ist seine erste Weltumsegelung, bei der er mit minimalen materiellen Voraussetzungen in einem kleinen Holzboot als erster Deutscher um die Welt segelte. Er hatte so wenig Aufhebens davon gemacht, daß ihm dies nicht einmal geglaubt wurde, er sogar von offizieller Seite als Lügner hingestellt wurde. Längst ein berühmter Segler, umrundete Wilfried Erdmann dann 1984 in 271 Tagen mit einem etwas über zehn Meter langen Aluminiumschiff allein und nonstop (!) südlich der berüchtigten Kaps in den brüllenden Vierzigern die ganze Welt, was vor ihm nur ein Deutscher gewagt hatte: Jörg Meier, der es 1973 in seinem Sperrholzschiff BUTERA versucht hatte. Irgendwo, wahrscheinlich zwischen Neuseeland und Südamerika, war Jörg Meier dann für immer verschwunden. So schnellebig ist unsere Zeit, daß er, der einst ein berühmter deutscher Einhand-Weltumsegler war, heute praktisch vergessen ist. Carla und ich denken noch gelegentlich an diesen freundlichen Mann, weil er ein paar Jahre zuvor mit dem Schwesterschiff unserer THALASSA einhand um die Welt gesegelt war und weil wir auf seiner PALOMA einen gemeinsamen Ostseetörn unternommen hatten.

Am Vormittag brachte Bernhard, mit schüchternem Seitenblick zu mir wegen des zu erwartenden Protests, wieder seine Angel aus. Ich sagte nichts, denn ich wußte, diesmal würde ich das Holzstück sorgfältiger befestigen. Thomas und ich hatten still und leise zwischenzeitlich einen Verein gegründet, der es sich zum Ziel machte, die Fischerei an Bord der SARITA zu sabotieren. Nicht ohne kleinen Seitenhieb auf die deutsche Weltumseglerszene nannten wir den Verein „Rettet die Makrelen".

Nachdem Bernhard das Cockpit verlassen hatte, stand Thomas Schmiere, und ich holte wiederum die Angel für einen Moment ein, um sie mit einem unverdaulichen Stück Holz zu versehen.

Die Mittagsmessungen brachten eine Überraschung:

„Bridgetown"	53 Grad 33 Minuten,
SARITA I	53 Grad 44 Minuten,
SARITA II	53 Grad 16 Minuten.

Am faszinierendsten für uns war immer wieder SARITA I, was ja nichts anderes war als ein Holzbrett mit einem Stöckchen dran. Nur wegen der kunstvollen Verzierung wie Handgriff und ähnliches, die Karl aus Handwerkerstolz angebracht hatte, war die Primitivität dieses „Instruments" nicht sofort zu erkennen. Dabei kam es nicht einmal darauf an, ob das Holzstöckchen, das den Schatten warf, gerade stand, es spielte auch keine Rolle, ob es zum Brett, auf das der Schatten fiel, einen rechten Winkel bildete. All dies war nebensächlich. Und trotzdem erzielten wir mit SARITA I eine immer verblüffende Genauigkeit. So dachten wir jedenfalls, aber der Beweis hierfür würde erst erbracht werden, wenn die Sonne nach unserer Ankunft von einem bekannten Ort aus mit dem Holzbrett gemessen wurde.

Die Berechnung der Mittagsbreite brachte das Traumergebnis von 13 Grad 13 Minuten Nord, also exakt die geographische Breite von Mitte Barbados. Jetzt nur noch nach Westen halten, dann mußten wir es treffen!

Das Etmal wurde auf 120 Seemeilen, der zurückgelegte Kurs mit 260 Grad und die bisherige Gesamtstrecke auf 1925 Seemeilen geschätzt.

Ludwig saß nach dem Essen vorne im schmalen Schatten des Mastes und blickte versonnen zum Horizont. Er schien in der rechten Stimmung zu sein, mir ein paar ehrliche Eindrücke aufs Tonband zu sprechen. Ich versprach ihm, das Ganze nach Törnende zu löschen, wenn er mit dem Inhalt nicht mehr einverstanden war. Wörtlich sagte er:

Zuerst einmal möchte ich feststellen, daß ich, was diese Art von Segeltörns angeht, ein ziemlich unbeschriebenes Blatt bin. Ich habe zwar einige Törns gemacht, Westküste Schottlands, Orkney-Inseln, also auch gewisse Schwierigkeitsgrade miterlebt, so bis Windstärke zehn, aber was mich hier bei dieser ganzen Tour doch ein wenig überrascht hat, ist dieses permanente Auf-See-Sein, zwei bis drei Wochen nichts als nur die Kimm zu sehen, bewegte Wellen, das Schiff rundum als festen Punkt und die Leute, die an einem vorbeigehen, mit denen man redet, mit denen man die Wache und das Essen teilt. Das sind doch ganz andere, bewegendere Momente gewesen.

Ich bin eigentlich an diese ganze Geschichte, wenn ich es so bezeichne, mit einer gewissen Neugier rangegangen. Dazu möchte ich vorausschicken, daß ich sehr geschichtsbegeistert bin, daß mich im speziellen an der Geschichte der Seefahrt diese doch sehr schwierigen Bedingungen interessieren, unter denen die Altvorderen früher ihre Routen nach Südamerika oder nach Australien besegelten... Mit welchen Schwierigkeiten sie konfrontiert waren, welche navigatori-

schen Hilfsmittel sie hatten oder ob sie gar empirisch vorgingen, das heißt, nach dem Instinkt segelten, aus den Sternen lesen konnten, aus dem Meer lesen konnten ... Das sind alles so Dinge gewesen, die mich ungemein interessiert hatten.

Ich sprach davon, daß Neugier für mich die treibende Kraft war. Ich habe ja, wie gesagt, Bobby Schenk vor ein paar Jahren kennengelernt. Er war eine Person in einem Film von mir über die Zeit, und mich hat jetzt im speziellen interessiert, wie würde er das lösen, dieses Problem.

Der Anspruch war ja, bevor wir wegfuhren, daß er gesagt hat, er geht irgendwohin in der Nähe des Hafens, sucht sich ein Stück Holz, ein Brett, einen Stab, und dann würden wir aufbrechen. Das war, grob gesagt, also die Grundausrüstung fürs Schattenmessen. So ging auch die ganze Geschichte los, und jetzt, nach zwei Wochen, hat er mich gefragt, wie ich das Ganze so ungefähr beurteilen würde. Was mir vielleicht ein bißchen bei der ganzen Sache fehlt, ist, daß wir vielleicht ein bißchen mehr hätten versuchen sollen, auf die Dinge einzugehen, die eigentlich für die Seefahrt der früheren Jahrhunderte so maßgeblich waren, und das waren die Sterne. Das war speziell das Verhalten in der Nacht, das war das Segeln nach dem Polarstern, das war jetzt nicht nur das Ausrichten nach der Mittagsbreite, sondern auch mal der Versuch, die Dinge, die in der Nacht passieren, in irgendeiner Weise einzupacken in diese ganze Geschichte. Natürlich möchte ich eines ganz klar feststellen: Vieles, was jetzt unterwegs passiert ist auf diesem Törn, ob dies die Mittagsbreitenmessung war, ob das verschiedene andere Dinge waren, es ist alles sehr leicht und sehr klar abgelaufen, und daß dieses so passiert und so eingetreten ist, ist natürlich schon in erster Linie ein Verdienst vom Bobby. Das sind Dinge, die wir uns als Außenstehende, besonders ich, gar nicht so vorstellen können: wie gerade diese Dinge organisiert werden und angepackt werden müssen. Resümierend möchte ich vielleicht eines feststellen, daß es für mich eine sehr glückliche, eine sehr schöne Reise ist, die zu Anfang etwas ungewohnt und hart in meinen vielleicht etwas behäbigen Tagesablauf eingegriffen hat, aber die mir sehr, sehr viel an Erfahrungen, an Einblicken, gebracht hat, die ich kaum sonst hätte erleben können.

Auf Drängen Theos wurden am späten Nachmittag nochmals das Rigg gecheckt und die Palsteks neu gesetzt. Ich nahm mir vor, Theo etwas zu bremsen, weil sein Schotenverbrauch in der letzten Woche so hoch gewesen war, daß ich mich fragte, ob diese wohl noch bis Barbados reichen würden.

Abends, nach dem Sundowner, zupfte Bernhard wieder mal an der Angelschnur und begann, sie einzuholen. Er hatte sich offensichtlich damit abgefunden, daß auch dieser Tag wieder fischlos sein würde. Noch nachmittags hatten Thomas und ich diskutiert, ob Bernhard nicht sauer reagieren würde, wenn er feststellte, daß seine Angel sabotiert worden war. Trotzdem hielten wir die Kamera für diesen Moment bereit, als Bernhard zu seinem Erstaunen etwas Braunes am Angelhaken bemerkte, das aber nun ganz und gar kein Fisch war. Er besah sich das Stückchen Holz und las laut vor: „Ich bin eine Holzmakrele und habe einem Fisch das Leben gerettet!“ Zu unserer Erleichterung begann er, laut loszulachen. Damit war die Fischerei auf der SARITA beendet. Trotzdem flogen die beiden letzten Hühner aus der Tiefkühltruhe über Bord. Vielleicht hätten wir sie noch essen können, aber Michaels Gerede von den Salmonellen ein paar Tage zuvor hatte sich uns auf den Magen geschlagen.

Es war schon spät in der Nacht, als ich aus dem Cockpit Laute hörte, die man beim besten Willen nur als Gejaule auslegen konnte. Ich ging nach oben und sah Karl neben dem Ruderrad

Der Verein „Rettet die Makrelen“ hat zugeschlagen.

sitzen, den Walkman übergestülpt, und zum Himmel starren. Irgendwie gab er das Bild eines Hundes ab, der den Mond anbellte. Er jaulte tatsächlich. Die anderen im Cockpit erklärten mir, daß er gerade Genesis hörte. Da wollte ich ihn nicht stören, zumal er herausgefunden hatte, wie ohne Kompaß absolut exakt Kurs West zu halten war. Über das große Ruderrad der SARITA peilte nämlich Karl genau den an Steuerbord ungefähr 13 Grad hoch stehenden Nordstern an, indem er von der Seite her das Nirostarohr in eine Linie zum Nordstern brachte. Querab war Nord, voraus war West. Einfacher als mit jedem Kompaß!

Michael notierte in sein Tagebuch:

Unser Mittagsbesteck habe ich heute etwas despektierlich „Treibholznavigation" getauft. Weiterhin gottlob fast monoton schönes Wetter. Nach dem Aufwachen erste ernsthafte Verschleißerscheinungen: Ich komme einfach nicht richtig auf die Beine und versuche, die Kabine über das Dachluk zu verlassen. Das Schiff rauscht, und beim Baden an der Heckleiter zeigt sich viel Entenmuschel-Zuwachs. Dennoch – die Freude am Unternehmen hat eher zugenommen. „Fäky" beginnt, mir ernsthaft auf den Nerv zu fallen. Was machen wir heute? „Wir gehen segeln!" Karl ist wie umgedreht: Er hat polierte Gläser produziert und und und...

Karl war tatsächlich nicht wiederzuerkennen. Er spielte Koch und brachte auch etwas zustande, zwar unter Mithilfe von Ludwig, aber immerhin. Allen schmeckte es. Hatte Ludwig ihm so wirkungsvoll zugeredet? Oder hatte er selber gemerkt, daß er sich nur ins Out stellte, wenn er gegen den Strom schwamm? Gleichgültig, sein Verhalten sprach für ihn – alle Hochachtung! Beim Abendessen fragte er von der Pantry aus wie ein vollendeter Ober, ob noch jemand einen Nachschlag wünsche. Wir waren alle verblüfft. Mich beeindruckte Karls Reaktion sehr.

Thomas bemerkte in seinem Tagebuch:

Ein Schwarm violetter Fische begleitet SARITA, kreuzt den Bug: Bonitos. Ich lese Joseph Conrad: „Seinen Weg klar vor sich auszumachen ist das Trachten jedes menschlichen Wesens in unserem trüben, von Stürmen bedrohten Dasein."

Seit Tagen ist Klopapier knapp. Unmengen davon sind einfach weg. Kaum stand eine neue Rolle da, war sie schon verschwunden. Seit einigen Tagen tauchen zwei Mitsegler immer wieder aus ihren Kabinen auf – eine eigene Rolle Klopapier hinter dem Rücken versteckt. Erst mit Trinkwasser waschen, dann Klopapier klauen. Disziplinlosigkeit kann an Bord zum echten Problem werden.

Sechzehnter Tag auf hoher See

„Leichenrutsche" gegen SARITA I

15. Dezember: Infernalischer Lärm weckte mich. Im Halbschlaf hatte ich schon Segelgeräusche wahrgenommen, aber jetzt kamen die Hammerschläge. Ich konnte es kaum glauben, doch sie rührten vom Salon her und waren durchdringender als die vier Zylinder, die keine 20 Zentimeter von meinen Ohren entfernt hinter dem Motorschott dieselten (das nächste Mal muß auf einen solchen Törn unbedingt Ohropax mit!). Ich stürzte aus der Koje und wunderte mich. Da saßen Karl und Ludwig vor dem Salontisch und hämmerten, sägten und bohrten an einem eineinhalb Meter langen Holzbrett herum. Es sah wie in einer Schreinerwerkstatt aus.

Ich dachte an meinen schon schmerzlich vermißten Zettel mit der „Schiffsordnung", auf den ich üblicherweise unter Ziffer 1 geschrieben hätte: „Betrachtet den Salon der Yacht als Wohnzimmer!" Wie leicht wäre die Situation jetzt für mich gewesen, wenn so ein Zettel an der Wand gehangen hätte. Dann hätte ich nur auf Ziffer 1 gedeutet. So aber rang ich nach diplomatischen Formulierungen, um die beiden nach Möglichkeit nicht zu verletzen. Offenbar sahen sie es aber ein, nahmen mißmutig das Brett unter den Arm und verschwanden mit Holz und Werkzeug im Cockpit, wo das Hämmern weiterging. Ich wußte schon, was daraus werden sollte, denn ich hatte immer noch Karls Worte von der Vorbesprechung in München im Ohr: daß die besten Meßergebnisse wohl mit

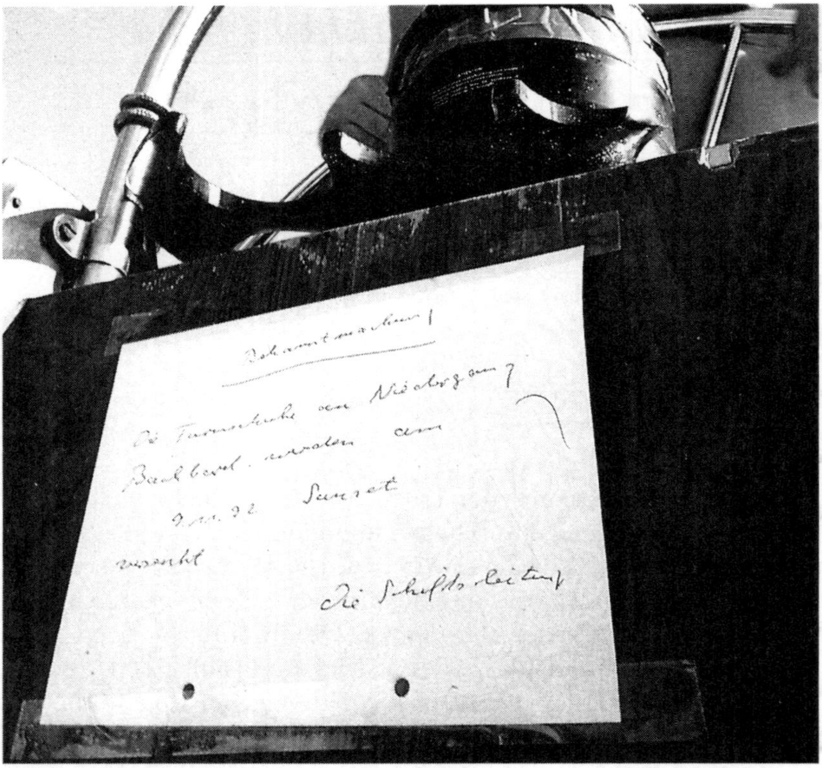

Die „Drohung“ hat geholfen. Eine Stunde später sind die Schuhe aufgeräumt.

einer großen Basis erreicht würden. Dies sollte der supergenaue Schattenstift werden.

Am heruntergeklappten Cockpittisch war ein neuer Zettel angeschlagen. Wir benutzten ihn gelegentlich für Mitteilungen von einer Wache an die andere Wache. Da war beispielsweise vor einer Woche die Drohung angebracht gewesen, daß die Turnschuhe, die seit Beginn der Reise im Cockpit herumlagen, bei Sonnenuntergang versenkt würden. Dies zeigte Wirkung, denn sie verschwanden ziemlich schnell. Jetzt war die dringende Bitte der Hundewache an die Katzenwache angeschlagen, man möge doch mit lärmenden Handwerksarbeiten so lange warten, bis die gesamte Mannschaft aus den Kojen war!

Zum ersten Mal setzten wir die Maschine nicht nur zur Strom- und Kälteerzeugung ein, sondern zur Fortbewegung. Wir hatten Flaute, aber jeder an Bord hatte das Gefühl, daß dies nur eine vorübergehende Unterbrechung des Passats war, daß also bald wieder östlicher Wind einsetzen würde. Es gab keinen an Bord, in dessen Sinne es gewesen wäre, die Maschine nicht zu benutzen. Längst vergessen waren die Reden vom Maschinenplombieren oder gar vom Dingi, das uns über die Wasserwüste ziehen sollte. Theo und ich nutzten die ruhigen Schiffsbewegungen, um den Diesel aus den Kanistern in den Tank umzufüllen.

Mit dem in Mogan gekauften, zwei Meter langen Schlauch war das Umfüllen ein Kinderspiel. Ich senkte ihn in den Kanister, saugte mit dem Mund Diesel an, und als ich das Gefühl hatte, daß die Dieselsäule kurz vor meinen Lippen stand, zwickte ich mit den Fingern den Schlauch zusammen und steckte ihn blitzschnell in den Tankstutzen an Deck. Ich freute mich, daß ich Theo auch noch einen Trick zeigen konnte, denn ich wies ihn an, vor der Betankung ein paar Eimer Wasser über Deck zu schütten. Ich erklärte ihm, daß es bei einem eventuellen Verschütten von Diesel an Deck keine Flecken gab, wenn dieses mit Seewasser befeuchtet war.

Irgendwann erwischte es mich doch: Ich saugte so stark an, daß ich schließlich Diesel im Mund hatte. Aber das hatte ich schon erwartet und zu diesem Zweck eine Flasche Wasser bereitgestellt. Damit spülte ich meinen Mund aus. Trotzdem, der Geschmack nach Diesel hielt sich noch ein paar Stunden.

Wir waren gespannt, wieviel Diesel tatsächlich verbraucht worden war. Vielleicht ließ sich das Ganze sogar genau feststellen, denn möglicherweise lagen wir bei weniger als zweihundert Litern und konnten die Haupttanks randvoll machen. Tatsächlich, wir brachten nur den Inhalt von sechs Kanistern unter. Ursprünglich wollte ich die leeren Kanister über Bord werfen, doch hatten wir uns schon so an ihren Anblick an der Reling gewöhnt, daß ich beschloß, sie in Westindien an andere Yachten zu verschenken oder auf der Sarita zu belassen.

Dann begann die Rechnerei: eingefüllte Liter durch Anzahl der bisherigen Motorstunden. Gerhard, der die SARITA nach Mogan geschippert hatte, war trotz 2500 Umdrehungen mit der Geschwindigkeit unter Motor nicht besonders zufrieden gewesen. Er hatte gemeint, daß die Steigung der Schraube wohl nicht optimal sei. Wir hatten die Maschine zur Fortbewegung nur bei absoluter Flaute, also bei glattem Wasser eingesetzt, weil mir Motorlärm ziemlich schnell auf die Nerven geht. Wir brachten den Diesel nur auf ungefähr 2000 Umdrehungen, was nach meiner Schätzung ein guter Kompromiß zwischen Verbrauch und Geschwindigkeit war. So lief die SARITA vielleicht fünf oder sechs Knoten.

Jetzt bekam ich den Lohn dafür: Unglaubliche 2,9 Liter Diesel hatten wir im Schnitt verbraucht, wobei mangels Logge die damit zurückgelegten Seemeilen nicht genau angegeben werden konnten. Trotzdem schien mir dies ein phantastischer Wert zu sein, wenn man bedachte, daß immerhin eine 16 Meter lange Yacht samt Besatzung und Vorräten bewegt worden war.

Heute ergab die Mittagsbreite 13 Grad 06 Minuten Nord: prächtig! Die Meßungenauigkeit unberücksichtigt, waren wir exakt auf unserer Wunschbreite geblieben. Erstklassige Arbeit der Rudergänger! Dies war das erste Mal, daß wir genaugenommen den Kurs nicht mehr schätzen mußten, denn er war 270 Grad. Das Etmal nahmen wir mit 110 Seemeilen an.

Wieder war es faszinierend, daß unser Primitivstinstrument SARITA I offensichtlich am genauesten arbeitete. Die mit den drei Instrumenten gemessenen Winkel waren:

SARITA I	53 Grad 08 Minuten,
SARITA II	53 Grad 14 Minuten,
„Bridgetown“	53 Grad 44 Minuten.

SARITA I hatte bis jetzt eine so gute Meßreihe hingelegt, daß ich ihr mehr Vertrauen schenkte als dem abweichenden „Bridgetown“.

Nachmittags sahen wir seit langer Zeit wieder ein Schiff. Ein Tanker dampfte von Backbord voraus nach Steuerbord mit geschätztem Kurs Nordnordost. Bei der Reiseplanung hatte ich immer gedacht, daß aus den Kursen anderer Schiffe gewisse Rückschlüsse auf unsere Position gezogen werden könnten. Wenn ich mir zweidimensional eine Atlantikkarte vorstellte und darauf die Kurse der SARITA und des Tankers, dann konnte ich beim besten Willen nicht einordnen, wo dieser Tanker hinfuhr. Und woher er kam. Alles war möglich, irgendwelche Rückschlüsse daraus waren bestenfalls für eine lockere Unterhaltung beim Fünf-Uhr-Tee geeignet. Kurz darauf hörten wir ein Propellerflugzeug, das ich aber nicht sah. Dies deutete darauf hin, daß wir uns tatsächlich nicht mehr allzu weit von Land befanden, denn üblicherweise benutzen den Luftraum über der offenen See nur Jets – von den Schenks damals abgesehen.

Michael schrieb ins Tagebuch:

Nachtwache unter Maschine. Neue Methode: go west mit Peilung Nordstern überm Ruderrad. Einmal mehr ist der Kompaß überflüssig. Karl leistet weiterhin Beispielhaftes in punkto Sauberkeit in der Pantry. Erste Landzeichen: ein Propellerflugzeug und ein Tanker. Bonitos begleiten das Schiff – aber sie beißen nicht. Ab sofort erhöhte Vorsicht nachts. Segeln seit 20.00 Uhr wieder – aber so müde wie ich. Nach zwei Stunden Schlaf morgens begann Karl, seine Leichenrutsche am Salontisch zu behämmern. Fazit: „Das offene Meer ist wie eine geschlossene Anstalt.“

Thomas notierte:

Karl hat gestern einen perfekten Küchendienst hingelegt – wohl als Friedensangebot für seine Ausfälle bei der Nachtwache. Doch jetzt sehe ich ihn schon wieder unten am großen Salontisch und ohne Unterlage hämmern und sägen. Bewundernd beobachtet ihn Ludwig, wie er fremdes Eigentum, das uns zur Verfügung gestellt wurde, beschädigt. Flaute. Flaute. Flaute. Unser Wind für diese Fälle ist in großen Kanistern an Deck festgelascht.

Siebzehnter Tag auf hoher See:

Sarita tanzt im gestörten Passat

16. Dezember: Wir motorten noch immer, insgesamt schon 40 Stunden. Die Stimmung an Bord war gut, wenn man von kleineren Reibereien, die glücklicherweise an der Oberfläche blieben, absah. Wir alle spürten, daß sich die Atlantikpassage dem Ende zuneigte und daß wir mit Wetter und Wind Glück gehabt hatten. Es würde eine problemlose Überfahrt geben. Wir waren jetzt nur noch wenige Tage von den gewetteten Ankunftszeiten entfernt. Gelegentlich ertappte ich mich dabei, wie ich mir bei manchen Wolkenformationen am westlichen Horizont die Frage stellte, ob dies nicht auch Land sein könne. Obwohl ich es mir vorgenommen hatte, dies nicht zu tun, griff ich dann jedes Mal zum Fernglas, was aber auch keinen weiteren Aufschluß ergab. Ich dachte an Columbus und daran, daß während seiner Atlantiküberquerung oft die Männer vom Ausguck solche Wolkenformationen gesehen und voreilig „Land“ gerufen hatten. Sicherlich war auch daran schuld, daß für das Sichten des vorgeblichen Indien eine hohe Belohnung ausgesetzt worden war.

Vormittags griff sich Michael das Tonbandgerät. Ich gebe hier seine Aufzeichnung unredigiert wieder:

Meine Teilnahme an dieser Reise resultiert eigentlich aus einem sehr spontanen Angebot von Bobby und einer ebenso spontanen Zusage von mir. Das war vor etwa einem Dreivierteljahr. Daß die Reise jetzt stattfindet und daß ich dabei bin, halte ich für einen ausgesprochenen

Glücksfall, wie auch den bisherigen Verlauf überhaupt. Persönlich muß ich leider diese Fahrt antreten, ohne mich in navigatorischer Hinsicht irgendwie vorgebildet zu haben, dazu war einfach wegen Arbeitsüberlastung keine Zeit. Ich muß sagen, ich habe, trotzdem alle Beteiligten wesentlich besser vorbereitet waren, eine ganze Menge gelernt. Ganz sicher kann man nicht leugnen, daß es an der Erfahrung von Bobby Schenk auf den Meeren liegt, wegen seiner Bücher vielleicht, die mir so viel Vertrauen gegeben haben, so was einfach anzugehen, obwohl Familien warten und ein Risiko bei solchen Unternehmungen ja immer besteht.

Unsere erklärte Absicht von Anfang an war ja, über diese Reise einen Film zu drehen, aber das ging zuerst eigentlich sehr schleppend voran. Das liegt wohl daran, daß man sich an Bordroutine gewöhnen muß, wohl auch ein bißchen erholen muß, Abstand gewinnen von dem, was man hinter sich läßt. Befürchtungen, daß beispielsweise die Crew nicht zusammenpassen könnte, was sehr fatal sein kann für den psychischen Zustand, haben sich Gott sei Dank nicht bestätigt. Im Gegenteil, Reibereien sind eigentlich bis heute, kurz vor dem Landfall, vollständig ausgeblieben, und für mich persönlich hatte ich mir eigentlich vorgenommen, solche Konfrontationen auch grundsätzlich zu meiden; meine Grundhaltung war auf Genuß programmiert.

Die große Einsamkeit auf dem Meer, das ich noch nie in dieser Form erlebt habe, hat sich eigentlich überhaupt nicht eingestellt, wie ich es an sich erwartet hätte. Das liegt vielleicht auch an dem engen Leben an Bord, obwohl ich immer eine Möglichkeit gefunden habe, mich dann auch mal zurückzuziehen, um meinen eigenen Gedanken nachzuhängen. Das sehr Erstaunliche daran ist eigentlich, daß es tatsächlich möglich war und auch von allen respektiert worden ist. Den eigentlich tieferen Eindruck des Erlebnisses dieser Reise, glaube ich, kann man jetzt zu diesem Zeitpunkt überhaupt noch nicht beschreiben. Es wird einige Zeit dauern, bis es an einer Stelle eingeordnet worden ist, wo es hingehört, aber auf jeden Fall unter die wirklich ganz großen Erlebnisse, die man im Leben haben kann.

Der glückliche Verlauf bisher bestätigt eigentlich meine Ansicht, die ich von Bobby von Anfang an gehabt habe, und das Vertrauen, was er auch nicht abschüttelt durch seine häufig negativen, vielleicht auch scherzhaft gemeinten Bedenken, die er immer wieder geäußert hat, was uns alles passieren kann usw. Ich habe mir als Grundhaltung vorgenommen, die Sache optimistisch anzugehen, auf Bequemlichkeiten, die ich gewohnt bin, zu verzichten, was ja notwendig ist auf einem solchen Schiff. Ich glaube, die Mitsegler sind mit einer ähnlichen Einstellung herangegangen, so daß es also hier überhaupt nicht zu echten Reibungen gekommen ist, trotz der beengten Verhältnisse auch sanitärer, persönlicher Art, einfach alles, wo man sich sonst eigentlich eher abkapselt.

Mehr noch glaube ich, daß uns in Zukunft mit einigen der Crewmitgliedern so was wie eine ausbaubare Freundschaft verbinden kann, eine Erfahrung, die man auch ansonsten ganz selten macht. Wenn ich heute irgendein Resümee ziehen sollte, sieht das, so erstaunlich das auch scheint, wirklich rundum positiv aus. Ein ganz besonderes Lob außer dem Skipper gilt sicher seiner Frau, die ausgleichend war und immer irgendwo dagestanden hat, Traditionen eingebracht hat wie Sundowner oder irgend so was in dieser Richtung, und die selbst eigentlich nie den Eindruck von einer grundsätzlichen Überlegenheit vermittelt hat, obwohl sie das sicher könnte aufgrund ihrer Erfahrung. Natürlich fragt man sich am Ende einer solchen Reise: Würde ich das noch mal tun? Uneingeschränkt „ja“, aber nach Möglichkeit mit meiner Frau, wenn nicht, dann mit meinem Sohn. Die waren ja wirklich das einzige, was ich hier vermißt habe.

Was das Gelingen des Films anlangt, da hat es ein paar kleinere Reibereien gegeben, die haben aber meine Freundschaft zum Wiggerl nicht nachhaltig beeinträchtigt. Wir haben uns immer wieder geeinigt, und ich bin eigentlich ganz guten Mutes, daß eine gute Beschreibung dabei herauskommen kann, die anderen Menschen vielleicht auch den Spaß vermittelt, den wir selber gehabt haben.

Bei den Mittagsmessungen war eine neue Premiere vorgesehen. Endlich mußte unser „Fixwinkel“, also die beiden auf ein Brett geklebten Spiegel, ihre Eignung beweisen. Ich hatte mir ausgerechnet, daß ich so um den 20., 21. Dezember in Barbados sein würde. Dieses Datum kennt jedes Schulkind als Winteranfang, als den Zeitpunkt, zu dem die Sonne am weitesten von uns entfernt ist.

Die Eckwerte für die Breite dieses Sonnenstands sind bekannt, sie liegen bei 23 Grad 26 Minuten. Auf einem Schiff, das am 21. Dezember auf 23 Grad 26 Minuten Süd stände, würde man die Sonne zur Mittagszeit exakt über sich, also in einem Winkel von 90 Grad sehen.

Welche Stellung beide Spiegel für den 18. bis 23. Dezember und für Barbados haben mußten, ergab sich aus einer kinderleichten Rechnung: Die Summe von Breite Barbados plus Sonnenbreite, also von 13 Grad 13 Minuten plus 23 Grad 26, somit 36 Grad 39 Minuten, wurde von 90 Grad abgezogen, was den Höhenwinkel der Sonne ergab, also 53 Grad 21 Minuten.

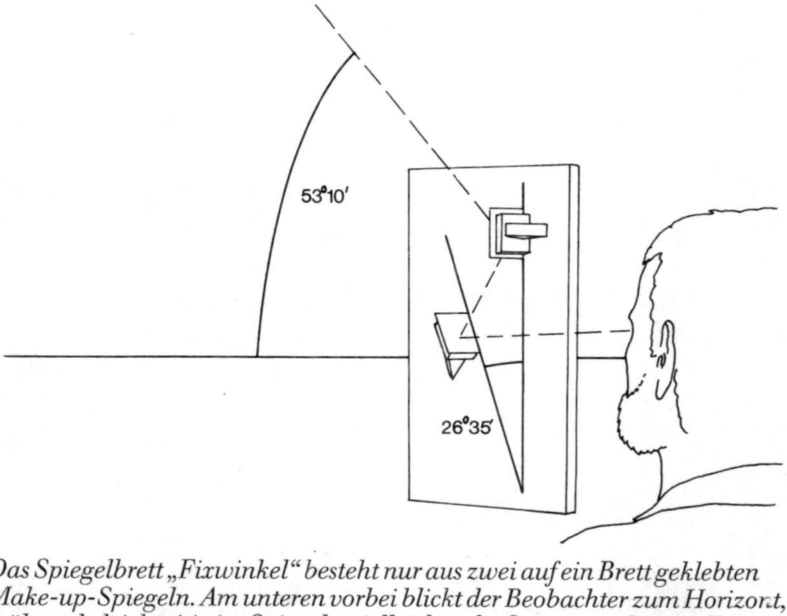

Das Spiegelbrett „Fixwinkel" besteht nur aus zwei auf ein Brett geklebten Make-up-Spiegeln. Am unteren vorbei blickt der Beobachter zum Horizont, während gleichzeitig im Spiegel – vielleicht – die Sonne zu sehen ist. Dies ist nur dann der Fall, wenn die Sonne exakt den doppelten Höhenwinkel hat, den die beiden kleinen Spiegel zueinander bilden.

In einem Spiegelinstrument mußte ich dann also den Sonnenunterrand mit 53 Grad 10 Minuten messen, denn die Gesamtbeschikkung von in diesem Fall abgerundeten 11 Minuten mußte noch hinzugezählt werden. Mein Spiegelmeßinstrument mußte mir also einen Winkel von 53 Grad 10 Minuten anzeigen, wobei die Schwierigkeit darin bestand, daß doppelte Genauigkeit beim Winkel der Spiegel zueinander erforderlich war. Denn nach dem von der Schule her bekannten Satz, daß Einfallswinkel gleich Ausfallswinkel ist, durften sich die Spiegel nur im halben erforderlichen Winkel gegenüberstehen, also in einem Winkel von 26 Grad 35 Minuten. Es war sicherlich Zufall, sprach aber auch für Karls handwerkliches Geschick, daß er die Spiegel so aufgeklebt hatte, daß diese nach möglichst genauer Vermessung mit dem Plexiglasdreieck einen geschätzten Winkel von 26 Grad 34 Minuten bis 26 Grad 37 zueinander bildeten.

Noch „paßte" die Deklination, also die Sonnenbreite, nicht ganz genau. Trotzdem war ich mir sicher, daß ich mit dem „Fixwinkel" recht gut würde messen können, denn da war noch eine Skala von der Natur vorgegeben. Mit Hilfe des Sonnendurchmessers, der 32 Minuten beträgt, waren weitere Schätzungen möglich. Befand sich

Furchterregende „Leichenrutsche"

die Sonne um einen ganzen Scheibendurchmesser über dem Horizont, so war die Messung eben 53 Grad 10 Minuten plus 32 Minuten. Stand sie um einen halben Durchmesser darüber, so betrug der Winkel 53 Grad 10 Minuten plus 16 Minuten und so weiter.

Mittags hieß es wieder: „Alle Mann an Deck zur Sonnenmessung!" Jetzt war die Mannschaft wirklich ausgelastet. Nicht nur die beiden Schattenstifte SARITA I und SARITA II waren im Einsatz, sondern auch der Fixwinkel und „Bridgetown". Letztere bediente ich abwechselnd und schließlich noch die „Leichenrutsche", auch respektlos „Bazooka" genannt, die Karl in den letzten Tagen zusammengehämmert hatte. Sie machte einen furchterregenden Eindruck; wenn Bernhard mit dieser Waffe auf der Schulter ins Cockpit zurücksah, duckte sich Carla am Rad unwillkürlich. Die Messungen stimmten weitgehend überein und ergaben eine Breite von 13 Grad 10 Minuten, also einen Superwert. Nur die Bazooka lag um ein Grad daneben, und wir fanden nicht heraus, warum. Möglicherweise war bei der großen Länge der Schatten schon so diffus, daß nur noch fehlerhafte Ablesungen möglich waren. Auf 100 Seemeilen schätzen wir das Etmal, den Kurs selbstverständlich auf 270 Grad. Die Summe unserer geschätzten Etmale ergab 2135 Seemeilen, so daß wir bei größtem Optimismus nicht mehr allzu weit von Barbados entfernt sein konnten. Möglicherweise waren wir aber auch noch 600 Meilen weit weg, also sechs Tagesreisen. Endlich konnten wir abends die Maschine ausschalten, denn Wind kam auf, aber am westlichen Horizont auch eine Wolkenbank. Theo sprach mit seiner Alpenseglermentalität von einem „Abendtratzer".

Bevor es richtig losging, schrieb Michael noch in sein Tagebuch:

Schöner Sonnenaufgang, aber Flaute. Nachmittag sehr wechselhaft, den ganzen Tag Dünung. Ärger: in der Koje Achterbahn. Inzwischen schlafe ich nicht nur mit Wiggerl in eheähnlicher Gemeinschaft, sondern auch mit Kamera, Stativ, Akkus und dem weiteren Zubehör.

Nach dem Sundowner kam der Sturm – oder war es nur eine heftige Bö? Schwer zu sagen, denn in der Nacht sind die Eindrücke noch subjektiver, noch persönlicher als am hellichten Tag. Die Angst spielte eine große Rolle. Besonders sorgte ich mich um unsere beiden riesigen Genuas. Würde die Reffleine reißen, würden die 150 Quadratmeter Tuch ausrauschen? Oder würden die Genuas sich nur langsam in kleine Fetzen auflösen? Wir hatten zwar noch ein paar weitere Törns eingedreht, um mehr von den Schoten ums Vorstag zu wickeln und die Genuas zu fesseln, aber das bot keine große Sicherheit. Es wurde eine der unangenehmsten Nächte auf See, die ich je erlebt hatte.

Gegen Mitternacht – wir konnten ja keine Uhrzeit nennen, und die Wachen waren völlig durcheinandergeraten – waren wir ziemlich fertig. Ich benutzte die Maschine, nicht um vorwärts zu kommen, sondern um das Schiff zu schonen. Denn das Krachen des Hecks beim Stampfen ging mir auf die Nerven. Man hatte das Gefühl, das Schiff würde zerlegt. Wahrscheinlich täuschte dieser Eindruck, denn objektiv gesehen muß eine Yacht ganz andere Dinge aushalten, etwa wenn eine See von achtern heranrollt und gegen das Heck knallt. Trotzdem, nachdem ich die Fahrt auf ungefähr zwei Knoten gebracht hatte, wurden die Bewegungen angenehmer.

Jetzt kam die Sorge, daß der Himmel auch untertags nicht aufreißen würde. Dann blieb uns nichts anderes übrig, als weiterhin nach Gefühl Kreise zu beschreiben. Es war sinnlos, ohne Stern oder Sonnensicht weiterzufahren, denn weder die Richtung der Seen noch die Windrichtung waren auch nur annähernd abzuschätzen.

Aber am meisten saß mir ein unangenehmes Gefühl wegen der Ungewöhnlichkeit des Wetters in der Magengrube. Am Abend hatten wir über den ganzen Horizont verteilt Schauer und Gewitterwolken gesehen, und in der Nacht zuckten überall am Firmament Blitze und erhellten für Sekundenbruchteile die Szenerie wie am Tag. Es handelte sich also nicht um eine kleine örtliche Störung, sondern offensichtlich um ein größeres System, das sich hier mit den Passatwinden angelegt hatte. Mangels Barometer konnte ich nicht erkennen, ob diese Gewitterfront das gleichmäßige Auf und Ab des Druckverlaufs im Passat überlagert hatte. Vielleicht war dies ganz gut, denn das hätte mich zusätzlich nervös gemacht.

„Passatstörung“ war das Stichwort, das mir im Kopf kreiste. Mit Theo brauchte ich darüber nicht zu sprechen, denn der wußte auch so, was die Stunde geschlagen hatte. Mit den anderen wollte ich nicht reden, denn wozu sollte ich sie beunruhigen?

Obgleich Karl sich beim ersten Sturmgetöse wieder mal wegen Seekrankheit abgemeldet hatte, stand er in den frühen Morgenstunden tapfer seinen Mann. Standesgemäß trug er nicht etwa Ölzeug, sondern irgendeinen Gummianzug für Kajakfahrer, sozusagen ein Ganzkörperkondom. Wie heftig die Gewittergüsse gewesen waren, konnte man daran ersehen, daß er nach dem Ausziehen wie wir alle bis auf die Haut naß war. Aber die ganze Geschichte schien ihn zu befriedigen, denn endlich konnte er selbst erleben, daß eine Ozeanfahrt nicht nur eine Trödelei unter der Sonne zu einem anderen Kontinent war.

Der Morgen schien zu grauen, Sterne waren nicht mehr zu sehen, als ich mich in die Koje legte und einzuschlafen versuchte. Lautes Gelächter aus dem Salon hielt mich noch etwas wach: ein gutes Zeichen, denn die Stimmung, aus der das Gelächter entstand, konnte nichts anderes heißen als: „Wir sind durch!“

Es muß ein paar Minuten danach gewesen sein, als Michael in sein Tagebuch notierte:

Diese Nacht war die aufregendste bisher. Wir haben unseren Sturm – vermutlich kurz vor dem Ziel. Bobby attestiert, er hätte so was auch noch nicht erlebt. Wiggerl weckt mich: „Wir müssen jetzt zusammenhalten.“ Dann bin ich orientierungslos am Ruder, vier Stunden lang im waagrechten Regen. Habe aber nie das Gefühl, das Schiff sei ernstlich in Gefahr. Bobby versucht uns mit Ruderkommandos aus dem Sturm zu manövrieren – fruchtlos, denn dazu bräuchten wir wirklich einen Kompaß oder wenigstens eine Ruderstandsanzeige. Bobby gerät mit Wiggerl aneinander wegen Röstung einer Ersatz-Kompaßnadel. Lächerliche Idee – reif für den vorher geplanten Psychologen. Nach Abklingen des Sturms Riesengaudi mit Thomas und Bernhard wegen Hundekoje nach Corned-beef-Genuß (Fußraum unter Navitisch). „Diese Koje ist der einzige Platz auf dem Scheiß-Schiff (Fäky), wo man seine Ruhe hat“, habe ich mir erlaubt zu sagen.

Thomas schreibt:

Ein Tropengewitter während der ganzen Nacht. Durchnäßt von der Wache, ißt Michael eine ganze Dose Corned-beef ohne Brot. „Riecht wie Hundefutter, schmeckt wie Hundefutter, ist Hundefutter", sagt er, dann kriecht er unter den Navigationstisch und meint: „Eine Hundekoje für die Hundewache. Der einzige Platz, wo man hier allein sein kann."

Achtzehnter Tag auf hoher See

Der Abendstern führt nach Barbados

17. Dezember: Am Morgen beim Frühstück war die Stimmung auf der SARITA ausgezeichnet. Wir wußten zwar nicht, wo wir waren, und hatten auch nicht den geringsten Schimmer, in welcher Richtung wir weiterfahren sollten, doch löste sich die Spannung der Nacht, weil der Wind durch ständiges Nachlassen Entwarnung signalisierte. Aber der Himmel war noch immer bedeckt. Jetzt konnte ich endlich die Katze aus dem Sack lassen und meiner Mannschaft mal etwas von Passatstörungen erzählen. Aber niemand schien es so richtig ernst zu nehmen. Nur Theo pflichtete mir bei: „In einem Hurrikan hätten wir aufgeben können."

Ludwig fragte mich, was wir machen würden, wenn wir mittags keine Sonne bekämen. Das war eine berechtigte Frage, denn nirgendwo war etwas vom Blau des Himmels zu sehen, alles blieb grau in grau. Ich erwiderte und meinte das auch ernst: „Dann werden wir auf der Stelle treiben, bis wir unsere Breite wieder feststellen können!"

Ludwig schien enttäuscht, aber das hatte ich ja schon am Anfang angekündigt. Es war doch unmöglich, einfach nach Westen weiterzusegeln, ohne unsere Breite zu kennen. Gut, wenn wir im Norden an Barbados vorbeilaufen würden, wäre das sicher nicht so tragisch, abgesehen davon, daß wir unser Ziel nicht erreicht hätten.

Saint Lucia, St. Vincent, Antigua, Guadeloupe, Martinique, all dies sind Inseln, die gebirgig, also hoch und damit gar nicht zu verfehlen sind. Irgendwelche gefährlichen Riffe sind nicht vorgelagert, und die Lücke zwischen den Inseln ist höchstens 20, 25

Meilen breit, so daß wir in jedem Fall Land sehen würden. Trotzdem, es wäre nicht im Sinn unserer Reise gewesen, denn mein Ziel war, nicht irgendwo anzukommen, sondern unbedingt in Barbados!

Gefährlicher würde es werden, wenn wir südlich von Barbados vorbeiliefen. Denn dort lauern die Tobago Cays, und in der Nacht würde man die erst am Knirschen des Kiels bemerken. Jeder Mensch hat andere Alpträume, meiner sieht wie folgt aus: „Ich befinde mich auf einer Yacht, und plötzlich, ohne daß am Horizont irgendwo Land zu sehen wäre, bemerke ich hellgrünen Grund unter dem Kiel rund um mich herum."

Verursacht hat diesen Alptraum mein Erlebnis vor 20 Jahren, als Carla und ich in den schwersten Hurrikan gerieten, der die Südsee jemals heimgesucht hatte. Diesen Wirbelsturm namens Bébé überlebten wir zwar in einem von Mangroven umsäumten Flußlauf, doch mußten wir am Funk mit anhören, wie ein Kümo um Hilfe rief: „Habe mich zwischen die Riffe verirrt, um uns herum nur Riffe, wir haben keine Orientierung mehr, könnt ihr uns 'raushelfen?"

Dieser Alptraum konnte sich in den Tobago Cays realisieren. Was bedeutete es dagegen, einen Tag oder auch zwei zusätzlich auf der Stelle zu stampfen, notfalls eben so lange, bis wir wieder eine genaue Breite bekamen? Der Strom würde uns kaum von der Stelle setzen, denn bestenfalls kommen in 24 Stunden 30 Meilen Strom zusammen.

Trotzdem mißfiel mir die Idee, nicht mehr weitersegeln zu können, vor allem weil es bis jetzt ja wunderbar gelaufen war und wir vielleicht eine ganz gute Zeit für die Überfahrt erzielen würden. Wir waren nicht in Zeitdruck, doch bei jeder Atlantiküberquerung entwickelt sich automatisch der Ehrgeiz, diese möglichst schnell hinter sich zu bringen.

Als hätte Neptun uns nur auf eine Probe stellen wollen, riß am späten Vormittag der Himmel auf. Wir konnten die Sonne erahnen und deshalb auch die ungefähre Richtung feststellen, in der wir weitersegeln wollten.

Aber es sollte noch besser kommen. Wind setzte ein, zwar aus südwestlicher Richtung, doch so, daß wir den Kurs mit der Maschine bis auf 20, 30 Grad halten konnten. Innerhalb einer Stunde war fast der gesamte Himmel leergeblasen, so daß wir die Sonne wieder in voller Pracht am Firmament stehen hatten. Und das Beste daran: Sie stieg noch immer, wir hatten also Mittag und damit unsere Mittagsbreite noch vor uns.

Die Sonne stand schon auf 45 Grad, als wir an Steuerbord voraus eine andere Segelyacht bemerkten. Ganz langsam kamen wir näher, so nahe, daß der Rumpf der Segelyacht nicht mehr von der Dünung verdeckt wurde. So konnten wir sehen, daß am Heck eine schwarz-rot-goldene Flagge gesetzt war. Es handelte sich um eine Contest 34. Sicherlich freuten die sich, daß sie auf hoher See eine andere Yacht trafen, und ganz offensichtlich hatten sie deshalb ihren Kurs so hoch am Wind gewählt, daß ihr und unser Kurs sich schneiden mußten.

Das hätte mir jetzt gerade noch gefehlt! Häufig hatte ich während des ganzen Törns schon überlegt, wie ich einer solchen Situation aus dem Wege gehen würde. Denn es wäre jetzt zu blöd gewesen, sich mit einer Yacht zu treffen und von der Besatzung die Position

Eine deutsche Yacht möchte mit uns in Rufweite kommen. Wir flüchten.

zu erfahren. Dann wäre unser ganzer Törn eigentlich umsonst gewesen.

Wie sollte ich dies aber vermeiden? Sollten wir zur anderen Yacht hinüberrufen: „Bitte gebt uns ja nicht die Position?“ Würde uns später irgend jemand glauben, daß wir uns auf hoher See mit einer anderen Yacht unterhalten und keine Position bekommen hatten? Und war die Gefahr nicht groß, daß uns die andere Crew beim Näherkommen vielleicht zurief: „Könnt ihr uns für die letzten zwei Tage bis Barbados noch ein kaltes Bier geben?“

Nein, Derartiges ließ sich nur dadurch vermeiden, daß wir anderen Yachten aus dem Wege gingen. Ich knallte die Großschot dicht und trug dem Rudergänger auf, so hoch an den Wind zu gehen wie nur möglich.

Die andere Yacht recht voraus luvte ebenfalls an. Es blieb mir nichts anderes übrig, als den Gashebel nach vorne zu schieben, um so noch etwas mehr Höhe zu laufen. Tatsächlich setzten wir damit langsam zum Überholen der anderen Yacht an und passierten sie Meter für Meter vielleicht eine Meile entfernt, jedenfalls weit außerhalb jeder Rufweite. Ludwig fragte mich mit vorwurfsvollem Blick, ob ich die andere Yacht denn nicht treffen wolle. Zu seiner Enttäuschung erklärte ich, daß ich auf keinen Fall an einem Kontakt interessiert sei. Ich hatte mich selbstverständlich vorher vergewissert, daß dort drüben nicht etwa ein Notfall vorlag. Aber keine der gesetzten Flaggen oder Zeichen deuteten darauf hin.

Wohin würde die deutsche Yacht wohl laufen? Vielleicht nach Barbados wie wir? Sicher ließ sich das nicht sagen, denn die hatten ja angeluvt, um uns zu treffen, und nicht einmal wir konnten unter voller Fahrt mit Maschine und dichtgeholtem Groß den Wunschkurs von 270 Grad halten. Um die 300 Grad, mehr war nicht mehr drin. Dies konnte bei der anderen Yacht auch eine Ansteuerung von Martinique oder irgendeiner anderen Insel bedeuten.

Was wir am frühen Morgen niemals zu hoffen gewagt hatten, geschah mittags: Der ganze Himmel war wolkenfrei, und so konnten wir zum ersten Mal alle unsere Instrumente einsetzen. Das Ergebnis überraschte uns, denn die Messungen ergaben (alle auf den Sonnenunterrand reduziert):

Fixspiegel:	53 Grad 08 Minuten,
„Bridgetown“:	53 Grad 06 Minuten,
SARITA I:	53 Grad 15 Minuten,
SARITA II:	53 Grad 12 Minuten.

In mein Logbuch trug ich ein: 13 Grad 19 Minuten Nord.

Durch das Unwetter heute nacht waren wir weder süd- noch nordwärts versetzt worden, was bedeutete, daß wir praktisch auf der Stelle geblieben waren. Deshalb schätzten wir die in den letzten 24 Stunden zurückgelegten Seemeilen auch nur auf 65 bei einem Kurs von 280 Grad. Insgesamt hatten wir nun 2200 geschätzte Seemeilen hinter uns. Danach lagen wir 500 Seemeilen vor Barbados – oder doch viel mehr?

Nachmittags rückten am Horizont nochmals graue Wände heran, aber wir alle spürten, daß das nur Reste des gestrigen Unwetters waren. Der Wind kam immer noch aus Südwesten, hatte aber keine richtige Kraft mehr, so daß wir immerhin 300 bis 280 Grad unter Maschine und dichtem Groß laufen konnten. Plötzlich standen an Backbord, fünf oder zehn Meilen entfernt, gigantische Windhosen. Deutlich konnte man sehen, wie von der Meeresoberfläche Wasser ein paar hundert Meter hochgerissen und in den Rüssel gesaugt wurde. Beide Wasserhosen schienen auf der Stelle zu stehen. So überkam uns auch kein ungutes Gefühl dabei, obwohl es kaum auszumalen war, was passieren würde, wenn eine Yacht unter den saugenden Schlauch segelte.

Ich habe schon viel von den Gewalten gelesen, die in einer Wasserhose herrschen, habe auch schon von zahlreichen Beobachtungen gehört, aber noch nirgends einen Bericht darüber gefunden, was einer Yacht tatsächlich passiert ist. Vielleicht schaut es nur so dramatisch aus? Vielleicht waren wir gar in der Nacht in einer solchen Wasserhose gewesen?

Nachmittags saß im Cockpit plötzlich Ludwig neben mir mit einem Sicherheitsgurt, wie ihn, so dachte ich wenigstens, Bergsteiger gelegentlich tragen. Auch die Art und Weise, wie er die Hände in Kletterhandschuhe steckte, hatte ich vorher nur bei Leuten gesehen, die den Einstieg in eine überhängende Felswand planten.

Anschließend machten sich Ludwig und Karl am Mast zu schaffen und klarierten die Fallen; mir war klar, daß hier einer von den beiden in den Mast steigen wollte. Wozu wohl? Die umgehängte Kamera gab die Antwort: für Erinnerungsfotos von oben! Mir paßte die Sache nicht, denn das Steigen in den Mast ist immer mit ein wenig Risiko verbunden, auch wenn der Mann von Deck aus abgesichert wird. Es kann notwendig werden, um eine Reparatur im Mast vorzunehmen, um ein fürs Weiterkommen wichtiges Fall wieder einzufädeln oder ähnliches.

Aber wegen eines Fotos würde ich doch nicht so ein Risiko eingehen! Schließlich kann der Schäkel brechen, an dem der Mann hängt, und das Fall von der Winsch rutschen. Man lächle nicht darüber: Auf einer schweizerischen Rennyacht passierte dies einmal in Westindien, einen Tag vor dem Rennen im Hafen. Der Unglückliche, der daraufhin aufs Deck knallte, ist heute querschnittsgelähmt. Damals hatte es noch einen Sinn, daß der Mann in den Mast kletterte, denn schließlich sollte das Rigg für das bevorstehende Rennen gecheckt werden. Aber wegen eines Fotos in einen auf hoher See schwankenden Mast steigen? Die beiden hatten keine Ahnung, wie unangenehm es oben in der Atlantikdünung ist.

Ich hielt mich zunächst zurück und sagte nichts, denn ich wollte nicht als ewiger Meckerer dastehen. Ich ging nach unten und fraß den Ärger in mich hinein. Aber wenn doch etwas passierte? Würde man dann nicht mich als den Skipper dafür verantwortlich machen? Würde man nicht später sagen: „Wenn Sie es nicht zugelassen hätten, daß ein Mann wegen so einer Nichtigkeit in den Mast stieg, wäre auch nichts passiert!"

Man mag mich einen Feigling nennen, aber warum sollte ich das geringste Risiko eingehen? Die Versicherung würde sich an mich halten! Wie kam ich dazu, dieses Risiko zu tragen? Hatten wir nicht alle an diesem Törn teilgenommen, um unser Vergnügen zu haben? Wieso sollte einer, noch dazu der mit den meisten Erfahrungen, der alles angeleiert und organisiert und diesen Törn erst ermöglicht hatte, warum sollte gerade dieser eine achtmal größere Verantwortung tragen als jeder andere an Bord?

Nachdem mir diese Ungerechtigkeit durch den Kopf gegangen war, beschloß ich – „Meckerer" hin oder her –, jedes Risiko zu unterbinden. Und so schoß ich nach oben, wo Ludwig bereits dabei war, mit der umgehängten vollautomatischen Touristenkamera in den Mast zu steigen, und stellte diesen Blödsinn ab. Wie immer sah Ludwig das mißmutig ein, womit die Sache zwar ein Ende hatte, aber wieder ein kleiner Mißton zurückblieb.

Abends beim Sundowner war die Stimmung wieder bereinigt, alle wirkten heiter und gelöst. Das lag sicherlich nicht nur daran, daß unser Sundowner mit jedem Tag hochprozentiger geworden war, sondern daß sich langsam wieder Passat-Atmosphäre verbreitete. Die Wolken hatten sich verzogen, und die Venus stand deutlich sichtbar am Himmel. Noch immer liefen wir auf Steuerbordbug, einen Kurs von 280 bis 300 Grad gerade eben haltend. Um unseren Wunschkurs von 270 Grad bis morgen mittag zu erreichen, wollte ich nach ein paar Stunden, vielleicht um Mitternacht, über Stag gehen. Auf diesem Bug hätte ich im Moment nur um die 200 Grad laufen können.

Etwa eine Stunde nach Sonnenuntergang blickte ich nach draußen, machte meinen üblichen Rundgang und sah unter der Venus einen Lichtschein am Horizont. Meine Mannschaft beruhigte mich und wies darauf hin, daß dies wohl Licht der Venus sei. Anschließend ging ich in die Koje. Die Maschine lief, ich diktierte noch ein paar Zeilen für diesen Bericht und hörte mir anschließend aus dem Walkman das Neujahrskonzert 1987 unter Leitung Herbert von Karajans an, eine Aufnahme, wie ich sie in dieser technischen Qualität ganz selten gehört hatte. Jedes Instrument war so transparent, daß man es aus der Summe der symphonischen Klänge heraushörte. Geradezu märchenhaft klang der Frühlingsstimmenwalzer, obgleich der 80-PS-Yanman-Diesel, der nun seit rund 60 Stunden seinen Dienst verrichtete, vor sich hinröhrte. Ich nahm einen letzten Schluck Rotwein, bevor ich mich endgültig hinlegen wollte.

Aber kein Skipper geht wohl beruhigt zur Koje, wenn er nicht aus dem Cockpit einen allerletzten Rundblick über den Horizont geworfen hat. So stieg ich wieder nach oben und bemerkte immer noch den Lichtschein am Horizont, gerade da, wo die Venus untergehen mußte. Aber sie war noch nicht untergegangen, so daß ich mich über den gelben Schein in den Wolken wunderte. Ich fragte Karl am Ruder, ob das wohl noch der Schein vom Sonnenuntergang sei, was dieser verneinte. Da nahm ich das Fernglas und suchte noch einmal aufmerksam den Horizont ab. Was ich kaum zu hoffen wagte, wurde Wahrheit.

Am Horizont sah ich unter dem Lichtfleck in den Wolken zahlreiche kleine weiße Lichter und auch einen roten Punkt dazu. Ein einziges Licht, so hell wie viele Sterne in der Umgebung, schien auf dem Gipfel eines Hügels zu stehen. Ich stützte mich auf das Klappverdeck. Inzwischen stand Theo neben mir und beobachtete, wie ich im Fernglas den Horizont studierte. Ich sagte zu ihm: „Wetten, das ist Barbados!" Theo nahm das Glas und machte die gleichen Beobachtungen. In diesem Moment wollte ich nicht mehr zögern, denn ich war mir meiner Sache sicher, daß wir ohne jedes Navigationsinstrument den Atlantik überquert hatten.

Ludwig war herangetreten, und ich flüsterte den beiden zu: „Ich zähle jetzt ganz leise bis drei, und dann brüllen wir!"

Leise zählten wir gemeinsam und brüllten dann los: „Land ahoi!"

Unten rührte sich kaum etwas. Sicherlich nicht deshalb, weil sie nicht auf den Augenblick gewartet hätten, sondern weil es eben eine Weile dauert, bis man die Decke zurückgeschlagen, die Brille gesucht hat und ähnliches mehr. Oben begann sich die Spannung zu lösen, und zu meiner Verwunderung gratulierten mir alle. Ich dagegen, ohne jetzt krampfhaft auf Bescheidenheit zu machen, hatte in diesem Moment nur das eine Gefühl: „Wir, die Mannschaft, die SARITA, haben etwas geschafft, was sicherlich seit Menschengedenken noch niemals verwirklicht worden ist: einfach von einem Kontinent mit einem Schiff loszufahren, ohne von vornherein die Möglichkeit zu haben, exakt zu navigieren, und trotzdem nach 5000 Kilometern ein winziges Körnchen auf der anderen Seite des Atlantiks zu finden: Barbados."

In diesem Moment mußte ich aber auch an die vergangene Nacht denken, in der ich doch ziemlich verzweifelt gewesen war. Denn ich hatte meine Mannschaft und das Schiff, das mir Kurt Ecker anvertraut hatte, wie ich glaubte, für einen Moment in Gefahr gebracht. Großer Respekt vor der Weite der Meere, vor den vielen Seefahrern, die mit einfachsten Mitteln versucht hatten, zu neuen Kontinenten vorzustoßen, erfüllte mich.

Kaum hatten wir angefangen zu schreien, war die Mannschaft oben versammelt. Vergessen waren die kleinen Unebenheiten in den menschlichen Beziehungen. Jeder machte ein gelöstes, fröhliches Gesicht. Doch hatte ich das Gefühl, daß der einzige, dem beim Anblick von Barbados ein Stein vom Herzen fiel, der Skipper selber war. Die letzten Bierreseven wurden heraufgeholt, und es kam zu einer kleinen Siegesfeier im Cockpit. Wieder wunderte ich mich: Daß die zahlreichen Lichter da vorne Land anzeigten, war klar. Aber warum stellte niemand die Frage, um welche Insel es sich handelte? Woher nahmen alle die Gewißheit, daß es Barbados war?

Lichter voraus! Wir sind erleichtert.

Wir waren zwar noch immer auf hoher See, Barbados lag sicherlich noch viele Meilen weit weg, 30 vielleicht. Dennoch benahmen sich alle, als seien wir irgendwo vor Anker auf einer Reede. Dazu trugen das ruhige Wasser und die fehlende Dünung bei, was die SARITA wegen des stützenden Großsegels zu ungewohnt ruhigen Bewegungen veranlaßte. Ich wußte, daß sich die Einfahrt nach Barbados noch endlos hinziehen würde, und dachte auch an die vorgelagerten Riffe, auf denen vor ein paar Jahren eine österreichische Yacht gestrandet war und alles verloren hatte; deshalb ordnete ich an, ungefähr um Mitternacht die Maschinendrehzahl zu reduzieren, um nur noch mit zwei bis drei Knoten dahinzuschleichen. Überglücklich ging ich in die Koje und versuchte zu schlafen.

Michael schrieb auf:

22.30 Uhr: Land! Alles ist vergessen. Wir feiern im Cockpit. Bobby ist am glücklichsten, glaube ich. Sein Einsatz und Risiko waren aber auch wirklich hoch. Ich glaube, wir alle sind ihm sehr, sehr dankbar. Mein Einsatz – 10 US-Dollar – verachtfacht sich wegen des Glückstreffers (wie immer fifty-fifty mit Bettgenosse Wiggerl).

Welcome in Barbados!

Mangels Seekarten hielten wir einen Abstand von drei bis vier Meilen von der Küste ein, an der wir entlangliefen, um zur Carlisle Bay zu gelangen. Dies war der Platz, wo Carla und ich 20 Jahre zuvor nach 38 Tagen auf See überglücklich mit unserer THALASSA eingelaufen waren. Damals gab es noch keine Satellitengeräte, und wir hatten mühsam mit dem höchst ungenauen Funkpeiler und durch Kreuzpeilungen mittels Handkompaß nachts die Einfahrt gesucht, was gar nicht so einfach war, weil uns immer wieder Regenschauer die Sicht auf die Leuchtfeuer nahmen. Diesmal war es ein strahlendes Ankommen. Die Sonne schien, der Passat hatte sich wieder durchgesetzt, blies jedoch noch nicht so stark, daß wir die Maschine hätten stoppen können.

Als wir in der Ferne schon das riesige Hotel sahen, an dessen Pier die Ankerlieger der Carlisle Bay gelegentlich ihre Dingis festmachten, kamen uns Fischerboote mit freundlichen Schwarzen entgegen. Wir erinnerten uns an den letzten Kontakt mit Fischern in Mogan, als wir zwei ihrer Berufskollegen an Bord der SARITA gehabt hatten, die den Ausbau unserer Navigationsinstrumente bezeugen sollten. Einen echten Notar hatten wir am Wochenende in Mogan nicht auftreiben können. Ich deutete auf die schwarzen Boys in ihren schnellen Fischerbooten mit den riesigen Außenbordern am Heck und grinste: „Schaut hin, lauter Notare!“

Als wir in die Carlisle Bay motorten, verglich ich die Anzahl der dort liegenden Yachten mit der vor 20 Jahren. Die Reede war zwar voll, doch so überfüllt, wie manche ältere Yachtleute behaupten –

nach dem Motto „früher war alles besser" –, war der Ankerplatz auch wieder nicht. Es war noch früh am Vormittag, deshalb regte sich kaum etwas auf den Yachten. Nur auf einem kanadischen Boot saß der Skipper im Cockpit, und so motorte ich mit unserer schönen SARITA, die jetzt auch die österreichische Nationale trug, am Heck dieser Ketsch vorbei.

Ja doch, jetzt bemerkte ich einen Unterschied zu früher. Daß sich beim Eintreffen eines Atlantiküberquerers kein einziges Dingi von einem der Ankerlieger löste, um den Ankömmlingen frisches Brot, Butter und Obst zu bringen, das hätte es früher nicht gegeben. Nicht unfreundlich erklärten uns die Kanadier, daß in Barbados zwischenzeitlich ein großer Industriehafen gebaut worden war, weshalb man in der Carlisle Bay nicht mehr einklarieren könne. Man müsse ein paar Meilen weiter an der Küste entlangfahren, um dort die Formalitäten zu erledigen.

Schade, wie romantisch war das damals gewesen, als eine Hafenbarkasse mit Vertretern von Immigration, Gesundheitsbehörde und Zoll – dunkelhäutige Beamte in schneeweißen Uniformen – vorsichtig an die THALASSA heranmanövriert war, um die Offiziellen überzusetzen und sie nach getaner Arbeit eine halbe Stunde später wieder abzuholen. Vorbei!

Die SARITA motorte in den riesigen, gähnend leeren Industriehafen von Barbados, an dessen Ende eine Pier mit den Bürogebäuden lag.

Waren wir wirklich in Barbados? Auf die Idee, irgend jemand danach zu fragen, kam keiner auf der SARITA. So sicher waren wir uns. Erst jetzt, als wir Leinen und Fender zum Längsseitsgehen bereitlegten, wußten wir es genau, denn an der Hafenmauer hing ein großes Schild: „Welcome in Barbados".

Vorsichtig legte ich die SARITA mit Steuerbordseite an die Pier, ein Schwarzer nahm, sich ziemlich herrisch gebärdend, unsere erste Leine an, und Karl, der Sportler, hechtete auf die Mole, um mit den Leinen zu helfen. Kaum waren alle befestigt, hüpfte der Schwarze ganz aufgeregt herum und drängte zur Eile, weil das Büro bald schließen würde. Carla suchte schon Pässe und Papiere zusammen, da bemerkte ich, daß an der Pier ein enormer Schwell stand, der die SARITA um mindestens einen Meter hochhob und dann wieder zurücksinken ließ. Ich fürchtete, dieses Stampfen würde die Fender zerdrücken oder die Leinen mitsamt den Festmacherklampen aus dem Deck reißen.

Ich fluchte, denn das war kein Platz, um eine Stunde liegen zu bleiben, bis die anderen an Land fertig waren. Immer und immer wieder stöhnten die Festmacher auf. Ich dachte daran, daß ich dieses schöne Schiff ohne jegliche Beschädigung hierhergebracht hatte, und sah nicht ein, weshalb die SARITA ganz am Ende der Fahrt noch Kratzer abbekommen sollte. Von der Hafeneinfahrt sah ich hohen Schwell hereinrollen.

Wir mußten hier weg, so schnell wie möglich! Ich musterte die Festmacherleinen und sah, daß sie alle mit sauberen Palsteks an Ringen in der Hafenmauer befestigt waren. Es würde nicht einfach sein, die Leinen von den Ringen wegzubekommen, denn diese hingen rund einen Meter unterhalb der Pier, so daß sich jemand auf den Bauch hätte legen müssen, um die Knoten zu öffnen, was wiederum erst möglich wurde, wenn Lose in die Leinen kam. Hierzu hätte es einer eingespielten Mannschaft bedurft, die sich auch im Umgang mit Leinen auskannte. Unsere Leute von der SARITA waren zwischenzeitlich zwar zu erfahrenen Seglern geworden, doch für einige war dies erst das zweite Hafenmanöver in ihrem Leben. Das erste hatte in Mogan stattgefunden.

So gab ich das Kommando, alle Leinen in den Bach zu werfen, was bei einigen fragende Rückblicke zum Skipper auslöste. Ich hob die Stimme drastisch, worauf alle vier Festmacherleinen ins Wasser flogen. Nun konnte ich den Schwell insofern für mich ausnutzen, als ich beim Zurückfallen der SARITA Ruder legte und Vollgas gab. Ohne die Pier zu berühren, drehte die große Yacht ab und ging 50 Meter weiter vor Anker. Nun endlich kam Ruhe ins Schiff, das Dingi wurde klargemacht und Carla mit den Papieren an Land gerudert, während die Zurückbleibenden sich über die letzten Bierdosen hermachten. Die Engländer sagen, das Beste am Segeln sei „the drink on the other side of the ocean"!

Nach den ziemlich umständlichen Einklarierungsformalitäten motorten wir wieder zurück in die Carlisle Bay, wo wir zwischen den rund 50 Yachten ausreichend Platz zum Schwojen fanden. Jetzt endlich nahte der Augenblick, von dem Michael später in seinem Tagebuch schrieb:

„Bobby schmeißt mich ins Wasser – danke. Ich mache das gleiche mit Wiggerl – militärische Hackordnung.“

Der nächste Eintrag in Michaels Tagebuch spricht von „acht Planter's Punches“, von denen ich nichts mehr mitbekam. Denn Carla und ich brachten mit dem Beiboot nur die Mannschaft an Land und kehrten sogleich aufs Schiff zurück. Der Schwell war der gleiche wie vor 20 Jahren geblieben. Trockenen Fußes an Land zu kommen war eine Kunst, hing gelegentlich auch vom Glück ab. Was sich geändert hatte, war, daß es außer einer rostigen, verfallenen Pier keinen vernünftigen Landeplatz für die Yachten mehr gab. Früher waren noch Mitglieder des Royal Barbados Yacht Club mit dem Beiboot zur Besucheryacht gekommen und hatten eine Ehrenmitgliedskarte überbracht. Aber die Zeiten haben sich eben geändert, vielerorts sind Yachten unerwünschte Gäste geworden, was nicht nur an ihrer Masse, sondern bestimmt auch an der Qualität der Yachtleute liegt.

Keine 100 Meter von der SARITA entfernt ankerte eine deutsche Stahlyacht. Ich ruderte zu ihr hinüber, denn ich suchte nach Zeugen, die mir bestätigen würden, in welchem navigatorischen Zustand die SARITA in Barbados angekommen war. Den beiden freundlichen, gemütlich wirkenden norddeutschen Seglern erzählte ich etwas von einer Wette, die ich in Spanien abgeschlossen hätte für den Fall, daß ich ohne „Compaß und Co“ über den Atlantik segeln würde. Ich bat sie, dies zu überprüfen. Nachdem sie mich aber mit meinem Namen ansprachen, hielt ich die Story von der Wette nicht mehr aufrecht und schenkte ihnen reinen Wein ein.

Gerne kamen sie auf die SARITA. Zum ersten Mal konnte ich feststellen, wie unsere Bastelinstrumente auf andere wirkten, die nicht bei ihrer Entstehung dabeigewesen waren. Die beiden Segler sagten zunächst einmal gar nichts, der eine kratzte sich nur dauernd hinterm Ohr. Ungläubig hörten sie sich meine Story an. Aber sie waren höflich und hielten offensichtlich mit ihrer Meinung über unser Unternehmen hinter dem Berg. Nur als ich die Geschichte mit der fehlenden Uhr erzählte und von unseren mißglückten Versuchen berichtete, auch nur einen auf die Stunde genauen Zeitmesser herzustellen, meinte der eine: „Mit einer Uhr, die genau die Wachdauer von sechs Stunden angibt, hätte ich Ihnen helfen können. Wenn ich nämlich Peperoni esse, dann kriege ich mit Sicherheit Sodbrennen, das genau sechs Stunden vorhält!"

Am Ende unterschrieben sie folgende Erklärung:

Wir, Dietrich Richter, geb. 17. 02. 43, und Siegfried Baltruscheit, geb. 25. 03. 43, haben heute die Segelyacht SARITA *mit Skipper Bobby Schenk in der Carlisle Bay/Barbados unmittelbar nach dem Einlaufen besichtigt und inspiziert und eine Existenz von jeder Art von Uhr, Sextant, GPS, Funk, Seekarten, Kompaß, Radios oder anderen Navigationsinstrumenten, Wetterkartenschreiber und Barometer nicht festgestellt.*

Barbados, 18. 12. 92
(gez.) Siegfried W. M. Baltruscheit – Dietrich Richter

LICHT UND SCHATTEN

Planter's Punch und Pinacolada

Abends trafen wir uns zum Captain's Dinner in der Fisherman's Wharf über dem Stadthafen von Bridgetown. Meine Mannschaft hatte sich schon nachmittags mit Pinacolada und Planter's Punch eingedeckt, was sich günstig auf die Stimmung auswirkte. Besonders über Theo staunte ich, der die Drinks wegkippte, als wären sie Sodawasser.

Thomas hatte für den nächsten Tag, neun Uhr, eine Verabredung mit einem mir nicht bekannten, aber in Österreich berühmten Eishockeyspieler namens Rik getroffen, der jahrelang für eine Kärtner Mannschaft gespielt hatte. Wir besaßen immer noch keine Uhr, aber als wir den feinen Yachtclub von Barbados betraten, zeigte die Uhr über der Bar exakt 09.00 Uhr an. Wir waren also pünktlich.

Das konnten wir von Rik nicht behaupten. Es wurde zehn und schließlich elf Uhr, ohne daß er sich sehen ließ. Das war unangenehm, denn wir wollten an diesem Tag noch nach Saint Lucia segeln, wo ich die SARITA an den dortigen Vertreter Kurt Eckers übergeben wollte. Außerdem erhofften wir uns von Rik, der ein Segelboot im Yachtclub von Barbados liegen hatte, daß er uns für diese kurze Überfahrt leihweise mit Kompaß und Seekarte ausstatten würde. Ich wollte kein weiteres Risiko eingehen und von jetzt ab die SARITA wieder so sorgfältig navigieren, wie es meinen sonstigen Gewohnheiten entsprach.

Um die ärgerliche Story kurz zu machen: Rik hatte uns schlicht und einfach versetzt, warum, wußten wir nicht. Thomas war stocksauer, denn schließlich war es Rik gewesen, der uns treffen wollte. Wir fanden den Eishockeyspieler in Schwimmshorts und regennassem T-Shirt unter einer Palme. Er war nicht unfreundlich, ging aber in keiner Weise auf unseren Wunsch ein, uns für einen Tag Seekarte und Kompaß zu leihen. Auf die Frage, ob wir zum Ausklarieren nochmals in den ungemütlichen Industriehafen von Barbados mußten, antwortete er wenig hilfreich: „Da werdet ihr nicht drum herumkommen, die Behörden hier sind nun mal so!" Selten hatte ich einen so athletischen, sportgestählten Körper gesehen wie den von Rik. Aber Thomas knurrte: „Der ist wohl zu oft mit dem Kopf gegen die Bande geknallt!"

Anders Riks Frau, eine charmante Österreicherin, die uns sofort in ihr Auto lud und in die Stadt fuhr. Wir klapperten ein paar Supermärkte ab und konnten schließlich bei den Sportartikeln in der letzten Ecke einen Speedboatkompaß für ganze 30 Dollar entdecken. Damit war dieses Problem gelöst. Auch eine Seekarte für Saint Lucia bekamen wir. Schließlich fuhren wir noch in den Industriehafen, wo die hübsche Österreicherin Thomas und mir bedeutete, wir sollten mal im Hintergrund bleiben, sie würde mit den Offiziellen sprechen, um uns die langwierige Herfahrt mit der Sarita zu ersparen. Denn dann wäre es so spät geworden, daß wir an diesem Tag gar nicht mehr auszulaufen brauchten. Aus 50 Meter Entfernung konnte ich beobachten, wie die schwarzen Offiziellen der Österreicherin zulächelten, und mir war gleich klar, daß ihre Argumente, wahrscheinlich aber noch mehr ihr hübsches Aussehen überzeugten. Ausnahmsweise durften wir direkt von der Carlisle Bay absegeln, worüber ich froh war, denn es gab keinen Grund mehr, auch nur eine Minute länger in Barbados zu bleiben.

Meiner Mannschaft hatte ich nochmals eingeschärft, genauso vorsichtig wie bisher weiterzusegeln und kein unnötiges Risiko einzugehen; auch wenn es im Vergleich zur bisherigen Strecke nur noch ein kurzes Stück bis Saint Lucia war, durften wir nicht leichtsinnig werden. Schließlich ging es wieder über die offene See, und ich wollte Schiff und Mannschaft heil ans Ziel bringen. Erst dann war dieser Törn erfolgreich.

Nach Kompaß zu steuern war ganz was Neues! Wir hatten nur eine Karte von Saint Lucia bekommen, nicht jedoch einen Übersegler, also eine Seekarte, auf der sowohl Barbados als auch Saint Lucia draufgewesen wären. Bernhard überraschte mich mit der Frage, wie ich denn den Kurs finden wollte, wenn ich nicht Abfahrts- und Zielort auf einer Karte hatte. Ich war erstaunt, denn schließlich hatten wir uns in den letzten Wochen mit unvergleichlich schwierigeren Navigationsfragen herumgeschlagen. Theo machte es vor: Auf ein DIN-A4-Blatt trug er die Koordinaten beider Orte nach entsprechender „Verzerrung" (wegen der Kugelgestalt der Erde) ein und maß den Kurs heraus.

Stimmte unser Kompaß? Zweifel daran waren gar nicht so abwegig. Denn es handelte sich um einen jener „Superkompasse" (in Wirklichkeit ist es Spielzeug), in die eine Kompensiereinrichtung gleich eingebaut ist. Meistens schadet sie mehr, als sie nützt, denn beim Verdrehen der Kompensiermagnete wird mangels Fachkenntnis selten die Ablenkung durch Störfelder an Bord kompensiert, wohl aber werden durch die kompaßeigenen Magnete eigene Störfelder erst geschaffen. So verglichen wir unseren vom Kompaß angezeigten Kurs mit dem viel genaueren Himmelskompaß, nämlich der Sonne. Wenn wir noch die erhebliche Mißweisung eliminierten, stimmte der kleine Kompaß einigermaßen. Jedenfalls brauchten wir nicht immer ängstlich zum Himmel schauen, ob wir nachts auch Sternensicht haben würden. Aber merkwürdig sah dieser Minikompaß auf dem großen Steuerstand der Sarita schon aus. Na ja, in ein paar Tagen würde sie wieder voll ausgerüstet sein.

Rund 150 Meilen sind es von Barbados nach Saint Lucia, deshalb soll man nicht zu spät von Barbados auslaufen, um bei Licht am nächsten Tag in Saint Lucia anzukommen. Im Vergleich zu unserem bisherigen Törn war dies nur ein Katzensprung. Und so gibt es auch wenig davon zu berichten, außer daß die See ruppiger war als bei der ganzen Atlantiküberquerung. Eine traf die Sarita derart hart, daß sie sich weiter als je zuvor überlegte. Das konnten wir feststellen, weil das zum Vertonen der Filme so wichtige Bandgerät, das Ludwig während des gesamten Törns auf dem Polster im Salon hatte herumliegen lassen, nun endlich in hohem Bogen

36

37

38

39

36 Highnoon – alle Mann an Deck zum Sonne-Schießen!

37 Fixwinkel für 53 Grad 10 Minuten (Barbados – Ende Dezember) mit „handberußtem" Spiegel.

38 Instrument „Bridgetown" ließ uns zwischendurch im Stich.

39 Drei Wochen einem Schatten nachsegeln! Also doch ein Fall für die geschlossene Anstalt?

40 SARITA hat Barbados gefunden – ohne Compaß & Co.

41 Exaktes Rudergehen ist auch ohne Kompaß möglich: Nur den Nordstern genau über dem Rad halten, und das sechs Stunden lang!

40

41

42

42 Schreck zum Schluß: eine Windhose.

43 Ludwig im Sturm ohne Orientierung. Himmelsrichtung nicht gefunden, weil die Gasflasche leer war.

44 Von einer Sturmnacht zeugen Karls Hände.

45 Damit wollen die über den großen Teich navigiert haben?

46 Die Crew der SARITA am Ziel in Bridgetown/Barbados.

43

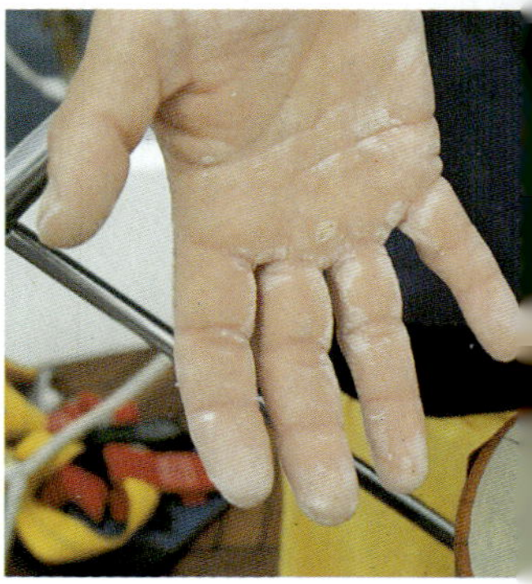

44

45

46

47

48

47 Mit einem Spielzeugkompaß aus dem Supermarkt wird nach Saint Lucia gesegelt.

48 Ein Küstenstrich von Saint Lucia: schön, aber für unsere Zwecke zu steil.

49 Der Vergleich mit einem Präzisionssextanten beweist es: Unsere Navigation war auf zirka zehn Meilen genau – ohne Compaß & Co.

durch den Salon flog, bis es auf der anderen Seite aufkrachte und kaputt liegenblieb. Man sollte eben auch kurze Ozeantörns nicht unterschätzen!

Dies hat einer der erfahrensten Segler, nämlich Karl Vettermann, bestimmt nicht getan. Von ihm stammen die wohl humorvollsten Segelbücher deutscher Sprache, mit ihrem berühmten Titelhelden Barawitzka. Das Südsee-Buch „Hollingers Lagune" hatte Karl geschrieben, während er in unserem Haus an der Cook's Bay von Moorea wohnte. Auf der kurzen Überfahrt von Barbados nach Saint Lucia gedachten Carla und ich Karl Vettermanns, der zwei Jahre zuvor ungefähr zur gleichen Jahreszeit ebenfalls von Barbados nach Saint Lucia hatte segeln wollen. Er ist in Saint Lucia nie angekommen, irgendwo auf der gleichen Strecke, die auch wir jetzt segelten, ist er ertrunken.

Wie es geschah, bleibt rätselhaft. Er war ebenfalls mit einer Kunststoffyacht über den Atlantik gekommen, hatte sich ein paar Tage in Barbados aufgehalten und war dann mit zwei österreichischen Seglern eines Nachmittags nach Saint Lucia gestartet. Nach Europa zurückgekehrt, berichteten seine beiden Mitsegler später, daß Karl Vettermann nachts unter dem Heckkorb durchgerutscht sei und trotz der bescheidenen fünf Windstärken nicht mehr gerettet werden konnte. Man habe ihn im Schein der Taschenlampe noch gesehen, er sei aber dann vor den Augen seiner Mitsegler versunken. Carla hatte wenige Wochen nach Karls Tod mit dessen Bruder in Österreich telefoniert, der Zweifel an dieser Geschichte anmeldete und auch einige geheimnisvolle Andeutungen machte. Wußte er vielleicht mehr? Dies läßt sich heute nicht mehr klären, denn auch der Bruder Vettermann ist kurz nach Karl gestorben.

Als wir am nächsten Tag in die Rodney Bay von Saint Lucia, eine riesige Marina, einliefen, kam uns schon Uli Meixner entgegen und brachte uns zu einem wunderschönen Liegeplatz. Nach dem Belegen aller Festmacherleinen war ich richtig erleichtert. Jetzt war die Reise der Sarita über den Atlantik wirklich beendet. Ich als Skipper hatte meine Aufgabe, nämlich Schiff und Crew sicher zum Ziel zu bringen, erfüllt. Aber einen großen Anteil daran hatte auch meine Mannschaft, die trotz der mörderischen Wachen, trotz der

Enge ihrer Kojen und trotz der ihnen bis dahin unbekannten Herausforderung die Ozeanüberquerung diszipliniert und kameradschaftlich bewältigt hatte.

Genau das wollte ich meiner Mannschaft auch sagen, als wir uns zum letzten Mal unten im Salon an den Tisch setzten. In diesem Moment klopfte es draußen an die Bordwand, und jemand schrie: „Ist Bobby Schenk an Bord?" Es war ein alter Bekannter von uns, der Skipper der ALBATROS, mit dem wir uns zehn Jahre zuvor in Moorea, der Schwesterinsel von Tahiti, den Ankerplatz geteilt hatten. Er war mit der ARC nach Saint Lucia gelaufen und viertschnellstes Schiff nach Gesamtklassement geworden. Nun setzte er sich zu uns an den Tisch, trank ein Bier, verabschiedete sich jedoch schnell, denn offensichtlich spürte er, daß Spannung in der Luft lag. Kaum war er weg, platzte Bernhard heraus und machte mir schwere Vorwürfe, daß ich ihn auf der gesamten Reise geschnitten hätte.

Ich war wie vor den Kopf gestoßen. Nicht daß ich seine Vorwürfe für absurd gehalten hätte, doch der Zeitpunkt überraschte mich. Der sonst so ruhige Bernhard kam jetzt richtig in Fahrt und zog auch noch über Kassenwart Thomas her, diesmal wirklich zu Unrecht, so daß mir der Gaul durchging und ich Bernhard ziemlich lautstark zurechtwies. Alle machten betretene Gesichter, und es war einigen anzusehen, daß bei Fortsetzung des Gesprächs noch weitere gegenseitige Vorwürfe auf den Tisch gekommen wären.

Warum gerade jetzt der große Krach? Eigentlich hätten wir uns nun vor lauter Freude besaufen sollen. Statt dessen fielen so böse Worte wie während der ganzen Reise nicht. Hätte Karl losgebullert, hätte ich das verstanden, denn er war zu häufig Zielscheibe von Kritik gewesen, ohne daß er jedesmal zurückgeschossen hatte. Dies war kein reinigendes Gewitter, vielmehr kamen jetzt Dinge auf den Tisch, die offensichtlich mit zuviel Selbstbeherrschung unterwegs heruntergeschluckt worden waren. Statt den Sieg zu feiern, verdrückte sich jeder von der SARITA.

Nachmittags kam Theo, der müde lächelnd und mit schwerer Zunge auf die zuvor genossenen Pinacoladas verwies. Aber er hatte etwas auf dem Herzen und brauchte ungefähr eine Stunde, um es uns zu erklären: „Zu jedem Törn gehört auch eine Nachbesprechung!“ Dann erst sei ein Törn wirklich beendet.

Abends wollten wir uns zur Aussprache in einem nahegelegenen Restaurant treffen. Es lag nur 200 Meter von der Rodney Marina entfernt, doch Uli Meixner hatte uns geraten, zumindest auf dem Nachhauseweg ein Taxi zu nehmen. Die Überfälle, die hier regelmäßig verübt wurden, seien aber nicht so schlimm; wenn man den Räubern sein Geld gab, passierte einem angeblich nichts.

Beim Abendessen warteten wir vergeblich auf Bernhard und Ludwig. Jetzt war ich grenzenlos enttäuscht, denn es konnte doch nicht angehen, daß die SARITA-Crew ohne ein letztes Zusammensein auseinanderlaufen wollte.

Am nächsten Morgen erklärte Bernhard sein Fernbleiben mit zahlreichen Pinacoladas und Planter's Punches. Ludwig erzählte, man habe Bernhard an Bord in die Koje bringen müssen, und er habe die halbe Nacht an Deck gesessen, damit Bernhard nicht etwa wieder aufstand und über Bord fiel. Das waren Entschuldigungen, die ich gerne gelten ließ.

Gerhard war inzwischen mit Eckers Yacht PINACOLADA und einer fünfköpfigen deutschen Besatzung angekommen. Auch dort war die Stimmung nicht besonders. Gerhard berichtete, daß es ihm unterwegs gelegentlich Schwierigkeiten gemacht hätte, sich durchzusetzen. So sei seine Mannschaft trotz seines ausdrücklichen Verbots mitten auf dem Atlantik ins Wasser gesprungen, obwohl der Blister gesetzt war. Dies wäre auf der SARITA undenkbar gewesen.

Es war ein Verdienst Bernhards, daß sich die SARITA-Crew am 21. Dezember abends noch einmal zu einem harmonischen Abendessen zusammenfand, mit dem dann der Törn endgültig abgeschlossen wurde. Ludwig und Michael wollten zurück nach Barbados, um von dort heimzufliegen, Theo und Bernhard wollten am nächsten Tag direkt von Saint Lucia nach München und Wien; Karl kündigte an, daß er kein Hotelmensch sei und deshalb mit Ruck- und Schlafsack in die Berge gehen wolle. Thomas, Carla und ich wollten noch eine Woche Erholungsurlaub in Saint Lucia einlegen, um schließlich über Miami und Chicago den beschwerlichen Heimweg anzutreten.

Holzbrett gegen Präzisions-Sextant

Das Ziel unseres Unternehmens war erreicht, wir hatten Barbados gefunden. Nicht nur gefunden: Unsere Navigation war so genau gewesen, daß wir Barbados sogar mittig getroffen hätten, wenn der Wind günstiger gewesen wäre und wir den Kurs überhaupt hätten laufen können. War dies Zufall?

Sicherlich, denn eine derartige Präzision beim Landfall erzielt man gemeinhin nur, wenn man über genaue Navigationsinstrumente verfügt. Aber eines hatte sich doch gezeigt: Unsere Instrumente und Methoden waren so genau, daß wir in jedem Fall Barbados, das ja nicht allzu hoch ist, gefunden hätten. Mit letzter Sicherheit konnten wir mangels Vergleichsmöglichkeiten allerdings nicht feststellen, wie groß die mit derartigen Basteleien erzielbare Genauigkeit ist. Das ließe sich nur herausfinden, wenn von einer bekannten Position aus gemessen und als Referenz ein supergenauer Sextant herangezogen würde.

Das wollten wir in Saint Lucia nachholen. Denn nur dort war dies von der Geographie her möglich, und nur um die Weihnachtszeit war der Sonnenstand ungefähr der gleiche wie auf unserem Törn.

Thomas, Carla und ich hatten einen Jeep gemietet. Wir fuhren am Vormittag vom Hotel los, den Gepäckraum gefüllt mit unseren hölzernen Bastelarbeiten und einem Vollsichtsextanten, den mir der neue Skipper der SARITA geliehen hatte. Es war gar nicht so leicht, die Messungen zu wiederholen, denn wir mußten um die Mittagszeit auf der uns unbekannten Insel an einer Küste sein, wo wir freien Blick aufs Meer in einen südlichen Sektor hatten und wo wir gleichzeitig nahe genug ans Wasser kamen, um bei den Messungen einigermaßen die Augeshöhe auf Yachten, also zwei Meter, zu simulieren. Der erste Versuch scheiterte, denn wir verfuhren uns und standen mittags hoch auf einem Berg mit herrlichem Ausblick über die Nordostküste von Saint Lucia.

Also wiederholten wir das Ganze am nächsten Tag und fuhren in den Süden der Insel, wo wir direkt an der Küste eine ebene Stelle fanden, die wie geschaffen war für unser Unternehmen. Vom Dach des Jeeps aus hatten wir sogar einigermaßen unsere Augeshöhe über dem Meer. Außerdem war der Himmel wolkenlos, was in Saint Lucia nicht gerade selbstverständlich ist, denn die Passatwolken, die der Wind übers Meer treibt, bleiben häufig in den steilen Bergen hängen, um dort abzuregnen.

Die Ergebnisse waren verblüffend. Alles auf den Sonnenunterrand reduziert, ergaben sich folgende Werte:

Sarita I	52 Grad 30 Minuten,
„Bridgetown“	52 Grad 42 Minuten,
Fixspiegel	52 Grad 43 Minuten,
Präzisionssextant richtige	52 Grad 39 Minuten.

Daß mit den Spiegelinstrumenten so genaue Ergebnisse erzielt wurden, könnte den einen oder anderen dazu verleiten, Vergleiche mit einem richtigen Sextanten zu ziehen. Dies ist jedoch absurd, denn obgleich ein Präzisionssextant das gleiche Meßprinzip verwendet, ist es doch nahezu unfaßbar, daß solche Ergebnisse an Bord mit gewöhnlichem Klebstoff, Billigspiegeln und völlig fehlender Justiermöglichkeit erzielt wurden.

Am wunderbarsten aber war Sarita I, das ja nichts anderes darstellte als ein Stück Brett und einen Holzstab, also ein Gerät, das an Bord von jedermann mit beliebigem Material innerhalb von drei Minuten hergestellt werden kann. Die Meßgenauigkeit hängt letztlich nur davon ab, wie exakt man mit dem Faden an einem Kartendreieck abliest. Wenn nämlich beispielsweise statt 52,6 Grad 52,7

Grad abgelesen oder besser gesagt geschätzt werden, ist das mehr ein Zufall, der darüber entscheidet, ob es sechs Winkelminuten mehr oder weniger sind.

Sarita II, die sich von Sarita I allein dadurch unterschied, daß der Stift in der Höhe variabel war, konnte nicht geprüft werden, weil sich während der Autofahrt der Schattenstift in der Länge verstellt hatte. Das war kein Wunder, denn nicht nur Sarita II, auch uns hatte die Heimfahrt gehörig zugesetzt. Wir waren nämlich von unserem Meßplatz Richtung Norden weitergefahren, um auf der Westseite der Insel zurückzukehren. Die Straße wurde immer schmaler und immer schlechter, und am Ende befanden wir uns auf einer Fahrbahn, die man nicht mehr als Straße, sondern höchstens als buckligen Weg bezeichnen konnte. Hatten wir uns verirrt?

Als eine ältere Negerin vorbeikam, fragten wir sie, ob dies die Straße nach Castris sei, und sie bejahte. Ungläubig hörten wir, daß dies tatsächlich die einzige Straße war. Immerhin waren wir nun sicher, daß wir uns nicht verfahren hatten. Beim Weiterfahren rief uns die Negerin freundlich nach: „Seid ja vorsichtig!" Die Warnung war berechtigt, denn das, was uns hier als „Straße" angeboten wurde, konnte man beim besten Willen nicht so nennen. Wir kamen an Löchern vorbei, die mehr als einen halben Meter tief waren, an Stellen, wo es ohne Leitplanke, ohne jegliche Befestigung ein paar hundert Meter senkrecht in die Tiefe ging. Ich war froh, daß Thomas, wenn auch schweißgebadet, den Chauffeuer spielte, denn ich mochte gar nicht mehr hinausschauen. Stunde um Stunde zog sich die Fahrt hin, und hinter jeder Biegung erhofften wir uns ein Ende dieses Alptraums. Doch die Hoffnung trog immer, nur das gelegentliche Auftauchen von Gegenverkehr beruhigte uns nach dem Motto: „Wenn die es geschafft haben ..."

Möglicherweise war dies der gefährlichste Teil des gesamten Unternehmens Columbus.

Ein Seglerschicksal

Wir erlebten, wie professionell bei Uli Meixner alles lief. In wenigen Tagen waren die erforderlichen Ersatzteile da, was auf einer winzigen Insel, wo nichts funktioniert außer der Bürokratie, schon ein kleines Wunder war. Kurze Zeit später war die SARITA kaum noch zu erkennen. Die Sägespäne waren verschwunden, die Elektronik war wieder eingebaut, nur Old Fäky blieb an Bord zurück.* Von weitem sahen wir die neuen Gäste einziehen. Ich war gespannt.

Am Abend vor unserem Heimflug waren wir noch bei Uli und Alexandra Meixner eingeladen. Zusammen mit ihren beiden Kindern bewohnen sie ein Haus mit Blick auf die gesamte Rodney Bay. Sie erzählten, daß sie Karl mit Rucksack noch ein paar Mal gesichtet hätten. Anschließend berichteten sie aus ihrem Fahrtenseglerleben. Von solchen Schicksalen hatte ich schon unzählige Male gehört: Unter größten Opfern hatten Alexandra und ihr Freund Uli sich ein selbstgebautes Schiff zusammengespart und waren dann von Österreich aus quer durchs Mittelmeer zu ihrem großen Traum, der Weltumsegelung, aufgebrochen. Ein Sturm auf Madeira hatte ihre Reisepläne gehörig durcheinandergebracht. Nicht daß er auf dem Schiff so viele Schäden hinterlassen hätte, nein, seine Spuren waren ganz andere. Alexandra erzählte augenzwin-

* Inzwischen existiert Old Fäky nicht mehr. Das Ventil für den Fäkalientank wurde endlich in die richtige Stellung gebracht. Das war's.

Uli und Alexandra

kernd, daß es ihnen während des Sturms und wegen der Dünung im Hafen von Funchal unmöglich gewesen war, ihr Schiff zu verlassen. So hielten sie sich den ganzen Tag in der Koje auf, was zur Folge hatte, daß auf Saint Lucia neun Monate später ihr erstes Kind geboren wurde und somit an eine Weiterreise nicht mehr zu denken war. Der Katamaran wurde an eine Muring vor die Rodney Marina gelegt, mit einem großen Schild darauf FOR SALE, während Uli versuchte, die Kasse mit Arbeiten auf anderen Schiffen aufzubessern. Aus ein paar Gelegenheitsjobs wurden richtige Betreuungsarbeiten an anderen Yachten, so wie jetzt auch die SARITA von Ulis Firma in Obhut genommen wurde. Oder seinerzeit die österreichische Yacht, auf der Karl Vettermann verunglückt war.

Uli Meixner hatte nach dem Unglück die Yacht übernommen und auf einem Container versandfertig gemacht. Er meldete Zweifel an der offiziellen Version an, Karl Vettermann sei über Bord gefallen, und man habe ihn nicht mehr rausziehen können. Karl sei vier Tage in Barbados gewesen, wo er früher für die Lufthansa gearbeitet hatte. Als die Unglücksyacht in der Marigot Bay auf Saint Lucia angekommen sei, hätte die zweiköpfige Mannschaft aus Österreich die Küstenwache davon verständigt, daß ein Mann fehle. Der Beamte der Coast Guard erlaubte den beiden, das Land zu verlassen, ordnete aber an, daß die Yacht in die Rodney Bay gebracht werden solle, wo sie unter anderem auch von Uli untersucht wurde. Dabei wurde festgestellt, daß alle Rettungsmittel unbenutzt waren, das Mann-über-Bord-Licht war sogar noch originalverpackt, und die Batterien dafür hatten daneben gelegen.

Das war tatsächlich merkwürdig, denn jeder Segler mit nur einer Spur Erfahrung – und die hatten die beiden Österreicher, denn sie waren ja über den Atlantik gekommen – würde nachts einem über Bord Gefallenen sofort und als erstes eben dieses Mann-über-Bord-Licht zuwerfen, um die Unfallstelle kenntlich zu machen. Karl Vettermann muß krank gewesen sein, er hatte erst kurz vor seinem Tod eine Operation in Europa durchgemacht. Immerhin lagen noch zwei Krücken von ihm auf dem Schiff herum. Das größte Rätsel aber gaben die Abfahrts- und die Ankunftszeit der Yacht auf. Denn beide lagen so nahe beisammen, daß bei einer normalen Überfahrt nicht mehr viel Zeit für die Suche nach einem über Bord Gegangenen blieb. Man darf wohl die Frage stellen, wie lange nach Karl Vettermann gesucht wurde.

Uli berichtete auch von Gerüchten in der Karibik, wonach der verschuldete Karl Vettermann einfach untergetaucht sei. Dem widersprach ich allerdings heftig. Denn Karl Vettermann war im deutschen Sprachraum ein bekannter Autor und mit Leib und Seele Schriftsteller, wie ich aus unzähligen Gesprächen mit ihm wußte. Ich konnte mir einfach nicht vorstellen, daß so einer freiwillig auf weitere Publikationen verzichtet hätte.

An diesem Abend sprachen die Meixners von ihren Plänen, aber auch davon, daß sie möglicherweise das nun begonnene Geschäft fortsetzen und vielleicht sogar auf Saint Lucia seßhaft werden wollten. Ich wünschte es ihnen.

Navigationsgeheimnisse

Als am nächsten Tag, dem Tag unseres Heimflugs, Thomas den Mietwagen in die Marina zurückbrachte, lief ihm eine blonde Amerikanerin über den Weg, mit der er ins Gespräch kam. Was sie erzählte, ließ Thomas aufhorchen: Sie sei gerade mit Heini Unterwasser* über den Atlantik gesegelt. Heini habe auf diesem Törn erprobt, wie man ohne Hilfsmittel, also allein mit Methoden, wie sie schon vor Tausenden von Jahren angewendet wurden, navigieren könne. Er habe neben der normalen Navigation mit Sextant und GPS auch ein Navigationsexperiment gemacht und hierbei einen Stein als Pendel verwendet, mit dem er die Sonne gemessen habe. Das Ganze habe aber überhaupt nicht funktioniert. Das Pendel habe viel zu sehr hin und her geschwungen, und sie hätte es dauernd festhalten müssen. Trotzdem habe Heini immer wieder ganz begeistert geschrien: „Dies ist phantastisch, es funktioniert, es funktioniert!“

Als wir am Flugplatz von Chicago eine halbe Stunde Aufenthalt hatten, kaufte ich mir ein amerikanisches Yachtmagazin und fand darin, welch ein Zufall, den Artikel eines Argentiniers, der mit einem Segelboot im Pazifik herumgeschippert war und behauptete, mit Hilfe der Sterne die einzelnen Inseln gefunden zu haben. Er habe sich in sein Boot gelegt, habe zum Himmel gestarrt und so die Kulmination der Sterne beobachten können. Trotz des Rollens sei

* Name geändert, weil „Heini Unterwasser“ ein netter Kerl ist.

ihm dies mit einer Genauigkeit von einem Viertelgrad, also von 15 Winkelminuten oder Seemeilen, gelungen.

Thomas und ich lachten, denn wir wußten es jetzt besser.

Aber der Autor, der Argentinier Alberto Jose Torroba, hatte noch eine weitere tolle Story auf Lager:

Als die Gewitterwolken vorbeizogen, drehte der Wind in verschiedene Richtungen, und die Wellen wurden so konfus, daß ich die Fahrtrichtung nicht länger mit Hilfe von Gestirnen oder Wellenbildern beurteilen konnte. Ich erinnerte mich, daß Tiere, besonders Vögel, einen speziellen Sinn für den magnetischen Pol haben, also versuchte ich mein Glück mit der gleichen Methode. Ich drehte langsam meinen Körper und meinen Kopf um 360 Grad, wieder und wieder, bis ich feststellte, daß ich in einer ganz bestimmten Richtung ein anderes Gefühl bekam. Ich konnte nicht sagen, was für ein Gefühl, aber es schien mir, daß mein Denken etwas ruhiger wurde, wenn ich in diese bestimmte Richtung blickte. Weil ich auf der südlichen Hemisphäre war, nahm ich an, daß dies Süden war. So segelte ich weiter in die Richtung, die ich als Westen ansah. Und als der Himmel eines Nachts wieder aufklarte, stellte ich fest, daß ich tatsächlich genau nach Westen segelte. Ich probierte diese Prozedur ungefähr zehnmal während meiner Reise, und jedesmal funktionierte sie.

Und jetzt kommt der beste Trick dieses Herrn Torroba. Frech behauptet er:

Was aber bei dieser Methode wirklich notwendig ist: Sie muß ganz dringend gebraucht werden, weil sie eine unheimlich starke Konzentration verlangt.

Mit anderen Worten, diese wirklich phantastische, bisher nicht bekannte und einzigartige Methode der Bestimmung von Himmelsrichtungen kann der Autor seinen Zweiflern – und das werden hoffentlich alle seine Leser sein – nicht demonstrieren und damit auch nicht ihre Zuverlässigkeit beweisen, weil die Methode in diesem Moment nicht unbedingt benötigt wird.

Das Interview

Wenige Tage nach unserer Ankunft, am 29. Dezember, wurde Heini Unterwasser von einer großen deutschen Tageszeitung interviewt. Ich drucke dies hier nach der Niederschrift des Journalisten ausführlich ab, weil es erklärt, wie leicht sogenannte „alte Navigationsgeheimnisse“ unter die Leute zu bringen sind, ja, immer wieder neue entdeckt werden. Solange man nicht wirklich darauf angewiesen ist...

FRAGE: Herr Unterwasser, Sie sollen heuer eine hochinteressante Atlantik-Überquerung gemacht und dabei mit historischen Navigationsmitteln experimentiert haben.

UNTERWASSER: Das stimmt, ich bin das neunte Mal über den Atlantik, ich kenne da jeden Quadratmeter. Für mich ist das so, als wäre das eine Chaussee mit Bäumen, ich brauch' da nur entlangzufahren. Ich weiß immer genau, wo ich bin. Ich nehme jeden Wind, jeden Punkt und erkenne ihn auch immer wieder.

FRAGE: Haben Sie denn überhaupt nicht navigiert?

UNTERWASSER: Doch, normale Astronavigation, das ist ja mein Fachgebiet, da mache ich auch Seminare. Dann habe ich natürlich mit dem AP navigiert.

FRAGE: Das kann ich nicht glauben. Sie waren ja nicht in der Ostsee. Sie können über den Atlantik doch nicht mit AP navigieren. Das ist unmöglich.

UNTERWASSER: Doch, das geht jetzt, das ist möglich, ich habe das gemacht.

FRAGE: Sie meinen AP? Nicht GPS?

UNTERWASSER: Nein, nein, AP. Halt, nein, was? Nein, GPS glaube ich, das neue.

FRAGE: Aber was hat das mit historischer Navigation zu tun?

UNTERWASSER: Da habe ich mir nebenbei meine Überlegungen gemacht. Ich habe es versucht wie die früher vor Tausenden von Jahren. Da wußten sie genau, auf welchen Kimm-Abstand der Nordstern für welche Insel kommt. Den genauen Kimm-Abstand der Sonne am Mittag haben sie gewußt, für jeden Monat für die Insel, die sie erreichen wollten.

FRAGE: Wurde das denn mit einem Sextanten gemessen? Den gibt es doch, glaube ich, noch nicht so lange?

UNTERWASSER: Nein, nein, gemessen hat damals niemand mit einem Sextanten. Sondern so: eine Handbreit, zwei Fingerbreiten, eine Handbreit und ein Finger. Dann ob die Sonne nördlicher oder südlicher als Ost aufgeht.

FRAGE: Das verstehe ich überhaupt nicht. Das ist ja ungeheuer kompliziert.

UNTERWASSER: Ja, ja, eine Wissenschaft ist das. Aber unter uns, so genau war das damals nicht, war auch nicht nötig. Auf 100 Meilen auf oder ab kam es vor Tausenden von Jahren nicht an. Am Festland oder an Inselgruppen kann man ja kaum vorbeifahren. Selbst die Azoren haben einen Durchmesser von gut 100 Meilen.

FRAGE: Das ist dann aber alles doch eher enttäuschend. Genaueres hat man früher nicht gewußt?

UNTERWASSER: Doch, doch, die Ansteuerung war dann noch genauer. Das Sternzeichen des Orion war ja immer da. Einer seiner Hauptsterne war da immer über einer Karibik-Insel. Das wußten die.

FRAGE: Und Sie ja auch. Welcher Orion-Stern war denn über Saint Lucia, wohin Sie ja navigiert haben – und wie haben Sie das festgestellt?

UNTERWASSER: Ach, das weiß ich jetzt nicht, ich weiß nicht, wie die heißen. Wie heißen die denn?

FRAGE: Wie mißt man die?

UNTERWASSER: Ha, ganz einfach, ein Lot senkrecht halten.

FRAGE: Das haben Sie ausprobiert und nachgewiesen? Ist ja hochinteressant.

Unterwasser: Ja, ja, so habe ich das gemacht.

Frage: Und wenn das Schiff in der Dünung hin- und herrollt?

Unterwasser: Nein, nein, das geht schon. Und früher, die hatten ja Tausende Tricks vor Tausenden von Jahren. Der Skipper ist da die ganze Reise im Mast gesessen. Er hat dort auch geschlafen.

Frage: Sie sitzen über den Atlantik immer im Mast? Das ist aber unbequem.

Unterwasser: Nein, ich nicht, aber früher, die Skipper. Die sind im Mast gesessen.

Frage: Sie sind aber sehr zurückhaltend in Ihrer Auskunft darüber, welche Geräte Sie diesmal verwendet haben.

Unterwasser: Sextant, GPS und alles.

Frage: Aber ich meine die historischen Instrumente.

Unterwasser: Ein Lot.

Frage: Liegt Ihre Zurückhaltung vielleicht darin begründet, daß Sie ein sensationelles Buch oder einen Artikel darüber planen und deshalb keine Details verraten wollen?

Unterwasser: Nein, ich weiß nicht, ich habe doch alles gesagt, wissen Sie, viele Geheimnisse sind nicht überliefert. Aber ich mache ja Vorträge und Astro-Seminare mit einem neuen Astro-System, das ich entwickelt habe.

TECHNISCHER ANHANG

SARITA-Törn in Zahlen

Wie konnten die täglichen Positionen der SARITA angegeben werden, wenn keine Möglichkeit bestand, die genaue Position, vor allem aber die geographische Länge zu messen?

Nachdem Theo und ich jeden Tag unsere Etmale geschätzt und 2300 Seemeilen zusammengezählt hatten, konnten wir in Barbados die von uns geschätzte Gesamtstrecke von 2255 Seemeilen mit der tatsächlichen Strecke vergleichen. Die Entfernung von Mogan (27 Grad 48 Minuten Nord, 15 Grad 45 Minuten West) nach Barbados (13 Grad 00 Minuten Nord, 59 Grad 30 Minuten West) beträgt auf direktem Weg 2600 Seemeilen, wozu wir einen Zuschlag von 150 Seemeilen dafür rechneten, daß nicht immer der direkte Kurs gesteuert wurde.

2750 Seemeilen sind 22 Prozent mehr als 2250 Seemeilen. Wenn jetzt diese 22 Prozent zu unseren Einzeletmalen zugeschlagen wurden, bekamen wir die wahrscheinlichen Strecken, die SARITA jeden Tag zurücklegte.

WEGPUNKT	BREITE	LÄNGE
barbados	13°00.00'N	59°30.00'W
b	24°51.86'N	21°12.09'W
c	23°16.24'N	23°47.35'W
d	22°09.42'N	26°37.99'W
e	20°51.52'N	28°51.99'W
f	19°33.89'N	31°34.35'W
g	17°17.59'N	32°32.39'W
h	16°29.57'N	34°43.13'W
i	16°06.54'N	37°58.58'W
j	15°26.02'N	40°25.41'W
k	15°51.59'N	42°42.01'W
l	14°45.14'N	44°28.09'W
m	14°12.07'N	46°56.02'W
n	13°37.16'N	50°01.09'W
o	13°14.16'N	52°30.36'W
p	13°07.15'N	54°47.79'W
q	13°09.28'N	56°53.05'W
r	13°20.27'N	58°13.42'W
mogan	27°48.00'N	15°45.00'W

ROUTING mogan barbados T: 18d 20h 19m

nach:	Kn	rwk	sm	total	Lap-Zeit	Törnbemerkungen
b	7.12	240°	341.9	342	2d 0h 1m	Kurs geschätzt 240° N 4/5
c	7.12	237°	171.0	513	1d 0h 1m	Kg 240° NE5
d	7.12	248°	171.0	684	1d 0h 1m	N4
e	6.12	238°	147.0	831	1d 0h 1m	Kg 240° NE5
f	7.12	243°	171.0	1002	1d 0h 1m	Kg230° S 5/6
g	6.12	202°	147.0	1149	1d 0h 1m	Kg 200° ENE 3/4
h	5.58	249°	134.0	1283	1d 0h 1m	Kg 260° ENE 3
i	7.87	263°	189.0	1472	1d 0h 1m	Kg 260° NE 5
j	6.12	254°	147.0	1619	1d 0h 1m	Kg 270° NE 4
k	5.58	281°	134.0	1753	1d 0h 1m	Kg 280°
l	5.08	237°	122.0	1875	1d 0h 1m	Kg 230° SE 2
m	6.12	257°	147.0	2022	1d 0h 1m	Kg 260°
n	7.62	259°	183.0	2205	1d 0h 1m	Kg 260° E5
o	6.12	261°	147.0	2352	1d 0h 1m	E5
p	5.58	267°	134.0	2486	1d 0h 1m	Kg 270°
q	5.08	271°	122.0	2608	1d 0h 1m	Kg 270°, Passatstörung, Maschine
r	3.29	278°	79.0	2687	1d 0h 1m	Kg 280° stärkste Böen
barbados	3.86	255°	77.3	2764	0d 20h 2m	beabsichtigtes Ziel

Wie sich später in Saint Lucia ergab, waren unsere Breitenbestimmungen recht genau, vielleicht auf 15 Seemeilen daneben. Die Mittagsorte berechnete der Computer nun aus Etmal und erreichter geographischer Breite mit:

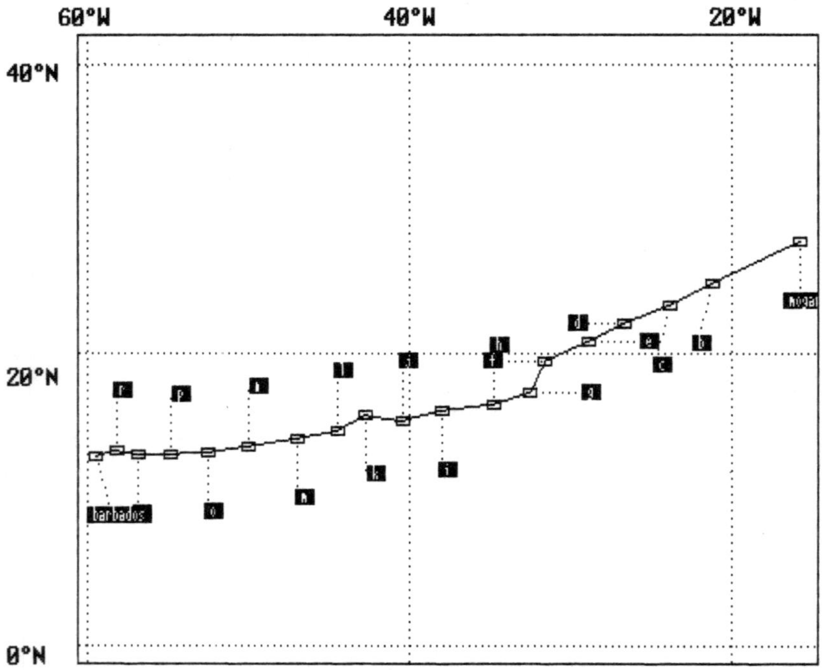

Computerausdruck des Törnverlaufs

Aus obigen Mittagsorten zeichnete der Computer den Törnverlauf, wobei deutlich wird, wie genau „ohne Compaß & Co“ doch Kurs gehalten wurde.

Navigation im Notfall

Notfälle auf Yachten können so unterschiedlich sein, daß es unmöglich ist, auf eine ganz bestimmte Konstellation einzugehen. Der Fall, der sicherlich heutzutage und auch in Zukunft am häufigsten eintreten wird, ist wohl der, daß das an Bord befindliche GPS-Gerät (Global Positioning System) ausfällt oder daß das GPS-System selbst aus irgendwelchen Gründen gestört oder abgeschaltet wird. Beides ist schon geschehen, auch wenn dies künftig unwahrscheinlicher wird, denn derzeit befindet sich das GPS-System noch in der Erprobungsphase, so daß die Betreiber ein gewisses Recht haben, nach Belieben mit diesem System zu verfahren.

Zum „Notfall“ gehört dann aber auch, daß an Bord keine Voraussetzungen dafür gegeben sind, auf konventionelle Art weiter zu navigieren oder daß der Skipper diese Technik nicht beherrscht. Beides sollte nicht passieren, die Gefahr wird aber mit zunehmender Verbreitung des kinderleicht anzuwendenden GPS-Systems immer größer. In Zukunft werden auch solche „Segler“ beispielsweise eine Atlantiküberquerung wagen, die sich nur auf GPS verlassen.

Deshalb sind nachfolgende Anleitungen, die ausschließlich auf Erfahrungen unserer Atlantiküberquerung beruhen, wirklich nur in einem echten Notfall anzuwenden, sozusagen als „Navigationsmanöver des letzten Augenblicks“. Was aber nicht heißt, daß sie nicht aus Spaß an der Betätigung vorher mal ausprobiert werden sollten.

Wir haben auf unserer Reise festgestellt und wohl auch bewiesen, daß nur ganz wenige einfach funktionierende Navigationsmethoden existieren. Sie haben gleichzeitig den Vorteil, daß sie, kinderleicht in der Praxis anzuwenden, überraschend gute Ergebnisse liefern. Nicht angesprochen werden hier irgendwelche Sonderrezepte, wie sie häufig in Büchern stehen, sich auch gelegentlich als Anweisungen in Rettungsinseln befinden, deren Nützlichkeit aber noch niemand unter Ernstfallbedingungen nachgewiesen hat. Ebenso vernachlässigt werden Methoden, mit denen nur Ergebnisse erzielt werden können, deren Ungenauigkeit größer ist als 100 Meilen. Bei ihnen kann von ernsthafter Navigation wohl nicht mehr gesprochen werden.

Hochseenavigation „mit nichts“ bietet „nur“ die Möglichkeit, den gewünschten Kurs zu steuern und die Breite zu bestimmen. Aber das ist schon sehr viel. Damit könnte man bei vorsichtiger Anwendung notfalls sogar um die ganze Welt segeln. Das „Geheimnis“ besteht darin, daß sich der Skipper früh genug auf die entsprechende Breite setzt, um dann stur nach Westen oder nach Osten zu segeln. Nicht anders sind alle Seefahrten vor der zweiten Hälfte des 18. Jahrhunderts unternommen worden. Man erinnere sich, das waren damals nicht einzelne Fahrten, sondern es gab, wenn auch nicht weltumspannend, bereits einen funktionierenden Seehandel.

Übrigens hilft dem Skipper die Tatsache, daß sich an Bord zwar kein Sextant, jedoch eine genaugehende Uhr befindet, nicht viel weiter. Denn eine Längenbestimmung mit der genauen Zeit setzt voraus, daß sich der Mittagszeitpunkt mindestens auf eine Minute exakt feststellen läßt. Dies kann aber nur mit einem präzisen Winkelmeßinstrument und dann auch nur mit Hilfe eines Tricks gelingen, also keinesfalls mit dem Sonnenschatten.

Das Kurshalten ist auf der Nordhalbkugel kein besonderes Problem. Nachts gibt der Nordstern die Richtung an, weil er, daher der Name, exakt im Norden steht, wovon sich jeder andere Kurs bei Erinnerung an die 360-Grad-Einteilung eines Kreises ableiten läßt. Möglicherweise erwartet der eine oder andere hierfür in der Praxis Schwierigkeiten, doch wurde auf der Sarita eindrucksvoll gezeigt, wie eine Mannschaft mit gesundem Menschenverstand innerhalb weniger Stunden in der Lage ist, sich nicht nur daran zu gewöhnen, sondern auch alle Zwischenkurse zu steuern, als sei dies das Selbstverständlichste der Welt und ein Magnetkompaß gar nicht notwendig.

Auf der Südhalbkugel ist das Steuern bei Nacht nicht so leicht. Denn ein dem Nordstern vergleichbarer Stern am südlichen Himmelspol existiert nicht. Dies hat nicht nur den Effekt, daß kein allgemeingültiger Richtungsanzeiger vorhanden ist, sondern daß auch kein einziger Stern am Himmel steht, der sich nicht ständig bewegt. Es wird also nichts anderes übrigbleiben, als die östliche oder westliche Richtung festzustellen, indem man über die Sonne am Abend die Himmelsrichtung quasi in die Nacht mit „hineinnimmt", um dann mit Hilfe von Sternen, die sich genau im Osten befinden, die weitere Richtung zu ermitteln. Denn letztere werden ja, vor allem in äquatornahen Gebieten, im Lauf der Nacht mehr oder weniger senkrecht über die Yacht hinwegziehen.

Untertags ist immer die Sonne der beste Kompaß. Gleichgültig, zu welcher Jahreszeit wir unterwegs sind und auf welcher Breite wir uns befinden, die Sonne steht an ihrem höchsten Punkt (also am Mittag) exakt im Süden, also genau auf 180 Grad, oder im Norden, also auf 360 Grad. Segeln wir irgendwo auf einer Breite von nördlicher als 23 Grad (überall im Mittelmeer), so sehen wir die Sonne unabhängig von der Jahreszeit mittags immer im Süden.

In jedem Fall geht die Sonne irgendwo in östlicher Richtung auf und irgendwo in westlicher Richtung unter. Ausdrücklich warnen möchte ich davor, die während unserer Atlantikpassage benutzte „100-Grad-Regel" anzuwenden. Daß der Höhenwinkel der Sonne plus 100 Grad vor Mittag ihre Himmelsrichtung ungefähr angab, war reiner Zufall und gilt nur für eine Atlantiküberquerung im Spätherbst beziehungsweise im Winter. Wo die Sonne aufgeht und in welcher Richtung sie steht, abhängig von ihrem Höhenwinkel beziehungsweise zur Zeit vor und nach Mittag, wird allein von der Schiffsbreite und der Jahreszeit bestimmt. Vor einem längeren Törn ist es deshalb günstig, sich die Sonnenrichtung, entsprechend dem Tagesverlauf, einmal in einem Navigationscomputer über den ganzen Tag hinweg anzuschauen.

Aber selbst wenn man dies versäumt hat, läßt sich die grobe (!) Richtung zur Sonne allein aus dem Umstand ableiten, daß sie ungefähr im Osten aufgeht und mittags genau im Süden oder im Norden steht und daß sie abends ungefähr im Westen untergeht. Man lasse sich beispielsweise nicht zu dem Fehlschluß verführen, daß die Sonne, wenn ihre Breite (Deklination) mit der Schiffsbreite einigermaßen identisch ist, genau im Osten aufgeht und genau im Westen untergeht. Dies wäre nur am Äquator der Fall. Ansonsten sehen wir die Sonne auch dann immer mehr polwärts, weil die optische Peilung zu ihr quasi eine Großkreispeilung ist.

Um die Feststellung der geographischen Breite hat sich zur Mittagszeit auf der SARITA alles gedreht. Deshalb nur soviel: Hat man ein Kartendreieck zur Verfügung, so kann zur Höhenfeststellung der Sonne mittels Schattenstift praktisch jedes Brett oder jede glatte Plattform benutzt werden. Als Schattenstift eignet sich alles, was einen Schatten wirft. Der Stift braucht nicht gerade zu sein, ja er muß nicht einmal senkrecht zur Plattform angebracht werden, wenn anschließend der Höhenwinkel mit Kartendreieck oder sonstigen Winkelmessern ermittelt wird. Denn mit einem Faden, noch besser einem Haar, wird anschließend der Schattenwurf imitiert.

Bei der Messung ist darauf zu achten, daß wirklich der Mittagszeitpunkt erwischt wird. Hierzu kann es anfangs notwendig sein, schon lange vor dem eigentlichen Mittagszeitpunkt zu erscheinen, um fortlaufend den Winkel zu messen. Immer sind zur Messung zwei Mann notwendig. Voraussetzung für eine genaue Messung ist, daß die Meßplattform (Brett) wirklich so genau wie möglich parallel zum Horizont zeigt.

Dies läßt sich nur erreichen, wenn das Brett mit einer Visiereinrichtung versehen ist, die den Horizont auch dann zeigt, wenn er sich beim Visieren unter der Waagrechten befindet. Am besten und einfachsten läßt sich ein solches Visier herstellen, indem auf die Plattform in die Mitte und am Ende jeweils zwei Klötzchen geklebt und darüber zwei Fäden gespannt werden. Zum Visieren ist es dann nur notwendig, beide Fäden und den Horizont deckungsgleich in einer Linie zu halten.

Auch für den geübtesten Schützen wäre es auf einer schwankenden Yacht nicht möglich, diese Stellung länger als für den Bruchteil einer Sekunde einzunehmen. Deshalb wird man so vorgehen, daß man den Horizont sich langsam heben oder senken läßt, bis Dekkung erreicht wird. Dieser Moment wird dann präzise angesagt, worauf ein zweiter Mann die Schattenspitze mit einem Bleistift auf dem Brett markiert. Damit sich der Schatten gut abhebt, sollte das Brett entweder weiß gestrichen oder mit einem Stück weißem Papier beklebt sein.

Zur Bestimmung des Mittagszeitpunkts und damit der höchsten Sonnenhöhe ist es unbedingt notwendig, so lange draußen sitzen zu bleiben und fortlaufend zu peilen, bis der Schatten wieder deutlich länger wird. Dies kann zu einer ermüdenden Tätigkeit werden, doch nur dann hat man die Kulmination wirklich gemessen. Bei der nicht zu vermeidenden Ungenauigkeit können nämlich geringfügige Fehlmessungen schon den Eindruck erwecken, die Sonne würde bereits wieder sinken. Dies würde zu einer Fehlbestimmung des Winkels führen. Deshalb so lange weitermessen, bis mehrere (!) Messungen hintereinander das Sinken der Sonne eindeutig signalisieren!

Zum Herausmessen des ermittelten Höhenwinkels lassen sich zwei Methoden anwenden. Am einfachsten und am wenigsten fehlerträchtig ist es, mittels eines Haares oder eines Fadens den gemessenen Winkel zu rekonstruieren und ihn mit dem Kartendreieck am Faden abzulesen. Zu diesem Zweck wird der Faden genau an dem Bleistiftpunkt angelegt, wo der Schatten am kürzesten ist, also die Sonne am höchsten gestanden hat, und zur Spitze des Schattenstifts, also dem Punkt, der den Schatten verursacht hat, geführt.

Steht kein Kartendreieck zur Verfügung, so benötigt man ein Lineal, mit dem die Höhe des Schattenstifts und die Länge des Schattens möglichst exakt gemessen werden. Allerdings ist in diesem Fall zur Ermittlung des Höhenwinkels der Sonne dann entweder ein Taschenrechner mit einer Tangensfunktion nötig, oder es muß jemand in der Lage sein, eine Tangensfunktion im Kopf auszurechnen. Der Höhenwinkel ist nämlich der Arcustangens aus Schattenstiftlänge geteilt durch Schattenlänge.

Wahrscheinlich wird der Höhenwinkel in Dezimalgrad festgestellt. Es empfiehlt sich anschließend die Umrechnung in Grad und Winkelminuten, was dadurch geschieht, daß die Zahl hinter dem Komma mal 6 genommen wird. 53,7 Grad sind somit 53 Grad und 42 Minuten.

Von dem gemessenen Höhenwinkel sind sodann wegen der Lichtbrechung und Berücksichtigung des Sonnendurchmessers 6 Winkelminuten abzuziehen. Anschließend ziehe man das Ganze noch von 89 Grad 60 Minuten (das sind 90 Grad) ab.

Der verbleibende Wert ist um die Deklination der Sonne zu verbessern. Ich will den Leser jetzt nicht damit langweilen, daß ich für alle Möglichkeiten eine andere Formel angebe, denn er wird im Notfall ohne weiteres selbst erkennen, ob die Deklination abgezogen oder hinzugezählt werden muß. Das Ergebnis, das ja die geographische Positionsbreite bedeutet, wird dies dem Navigator schon sagen. Im Falle der SARITA mußten wir die Deklination abziehen.

Was aber ist die Deklination, und woher bekomme ich sie? Sie ist nichts anderes als die geographische Breite der Sonne. Wenn ein Beobachter auf einer Breite steht, die genau der Deklination entspricht, so würde er mittags die Sonne exakt über sich sehen. Auf unserer Fahrt nach Barbados hatte die Sonne eine Deklination von ungefähr 23 Grad Süd. Wenn wir zu diesem Zeitpunkt auf 23 Grad Süd gesegelt wären, so hätte die Sonne zur Mittagszeit genau über dem Mast der SARITA gestanden, wir hätten sie also mit 90 Grad gemessen.

Die Deklination ist eine fast gleichmäßige Sinuskurve. Ihre Eckpunkte ergeben sich aus dem Beginn der vier Jahreszeiten. Am 21. Dezember hat sie den südlichsten Wert mit 23 Grad 26 Minuten Süd, und am 21. Juni hat sie den nördlichsten Wert mit 23 Grad 26 Minuten Nord. Genau am Äquator, also Deklination gleich null Grad, befindet sie sich bei Frühlings- und bei Herbstanfang, am 21. März und am 21. September. Die Kurve auf Seite 329 zeigt den Verlauf der Sonnendeklination in Beziehung zu den Kalendertagen. Berücksichtigt man die zuvor angegebenen Eckwerte, so lassen sich mit Hilfe der Kurve zur Not die Deklinationswerte recht

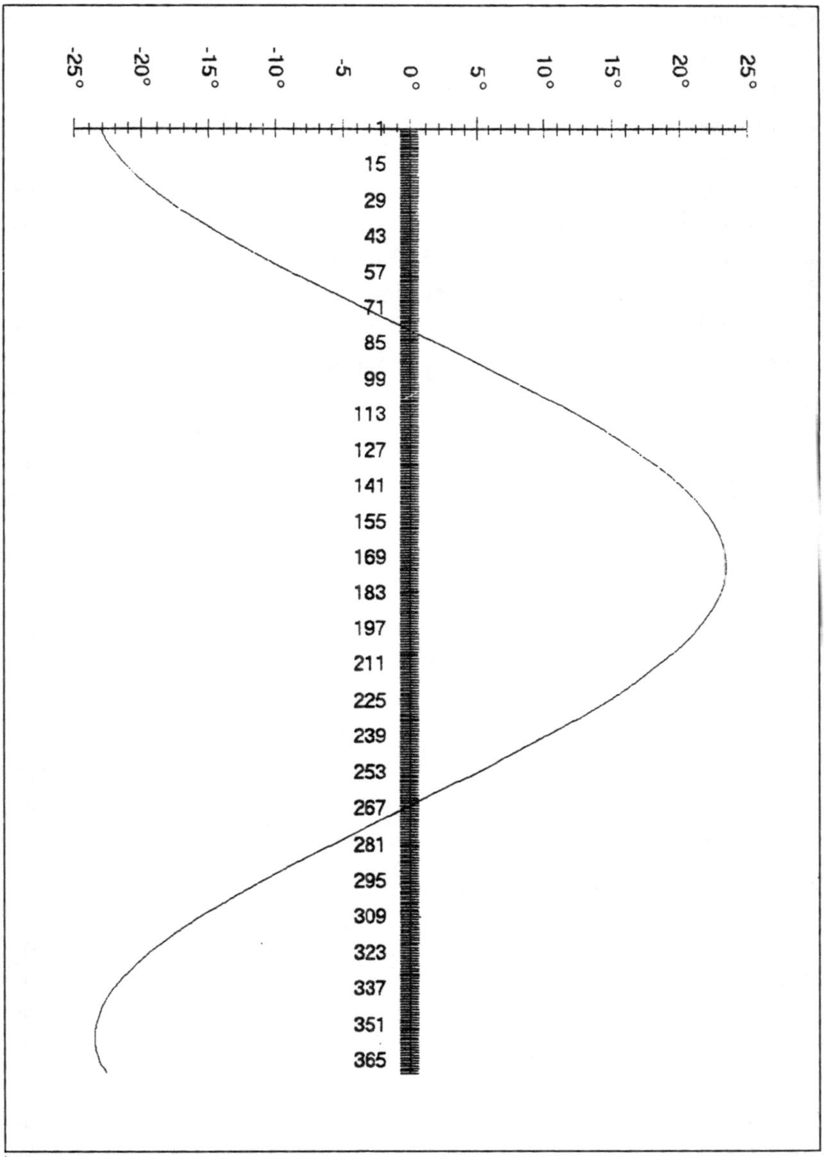

Deklinationsverlauf je Kalendertag

genau bestimmen, vor allem dann, wenn berücksichtigt wird, ob sich die Deklination sehr schnell ändert, also am 21. März und am 21. September, oder ob sie sich nur allmählich zu Winter- und Sommeranfang verändert.

Aus der Kurve läßt sich ersehen, daß sich während unserer Atlantiküberquerung im Monat Dezember die Deklination nur ganz wenig geändert hat. Im übrigen versuche man, die Deklination aus der Kurve, noch besser aber mit Navigationscomputer oder Jahrbuch, möglichst genau festzustellen, weil jeder Fehler oder jede Ungenauigkeit in der Deklination sich unmittelbar in der geographischen Breite entsprechend bemerkbar macht.

Ratschläge für den Skipper einer Charteryacht

Aufgrund meiner Erfahrungen als Skipper auf diesem Törn möchte ich anderen, die sich ein Schiff für den Urlaub chartern und sich opfern, darauf den Skipper zu spielen, ein paar Erkenntnisse mitteilen, die auf diesem Atlantiktörn gewonnen wurden. Vorab kann ich grundsätzlich nur davon abraten, als Skipper zu fungieren. Man übernimmt da eine große Verantwortung, für die man auch mit Sicherheit geradestehen muß, wenn etwas passieren sollte. Man sage nie: Es wird schon nichts passieren! Gerade bei Hochseetörns und generell auf Yachten lassen sich Unglücksfälle selbst bei größter Sorgfalt nicht hundertprozentig vermeiden.

Beispiele hierfür gibt es aus den letzten Jahren zahlreiche: Ein Mann ging über Bord, weil er nicht angeleint war. Eine Mitseglerin sprang nach unten in den Salon und blieb mit einem Ring am Niedergang hängen, wobei dieser Finger so sehr verletzt wurde, daß sie ihren Beruf als Zahnärztin nicht mehr ausüben konnte. Ein Steuermann baute eine Patenthalse, worauf der übergehende Großbaum bei einer Mitseglerin einen Schädelbruch verursachte. Und so fort. Nach derartigen Unglücksfällen kommt schneller als man denkt die Frage: Wer haftet, wer zahlt?

Dann wird man sich verfluchen, daß man die Skipperfunktion übernommen hat. Vor allem aber denke man daran, daß später vor

Gericht Personen über Haftungsfragen oder gar über die strafrechtliche Verantwortung urteilen, die meist vom Segeln nicht die geringste Ahnung haben. Fehlurteile sind damit leider nicht auszuschließen.

Der Skipper sollte sich also, wenn er sich schon opfert, so weit wie möglich rechtlich absichern. In strafrechtlicher Hinsicht ist dies nicht machbar. Hat er sich bei einem Unglück mit Personenschaden fahrlässig verhalten, so wird er sich wohl im Regelfalle auch strafbar gemacht haben und entsprechend verurteilt werden. Zivilrechtlich, also bei der Frage nach dem Schadenersatz, kann er sich bis zu einem bestimmen Grad dadurch absichern, daß er vorher eine Haftung seinen Mitseglern gegenüber so weit wie möglich ausschließt und (!) sich entsprechend versichert.

Ein Haftungsausschluß kann folgendermaßen lauten:

Vereinbarung

In Anbetracht der Tatsache, daß sich Herr/Frau XY nur wegen großer Erfahrung als Skipper/Skipperin unentgeltlich zur Verfügung stellt, verzichten die Mitsegler von vornherein auf eventuelle Schadenersatzansprüche gegen den/die Skipper/Skipperin. Dies gilt auch bei fahrlässiger oder grob fahrlässiger Verletzung der Sorgfaltspflichten oder der Gesetze der Seemannschaft. Umgekehrt verzichtet in gleichem Maße der Skipper auf Schadenersatzansprüche gegen die Mitsegler, ebenso die Mitsegler untereinander.

Sollte ein derart weitgehender Haftungsausschluß nicht möglich sein, so soll der Haftungsausschluß so umfassend sein wie gesetzlich nur möglich.

Sollte eine der Bestimmungen dieses Vertrages unwirksam sein, so wird die Gültigkeit der übrigen Vereinbarungen davon nicht berührt.

Gerichtsort ist: XY

Unterschrift aller Törnteilnehmer

Eine Haftpflichtversicherung ist dem Skipper in jedem Fall anzuraten. Man spreche darüber mit seiner Versicherung. Hat der Skipper bereits eine persönliche Haftpflichtversicherung, so ist darin höchstwahrscheinlich das Risiko als Skipper einer Yacht nicht (!) abgedeckt. Man schließe dann ausdrücklich für den Törn eine Versicherung als Skipper ab. Es kann unter Umständen erheblich preiswerter werden, wenn man sich der Versicherung gegenüber verpflichtet, den Mitseglern die Existenz dieser Versicherung nicht bekanntzugeben. Denn erfahrungsgemäß werden häufig Schadenersatzansprüche gegen befreundete Menschen nur dann geltend gemacht, wenn letztlich dahinter eine Versicherung steht, die zahlt. Kann die Versicherung jedoch damit rechnen, daß unter Umständen Schadenersatzansprüche gar nicht erst erhoben werden, so ist für sie das Risiko insgesamt geringer, was sich auch in der Prämie auswirken sollte.

Bei einem Chartertörn geht man davon aus, daß eine Freundesgruppe sich nicht ausgerechnet im Urlaub zerstreiten wird. Aber falls doch, gibt es gerade bei einem längeren Törn, sei es über den Atlantik, sei es in der Karibik, bei Ärger und Krach an Bord kaum Ausweichmöglichkeit. Am Mittelmeer wäre dies nicht weiter schlimm, denn im nächsten Hafen kann, wer will, aussteigen oder auch an Land gesetzt werden. Bei einem langen Törn aber ist man auf Gedeih und Verderb für ein paar Wochen zusammengesperrt, so daß schon wegen der Sicherheit eine gewisse Disziplin nötig ist, auch wenn dieses Wort heute als veraltet gilt. Man verlasse sich als Skipper nicht auf seine „natürliche Autorität“, denn die kann im Ernstfall sehr schnell abbröckeln. Auch langjährige Freundschaften sind keine Garantie dafür, daß an Bord alles funktioniert. Deshalb mein dringender Rat an alle angehenden Skipper: Lassen Sie sich vor Beginn der Reise gewisse „Hausregeln“ unterschreiben und hängen Sie das unterzeichnete Schriftstück in der Navigationsecke oder im Salon deutlich sichtbar auf. Im Bedarfsfall müssen Sie dann nicht lange meckern, ein Fingerzeig auf den entsprechenden Passus reicht aus, um einen Freund, der dagegen verstoßen hat, an die Abmachung zu erinnern.

Schiffsordnung

1. Betrachte das Schiff und vor allem den Salon als Dein eigenes Wohnzimmer. Benimm dich darin so, wie Du Dich auch zu Hause aufführen würdest. Vermeide insbesondere das Sitzen mit einer nassen Badehose auf den Polstern. Wird Seewasser auf die Polster gebracht, so werden sie vor allem in tropischen Gewässern nie mehr trocken. Lose Sachen sollten immer aufgeräumt werden. Vor allem spitze Gegenstände (Kartenzirkel!) können zur großen Gefahr werden, wenn sie im Seegang durch die Gegend fliegen.

2. Denke daran, daß die Yacht nach Beendigung der Reise an den Vercharterer mit vollständiger Ausrüstung zurückgegeben werden muß. Wenn Du zwischenzeitlich irgendwelche Sicherheitsgurte oder Rettungswesten verschlampt hast, so ist das nicht nur eine Frage von mehreren hundert Mark, sondern auch deswegen ein Problem, weil sie am Ankunftsort unter Umständen gar nicht erhältlich sind.

3. Denke daran, daß der Skipper das allergrößte Interesse daran hat, die Yacht und die Mannschaft heil heimzubringen. Unterstütze ihn dabei. Unternimm nichts ohne die ausdrückliche Zustimmung des Skippers. Insbesondere vermeide es unbedingt, zu Fotozwecken oder ähnlichem in den Mast zu steigen oder andere Risiken einzugehen. Denke bei jeder Bewegung an Bord daran, daß Unfälle, die zu Hause zwar unangenehm, aber noch kein Unglück sind, auf hoher See, weitab von jeder medizinischen Versorgung, zur Katastrophe werden können.

4. Die Navigationsecke ist ausschließlich dem Navigator oder dem Skipper vorbehalten. Sie ist kein Platz, um in Ruhe zu lesen oder Tagebuch zu führen. Es ist untersagt, aus der Navigationsecke irgendwelche Schreibutensilien, Dreiecke oder gar den Kartenzirkel zu entnehmen.

5. Die Chancen, einen über Bord Gegangenen zu retten, sind minimal. Ebenso wie der Bergsteiger, der unter keinen Umständen abstürzen darf, darf der Seemann nie über Bord fallen. Zö-

gere nicht, auch bei spiegelglatter See und Flaute den Sicherheitsgurt anzulegen, auch wenn Deine Mannschaftskameraden unter Umständen so dumm sind, dies zu belächeln. Die meisten tödlichen Unglücksfälle bei „Mann über Bord" sind in Situationen entstanden, in denen niemand davon ausgegangen ist, daß bei diesem Wetter jemand über Bord fallen könnte.

Nach Alkoholgenuß kann es tödlich sein, das Cockpit zu verlassen. Hat ein Mannschaftsmitglied auch nur ein Glas Bier getrunken, so ist es für ihn einfach tabu, aufs Vorschiff zu gehen oder auch nur zu den Wanten. Es ist eine Selbstverständlichkeit, daß man nach dem Genuß von Alkohol, in der Nacht oder bei hartem Wetter die Toilette unter Deck benutzt – und zwar im Sitzen –, statt sich an die Reling zu stellen.

6. Auf keinen Fall sollte die von vornherein vom Skipper aufgestellte Diensteinteilung irgendwie abgeändert werden. Schon deshalb scheidet der Tausch einer Wache unter mehreren Mannschaftsmitgliedern ohne Zustimmung durch den Skipper aus.

7. Denke daran, daß es unter Umständen in der Nacht wichtig ist, blind die Winschkurbel, die Taschenlampe, den Sicherheitsgurt oder ähnliches zu finden. Wenn dann in den Schwalbennestern Pfeifen, Feuerzeuge, Lektüre oder ähnliches lagert, kann dies zu erheblichen Sicherheitsrisiken führen. Denke in diesem Zusammenhang an den Satz von Moitessier: „Es sind Schiffe gesunken, weil die Streichholzschachtel verlegt worden war."

8. Der Kühlschrank oder die Kühltruhe darf nur vom Skipper geöffnet werden. Getränkewünsche sind rechtzeitig anzugeben.

9. Werkzeuge, die den dafür vorgesehenen Behältnissen entnommen werden, sind unbedingt anschließend zurückzulegen.

10. Das Rauchen unter Deck ist untersagt. Feuer an Bord bedeutet absolute Todesgefahr.

11. Ohne jede Angabe von Gründen ist der Skipper berechtigt, jederzeit den Alkoholgenuß generell zu verbieten.

12. Gäste können und sollen im Hafen an Bord eingeladen werden. Doch ist es notwendig, den Skipper davon zu verständigen.

Auf unserem Törn über den Atlantik habe ich es versäumt, vorher eine schriftliche Bordordnung niederzulegen, was vor allem daran lag, daß ich das Schiff nicht kannte. Ich habe aber einige Punkte, die mir während des Törns aufgestoßen sind, in umstehendem Vorschlag niedergelegt. Ich empfehle, diese Vereinbarung schon am ersten Tag (das ist wichtig, denn hängt der Bordsegen erst schief, ist es zu spät) unterschreiben zu lassen.

Je nach Bedarf kann einer der vorangegangenen Punkte gestrichen oder ergänzt werden. Doch wird aus Erfahrung dringend geraten, lieber mehr Regelungen schriftlich niederzulegen und sich nicht auf „Kameradschaft" oder ähnliches zu verlassen. Spätere Regelungen lassen sich kaum noch durchsetzen. Außerdem ist es lästig, ständig mit neuen Vorschriften aufwarten zu müssen.

Bei einem Langfahrttörn ist es ebenso notwendig, die Wacheinteilung und besonders Küchendienste – dazu gehören auch Putzarbeiten (zum Beispiel in der Toilette) – stundenplanmäßig vorher schriftlich zu fixieren. Das ist ein großer Vorteil für die Mannschaft, denn sie kann sich innerlich besser darauf einstellen, was auf sie zukommt. Die einmal getroffene Einteilung, und das sollte vorher deutlich gesagt werden, darf während des Törns nur bei Notfällen oder außergewöhnlichen Situationen abgeändert werden. Jede sonstige spätere Änderung würde die Mannschaft nur zu neuen Diskussionen ermuntern und damit erhebliche Unruhe ins Schiff bringen. Noch ein wichtiger Rat an den angehenden Skipper: Man glaube nicht, daß man seine Mannschaftskameraden wirklich gut kennt. Gefährlich sind diejenigen, die so oder ähnlich zu Beginn an den Gemeinsinn appellieren: „Wir sind doch erwachsene Menschen, die solche Vorschriften nicht brauchen. Wir halten alle zusammen und verrichten die notwendigen Arbeiten gemeinsam." Das sind nämlich erfahrungsgemäß die Drückeberger. Manche Menschen verhalten sich in Ausnahmesituationen ganz anders, als man es von zu Hause im Alltagsleben gewohnt ist.

Theo Rauscher

Tips zur Vorbereitung auf einen Chartertörn

Törnvorbesprechung
Eine Vorbesprechung ist nicht nur für die Organisation wichtig, sondern dient auch dem Erfahrungsaustausch untereinander – vor allem dann, wenn der Erfahrungsstand der einzelnen Mitglieder unterschiedlich ist. Sind mehrere Anfänger darunter, sollten von vornherein kürzere Routen geplant werden.

Die Verproviantierung hängt sehr vom jeweiligen Revier ab, doch empfiehlt es sich, zur Sicherheit speziellen Proviant schon zu Hause einzukaufen. Man beachte besonders, daß viele Charterschiffe „nackt“ – das heißt mit leerer Küche – übergeben werden. Dies bedeutet, daß nichts vorhanden ist, was zu Hause als selbstverständlich angesehen wird, zum Beispiel Salz, Gewürze, Spülmittel und so fort.

Schon für die ersten Einkäufe ist es wichtig, einen Kassenwart zu bestimmen, der von vornherein den Mitseglern ihre Einlage „abknöpft“.

Oft wird nach der richtigen Kleidung gefragt: Immer noch beliebt sind Jeans. Tennisschuhe mit Sohlen, die nicht abfärben, sollten nicht vergessen werden. Auch im Sommer oder bei Törns in wärmeren Gegenden sollte wärmere Kleidung (Nachtfahrten!) mitgenommen werden. Eigenes Ölzeug ist in jedem Fall erforderlich. Ein eigener Schlafsack kann nie schaden.

Persönliche Sicherheit

Grundsätzlich gehe man davon aus, daß Charterschiffe karg ausgestattet sind. Vor allem Ausrüstung für den persönlichen Bedarf fehlt. Deshalb mitnehmen:

Seglermesser mit Schäkelöffner, kleine, wasserdichte Lampe, Blitzlicht, das am Arm befestigt werden kann, automatische Rettungsweste mit Lifebelt (nur bei der hat man die Garantie, daß sie – hoffentlich – ordnungsgemäß gewartet ist), Verbandszeug für kleine Verletzungen, persönliche Medikamente, Nico-Signal.

Persönliche Ausrüstung für den Skipper

Ich ziehe es vor, für das betreffende Revier meine SEEKARTEN, HAFENHANDBÜCHER und das NAVIGATIONSBESTECK nebst HANDPEILKOMPASS selbst mitzubringen, auch wenn behauptet wird, es sei an Bord alles vorhanden. Falls ich dann noch meinen tragbaren GPS dabei habe, bin ich bezüglich der Navigation vollkommen von der jeweiligen Schiffsausrüstung unabhängig. Daneben habe ich mein FERNGLAS und einen kleinen KURZWELLENEMPFÄNGER dabei. Genützt hat mir bisher auch ein ZIEHSTRUMPF zum Leinenfangen und eine TASCHENLAMPE (MILITÄRLAMPE) MIT ROTEM UND GRÜNEM FILTER, die kurzfristig als Positionslampenersatz dienen kann.

An brauchbarem Werkzeug ist auf den meisten Charteryachten nichts vorhanden. Deshalb sollte man seine persönliche Ausrüstung auch danach ausrichten. Im Falle einer kleinen Havarie können folgende Dinge von großem Nutzen sein, ohne daß sie das Gepäck allzusehr belasten:

Segeltape, Segelnähzeug, Isolierband,
Kombinationszange,
Kreuz- und Schlitzschraubenzieher,
Stirnlampe (Hände sind frei zum Arbeiten!),
Schäkel verschiedener Größe,
Blöcke (sollten seitlich zu öffnen sein, damit Leinen unter Belastung in den Block eingeschoren werden können),
Bügeldrahtseilklemmen (Bulldog-Grips),
kleines Meßgerät (Zeigerinstrument),
Lüsterklemmen mit Draht zum Überbrücken,
Gummistropps, Bändsel und Tampen, Leckpropfen,
Micropur für die Wasserentkeimung.

Vereinbarungen
Vergeßt nicht, unter den Mitseglern einen schriftlichen „Crew-Vertrag“ abzuschließen. Wenn's ums Geld geht, sieht die Freundschaft gleich anders aus! Im übrigen teilt der Skipper auch bei kurzen Törns die Wachen und Backschaftsdienste ein.

Checkliste für die Bootsübernahme
Manche Charterfirmen verlangen bei Verlust oder Beschädigung von Ausrüstungsgegenständen viel Geld. Oft spekulieren diese Firmen auch damit, daß der Skipper die Yacht nach dem Motto „wird schon alles okay sein“ übernimmt. Das böse Erwachen kommt dann hinterher, wenn für eine fehlende Gabel zum Beispiel zehn Mark verlangt werden.

Es ist deshalb auch aus finanziellen Gründen notwendig, vor dem Törn den ordnungsgemäßen und kompletten Zustand der Yacht festzustellen, wobei eine Checkliste benutzt werden muß, damit nichts übersehen wird. Geht man sie Punkt für Punkt vor dem Törn durch, hat sie außerdem den Effekt, daß die Mannschaft schon vor dem Auslaufen einen guten Überblick über den Zustand des Schiffes erhält. Nachfolgende Checkliste habe ich auf Grund zahlreicher Chartertörns zusammengestellt:

Checkliste

Anker

- Befestigung ☐
- Kettenlänge ☐
- Schäkel ☐
- Funktionieren Spill oder Winde? ☐
- Wo befindet sich die Reservesicherung für die Ankerwinsch? ☐

Achterdeck

- Achterstag (Befestigung/Spanner) ☐
- Backskisten (Verschluß) ☐
- Badeleiter ☐
- Belegklampen ☐
- Flaggenstock ☐
- Heckkorb ☐
- Relingstützen ☐
- Reling ☐
- Baumbefestigung, -beschlag ☐

Elektrische Anlage

- Wo Starterbatterie? ☐
- Wo Servicebatterie? ☐
- Alter der Batterien, des destillierten Wassers, der Polklemmen: ☐
- Sicherungen ☐
- Ersatzsicherungen ☐
- Wo Umschaltung für Landanschluß? ☐
- Wo Hauptschalter? ☐
- Instrumentenbeleuchtung ☐
- Kompaßbeleuchtung ☐
- Kajütbeleuchtung ☐
- Reservelampen ☐
- BB- und STB-Licht ☐
- Hecklicht ☐
- Topplicht ☐
- Ankerlicht ☐
- Taschenlampe ☐
- Echolot ☐
- Handlot ☐
- Impellerlog ☐

Cockpit	
Kompaß (Befestigung)	☐
Lenzrohre	☐
Ruder gängig?	☐
Schotwagen	☐
Winschen/Winschkurbeln	☐
Flaggen	
Bundesflagge	☐
Gastlandflaggen	☐
Funkausrüstung	
Funkgerät, wie zu handhaben?	☐
Kajüte	
Schiffspapiere	☐
Logbuch	☐
Niedergangsschlüssel	☐
Kombüse	
Gaskocher	☐
Wo ist die Gasflasche? (voll?)	☐
Reserve-Gasflasche	☐
Entlüftung	☐
Wo ist der Hauptabsperrhahn?	☐
Gasleitung und Anschlüsse	☐
Spüle	☐
Leitungen, Anschlüsse	☐
Wasserpumpe	☐
Einfülltrichter	☐
Wie funktioniert der Kühlschrank?	☐
Leinen und Fender	
Fender	☐
Festmacher	☐
Ankertrosse	☐
Schlepptrosse	☐
Bullentalje	☐

Verschiedenes	
Lenzpumpen	☐
Ansaugkörbe sauber?	☐
Lecksicherungsmittel wo?	☐
Wantenschneider:	☐
Maschine	
Anlasser	☐
Betriebsanleitung	☐
Einfülltrichter mit Sieb	☐
Wo Filter und Absperrhahn (sauber bzw. wann zuletzt gewechselt?)	☐
Instrumente Kühlwassertemperatur	☐
Öldruck	☐
Drehzahl	☐
Lichtmaschine	☐
Keilriemen (Reserve)	☐
Ölstand:	☐
Reserveöl	☐
Getriebeöl	☐
Stopfbuchse	☐
Tank	☐
Kühlwasserkreislauf	☐
Seewasserfilter sauber?	☐
Wo Werkzeug?	☐
Wo Ersatzteile (Impeller, Filter etc.)?	☐
Navigationsausrüstung	
Seekarten berichtigt?	☐
Leuchtfeuerverzeichnis	☐
Seehandbücher	☐
Kursdreieck	☐
Anlegedreieck	☐
Einhandzirkel	☐
Bleistifte	☐
Radiergummi	☐
Anspitzer	☐
Log	☐
Echolot	☐
Barometer	☐
Thermometer	☐

Hygrometer ☐
Fernglas ☐
Handpeilkompaß ☐
Nebelhorn ☐
Radarreflektor ☐

Rumpf

Bewuchs? ☐
Bilgenwasserstand ☐
Dichtigkeit ☐
Schadstellen ☐

Seeventile

Wie viele Seeventile gibt es? ☐
Wo befinden sich die Seeventile? ☐

Segel

Fock bzw. Genua okay? ☐
Fockschot ☐
Schothorn ☐
Groß ☐
Schothorn ☐
Hals ☐
Großschot ☐
Großfall ☐
Dirk ☐
Traveller ☐
Rutscher ☐
Rollanlage ☐
Baumniederholer ☐
Unterliekstrecker ☐
Reff I ☐
Reff II ☐
Reff III ☐
Sturmsegel ☐
Persenning ☐
Bis zu welchen Windstärken können die Segel gefahren werden?
Groß ☐ Genua ☐
Wo befindet sich Segelreparaturwerkzeug oder Tape zum Kleben? ☐

Sicherheitsausrüstung	
Schwimmwesten	☐
Lifebelt	☐
Beiboot mit Riemen	☐
Bordapotheke	☐
Bolzenschneider	☐
Feuerlöscher	☐
Wann wurden sie zuletzt geprüft oder gefüllt?	☐
Wie sind sie zu handhaben?	☐
2 Lenzpumpen	☐
Notsignale/Ablaufdatum	☐
Notruderpinne wo?	☐
Notbeleuchtung wo?	☐
Rettungsinsel	☐
Funktion	☐
Wann zuletzt überprüft?	☐
Rettungsring:	☐
Seenotleuchte okay?	☐
Tagessignale	
Ankerball	☐
schwarzes Dreieck	☐
schwarzer Rhombus	☐
Takelage	
Stehendes Gut (Augspleiße von Wanten und Stagen)	☐
Sind die Splinte bekleidet?	☐
Sind Bruchstellen in Fallen und Blöcken?	☐
Winschen okay?	☐
Reserve für stehendes und laufendes Gut vorhanden?	☐
Treibstoff	
Wieviel noch vorhanden?	☐
Vordeck bis Brückendeck	
Bugbeschlag:	
Bugkorb/Befestigung:	
Mast:	
Lippklampen	☐

Belegklampen	☐
Relingstützen und Reling	☐
Wanten	☐
Vorluk bzw. alle Luken dicht und sicher?	☐
Schiebeluk	☐
Vorstag und Spanner	☐
Bootshaken	☐
Spinnakerbaum	☐
Wasser	
Tanks sauber?	☐
Tanks voll?	☐
Wieviel Inhalt?	☐
Reservekanister aufgefüllt?	☐
WC	
Funktion	☐
Funktion der Ventile	☐
Werkzeug	
Handwerkzeugsatz	☐
Ersatzschäkel, -fall, -schot	☐
Bootsmannstuhl	☐
Schlauchbootflickzeug	☐
Pütz	☐
Wasserschlauch	☐
Blasebalg oder Handpumpe	☐
Mängel bzw. Beanstandungen	
(Nach Bedarf eintragen)	

Carla Schenk

Proviant für den Atlantiktörn

Einmal über den Atlantik segeln, auf einem winzigen Boot nur mit der Kraft des Windes einen Ozean überqueren, das ist auch heute noch für jeden Segler eine Herausforderung. Es ist etwas ganz Einmaliges, Tag für Tag die Weite des Meeres, auf dessen Wellen die Sonne glitzert, die einsamen, sternklaren Nächte zu erleben. Und dann der große Moment des Ankommens: weiße Sandstrände, Palmen, türkisfarbenes Wasser, der erste Rumpunsch! Äußere Exotik mischt sich mit dem Stolz, etwas Besonderes geleistet zu haben.

Damit aber dieser Törn zu einem großen Erlebnis wird, muß er in jeder Hinsicht gut vorbereitet werden, und dazu gehört auch, daß man sich Gedanken um die Bordverpflegung macht. Bereits die Einkäufe des Proviants legen den Grundstein zu einem gelungenen Törn. Man fragt die Crewmitglieder nach ihren Essens- und Trinkgewohnheiten und rechnet dann hoch. Zum Beispiel: Wer trinkt Kaffee, wer trinkt Tee und wie viele Tassen pro Tag? Oder wird zum Frühstück Müsli gegessen? Wer bevorzugt Wurst, wer Marmelade? Dann überlegt man, wie lange der Törn voraussichtlich dauern wird, und errechnet daraus die erforderlichen Mengen, die gekauft werden müssen. Dazu kommt noch ausreichend Notproviant.

Welche Mengen an Nahrungsmitteln muß man pro Mahlzeit rechnen? Nebenstehend einige Beispiele für vier Personen:

Fleisch 600–800 g,
Fisch 800–1000 g,
Gemüse als Beilage 800-1000 g,
Kartoffeln als Beilage 700 g,
Kartoffeln als Hauptgericht 1000 g,
Nudeln als Beilage 250–300 g,
Nudeln als Hauptgericht 400 g,
Reis als Beilage 200 g,
Reis als Hauptgericht 250 g,
Suppe als Vorspeise 1 l,
Suppe als Hauptgericht 2 l

Der Provianteinkauf richtet sich auch danach, wie die Pantry eingerichtet ist. Auf modernen Yachten, wie es heute die Charterschiffe sind, gibt es Tiefkühltruhe, Kühlschrank und Backofen. Man kocht wie zu Hause und kauft zum Beispiel tiefgefrorenes Fleisch statt Konserven. Allerdings muß man in seine Überlegungen einbeziehen, daß die Tiefkühltruhe ihren Geist aufgeben kann. Es dauert aber dann noch einige Tage, bis die eingelagerten Sachen aufgetaut sind.

Obst und Gemüse

Auf einer längeren Seereise heißt es, genügend Abwechslung in den Küchenzettel zu bringen, und das setzt einigen Einfallsreichtum des Smut voraus, sowie eine gute Planung. Frischverpflegung – also Obst, Gemüse und Salate – ist die Devise, weil sie besser schmeckt und mehr Vitamine enthält als Dosenkost. Leider stehen wir oft vor der Schwierigkeit, wirklich frische Waren zu bekommen; die aus den Kühlhäusern angelieferte eignet sich für unsere Zwecke wenig, da sie bald verdirbt. Obst und Gemüse müssen frisch vom Baum oder Feld gekauft werden, möglichst noch nicht ganz reif, damit lange Haltbarkeit gewährleistet ist. Das von uns auf Gran Canaria in der „Cooperative" gekaufte Obst und Gemüse vermittelte den Eindruck, als sei es gerade von einer Farm geliefert worden, was leider nicht der Fall war. Verschiedene Sachen fingen bald an zu faulen und mußten über Bord geworfen werden.

Ein weiteres Problem ist die zweckmäßige Lagerung des Frischproviants. Gut bewährt haben sich Draht- und Holzgestelle oder einfach flache Holzsteigen, in denen Obst und Gemüse luftig, trocken und möglichst dunkel in nur einer Lage aufbewahrt werden. Auf kleineren Schiffen kann der Frischproviant in Netzen über den Vorschiffskojen gestaut werden, einige Sorten können auch in Säcken aufgehoben werden.

Auf jeden Fall sollten Obst und Gemüse alle zwei bis drei Tage gründlich durchgesehen und angefaulte Stücke ausgesondert werden.

Haltbarkeit verschiedener Gemüse und Obstsorten

Kartoffeln, Zwiebeln, Knoblauch und Wurzelgemüse wie Mohrrüben, Sellerie und Rüben halten sich leicht mehrere Monate, ebenso Kohl, wenn regelmäßig die äußeren angefaulten Blätter entfernt werden. Ein Salat aus frischem Weißkraut wird am Ende einer Ozeanüberquerung zu einer Delikatesse.

Gurken, Tomaten (grün gekauft) Paprika, Zucchini und Auberginen sind selbst in wärmeren Gegenden nach zwei, eventuell sogar drei Wochen noch zu verwenden.

Auch Avocados sind gut haltbar, wenn man Sorten aussucht, die eine dunkle, sehr harte, runzelige Schale haben.

Zitrusfrüchte wie Zitronen, Limonen, Orangen, Grapefruit und Pampelmusen sind Monate haltbar, wenn sie in möglichst nicht zu reifem Zustand gekauft werden. Je dicker die Schale, um so haltbarer bleiben sie. Sie sind nicht nur zur Vitaminversorgung wichtig, sondern auch für den abendlichen Sundowner (Rumpunsch).

Wassermelonen sind wegen ihrer dicken Schale auch über Monate haltbar.

Birnen und vor allem Äpfel (gut geeignet für Nachtwachen) sind, richtig gelagert (in dünnes Papier verpackt und in nur einer Lage in Steigen aufbewahrt) auch am Ende einer Ozeanüberquerung noch eßbar.

Bananen, noch grün am Ast gekauft und an luftiger Stelle aufgehängt, reifen nach ein bis drei Wochen; dann setzt eine Schwemme ein, denn alle werden zur gleichen Zeit reif. Darum lieber mehrere kleine Äste von unterschiedlichem Reifezustand kaufen.

Trinkkokosnüsse: Wer die Nuß frisch von der Palme pflückt, muß mit der Machete oder einem scharfen, großen Messer eine Kerbe reinschlagen, um an die köstliche Milch zu kommen. Für den Ungeübten ist das ziemlich schwierig. Einfacher ist es, erst die Basthülle zu entfernen und dann mit dem Marlspieker in die weichen Stellen zwei Löcher zu stoßen.

Auf einer Atlantiküberquerung braucht man sich um die früher so gefürchteten Vitaminmangelkrankheiten keine Gedanken zu machen. Die Einnahme von Vitamintabletten ist nur auf sehr langen Törns erforderlich, wenn über Wochen keine natürlichen Vitamine zur Verfügung stehen.

Eier und Milchprodukte

Mit Eiern an Bord wurde früher ein ziemlicher Kult getrieben. Jeder wußte irgendein Rezept, das eine Haltbarkeit von mehreren Monaten gewährleisten sollte, sei es das Einreiben mit Vaseline oder das sekundenlange Eintauchen in kochendes Wasser. Für einen Törn über den Atlantik kann man sich diese Arbeit sparen. Auf den Kanaren gibt es frische Eier, und die halten drei Wochen, wenn man sie im Kühlschrank aufhebt.

Eier sollten mit der breiten Seite nach oben gelagert werden. Um zu vermeiden, daß an Bord ein faules Ei aufgeschlagen wird – es kann nicht nur die mit viel Mühe gekochte Mahlzeit verderben, der Gestank kann auch der erste Auslöser von Seekrankheit sein –, legen wir es in einen Kübel mit Wasser. Steigt das Ei an die Oberfläche, ist es bereits schlecht, und wir werfen es am besten über Bord. Beim aufgeschlagenen frischen Ei ist der Dotter hochgewölbt, beim älteren laufen Dotter und Eiweiß ineinander. In letzter Zeit hört man häufiger von Salmonelleninfektionen nach dem Genuß von Eiern, deshalb sollten Eier im Kühlschrank aufgehoben werden. Gibt es keine Kühlung an Bord, dürfen Eier nur hartgekocht (acht Minuten und nicht abschrecken) gegessen werden.

Gesalzene BUTTER hält sich länger als süße. Aber schon nach einigen Tagen ist auch diese nur noch zum Kochen und Braten geeignet, und man muß auf Margarine ausweichen. Es gibt auch Dosenbutter, die leider ziemlich ranzig schmeckt. Als Brotaufstrich unter Wurst, Schinken, Fischkonserven oder Tomaten hat sich Mayonnaise bewährt. Kinder schätzen Erdnußbutter. Ist man glücklicher Besitzer einer Tiefkühltruhe, braucht man sich über dieses Thema keine Gedanken zu machen. Man kauft Butter und läßt sie gleich im Laden einfrieren.

Für die Haltbarkeit von KÄSE gilt folgende Regel: Je härter der Käse, um so besser hält er sich. Auch Schmelzkäse ist außerordentlich gut haltbar.

Fleisch

Das Problem FLEISCH löst man am einfachsten, indem man sich eine Tiefkühltruhe anschafft. Manchem aber ist das Ding zu teuer, andere scheuen die tägliche Maschinenlaufzeit für die Stromerzeugung und fürchten komplizierte Reparaturen. Moderne Charteryachten sind fast immer mit Tiefkühltruhen ausgestattet. Auf den Kanarischen Inseln gibt es hervorragendes Fleisch zu kaufen – Rinderfilets, Lammkeulen und Lammkarrees sowie Hühner –, alles tiefgefroren. Falls man Frischfleisch kauft, läßt man es beim Metzger einfrieren. Ist keine Tiefkühltruhe an Bord, muß man Fleisch in Dosen kaufen. Besser als ein Fertiggericht ist Fleisch im eigenen Saft – Huhn, gekochter Schinken, Zunge oder Rindfleisch –, das man dann nach Geschmack zubereitet.

Ein luftgetrockneter Schinken gehört auf jeden Törn; er wird in einem luftdurchlässigen Beutel an einem trockenen Platz aufgehängt. Der Schinken muß gut getrocknet sein, sonst verdirbt er in dem warmen Klima leicht. Das Gleiche gilt für Speck, von dem man ebenso ein ganzes Stück im Stoffsack an luftiger Stelle aufhängt.

Brot

Gerade wir Deutschen sind sehr verwöhnt, wenn es um Brot geht, denn bei uns gibt es davon unzählige köstliche Sorten, ebenso

Kleingebäck. Beim Einkauf muß berücksichtigt werden: Brot bleibt um so länger frisch, je dunkler es ist; am längsten hält Pumpernikkel. Brot muß trocken, kühl und luftig aufgehoben werden. Unverpacktes Brot lagert am besten in den dazu bestimmten Brotkästen. Sie sollte man einmal wöchentlich mit Essig auswaschen!

Viele Langfahrtsegler backen auf See ihr eigenes Brot. Dazu braucht man nicht einmal einen Backofen, es geht auch im Drucktopf. Manche benutzen eine Backhaube oder eine Napfkuchenform mit Deckel. Wird Brot oder Kuchen auf dem Herd gebacken, braucht man eine kleine Flamme. Bei Petroleum- oder Spirituskochern, bei denen die Hitze schlecht gedrosselt werden kann, müssen deshalb eine oder mehrere Asbestplatten zwischengelegt werden.

Hier das Rezept von Vera Sponner, S. Y. TERN III:

Zutaten: 4-5 Tassen Mehl, 1 1/2 Tassen sauberes Meerwasser, 1 Eßlöffel Zucker, 1 1/2 Teelöffel Trockenhefe (auch in Dosen erhältlich).

Zubereitung: Die Hefe mit dem Zucker in wenig lauwarmem Salzwasser auflösen. Dann nach und nach die restlichen Zutaten hinzufügen und kräftig durcharbeiten. Zum Kneten bestäubt man die Hände mit etwas Mehl. Bleibt der Teig an den Fingern kleben, streut man erneut Mehl auf Teig und Hände. Der Teig darf an der Schüssel nicht mehr kleben bleiben. Den Drucktopf gut einfetten und danach mit Mehl ausstäuben. Den Teig zum Ballen formen und in dem Drucktopf zugedeckt gehen lassen, bis er den doppelten Umfang erreicht hat. Anschließend den Topf mit geschlossenem Deckel, aber ohne Druckventil, auf kleine Flamme stellen. Nach einer halben Stunde den Topf öffnen – er braucht vorher nicht abgekühlt zu werden, weil sich wegen des fehlenden Ventils kein Druck entwickeln kann –, den Teig umdrehen und weitere 30 Minuten backen.

Zur Abwechslung kann der Teig noch durch Fett und Eier verbessert, auch können Rosinen, Korinthen, Nüsse oder Mandeln untergemischt werden.

Ein weiteres Rezept für die schnelle Küche:
Zutaten: 2 Tassen Mehl, eine Prise Salz, 2 Teelöffel Backpulver, 1 Tasse Milch (angerührt aus Milchpulver oder verdünnter Kondensmilch) oder Wasser-Milch-Gemisch.

Zubereitung: Alle Zutaten zu einem Knetteig verarbeiten und zu einem Fladen plattdrücken. In einer heißen trockenen Pfanne auf beiden Seiten backen, bis der Fladen eine braune Farbe angenommen hat.

Falls das Wetter zum Brotbacken zu hart ist, werden Knäckebrot, Zwieback oder Cracker gebraucht. Gut bewährt hat sich in Scheiben geschnittenes Weißbrot, das in der Sonne getrocknet und an einem luftigen Ort aufbewahrt wurde. Es wird vor dem Essen mit wenig Wasser angefeuchtet und auf dem Yachttoaster geröstet.

Auf den Kanaren gibt es verpacktes Brot in Scheiben zu kaufen, das sehr gut haltbar ist (ca. drei Wochen). Ich habe es auf einigen Atlantiküberquerungen ausprobiert. Man muß beim Einkauf auf das Verfallsdatum achten und verschiedene Sorten nehmen. Ich kaufte kurz vor der Abfahrt 50 Doppelbrötchen, die – mit wenig Wasser besprüht und im Ofen aufgebacken – hervorragend schmecken und eine Woche reichten.

Stauen von Konserven

Manche Segler führen eine Proviantliste, schon um für den nächsten Törn Anhaltspunkte zu haben, wieviel verbraucht wurde und welche Gerichte bei der Crew Anklang fanden. Andere numerieren sogar Schränke und Schubladen und tragen in ein Vorratsbuch ein, wo der Proviant im einzelnen verstaut ist.

Das Stauen ist nicht ganz unproblematisch. Die Konservenlast sollte auf die verschiedenen Schränke so verteilt werden, daß sich der Trimm des Schiffes nicht ändern kann. Für den schweren Proviant sind die Stauräume am tiefsten Punkt der Yacht geeignet, möglichst nahe am Schwerpunkt. Konservendosen dürfen nicht in Kompaßnähe gelagert werden, da sich durch das Metall die Steuertafel (Deviation) ändern kann, was freilich auf dem Columbustörn der SARITA nicht beachtet werden mußte. Auf feuchten Schiffen sollten die Etiketten von den Dosen entfernt werden, sonst können nasse Papierfetzen die Pumpen verstopfen. Die Dosen sind vorher mit einem wasserfesten Filzstift zu kennzeichnen.

Wasserversorgung

Für Segler, die ihren ersten Ozeantörn planen, wirft die Trinkwasserversorgung häufig Probleme auf. Dazu muß man wissen, wie viele Liter der Tank faßt und wie lange der Törn voraussichtlich dauert. Es wird sicher keine ernsten Schwierigkeiten geben, wenn man einen Grundsatz berücksichtigt: Süßwasser ist keinesfalls zum Waschen da, sondern ausschließlich für die Ernährung! Als mich ein Crewmitglied vor der Abfahrt in Puerto Mogan fragte, wie oft man auf der Reise seine Wäsche waschen könne, gab ich ihm zur Antwort: zweimal, das erste Mal jetzt, bevor der Tank endgültig für die Reise gefüllt wird, und das zweite Mal nach Ankunft in der Karibik. Vor dem Bunkern von Wasser muß überprüft werden, ob der Tank sauber ist. Es empfiehlt sich auf jeden Fall der Zusatz eines Desinfektionsmittels wie Mikropur, das Wasser keimfrei hält und Algenbildung verhindert. Der Wasserverbrauch wird pro Kopf und Tag mit 1,5 bis 2,5 Liter veranschlagt. Ich empfehle, das Wasser aus dem Tank hauptsächlich zum Kochen zu verwenden und zum Trinken Wasser in Plastikflaschen zu kaufen. Auf jeden Fall müssen Kanister oder Plastikflaschen mit Wasser für den Notfall an Bord sein, falls der Tank ein Leck hat, das Wasser verdirbt oder man in die Rettungsinsel muß. Helle Kanister darf man nicht in der Sonne lassen, denn jedes Wasser enthält Algen, die sich dann schnell vermehren. Beim Einkauf von Getränken für eine Atlantiküberquerung muß man bedenken, daß es nach acht bis zehn Tagen ziemlich heiß wird und man dann wesentlich mehr trinkt.

Wichtig: Auf einer Ozeanreise muß der Wasserverbrauch jeden Tag kontrolliert werden. Entweder hat man hierfür eine Tankanzeige, einen Meßstab, oder man überprüft die verbrauchte Wassermenge, indem man täglich feststellt, wieviel aus dem Schmutzwassertank gepumpt wird. Wir hatten einige Male zu Anfang des Törns einen unerklärlich hohen Wasserverbrauch. Einmal stellten wir fest, daß sich ein Crewmitglied täglich die Haare wusch.

Wie kann Süßwasser gespart werden?

Eier werden in Seewasser gekocht. Für Kartoffeln, Nudeln und Reis nimmt man halb Seewasser, halb Süßwasser.

Geschirrabwaschen und Saubermachen der Spüle kann mit Seewasser erledigt werden; eventuell kann mit wenig Süßwasser nachgespült werden. Auch für die Körperwäsche tut es Seewasser, wenn man spezielle Seewasserseifen, Satina flüssig, Badedas, Sebamed oder Geschirrspülmittel verwendet. Man kann mit etwas Süßwasser nachspülen, um das Salz von der Haut zu entfernen.

Hat man elektrische und mechanische Pumpen an Bord, stellt man die elektrischen ab, dann sinkt der Wasserverbrauch rapide. Handpumpen erziehen zum Wassersparen.

Bei starken Regenfällen kann man Wasser im Großsegel auffangen, indem man einen Eimer an den Großbaumbeschlag am Mast hängt. Das erste so aufgefangene Wasser kann nicht zum Trinken verwendet oder in den Tank geschüttet werden, da es wahrscheinlich Salz und Schmutz enthält.

Tips rund um die Pantry

THERMOSKANNEN mit weitem Hals, üblicherweise zum Warmhalten von Eintöpfen benutzt, eignen sich sehr gut zum Aufheben von Eiswürfeln. Letztere halten sich in Thermoskannen wesentlich länger als in den sogenannten Eisbehältern.

STREICHHÖLZER: Einige Schachteln sollten wasserdicht verpackt werden.

WÄSCHE AUFHÄNGEN: Werden Kleidungsstücke oder Handtücher zum Trocknen aufgehängt, legt man sie über die Reling und klammert sie zusammen, ohne sie an der Reling selbst festzustecken. So kann auch bei stärkstem Sturm nichts davonfliegen.

KÜCHENPAPIER: Auf Überseereisen hat man einen enormen Verbrauch an Küchenpapier, man kann gar nicht genug dabeihaben.

WISCHTÜCHER: Kaufen Sie einige große Wischtücher. Die meisten Yachten haben leider keinen kardanisch aufgehängten Tisch, und alles, was man abstellt, fällt im Seegang herunter. Feuchte Wischtücher verhindern das Rutschen von Geschirr und anderen Gegenständen.

Fertiggerichte: Wer am ersten Tag auf See Smut ist, kann sich die Arbeit enorm erleichtern, indem er einige fertig gebratene Hühner mitnimmt (im Restaurant bestellen). Kurz im Ofen aufgebacken, ergeben sie mit Salaten eine schnell zubereitete und gut bekömmliche Mahlzeit.

Tiefkühltruhe: Sie sollte nur ein-, höchstens zweimal pro Tag geöffnet werden, wobei die Tiefkühlkost für den ganzen Tag entnommen wird. Trifft man diese strenge Regelung nicht, läuft man Gefahr, daß unentwegt jemand die Truhe öffnet: der eine, um ein Stück Butter rauszuholen, der andere braucht einen Eiswürfel zum Tomatensaft, und der dritte stellt mal eben einige Büchsen kalt. Das hat zur Folge, daß die Temperatur in der Truhe steigt und die Maschinenlaufzeit von einer auf mehrere Stunden pro Tag erhöht werden muß.

Frische Vitamine: Bringt man von zu Hause Kressesamen mit, gibt sie auf einen Wattebausch und hält diesen feucht, kann nach acht Tagen Kresse geerntet werden.

Sicherheit am Herd: Auch wenn der Kocher kardanisch aufgehängt ist, müssen Stropps dasein, um bei stärkerem Seegang die Töpfe festzuzurren.

Einkaufsliste

Salz, Pfeffer, Zucker, Süßstoff,
Gewürze, Essig, Öl,
Nudeln, Reis, Kartoffelbrei und Knödel aus der Tüte, Mehl,
Müsli, Haferflocken,
Kaffee, Tee, Kakao, Milch, Dosenmilch,
Marmeladen, Honig, Brot, Cracker, Knäckebrot, Zwieback,
Hefe,
Fett, Butter, Margarine, Öl,
Eier, Käse, Parmesan,
Obst, Gemüse, Gemüsekonserven,
Fleischkonserven,
Fischkonserven,

Suppen, Brühwürfel, Maggi, Worcestersauce, Sojasauce, Ketchup, Senf, Tabasco,
Mayonnaise, Oliven, Tomatenmark, Sardellenpaste, Essiggurken, Mixed Pickles, Kapern,
Zündhölzer, Brennstoff für Kocher,
Obstkonserven, Trockenobst, Rosinen, Nüsse, Mandeln,
Fleisch, luftgetrockneter Schinken, Salami, Speck,
Kuchen, Kekse, Süßigkeiten,
Putz- und Spülmittel, Wischtücher und Bürsten, Müllbeutel, Alufolie, Küchenpapier, Toilettenpapier.

Proviantverbrauch
Für 18 Tage und 8 Personen (7 Männer zwischen 35 und 55 Jahren und eine Frau) auf dem Columbustörn der SARITA:
Nescafe:3x 200 g, Tee: 250 g,
Milch: 10 l, Dosenmilch groß: 3, gesüßte Milch in Tuben: 2, Milchpulver: 1.
Butter: 18x 250 g, Eier: 80 (wenn man die Eier im Kühlschrank lagern kann, sollte man mehr mitnehmen).
Hartkäse: 3 kg, Camembert: 3, Schmelzkäse: 4 Schachteln. Parmesan: 2 Dosen und 2 Beutel.
Fleisch: 4x 1 kg Rinderfilet, 2 Lammkeulen, 2x Lammkarree, 2 Hühner, 4 gebratene Hühner, 1 luftgetrockneter Schinken, 1 kg Speck, 2 Salami, 4 große Dosen gekochter Schinken, 5x 8 Bockwürste, 4 Dosen à 3 Hamburger, 3 Dosen Gulasch.
Brot: 50 große Brötchen, 30x 500 g geschnittenes Brot, 10x 500 g Rosinenstuten, 2 Beutel getrocknete Brötchen (sehr gut), 1x Knäckebrot, 2x getoastetes Brot, 2x Zwieback, 12 Kuchen, 2 große Dosen Kekse.
Nährmittel: 4 kg Nudeln, 2 kg Reis, 2x Kartoffelbrei, 2 kg Mehl, 5x 500 g Haferflocken, 2x Cornflakes.
Gemüse in Dosen: große Dosen: 4x Bohnen, 3x Erbsen, 10x

Tomaten, 4x Essigkurken, 2x Spargel. Kleine Dosen: 4x Artischocken, 2x Zwiebeln, 4x Champignons, 4x Spargel.
Obst: 6 kleine Dosen, 4x Marmelade, 1x Honig.
Suppen: 4 kleine Dosen, 6 Beutel.
Zucker: 1 kg, Süßstoff.
Öl: 3 Flaschen, Essig: 1 Flasche.
1 Ketchup, 1 Meerrettich, 2 Senf, 3 Kapern, 1 Tabasco, 1 Worcestersauce, 2 Salz, Pfeffer, Rosmarin, Oregano, Thymian, Basilikum.
Süßigkeiten: 10 Tafeln Schokolade.
Obst und Gemüse: Äpfel, Wassermelonen, Netzmelonen, Orangen, Zitronen, Limonen, Bananen, frische Feigen und Mandeln (sehr gut zu Käse und Wein), Kartoffeln, Zwiebeln, Knoblauch, Tomaten, Gurken, Zucchini, Auberginen, Paprika. Hier können keine Mengenangaben gemacht werden, da auf unserem Törn viel verfault ist. Trotzdem hatten wir bis zum letzten Tag frische Früchte und Salate.
Getränke: 25 l Rotwein, 100 l Bier, 120 l Sodawasser (zu wenig), 30 Tüten Säfte, 20 Dosen Cola (Softdrinks waren viel zu wenig), 2 Fl. Campari, 1 Fl. Gin, 4 Fl. Rum, 4 Fl. Whisky.

Verpflegungskosten

Jedes Crewmitglied, inclusive Skipper, bezahlte DM 900 in die Schiffskasse, davon wurden beglichen der Proviant für 8 Personen und 3 Wochen sowie Notproviant, Getränke, 5x Abendessen im Restaurant, 5x Frühstück im Restaurant, mehrere Einladungen ins Restaurant für Freunde, die uns Hilfe geleistet hatten, Kosten für zwei Mietwagen, Diesel, Liegegebühren in Puerto Mogan.

Die Hälfte der Crewmitglieder empfand den Preis als zu hoch.

Umstehend die Speisenkarte (Hauptgerichte) auf dem Columbustörn der Sarita. Köche waren alle Mannschaftsmitglieder abwechselnd.

SPEISEKARTE

Brathähnchen m. Tomaten- u. Gurkensalat
Hühnerrisotto m. Champignon,
käse m. frischen Feigen und Mandeln
Oeufs brouilles au bacon, Salat Guacamole
Minestrone alla Milanese, Melonen
Avocado m. Sauce Vinaigrette
Steak m. Bratkartoffeln, Gurkensalat
Goldmakrele gedünstet in Weißwein,
Tomaten und Zwiebeln, Reis, Obst
Poisson Crue Polynesie, Antipasti
Tournedos m. Speck, Knoblauchbutter
Auberginen, Reis, Obstsalat
Coque au Vin à la bourguignonne, Melone
Goldmakrele gebraten m. delikatem
kartoffelsalat, Obstsalat extrafein
Lammkeule m. Minzsauce, grüne Bohnen,
Reis, Salzburger Nockerl
Steak m. Erbsen, Gurkensalat
käse m. frischen Feigen und Mandeln
Spargel m. Sauce Vinaigrette
Spaghetti m. Tomaten
Artischocken m. Mayonnaise
Spaghetti Carbonara, Obstsalat
Lammkarree gebraten, Reis
grüne Bohnen Haushofmeisterart
Avocado u. Spargel m. Sauce Vinaigrette
Spaghetti Napoli
Züricher Geschnetzeltes m. Champignon
u. kartoffelschnee, Obstsalat alla Carla
Ungarisches Gulasch m. Nudeln,
Obstsalat alla SARITA

Michael Ehrmann-Wacker

Filmen und Videographieren an Bord

Kameramann Michael bei der Arbeit an Bord: nach Möglichkeit immer mit (schwerem) Stativ.

Ich hatte eigentlich meine „Fahrkarte“ für diese Reise bekommen, um einen Film zu machen – wie es mein Beruf ist, einen möglichst professionellen. Fürs Fernsehen. Einen wirklichen Film, auf Zelluloid, denn Videofilmen erschien mir für ein solches Unternehmen von vornherein zu riskant, aus mehreren Gründen. Erstens wegen meines Alters. Das schreibt mir nämlich traditionell vor: Film hat auch Film zu sein und nicht etwa Videofilm. Zweitens aus Erfahrung: Videokameras – so wie wir sie beruflich nutzen – sind aus mehrerlei Gründen ebenso unpraktisch wie riskant auf einem Schiff. Unpraktisch vor allem wegen ihres hohen Gewichts und der eingebauten Empfindlichkeit gegen Nässe – die gibt es reichlich auf einem Atlantiktörn, und das noch in ihrer schlimmsten Form: als metallmordendes Salzwasser. Und riskant aus finanziellen Gründen: Eine solche Produktion kostet schon im Vorfeld eine Menge Geld – Kosten, an denen sich ein Sender, wenn überhaupt, nur sehr zögerlich beteiligt, vor allem wegen des vielfältigen Risikos eines Mißerfolgs.

Film auch wegen des ungleich lebendigeren optischen Ergebnisses. Das gute alte Zelluloid (das längst keins mehr ist) liefert kein synthetisches, elektronisches Bild, sondern es lebt durch seine eingebaute Körnigkeit und seine weit höhere Differenzierung beispielsweise in den Schattenpartien. Außerdem verbrauchen – wenigstens die professionellen – Videokameras ein Vielfaches an Strom im Vergleich zu einer Filmkamera. Der gleiche Akkugürtel, der meine Beta-SP-Kamera samt Recorder etwa 20 Minuten betriebsbereit hält, hat nahezu den gesamten Strombedarf der ARRI-SR gedeckt für knapp 2000 Meter Film. Und das sind etwa 180 Minuten. Für Katastrophenfälle hatte ich außerdem noch eine russische Federwerkskamera mitgenommen – ich wäre also im Notfall unabhängig von jeder Stromquelle gewesen.

Weshalb ich dennoch bei der Dokumentation einer Seereise zu Video rate? Der Amateur-Schmalfilm im Super-8-Format hat schon vor vielen Jahren aus industriepolitischen Gründen Selbstmord begangen – das ist schade, aber nicht mehr zu ändern. Er wäre aus jeder Sicht das ideale Medium für den Amateurfilmer auf Seereise gewesen. Es gibt ihn zwar noch als eine Art Fossil zu kaufen – den Super-8-Film –, preislich aber ist das alles indiskutabel geworden.

Die Entscheidung ist also klar: Dieselbe Kamera, die schon Juniors erste Schritte und die Heb-auf-Rede des Eigenheimschreiners dokumentiert hat, soll auch die seemännischen Höhepunkte der großen oder kleinen Seereise möglichst unkompliziert und ausdrucksstark wiedergeben. Und hier zeigt sich – zumindest für den Profi – wieder Frustrierendes: Amateurkameras können, sozusagen von Hause aus, in der Regel weit mehr als professionelles Equipment. Zumindest dann, wenn man für den Hausgebrauch filmt. Sie regeln den Weißabgleich unauffällig, weil automatisch, und verbrauchen vergleichsweise lächerlich wenig Strom. Mit den professionellen Videokameras aber haben sie einen vitalen Nachteil gemeinsam: Sie reagieren äußerst sensibel auf Feuchtigkeit. Paart sich dieser Zustand noch mit extremer Hitze oder Kälte, dann ist ein Versagen der Kamera vorprogrammiert. Zur Aufrechterhaltung der Kamerafunktionen müssen diese Risiken also auf ein Minimum reduziert werden.

Will man zudem möglichst dramatische Aufnahmen vom überkommenden blauen Wasser drehen oder gar die Reinigung des Unterwasserschiffs porträtieren, dann gibt es eigentlich nur eine Lösung für alle Probleme: das Ewa-Marinegehäuse. Dieses „Gehäuse" ist eigentlich ein dickwandiger Kunststoffbeutel, der hermetisch und damit wasserdicht verschließbar ist. Darüber hinaus eignet er sich für Unterwasseraufnahmen bis zu einer Tauchtiefe von etwa fünf Metern. Gegenüber einem „echten" Unterwassergehäuse besitzt er noch den unschätzbaren Vorteil eines bezahlbaren Preises. Ewa-Marine liefert außerdem kleine Silicagel-Kissen, die Schwitzwasser und andere Feuchtigkeit begierig aufsaugen und in der erwärmten Bratpfanne jederzeit wieder regenerierbar sind. Der Platz der Kamera sollte auch beim Lagern also immer in diesem Gehäusebeutel und in enger Nachbarschaft mit dem kleinen Nässevertilger sein oder in einem Alukoffer mit ähnlichen Eigenschaften. Wie allzeit wirksam das zerstörerische Salzwasser ist, zeigte deutlich meine kleine silberne Pillendose, die ich in einer Kabinenschublade verstaut hatte. Unsere Atlantikexpedition wirkte sich so günstig auf meine Gesundheit aus, daß ich die Pillen einfach vergaß. Nach unserer Ankunft in St. Lucia präsentierte sich die ehemals glänzende Dose dann in tiefem Schwarz, obwohl ich sie scheinbar wassergeschützt untergebracht hatte.

Zweiter Punkt auf der Problemliste ist die Stromversorgung. Hier trifft es den Hobby-Videasten weniger schwer – es sei denn, er läßt sein Gerät wegen vermeintlich niedriger Materialkosten pausenlos laufen. Für einen 14-Tage-Törn und etwa drei Stunden Gesamt-Aufnahmedauer genügt es in aller Regel, drei gefüllte Akkus mitzunehmen. Das reicht dann auch noch für die notwendige Bildkontrolle am Ende eines Drehtags. Das Nachladen an

Bord gestaltet sich wegen Spannungswandlung und knappem Strometat meist schwierig. An dieser Stelle deshalb ein kleiner, aber wichtiger Tip zum leidigen Stromproblem: Fast auf jedem Schiff gibt es einen Zigarettenanzünder und in jedem Video-Fachgeschäft einen passenden Adapter mit Spannungswandler. Besorgen Sie sich auf alle Fälle diese Kombination, und versehen Sie sich mit einem Kabel, das etwa so lang ist wie die Yacht, auf der Sie fahren. Es ist besser, an einer solchen Nabelschnur zu hängen und weiterzudrehen, als auf unwiederbringliche Segelszenen verzichten zu müssen. Auf unserem Schiff, das ja ohne alle nautischen Instrumente fahren sollte, hatte der Ausbaueifer auf Gran Canaria auch den Zigarettenanzünder lahmgelegt. Hier bewährten sich ein paar mitgenommene Batterieklemmen hervorragend.

Doch nun zum Filmen selbst: Wie bei jedem Filmprojekt – ob Kindergeburtstag oder Seereise – empfiehlt es sich, eine kleine Vorab-Dramaturgie zu konzipieren: eine Liste, in der alles das steht, was man auf jeden Fall drehen sollte, damit später das Gerippe für einen vorführbaren Film vorhanden ist. Alles andere ist der Dokumentation von Zufällen vorbehalten, wie sie die Segelei eben so mit sich bringt. „Aus der Hand" drehen sollte man eigentlich nie, außer die Wackelei unterstützt einen gewollten Effekt, wie weiland bei den Filmen der Nouvelle Vague in den Sechzigern. Ein Stativ ist andererseits das unpraktischste Möbel auf den schwankenden Planken, das man sich oder den Mitseglern zumuten kann.

Aber auch hier gibt es eine praktikable Lösung: In der Filmsprache heißt das Gerät „Steady-Bag". Es ist ein wasserabweisender Leinensack, gefüllt mit federleichtem Kunststoffgranulat, meist Styroporkügelchen. Wenn man die Ausgabe für einen professionellen Steady-Bag sparen möchte – er kostet immerhin etwa 800 Mark –, kann man ihn auch leicht selbst herstellen: aus einem mittelgroßen Jutebeutel. Die Füllung kann man im Verpackungshandel kaufen. Dieser Sack läßt sich dann überall auf dem Schiff aufsetzen, die Kamera oben hineindrücken (das Granulat gibt nach allen Seiten nach und paßt sich der Form der Unterlage wie der Kamera gut an) – und schon hat man das perfekte Bordstativ, auf das man sich bei schmerzendem Achtersteven auch noch bequem setzen kann. Wir haben das auf dieser Reise dankbar wahrgenommen.

Schönheit und Dramatik des Segelns, Land und Leute, die man besucht – all das soll Inhalt unseres Films sein. Lassen Sie sich hier vom persönlichen Empfinden leiten, vermitteln Sie das Abenteuer Segeln mit langen Einstellungen. Lassen Sie die Zuschauer Ihr Erlebnis mit Ihren Augen sehen und mit Ihrem Zeitgefühl. Das wird nur langweilig, wenn Sie selbst nicht genußbereit sind.

Setzen wir die Genußbereitschaft voraus, bleibt nur noch die Überlegung, wie wir das persönliche Erlebnis technisch am eindrucksvollsten ins Bild bringen. Das heißt: Was kann unsere Technik, und wie setzen wir sie ein? Fast jede Videokamera ist mit einem Zoomobjektiv ausgerüstet, das viele verschiedene Festbrennweiten in variabler Form vereinigt. So sollten wir sie auch betrachten, nämlich grundsätzlich als Festbrennweite. Bedenkt man, daß sich ein Schiff immer in viele Richtungen bewegt, sollte die Kamera diese Bewegung selten auch noch durch ständige Zoomfahrten „bereichern": Das macht den Zuschauer auf Dauer schwindlig und damit uninteressiert. Was allen diesen Vario-Objektiven fehlt, ist ein Weitwinkel-Equipment.

Betrachten wir die räumliche Enge an Bord, so würde zu ihrer Darstellung nur ein ellenlanger Schwenk taugen, an dessen Ende der Zuschauer wieder vergessen hat, wie es am Anfang aussah. Auch die berühmten Bilder aus der Mastspitze sind nur wirklich überzeugend, wenn sie mit extremem Weitwinkel aufgenommen wurden, der zudem die Höhe des Aufnahmestandpunktes betont. Ergo: ein Weitwinkel muß her. Hier bietet der Handel Vorsatzlinsen an, die – miteinander kombiniert – bis zum Fisheye-Effekt reichen. Dies taugt zum Zeigen einer Übersicht mit möglichst unbewegter Kamera.

Wollen wir Dramatik vermitteln wie den Wellengang, in dem das Schiff stampft, oder die Höhe der Dünung, die von achtern durchläuft, dann ist unser Weitwinkel Gift. Er verharmlost den persönlichen Eindruck und läßt alles ausgesprochen langweilig erscheinen. Hier ist das Teleobjektiv angesagt, das in jeder Kamera ausreichend eingebaut ist. Wichtig ist hier: Je länger die Brennweite, desto sicherer muß der Kamerastandpunkt sein – siehe meine Ausführungen über den Steady-Bag. Es sollte vermieden werden, den Horizont im Bild zu haben, denn der mindert den subjektiven Eindruck von der Wellenhöhe. Grundsätzlich sollte ein Referenzpunkt im Bild sein, etwa Reling oder Rudergänger.

Eine weitere grundsätzliche Entscheidung sollte man treffen und sie dann auch durchhalten! Orientieren wir die Kameraausschnitte am Horizont (dann bewegt sich das Schiff im Bild) oder ist das Schiff der Fixpunkt (dann steht das Schiff, und der Horizont stellt die Bewegung dar)? Aus praktischen Gründen rate ich zum Schiff als Fixpunkt, denn sonst müßte alles „aus der Hand“ gedreht werden, und das ergibt eine, noch dazu unkontrollierte, Bewegung mehr.

Noch ein Tip: Es sollten viele kleine Details in Großaufnahme gedreht werden – Zwischenschnitte nennt man die –, damit später beim „Schneiden“ des Videofilms ungehindert zwischen Motiven gewechselt werden kann, ohne daß die Szenenfolge „springt“.

Zum Schluß: Vergessen Sie auch manchmal, daß Sie einen Törnbericht drehen wollen, und gönnen Sie sich und Ihrer Crew eine Drehpause! Denn eigentlich kann man mit der Kamera nur das überzeugend wiedergeben, was man selbst auch wirklich erlebt hat. Dafür braucht man gelegentlich Abstand vom Sucher.

TRANSATLANTIK OHNE COMPASS & CO
Münchner Columbustörn
29.XI.92–18.XII.92
wind →
BILD
BARBADOS
RUM